普通高等教育"十二五"规划教材

国际货运代理实务

江少文　编著

中国铁道出版社
CHINA RAILWAY PUBLISHING HOUSE

内容简介

本书依据教育部的编写大纲和要求，侧重实践操作和应用，内容丰富，具有一定理论知识并有较强的实务性，充分体现了内容新颖、重点突出、结构合理、通俗易懂、注重实务操作的特点。

本书内容较全面，共十章，分别介绍了国际货运代理概论、国际海上货运代理实务、国际航空货运代理实务、国际陆路货运代理实务、国际货运通关业务、国际货运仓储业务、国际货运配送业务、国际货运集装箱业务、国际货运公约、国际货运多式联运业务等相关内容。

本书适合作为普通高等学校教材，也适合作为高职高专教材，亦可作为物流从业人员的培训教材和业务手册。

图书在版编目（CIP）数据

国际货运代理实务/江少文编著．—北京：中国铁道出版社，2012.9
普通高等教育“十二五”规划教材
ISBN 978-7-113-14924-6

Ⅰ．①国…　Ⅱ．①江…　Ⅲ．①国际货运—货运代理—高等学校—教材　Ⅳ．①F511.41

中国版本图书馆CIP数据核字（2012）第192653号

书　　名： 国际货运代理实务
作　　者： 江少文　编著

策　　划： 李小军　　**读者热线：** 400-668-0820
责任编辑： 马洪霞　　**特邀编辑：** 赵　瑗
编辑助理： 徐盼欣
封面设计： 尹金鹏
封面制作： 刘　颖
责任印制： 李　佳

出版发行： 中国铁道出版社（北京市西城区右安门西街8号　邮政编码：100054）
网　　址： http:// www.51eds.com
印　　刷： 北京新魏印刷厂
版　　次： 2012年9月第1版　　2012年9月第1次印刷
开　　本： 787 mm×1 092 mm　1/16　**印张：** 20　**字数：** 515千
印　　数： 1~3 000册
书　　号： ISBN 978-7-113-14924-6
定　　价： 38.00元

前　言

随着我国经济的不断发展，我国对外贸易取得了举世瞩目的成就。在国际贸易活动中，国际货运代理扮演着重要角色。国际货运代理业的改革与发展，为货运市场注入了新的活力，业已成为国际贸易活动中的重要组成部分。

本书遵循“够用、实用”的原则，从理论与实践结合的角度来编写教材，每章章首设置学习目标，并提出知识目标和能力目标；通过典型案例、实训和练习，加深和巩固理论知识的学习，提高实践能力，增强学生动手操作和解决实际问题的能力。本书充分体现了内容新颖、重点突出、结构合理、通俗易懂、注重实务操作的特点。

本书从国际货运代理的基本理论和相关实践出发，较全面地介绍了国际货运代理业务。全书内容共分为十章，具体为：国际货运代理概论、国际海上货运代理实务、国际航空货运代理实务、国际陆路货运代理实务、国际货运通关业务、国际货运仓储业务、国际货运配送业务、国际货运集装箱业务、国际货运公约、国际货运多式联运业务。

本书主要由江少文教授编著。第九章和第十章由陈小军先生编写，其余章节由江少文先生编写。上海海事大学教授江德藩先生担任全书的主审。

本书适合作为普通高等学校教材，也适合作为高职高专教材，亦可作为物流从业人员的培训教材和业务手册。

由于编者学术水平有限，书中存在疏漏在所难免，敬请物流界学者专家和广大读者多提宝贵意见，以便再版时修改补充。

编　者

2012 年 6 月于上海

目　录

第一章

国际货运代理概论

学 习 目 标

◎知识目标

了解国际货运代理的定义；了解国际货运代理的性质；了解国际货运代理的业务范围；了解国际货运代理的权利、义务和责任；了解国际货运代理在国际贸易和国际货物运输过程的作用。

◎能力目标

掌握国际货运代理协会联合会（FIATA）的“国际货运代理”定义以及《中华人民共和国国际货物运输代理业管理规定》的“国际货运代理”定义；熟悉国际货运代理的业务范围；了解国际货运代理的性质、作用、权利、义务和责任。

第一节 国际货运代理的基本概念

一、国际货运代理的产生与发展

随着世界范围的社会化大生产的发展，任何一个国家都不能够包揽一切生产活动，而需要密切的国际间的合作，这就必然会引起国际分工。国际间的商品和劳务流动是由商流和物流组成的，前者由国际交易机构按照国际惯例进行，后者由物流企业按各个国家的生产和市场结构完成。

在国际贸易发展初期，贸易与运输是结合在一起进行的国际间商品交换，并且国际贸易和运输主要是通过海运进行的，因此这种国际间商品交换形式存在巨大风险。

随着国际贸易和国际货物运输的发展，国际贸易企业和国际物流企业为了降低贸易的风险和运输的风险，早在公元10世纪，贸易、运输的经营者就提出要将贸易和运输分离，并需要中间人，以便为贸易提供运输、运输工具和承运人，从而降低贸易和运输的风险。由此“国际货运代理”也就应运而生了。

国际货运代理行业的兴起是国际贸易发展到一定程度的必然产物。一方面，国际间的货物交易，不仅涉及面广，环节多，而且常常因时间、地点和条件的限制，买卖双方都无法亲自完成整个贸易的全过程。另一方面，由于人力、物力、财力和信息等资源的限制，货主很难做到最经济、最安全、最有效地实现货物的国际运输。而国际货运代理长期从事国际货物运输的代理业务，精通相关业务、了解各种运输的航线，熟悉相关国家的法规和国际运输的规则，与交通运输部门、银行、海关、商检等部门都有着广泛地联系，能做到以最低廉的运费和最快的速度实现货物的安全便捷运输，节省了客户的时间和精力，降低了商品的成本，为客户赢得利润，并且可以避免不必要的损失和延误。

可以这样认为，在国际贸易和国际货物运输过程中，国际货运代理业已经成为不可缺少的行业，并且发挥着重要的作用。

二、国际货运代理的基本概念

1. 国际货运代理的定义

“国际货运代理”一词源于英语“Freight Forwarder”和“Forwarding Agent”两个词组。虽然目前“国际货运代理”并没有一个确切的为世界各国所接受的定义，但目前一致公认的主要是国际货运代理协会联合会（FIATA）的定义。

国际货运代理协会联合会对货运代理下的定义是：货运代理是根据客户的指示，并为客户的利益而揽取货物运输的人，其本人并不是承运人。货运代理也可以依据这些条件，从事与运送合同有关的活动，如储货（也含寄存）、报关、验收、收款。

除此之外，我国除了承认国际货运代理协会联合会的定义外，还在此基础上结合我国的具体情况，于1995年6月29日公布了《中华人民共和国国际货运代理业管理规定》（以下简称《管理规定》），并对此作出了相关定义。

《管理规定》中认定国际货运代理为“国际货运代理业”，并定义为：“接受进出口业务货物收货人、发货人的委托，以委托人的名义或者以自己的名义，为委托人办理国际货物运输及相关业务并收取服务报酬的行业。”

目前我国在开展国际货运代理业务过程，普遍采用的是《管理规定》所作的定义。

根据《管理规定》定义，国际货物运输代理企业可以作为进出口货物收货人、发货人的代理人，也可以作为独立经营人，从事国际货物运输代理业务。

国际货运代理企业作为代理人从事国际货物运输代理业务，是指国际货运代理企业接受进出口货物收货人、发货人或其代理人的委托，以委托人名义或者以自己名义办理有关业务，收取代理费或佣金的行业。

国际货运代理企业作为独立经营人从事国际货物运输代理业务，是指国际货运代理企业接受进出口货物收货人、发货人或其代理人的委托，签发运输单证，履行运输合同并收取运费以及服务费的行为。

2. 国际货运代理的性质

随着国际货运代理业的发展，“货运代理人”有从“代理人”的角色向货物运输的“经营人”和“承运人”的角色方向发展的趋势，但其本质还是货物运输的代理人。不管“货运代理人”以代理人的角色，还是以“经营人”或“承运人”的角色为客户提供运输服务，其主要的工作内容不外乎两个方面：代表货主的利益，选择运输方式和运输线路、订舱、仓储、安排短途运输、缮制各种运输单据，办理报关、报检、保险等相关手续。代表承运人的利益，揽货、签发运输单据等。本身并不拥有货物的所有权和运输的工具，只是为他人提供服务的中间人，在社会经济结构中属于第三产业。

3. 国际货运代理的作用

由于国际货运代理企业一般有着广泛的客户资源，熟悉国际贸易的各个环节，通晓运输业务，熟悉相关的法律、法规，相关的信息资源丰富，与相关部门的交往密切，可以为货主和承运企业带来时间上和经济上的利益。

国际货运代理的作用主要体现在以下几个方面：

（1）为发货人服务。货运代理具有专门知识和技能，能争取以最迅速、最安全、最经济的方式实现货物的合理运输。货运代理代替发货人承担货物运输不同阶段的任何委托手续，为客户安排货物、包装、刷唛头，选择航线、船舶、航次，提供仓储、运输、集装箱的拼箱、分拨、货物交接、到港提货、报关、三检、订舱托运，代收代付各种费用等，并与运输有关方保持联系，跟踪货物运输全过程。

（2）为承运人服务。货运代理人以合理的价格向承运人及其代理订舱，并将货物安全交接，代收海运费及其他附加费。国际货运代理可使专业承运人的规模经济效益提高，因为国际货运代理常常使小批量货物可以集中到达发运地，便于整合运输。并且缩短了专业承运人发出货物的时间，减少货物在专业承运人处的储存时间，增加了作业效率。

（3）为港口服务。港口是货物运输链中的重要节点。货运代理为运输的正常进行适时提供离港货源，按时提取到港物资，完成货物及单证的正常交接，协助港船方做好集装箱管理工作，大大地加快了港口的工作效率，加大了港口的吞吐量。

（4）为海关服务。当货运代理作为货主代理、办理有关进出口商品的海关手续时，他不仅代表他的客户，而且也必须与海关当局通力合作，负责在法定的单证中申报货物确切的金额、数量和品名，以使政府的税收不受损失。

4. 国际货运代理相关的行业组织

国际货运代理主要有以下相关的行业组织。

（1）国际货运代理协会联合会（International Federation Of Freight Forwarders Associations，FIATA）。该协会于1926年5月31日在奥地利的维也纳成立，是一个非政府和非营利性的国际货运代理行业组织。目前总部设在瑞士的苏黎世，在各大洲设有办事处。其中，亚洲和太平洋地区办事处设在印度的孟买。国际货运代理协会联合会的最高权力机构是会员代表大会，下设代表大会主席团，对外代表FIATA，对内负责FIATA的日常管理。国际货运代理协会联合会的会员分为一般会员、团体会员、联合会员和名誉会员四类。在中国内地，中国国际货运代理协会是一般会员，并拥有13个联系会员。

国际货运代理协会联合会的图标和授权证书如图1－1所示。

国际货运代理协会联合会的宗旨是保障和提高国际货运代理在全球的利益。国际货运代理协会联合会的主要贡献有：提供各国立法参考的《国际货运代理示范法》；推荐各国国际代理企业采用的《国际货运代理标准交易条件》；制定了FIATA运送指示、FIATA货运代理运输凭证、FIATA货运代理收货凭证、FIATA托运人危险品运输证明、FIATA仓库收据、FIATA可转让联运提单和FIATA收发货人联运重量证明等单证格式范本。

图1－1 国际货运代理协会联合会图标和授权证书

（2）国际航空运输协会（International Air Transport Association，IATA）。该协会的前身是由六家航空公司组成的国际航空交通协会。1945年改名为国际航空运输协会，总部设在加拿大的蒙特利尔，在纽约、巴黎、伦敦和新加坡设有分支机构。协会的最高权力机构为每年召开的全体会议，大会的执行委员主持日常工作。协会在瑞士的日内瓦设有结算中心，统一办理会员公司的财务结算。协会成员必须持有国际民用航空组织成员国政府颁发的定期航班许可证的航空公司。

国际航空运输协会的宗旨是：为了世界人民的利益，促进安全、正常而经济的航空运输；对于直接或间接从事国际航空运输工作的各空运企业提供合作的途径；与国际民航组织以及其他国际组织通力合作。

国际航空运输协会的主要任务是：

① 协商议定运段；

② 协商制定国际航空客货运价；

③ 协议规定承运人的责任和义务；

④ 统一结算各会员间以及会员与非会员间联运业务账目；

⑤ 开展业务代理等。

目前，中国内地共有中国国际航空公司、中国东方航空公司等13家航空公司成为国际航协会员公司。

国际航空运输协会的图标如图1－2所示。

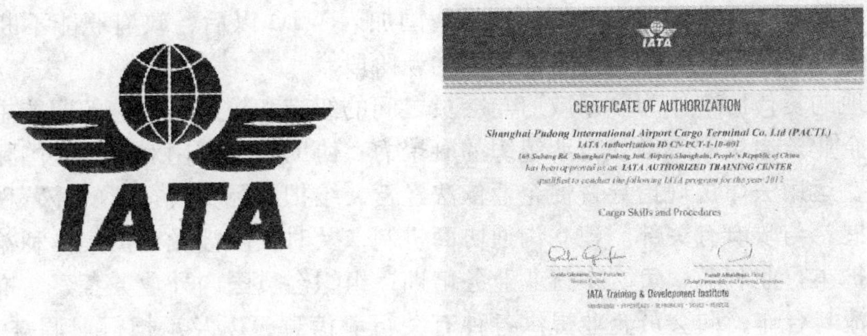

图 1－2　国际航空运输协会图标

(3) 中国国际货运代理协会（China International Freight Forwarders Associations，CIFA）。该协会是在中华人民共和国境内注册的国际货运代理企业自愿组成的非营利性质的行业协会，成立于2000年9月6日。

中国国际货运代理协会的宗旨是：维护我国国际货运代理行业的利益，保证会员企业正当权利；促进我国国际货运代理行业健康发展，更好地为我国对外经济贸易事业服务。

中国国际货运代理协会的主要业务范围：协助政府主管部门依法规范国际货运代理企业经营行为，整顿行业秩序；开展行业市场调研，编制行业统计；组织行业培训及行业发展研究；承担政府主管部门委托的部分职能；为会员企业提供信息咨询服务；代表全行业加入国际货运代理协会联合会，开展同业国际交流。

中国国际货运代理协会的主要任务是：协助政府部门加强行业管理；为政府制定行业发展规划和管理政策提供建议；保护会员的合法权益；维护国际货运代理行业经营秩序；保护行业利益，维护行业信誉；组织行业人员的业务培训等11项。

根据商务部办公厅2005年3月23日下发的“关于委托中国国际货运代理协会组织实施货代企业业务备案有关事宜”的通知，中国国际货运代理协会负责国际货运代理企业业务备案的具体组织实施工作。

中国国际货运代理协会图标和授权证书如图1－3所示。

图 1－3　中国国际货运代理协会图标和授权证书

(4) 我国各地区国际货运代理协会。进入20世纪90年代以后，我国的对外贸易迅速增长，随之而来的是国际货运代理行业迅速发展。货代市场的发展，迫切需要有一个行业组织来协调企业和政府、企业与市场之间的关系。上海在1992年率先成立了国际货运代理的行业协会，随后各地区的国际货运代理行业协会在后来的10年中也纷纷成立。这些行业协会都是由国际货运代理企业自愿组成的、非营利性的行业组织，接受地区外贸主管部门和民政部门的监督管理。随着经济发展，特别是我国加入 WTO 以后，政府职能不断转变，行业管理将进入到一个政府监管与行业自律并重的新阶段。

我国各地的货代协会作为联系政府与会员之间的纽带和桥梁，他们的职能主要是：服务政府和会员企业，通过服务增强行业组织的凝聚力；协助政府部门对本地区国际货代企业实施行业管理，运用法律法规指导督促企业依法经营，维护国际货代行业的经营秩序，促进行业的健康发展；与政府有关部门建立沟通协商机制，及时反映涉及会员集体利益的意见和建议，依法维护本行业利益；负责本行业业务培训；组织会员国内外业务考察，推动会员企业间的横向交流与合作；向会员企业提供各种有关行业信息，以及承担行业调查、行业统计、公信证明等职能。

第二节　国际货运代理业务范围

一、国际货运代理的主要业务

根据《管理规定》中的定义，“国际货运代理”特指“国际货运代理业”。据此，根据我国的有关规定，从事国际货运代理的企业必须在商务部或地方外贸管理部门办理备案手续后方可经营。

目前我国货运代理企业从事的业务主要有海上货物运输代理业务、航空货物运输代理业务、国际陆路（铁路、公路）运输代理业务和国际多式联运业务等。

1. 海上货物运输代理业务

由于海运的成本相对低廉，目前世界上 80% 的国际货物运输都是由海运完成的。因此，在国际货运代理业务中海运代理业务占了全部货运代理业务的大部分，具体主要从事国际集装箱货物和件杂货运输代理业务。

从事海运代理业务的企业一般都需要能熟练地运用海上国际货物运输知识，熟悉国际海运的航线、港口，能熟练使用各种海运的相关单证，掌握和熟悉与海上运输和进出口业务相关的法律、法规和国际公约；熟悉船舶的航运知识；船舶和码头的货物装载知识、集装箱知识、运价和各种附加费用的有关规定等。

2. 航空货物运输代理业务

国际航空货物的速度快、安全及时、运输环节少，因而被越来越多的人所采用。一方面，客户为了运送一些价值昂贵的货物、鲜活的产品、易腐和季节性强的商品往往选用航空运输。另一方面，国际贸易竞争的激烈，货主为了把握商机、争取好的利润也普遍采用航空运输来提高自己的竞争力。

从事国际航空货运代理业务的企业一般都必须掌握国际航线和各国的航班情况；熟悉航空运输和进出口业务的流程；能熟练使用各种航空货物运输的单证；通晓国际结算业务；熟悉与航空运输和进出口业务相关的法律、法规和国际公约，熟悉各类机型和各种装载知识，会计算各类航空运费和合理地运用各种运费降低运输成本等。

3. 国际陆路（铁路、公路）运输代理业务

国际陆路（铁路、公路）运输代理业务虽然不是国际货物运输代理的主要业务，但因

其运输便捷、运量大、成本低、受气候影响比较小等优势具有一定的市场，特别是在与内陆地区连接的大陆桥运输和联合运输中起到了很大的作用。从事国际陆路（铁路、公路）运输代理业务的企业必须掌握国际陆路运输的相关业务，熟悉铁路、公路的主要干线，熟悉有关铁路、公路的运输和货物的装载知识，了解集装箱的相关知识等。

4. 国际多式联运业务

国际多式联运是20世纪80年代兴起的一种国际货运运输方式。国际多式联运通过两种以上的运输方式将多程运输交由一个承运人完成，将传统的海海、空空、陆陆单一运输有机结合起来，为客户提供经济、安全、合理、迅速、简便的运输服务。

国际多式联运业务有别于传统的代理业务，虽然国际多式联运经营人可能不拥有运输工具，但它还是可以以承运人的角色为客户提供服务。国际多式联运经营人不但要承担代理人的责任，还要承担国际货物运输承运人的责任。

国际多式联运企业必须熟悉国际货物运输代理业务，还必须知道相关的承运人的业务知识。

5. 船舶代理

船舶代理企业是指接受船舶所有人的委托，代办与船舶有关的一切业务的企业。船舶代理业务范围很广，主要包括船舶进出港业务、货运业务、船舶供应和船舶服务方面的业务以及其他服务性业务等。

根据我国的有关规定，船舶代理企业必须经交通部批准方可经营。船舶代理企业主要分为两类：船务代理企业，订舱代理企业。

在国际货运代理业务中，船舶代理企业主要从事的是船舶的订舱业务。在我国，船舶代理企业有着不同的背景，有些船务代理企业背靠船公司，具有船公司的优先订舱权，同时可以代为承运人签发承运合同（海运提单），所以，实际上有些船务代理企业扮演着船舶代理的角色。

6. 无船承运人

无船承运人是指在国际货物运输中的契约承运人，而不是实际完成运输的实际承运人。国际货运代理企业进入运输领域，开展单一方式运输或多式联运业务时，由于与委托人订立运输合同，并签发自己的运输单证，对运输负有责任，因而已经成为承运人。但是，由于他们一般并不拥有或掌握运输工具，只能通过与拥有运输工具的承运人订立运输合同，由他人实际完成运输，他们实际的角色是自己不完成运输任务，但要承担订立货物运输合同的责任。

7. 第三方物流经营人

第三方物流作为国际货运代理的一种发展，可以看做是国际货运代理业务的延伸和拓展。第三方物流经营人实际上就是将传统的货运代理和新的增值服务结合起来，以达到降低货物的流通成本，为客户提供便捷、低廉的服务，经营人自己通过服务的延伸获取更多的利润。

第三方物流经营活动，由于业务范围的扩大，涉及的服务领域和项目也在增加，随之而来的是经营人的责任和风险也随之增大。

由于第三方物流经营人在我国属于起步和发展阶段，其名称和业务的范围并没有一个明确的界定。

二、国际货运代理业务的主要内容

1. 国际货运代理企业的经营业务

国际货运代理人的业务范围是相当广泛的。至于具体某个国际货运代理企业的经营范围，应以其经营许可证上核准的业务范围为准。不管是何类的国际货运代理企业，他们都经营着相似的业务。

从各国国际货运代理企业的业务经营来看，国际货运代理的业务范围包括以下几个方面：

（1）以代理人身份从事海、陆、空进出口货物的报关报验代理以及保险等业务；

（2）以中介人、代理人或经营人身份从事海、陆、空货物的租船、订舱及运输组织等业务；

（3）以多式联运经营人身份从事多式联运业务；

（4）以第三方物流经营人身份从事物流服务业务。

2. 作为出口货物发货人的代理的主要经营业务

国际货运代理企业可以单独作为出口货物发货人的代理。

国际货物运输代理企业作为出口货物发货人的代理人，其业务范围主要包括以下几个方面：

（1）为出口发货人选择运输路线、方式和适当的承运人并争取优惠运价；

（2）为出口发货人和选定的承运人之间安排揽货并办理订舱，如为集装箱运输办理订舱；

（3）从出口发货人存货地点提取货物送往指定的港站；

（4）根据信用证条款和有关主管部门的规定填制各种相关单证；

（5）办理包装、计量、存储及保险等有关事宜；

（6）办理出口结关手续并负责将货物交付承运人；

（7）支付运费，收取正本提单并交发货人；

（8）安排货物转运；

（9）记录货物残缺、灭失情况；

（10）协助发货人向有关责任方进行索赔；

（11）提供货运信息和咨询服务。

3. 作为进口货物收货人的代理的主要经营业务

国际货运代理企业可以单独作为进口货物收货人的代理。

国际货物运输代理企业作为进口货物收货人的代理人，其业务范围主要包括以下几个方面：

（1）向收货人通报货物动态；

（2）接受和核查有关货运单据，支付运费并提货；

（3）办理报关、纳税、结关等相关手续；

（4）安排存仓或转运分拨；

（5）向收货人交付已清关的货物，并进行结算；

（6）必要时协助收货人向有关责任方办理索赔事宜。

4. 作为出口货物承运人的代理的主要经营业务

国际货运代理企业可以单独作为出口货物承运人的代理。

国际货物运输代理企业作为出口货物承运人的代理，其业务范围主要包括以下几个方面：

(1) 回复托运人关于陆运车辆班次、海运船舶船期、空运飞机航班、运价、运输条件等相关事宜的查询；

(2) 承揽货物，组织货载，接受托运人的包车、租船、包机、订车、订舱要求，与之洽谈并签订运输合同；

(3) 填写、缮制货物入仓、进站、进港、进场单据或集装箱、集装器放行单，安排货物入仓、进站、进港、进场或装箱；

(4) 协助承运人或车站、码头、机场进行车辆、船舶、飞机配载，装车、装船、装机；

(5) 审核车站、码头、场站汇总的货物清单，缮制货物出口运单、提单等单证，并向海关申报集装箱、集装器、货物情况；

(6) 向航次租船的船舶承租人签发滞期或速遣通知；

(7) 向托运人签发运单、提单，收取运费、杂费；

(8) 办理货物、集装箱的中转手续；

(9) 汇总出口货物运输单据，审核有关费用、费收，办理支付、结算手续；

(10) 向委托人转交货物运输文件、资料，报告出口货载、用箱、费用、收费情况；

(11) 向货物的目的地车站、港口、机场承运人代理传送货物运输文件、资料，传递运输信息。

5. 作为进口货物承运人的代理的主要经营业务

国际货运代理企业可以单独作为进口货物承运人的代理。

国际货物运输代理可以单独作为进口货物承运人的代理，其业务范围主要包括以下几个方面：

(1) 取得、整理、审核进口货物运输单据；

(2) 向收货人或通知人传达货物到站、到港、运抵信息，通知其提货；

(3) 填写、缮制进口货物运输单据，办理集装箱、集装器、货物进口申报手续；

(4) 通知、协助车站、港口、机场安排卸货作业；

(5) 安排集装箱的拆箱、货物的转运、查验、交接；

(6) 收取运费、杂费及其他相关费用，办理放货手续；

(7) 汇总进口货物运输单据，审核有关费用、费收，办理支付结算手续；

(8) 承运人委托的其他事项。

6. 国际货物运输代理作为独立经营人的主要经营业务

国际货物运输代理可以作为独立经营人从事货运代理业务。

国际货物运输代理作为独立经营人提供有关代理业务，其业务范围主要包括以下几个方面：

(1) 在货物的起运地或其他地点与托运人或其代理人办理货物的交接手续，签发收货凭证、提单、运单；

(2) 确定运输方式、运输路线，与实际承运人、分包承运人签订货物运输合同；

(3)安排货物运输，跟踪监管货物运输过程；

(4)必要时，对装载货物的集装箱进行保险，对货物的运输投保承运人责任险；

(5)通知在货物转运地的代理人，与分包承运人进行联系，申办货物的过境、换装运手续，办理相关事宜；

(6)定期向发货人、收货人或其代理人发布货物位置、状况信息；

(7)在货主提出要求时，安排货物的中途停运；

(8)通知收货人或其代理人货物运抵目的地的时间，安排在货物目的地的代理人办理通知提货、交货手续；

(9)向货主或其代理人收取、结算运费、杂费；

(10）办理货物的索赔、理赔手续。

7. 国际货物运输代理作为专业顾问的主要经营业务

国际货物运输代理可以作为专业顾问从事货运代理业务。

国际货物运输代理以专业顾问身份提供货物运输咨询服务时，其业务范围主要包括以下几个方面：

(1）向客户提供有关法律、法规、规章、惯例和运输信息；

(2）就货物的运输路线、运输方式、运输方案提出意见和建议；

(3）就货物的包装、装载形式、方式、方法提出意见和建议；

(4）就货物的进出口通关、清关、领事、商品检验、动植物检疫、卫生检验要求提供咨询意见；

(5）就货物的运输单证和银行要求提出意见和建议；

(6）就货物的运输保险险种、保险范围等提供咨询意见；

(7）就货物的理赔、索赔提出意见和建议。

三、国际货运代理行业管理的主要法律依据

在我国，由于国际货运代理作为一个行业发展的历史不长，到目前尚无专门管理、规范国际货运代理行业的专门法律。但是，为了加强对国际货运代理行业的管理，规范企业的经营行为，全国人大、国务院及国务院的行政管理部门相继出台了一些法律、法规和部门的规章，来管理和规范国际货运代理行业和经营者的经营行为。

到目前为止，国际货运代理行业管理的主要法律依据主要有以下几部：1995 年 6 月 6 日国务院批准 6 月 29 日由当时的对外贸易经济合作部发布的《中华人民共和国国际货运代理业管理规定》（以下简称《管理规定》）、1998 年 8 月 28 日对外贸易经济合作部发布的《中华人民共和国国际货运代理业管理规定实施细则（试行）》（以下简称《实施细则》）、对外贸易经济合作部于 2002 年 12 月 21 日发布的《中华人民共和国外商投资国际货运代理业管理规定》和 2003 年 12 月 7 日商务部发布的《〈外商投资国际货运代理业管理规定〉补充规定》。

根据《管理规定》和《实施细则》的规定，设立国际货运代理企业必须具备固定的经营场所、必要的营业设备和一定数量的专业人员。国际货运代理企业最低注册资本为：经营海上国际货物代理业务企业，注册资本最低限额为 500 万元人民币；经营航空国际货物运输代理业务企业，注册资本最低限额为 300 万元人民币；经营陆路国际货物运输代理业务或者

国际快递业务企业，最低注册资本限额为 200 万元。兼营两项以上业务（包括两项）的，注册资本最低限额为其中最高一项的限额。如果企业需要设立分支机构的，每设立一个分之机构，应增加注册资本 50 万元人民币。

《中华人民共和国外商投资国际货运代理业管理规定》规定了外商投资国际货运代理企业的定义、外商投资国际货运代理企业的设立条件、审批程序经营期限等问题。《〈外商投资国际货运代理业管理规定〉补充规定》允许香港、澳门服务企业在内地以合资、合作、独资形式设立国际货运代理企业，规定了此类企业的最低注册资本等问题。

由于我国对国际货运代理行业的管理存在着多头管理的现象，除国务院对外经济贸易管理部门（现在的商务部）以外，国务院和国务院其他行政主管部门也制定了相应的法规和规章，从不同的角度对国际货运代理行业和企业进行着不同程度的管理。如国务院颁布的《中华人民共和国国际海运条例》和交通部发布的《中华人民共和国国际海运条例实施细则》对无船承运人和国际船舶代理经营者进行了界定，规定了无船承运人申请资格、申请条件、审批程序、经营范围和无船承运人提单申请办法；明确了国际船舶代理企业及其设立分支机构的申请手续等规定。国家民航总局颁布了《中国民用航空快递业管理规定》，明确了航空快递的定义，规定了经营航空快递业务企业的条件，审批程序。交通部、铁道部联合发布的《国际集装箱多式联运管理规则》规定了国际集装箱多式联运经营人的定义，经营集装箱业务企业的审批条件、审批程序和业务范围等。海关总署颁布的《中华人民共和国海关对报关单位注册登记管理规定》对报关单位的类别、登记注册许可、登记注册程序、报关行为内容等进行了明确的规定。国家质量监督检验检疫总局颁布了《出入境检验检疫代理报检管理规定》，规定了代理报检单位的注册登记、设立条件和报检的行为规范的具体内容。

四、国际货运代理的权利、义务与责任

1. 国际货运代理的权利

国际货运代理企业主要业务是接受货主的委托，代理客户完成国际贸易中的货物运输任务，货主是委托方，货代是代理人。

根据《中华人民共和国合同法》的有关规定，国际货运代理企业主要有以下权利：

（1）为客户提供货物运输代理服务获取报酬；

（2）接受委托人支付的因货物的运送、保管、投保、报关、办理汇票的承兑和其他服务所发生的一切费用；

（3）接受委托人支付的因货代不能控制的原因致使合同无法履行而产生的其他费用（如果客户拒付，国际货运代理人对货物享有留置权，有权以某种适当的方式将货物出售，以此来补偿所应收取的费用）；

（4）接受承运人支付的订舱佣金；

（5）按照客户的授权，可以委托第三人完成相关代理事宜；

（6）接受委托事务时，由于货主或承运人的原因，致使货代受到损失，可以向货主或承运人要求赔偿损失。

2. 国际货运代理义务

国际货运代理义务是指国际货运代理在接受委托后对自己的代理事宜应当行为或不应当

从事的行为，以及在从事货运代理业务中与第三人的行为或不应当从事行为。国际货运代理企业一经与货主（委托人）签署合同或委托书，就必须根据合同或委托书的相关条款为委托人办理委托事宜，并对在办理相关事宜中的行为负责。

国际货运代理企业在从事国际货物运输代理业务过程当中，对委托人的义务主要表现在：

（1）按照客户的指示处理委托事务的义务；

（2）亲自处理委托人委托事务的义务；

（3）向委托人如实报告委托事务进展情况和结果的义务；

（4）向委托人移交相关财物的义务；

（5）就委托办理的事宜为委托人保密的义务；

（6）由于自己的原因，致使委托业务不能按期完成或造成委托人的生命或财产遭受损失，进行赔偿的义务。

国际货运代理企业从事国际货物运输代理业务，在办理委托人委托事务的过程中，必然与外贸管理部门、海关、商检、外汇管理等国家管理部门和承运人、银行、保险等企业发生业务往来，国际货运代理企业在办理相关业务中还必须对其办理事务的相关人负责。

对委托事务相对人的义务其主要体现在：

（1）如实、按期向有关的国家行政管理部门申报的义务；

（2）如实向承运人报告货物的情况的义务；

（3）交纳税费，支付相关费用的义务；

（4）由于货主或货代本身的原因，致使相关人的人身或财产损失的赔偿的义务。

3. 国际货运代理的责任

国际货运代理的责任是指国际货运代理作为代理人和当事人两种情况时的责任。

国际货运代理作为纯粹的代理人，通常应对其本人及其雇员的过错承担责任，其错误和疏忽主要包括：

（1）未按指示交付货物。

（2）尽管得到指示，办理过程中仍然出现疏忽。

（3）报关有误；运往错误的目的地。

（4）未能按必要的程序取得再出口（进口）货物退税。

（5）未取得收货人的货款而交付货物。

（6）对其经营过程中由于国际货运代理的责任，造成第三人的财产灭失或损坏或人身伤亡承担责任。

国际货运代理作为当事人是指在为客户提供货运代理服务中，以其本人的名义承担责任的独立合同人。其应对因履行国际货运代理合同而雇用的承运人、分货运代理的行为或不行为负责。

在这种代理中，一般国际货运代理与客户接洽的是服务的价格，而不是收取代理手续费。特别当国际货运代理以经营人的身份提供多式联运服务时，作为国际货运代理的标准交易条件中的纯粹代理性质的条款就不再适用了。其合同义务受其所签发的多式联运提单条款的制约，即使此时国际货运代理本人并不拥有船舶或其他运输工具，也将作为多式联运经营人，对全程负责，承担如同承运人的全部责任。

4. 国际货运代理的免除责任

免除责任，又称免责，是指根据国家法律、国际公约、运输合同的有关规定，责任人免于承担责任的事由。国际货运代理与承运人一样享有除外责任。

对于国际货运代理，其免除责任，在国际货运代理标准交易条件，或者在与客户签订的合同中，国际货运代理的免除责任主要有：

（1）客户的疏忽或过失所致；

（2）客户或其代理人在搬运、装卸、仓储和其他处理中所致；

（3）货物的自然特性或潜在缺陷所致，如：由于破损、泄漏、自燃、腐烂、生锈、发酵、蒸发或由于对冷、热、潮湿的特别敏感性；

（4）货物的包装不牢固、缺乏或不当包装所致；

（5）货物的标志或地址的错误或不清楚、不完整所致；

（6）货物的内容申报不清楚或不完整所致；

（7）不可抗力所致，如战争、海啸、飓风等灾害造成的货物的灭失。

需要说明的是，尽管有上述免责条款的规定，国际货运代理仍须对因其自己的过失或疏忽而造成的货物灭失、短少或损坏而负责。

另外，委托人应当对国际货运代理征询有关业务或处理意见时，必须予以答复，对要求国际货运代理所做的工作亦应及时给予各种明确的指示。如因指示不及时或不当而造成的损失，国际货运代理不承担任何责任。

第三节　国际货运代理行业的发展状况

一、世界国际货运代理行业发展状况

20 世纪 50 年代以来，随着世界各国经济贸易往来的日益频繁，跨国经济活动的增加，世界经济一体化进程的加快，国际货运代理行业在世界范围内迅速发展，国际货运代理人队伍不断壮大，并已成为促进国际经济贸易发展、繁荣运输经济、满足货物运输关系人服务需求的一支重要力量。经过几十年的发展，世界各国已有国际货运代理公司 40 000 多个，从业人员达 800 万 ~1 000 万人之众。在经济比较发达的欧洲国家，平均每个国家都有 300 ~500 家国际货运代理公司。在美洲，20 世纪 90 年代的美国就有货运代理公司 6 000 多家。在亚洲，日本拥有国际货运代理公司 400 多家，新加坡拥有国际货运代理公司 300 多家，韩国、印度分别拥有 200 多家。我国香港地区拥有国际货运代理公司 1 000 多家，台湾地区拥有近 260 家。

目前，世界上 80% 左右的空运货物、70% 以上的集装箱运输货物、75% 的杂货运输业务都控制在国际货运代理人手中。世界范围内货运代理行业的发展并不平衡。发达国家的国际货运代理行业发展水平较高，制度比较完善，国际货运代理公司多数规模较大，网络比较健全，人员素质较高，控制了世界国际货运代埋服务市场。发展中国家的国际货运代理行业发展比较缓慢，制度不够完善，国际货运代理公司多数规模较小，服务网点较少，人员缺乏培训，以本国业务为主，市场竞争能力较差。

二、我国国际货运代理业的发展现状

20 世纪 50 年代以来，随着世界各国经济贸易往来的日益频繁，跨国经济活动的增加，世界经济一体化进程的加快，国际货运代理行业在世界范围内迅速发展。中国国际货运代理行业起步较晚，历史较短，但是由于国家重视，政策鼓励，规范发展，所以也十分迅速。

我国国际货运代理企业遍布全国各省、自治区、直辖市，分布在 30 多个部门和领域，国有、民营、外商投资、股份制等多种经济成分并存，已经成为中国对外贸易运输事业的重要力量，对于中国对外贸易和国际运输事业的发展，乃至整个国民经济的发展作出了不可磨灭的贡献。

改革开放以来，伴随着中国对外贸易的高速增长，中国国际货运代理业的发展方兴未艾，已成为一个初具规模的新兴服务产业。

三、我国国际货运代理业的发展前景

国际货运代理业在中国还不是一种成熟的产业，国内外客户的需求又有很大的不同，根据本国特色，确定符合我国国情的货代物流产品是适应市场的首要条件。另外，由于中国的货代企业长期处于低层次的粗放经营状态，系统组织能力很低，又缺乏有效的全球网络，提供全球供应链的管理服务有一定难度。所以，中国的货代企业首先要解决的是如何根据自己的条件，融入全球物流体系之中，加速把过去传统的货代业提升为货代物流业，开发不同层次的物流服务，最大限度地在物流产业中受益。

中国国际货运代理行业要破除物流分项管理，构筑一体化物流战略以降低物流成本，提高竞争力，离不开完善的物流法律、法规建设，物流基础设施建设，信息基础设施建设，国际货运代理市场的培育和发展等宏观环境以及相关政策的支援；离不开供应链合作伙伴的相互信任、相互依存、互惠互利和共同发展的价值观的建立。中国货运代理企业要勇于探索、锐意进取，直面国外竞争对手的强有力挑战；中国货运代理企业要增强竞争忧患意识，在抓住国内市场的同时，要放眼世界，构筑全球化战略，缩小同发达国家企业在货运代理业务和市场竞争力上的差距，提高中国国际货运代理企业在国际市场的竞争力，并在全球性竞争中立于不败之地。

小贴士

国际货运代理人员的基本素质

1. 须熟知地理知识、海运航线知识、航空航线知识。
2. 熟知不同类型运输方式对货物的适用性。
3. 了解不同类型的船舶对货主货物的适应性。
4. 熟知外贸、航运法规和国家有关进出口监管政策。
5. 熟练操作各种货物运输的单证，并确保其制作的正确、清晰和及时。
6. 懂得海关、商检的手续和港口作业流程。

典型案例

国际货运代理企业备案程序

一、货代公司办理依据

(1)《商务部令2005年第9号国际货运代理企业备案(暂行)办法》;

(2)《商务部、国家工商行政管理总局关于国际货物运输代理企业登记和管理有关问题的通知》(商贸发[2005]32号)。

收费标准:不收费

货代公司货代公司办理时限:5个工作日

二、企业备案登记程序

选择相应企业类型(总公司或分公司)后,填写《国际货运代理企业备案表》(以下简称《备案表》)。打印《备案表》(正面和背面),由法人签字并加盖公章后到备案机关办理备案。

填写《备案表》说明:

(1)"企业经营代码"无须填写;

(2)"住所"为营业执照登记的住所;

(3)"经营场所"为办公地点;

(4)"企业网址"可以没有。

国际货运代理企业应按《备案表》要求认真填写所有事项的信息,并确保所填写内容是完整的、准确的和真实的;同时认真阅读《备案表》背面条款,并由企业法定代表人签字、加盖公章。

上网登录后,企业向备案登记机关(北京市商务局)提交如下书面材料:

1. 货代公司总公司

(1)填写完整的《备案表(一)》;

(2)营业执照副本复印件;

(3)组织机构代码证书副本复印件;

(4)外商投资企业还需提交《中华人民共和国外商投资企业批准证书》复印件。

2. 货代公司分公司

(1)填写完整的《备案表(二)》;

(2)营业执照副本复印件及总公司营业执照副本复印件;

(3)组织机构代码证书副本复印件;

(4)外商投资企业还需提交本公司及总公司的《中华人民共和国外商投资企业批准证书》复印件。

三、工作流程

国际货运代理企业于提交上述书面材料之日起5个工作日后领取加盖备案登记印章的《备案表》，并由企业法定代表人在表格背面签字、加盖公章。

国际货运代理企业应凭加盖备案登记机关印章的《备案表》在30个工作日内到有关部门办理开展国际货代业务所需的有关手续。

四、货代公司备案登记变更程序

《备案表》上的任何登记事项发生变更时，在30个工作日内办理《备案表》的变更手续，逾期未办理变更手续的，其《备案表》自动失效。

办理变更事项，企业应提交：

(1)《备案表》原件；

(2) 变更后的营业执照副本复印件；

(3) 变更后的组织机构代码证书副本复印件；

(4) 填写《备案表》(网上下载空白表格)；

(5) 企业名称变更，还需提交工商部门名称核准书复印件；

(6) 法人代表变更，需提交变更后的法人代表身份证复印件。

办理变更手续时，法人代表来办理需提交本人身份证复印件；受托人来办理需提交委托书、法人代表身份证复印件及受托人身份证复印件。

实 训

填制《国际货运代理企业备案表》

实训目的

通过填制《国际货运代理企业备案表》，了解国际货运代理企业的基本信息，熟悉《国际货运代理企业备案表》的填制过程。

实训内容

根据下列企业基本信息填制《国际货运代理企业备案表》。

上海亚东国际货运有限公司

Shanghai Asia Development International trans Pudong Co. , Ltd

名 称	上海亚东国际货运有限公司	注册号	310109000119890
法定代表人姓名	蔡大任	住所	上海市虹口区杨树浦路147号1幢4层4A-2b室
注册资本	2 200万元	实收资本	2 200万元
企业状态	确立	公司类型	有限责任公司（国内合资）
成立日期	1994年10月14日	营业期限	1994年10月14日至2014年10月14日

续上表

名　　称	上海亚东国际货运有限公司	注册号	310109000119890
登记机关	虹口分局	受理机关	虹口分局
经营范围	承办海运、空运进出口货物、国际展品、私人物品及过境货物的国际运输代理业务，包括：揽货、订舱、仓储、中转、集装箱拼装拆箱、结算运杂费、报关、报验、保险、相关的短途运输服务及咨询业务；国际快递（邮政企业专营业务除外），联运服务，自营和代理各类商品和技术的进出口，但国家限定公司经营或禁止进出口的商品及技术除外。民用航空运输销售代理，在上海海关的关区内从事报关业务，无船承运业务。【企业经营涉及行政许可的，凭许可证件经营】		

邮编：200002 电话：+86－021－6337××××　传真：+86－021－6337××××http://www.adp.com.cn/Html/default.asp

国际货运代理企业备案表（一）
（法人企业适用）

备案表编号：

企业中文名称			企业经营代码：空缺
企业英文名称			
住　　所			
经营场所（中文）			
经营场所（英文）			
工商登记注册日期		工商登记注册号	
企业类型		组织机构代码	空缺
注册资金		联系电话	
联系传真		邮政编码	
企业网址		企业电子邮箱	空缺
法定代表人姓名		有效证件号	空缺

业务类型范围

运输方式	海运□　空运□　陆运□
货物类型	一般货物□　国际展品□　过境运输□　私人物品□
服务项目	揽货□　托运□　定舱□　仓储中转□　集装箱拼装拆箱□ 结算运杂费□　报关□　报验□　保险□　相关短途运输□　运输咨询□
特殊项目	是否为多式联运　是□　否□　是否办理国际快递　是□　否□ 信件和具有信件性质的物品除外□　私人信函及县级以上党政军公文除外□
备　　注	

备案机关

签　　章

年　　月　　日

本人代表本企业作如下保证：

一、遵守《中华人民共和国对外贸易法》、《中华人民共和国国际货物运输代理业管理规定》及其配套法律、法规、规章。

二、遵守与国际货物运输代理业相关的运输、海关、外汇、税务、检验检疫、环保、知识产权等其他法律、法规、规章。

三、服从主管部门对国际货物运输代理业的行业管理，自觉维护国际货物运输代理业的经营秩序。

四、不伪造、变造、涂改、出租、出借、转让、出卖《国际货运代理企业备案表》。

五、在备案表中所填写的信息是完整的、准确的、真实的。

六、按要求认真填写、及时提交与经营活动有关的文件和资料。

七、《国际货运代理企业备案表》上填写的任何事项发生变化之日起，30 日内到原备案登记机关办理《国际货运代理企业备案表》的变更手续。

以上如有违反，将承担一切法律责任。

企业法定代表人
（签字、盖章）
年　月　日

实训课时

2 课时

实训要求

根据企业基本信息，填制《国际货运代理企业备案表》。

检查标准

根据企业基本信息，填制《国际货运代理企业备案表》，并检查填制是否完整。

自·测·练·习

一、单项选择题

1. 我国《中华人民共和国国际货运代理业管理规定》定义：“国际货运代理”是指________。

A. 个人　B. 集体　C. 行业　D. 团体

2. 我国规定，注册国际货运代理企业的注册资本为________人民币。

A. 500 万元　B. 300 万元　C. 200 万元　D. 100 万元

3. 我国是 FIATA 的________。

A. 创始国　B. 发起国　C. 会员国　D. 观察员

4. 国际货物运输代理业务中，海运货物运输的代理业务量约占________。

A. 20%　　B. 30%　　C. 40%　　D. 50%

5. 国际货运代理人在开展业务过程，应承担相应的权利、义务与________。

A. 报酬　　B. 责任　　C. 费率　　D. 免责

二、多项选择题

1. 国际货运代理的免除责任主要有________。

A. 客户的疏忽或过失所致

B. 客户或其代理人在搬运、装卸、仓储和其他处理中所致

C. 货物的自然特性或潜在缺陷所致

D. 货物的标志或地址的错误或不清楚、不完整所致

E. 不可抗力所致

2. 我国货运代理企业从事的业务主要有________。

A. 海上货物运输代理业务　　B. 航空货物运输代理业务

C. 国际陆路运输代理业务　　D. 国际多式联运业务

E. 国际仓储业务

3. 中国国际货运代理协会的主要任务是________。

A. 协助政府部门加强行业管理

B. 为政府制定行业发展规划和管理政策提供建议

C. 保护会员的合法权益

D. 维护国际货运代理行业经营秩序

E. 保护行业利益等

4. 船舶代理业务范围很广，主要包括________。

A. 船舶进出港业务　　B. 货运业务

C. 船舶供应　　D. 船舶服务　　E. 其他服务性业务

5. 根据国际货运代理协会联合会（FIATA）对货运代理下的定义，货运代理主要从事________业务。

A. 储货　　B. 报关　　C. 验收　　D. 收款

E. 装卸

三、是非题（正确的打“√”，错误的打“×”）

1. 在 CIFA 定义中，“国际货运代理”是指从事国际货运代理业务的自然人。（　）

2. 国际货运代理人可以通过其业务活动收取报酬。（　）

3. 国际货运代理人在其业务活动过程中，其责任均可免责。（　）

4. 国际货运代理业务对其从业人员是有要求的。（　）

5. 国际货运代理企业经注册登记后应向主管部门备案。（　）

四、思考题

1. FIATA对国际货运代理的定义是什么？

2. 国际货运代理的性质和作用有哪些？

3. 国际货运代理人员应具备哪些基本素质？

4. 国际货运代理相关的行业组织有哪些？其各自的宗旨是什么？

5. 简述国际货运代理企业的权利、义务和责任。

第二章

国际海上货运代理实务

学 习 目 标

◎ 知识目标

了解班轮运输的概念；了解班轮货运代理业务；了解班轮运价体系；了解租船运输的概念。

◎ 能力目标

熟悉班轮货运代理业务内容；掌握班轮货运代理业务流程；掌握班轮运费的计算方法；了解租船运输的流程。

第一节 班轮运输

一、班轮运输概述

国际远洋运输是随着国际海运贸易的发展而发展起来的。国际远洋运输船舶的营运方式也必须与贸易对运输的要求相适应。为了适应不同的货物和不同的贸易合同对运输的不同需要，也为了合理地利用远洋运输船舶的运输能力，并获得最佳的营运经济效益，当前国际上普遍采用的远洋船舶的营运方式可分为两大类，即班轮运输和租船运输。

班轮运输又称定期船运输，是指船舶按事先制定的船期表，在特定的航线上，以既定的挂靠港口顺序，相对确定的运价，经常地从事航线上各港口间的船舶运输。根据班轮运输装载器具技术的不同，班轮运输分为杂货班轮运输（或称为传统班轮运输）和集装箱班轮运输。

1. 班轮运输的特点

班轮运输的主要特点如下：

（1）具有“四固定”的特点。即固定船期、固定航线、固定港口和相对固定的费率。这是班轮运输的最基本特征。

（2）属于合同运输。班轮运输的承运人和货主之间在货物装船之前不书面签订运输合同或租船合同，而是在货物装船后，由船公司或其代理人签发提单，并以此为依据处理运输中的相关问题。

（3）有约定的交货方式。除特别约定在船边交货或船边提货外，一般船公司要求托运人将货物送到承运人指定的码头仓库交货，或到指定的码头仓库提货。相应地，承运人与货主之间不规定货物的装卸船时间，不计算速遣费和滞期费。仅约定托运人或收货人必须按照承运人送货、提货的时间要求交货、提货，否则赔偿承运人的仓储、码头作业延时等的费用。

（4）承担货物的装卸。承运人负责货物的装卸、理货等业务作业，一般还负责仓库到码头之间，或相反方向的搬运作业，并承担相关费用。这些费用均已计入班轮费率表所规定的费率中，不另外收取。例外情况，也有船公司的公布费率中不包含仓库到码头船边之间的运输费用，以附加费的方式向托运人收取。

2. 班轮运输组织的条件

组织班轮运输必须具备必要的条件，这些条件主要有：

（1）要有技术性能高、设备齐全的船舶；

（2）需要配备技术、业务水平高的船员；

（3）有一套适合小批量货物接收、运送的货运程序；

（4）有相关航线港口的船务代理和货运代理网络。

3. 海上运输的危险性

国际海上货物运输中海上危险的特点主要表现在危险的可能性大、所造成的损失也大、为适应海上危险而建立的制度较特别等几个方面。

（1）遭遇海上危险的可能性大。在国际海上货物运输中，由于船舶经常是长时间在远离海岸的海洋上航行，也由于海洋环境复杂、气象多变，随时都有可能遭遇到不可抗衡的海洋自然灾害的袭击，因此使船舶遭遇这些海上危险的机会比沿海运输中多、比江河运输中更多。

（2）海上危险造成的损失巨大。国际海上货运船舶一旦遭遇海上危险后，给船舶和货物所造成的损失是十分巨大和惊人的。因为一艘远洋运输船舶的规模往往较大，一次载运的货物数量之多也是任何其他运输工具都无法比拟的，特别是超大型船舶，一旦造成损失，其损失程度都是十分巨大的。而且当遭遇危险时，能得到外来力量援助的及时性差，或者根本无法得到援助而使已经遭遇的危险和遭受的损失进一步扩大。

（3）为适应海上危险而建立了特殊制度。面对海上危险的客观存在，人们在长期海上货物运输实践并总结所发生的海上危险的情况下，为了分散危险，防止和减少海上事故的发生，为了在发生事故并带来损失时能得到一定的经济补偿，也为了促进海上货物运输事业的发展，而逐步形成和发展并沿袭至今的一些适应海上危险的比较特殊的制度。这些制度包括共同海损制度、海上保险制度、海上救助制度、承运人责任限制制度和船舶所有人责任限制制度等。

二、杂货班轮运输

（一）杂货班轮运输概述

杂货班轮运输是最早的班轮运输。杂货班轮运输的货物以件杂货为主，还可以运输一些散货、重大件等特殊货物。杂货班轮运输中，通常在装/卸货港的码头或仓库进行交接货物（另有约定除外）。

杂货班轮运输的服务对象是非特定的、分散的众多货主，运输的对象多为各种性质的杂货。因此，班轮公司具有公共承运人的性质。

1. 杂货班轮运输的优点

杂货班轮运输的优点如下：

（1）能及时、迅速地将货物发送和运达目的港。由于货主和货代能根据船期表预知货物的发运和到达时间，因此能保证货物的供需要求。

（2）特别适应小批量零星件杂货对海上运输的需要。货主或货代能够随时向班轮公司托运，而不论货物的批量大小，因此可以节省货物等待集中的时间和仓储的费用。

（3）能满足各种货物对海上运输的要求，并能较好地保证货运质量。

（4）通常班轮公司都负责转运工作。货主或货代可以要求班轮公司安排货物的转运工作，从而满足货物运输的特殊需要。

2. 杂货班轮运输的作用

杂货班轮运输的作用如下：

（1）班轮运输只要有舱位，不论货物数量的多少、直运或转运都可以接受。有利于一般杂货和不足整船货的小批量货物的运输。货主能节省货物等待集中的时间和仓储费。

（2）由于“四固定”的特点，交货时间可以保证，运价相对固定，为贸易双方洽谈贸易价格和运输条件提供了依据。

（3）班轮运输长期在固定的航线上航行，能提供专门的、优质的服务。能满足各种货物对运输的要求，能对货物运输质量提供保障。

（4）运输条款的格式化、通用化，使得运输手续简便，方便货主结算。

3. 杂货班轮运输存在的问题

杂货班轮运输存在的主要问题是：

（1）手续繁杂。货物从发货人到收货人之间的整个运输过程中，一般需要经过多种运输方式转运。为了分清各承运人的责任，在每一个转运点上均需清点货物，办理交接手续。由于普通杂货一般批量较小，票数较多，文件、单据数量相对庞杂。繁杂的手续过程中，容易出现货物、文件、单据的差错而造成货差事故。

（2）货损货差多。由于转运点多，每次转运都需要进行一次货物装卸。货物装卸次数多，不仅增加了装卸、搬运费用，而且增加了货物损坏和货物丢失的概率。

（3）装卸效率低。传统的件杂货运输必须逐件、逐包进行装卸和搬运，需要花费很长的时间。有的货物在搬运时有一定的条件限制，如只能使用人力搬运，不能使用机械，或只能使用特殊机械搬运等。这样，即使杂货班轮公司采用托盘运输装卸、优化装卸组织流程等技术手段，仍然无法大幅度提高传统杂货班轮的装卸效率。

（二）杂货班轮运输的主要业务程序

1. 订舱配载

订舱（Home Booking/Space Booking），是指托运人向班轮公司或其代理人申请货物运输，洽订船舶舱位的行为。在具体订舱工作中，一般是托运人预先向班轮公司或其代理人申报运输计划，之后在规定的时间内向班轮公司或其代理人递交具体的订舱委托书，俗称订舱单（Booking Note，B/N）。订舱单一般包括：托运人的名称、收货人名称、包装标志、货物品名、数量、尺码、装卸港口、装运日期和特殊要求等事项。订舱单经船公司或其代理人承诺并签字盖章后，订舱即告完成，承运、托运双方的运输合同即告成立。

2. 装运准备

船公司根据订舱配载的要求，在指定的时间将船舶开抵指定港口受载。载船舶到港前，船公司或其代理人需做好装船准备工作。如将所有订舱托运单上的内容制成配船清单；缮制载货清单（Loading List）和画出积载草图（Load Plan）；将所有待运货物集中到港口码头；船舶到港后，大副和船代根据实际情况绘制正式积载图；托运人根据船公司或其代理人签发的装货单（Shipping Order，S/O）正本，向海关办理报关验放手续。

3. 装船

在班轮运输条款下，承运人、托运人双方的责任界限一般以船边为界，即船公司的责任与风险从装船开始。装船是双方货物交接的分界线。由特殊约定除外。

装船时，船方一般指派理货公司代表船公司的利益，负责现场理货。理货的内容包括：所装货物的唛头、件数、包装状况、货名等是否与单证文件一致，并保证港口方面的装船质量，以维护船公司的利益。货物装船后如实际装船数量与货单核对无误，船方即出具收货单据，称为收货单（Mate's Receipt M/R），又称大副收据。托运人可凭收货单向船公司换取正式提单。预付运费在签单前付清。另外，在货物装船后，托运人应向收货人发出装船通知。告知实际装运数量、船名、航次、装船日期和船舶预计离港日期，以便收货人在船舶抵港前做好接货准备工作。

4. 卸船交货

卸船交货是指将船舶所承运的货物在卸货港从船上卸下，办理货物交接手续后交付收货人。为使船舶在有限的靠泊时间内尽快装卸货物，一般采取先将货物卸至码头仓库，进行分类整理后，再安排收货人提货。这种“集中卸船、仓库交付”的形式，大大提高了码头的装卸效率。对于危险品、重大件等特殊货物，则采取安排收货人办妥进口手续后，在船边办理交接手续和接收货物的“船边交货”的形式。当然，承运人是否同意接受“船边交货”将视货物的性质、卸货港的仓储条件、货物积载情况等因素，综合考虑后作出安排。

三、集装箱班轮运输

（一）集装箱班轮运输概述

集装箱班轮运输是指集装箱班轮公司按事先制定的船期表，在固定航线的固定挂靠港口之间，按规定的操作规则为非固定的广大货主提供规范的、反复的集装箱货物运输服务，并按“箱运价”来计收运费的一种营运方式。

集装箱班轮运输的主要参与人有货运代理、无船承运人、实际承运人、班轮公司、船舶代理、操作代理、海外代理、拖车公司、堆场、报关行等。

集装箱班轮运输的主要形式是场站到场站运输（CY－CY）和门到门运输（DOOR－DOOR）。

1. 集装箱班轮运输的优点

集装箱班轮运输的优点主要是：

（1）提高运输效率。将不同外形、包装的件杂货装入具有标准规格的集装箱内，以集装箱为运输、装卸、搬运的对象，提供了实现高效机械化作业的必要条件。通过提高运输装卸过程中的机械化程度，大大提高货物的装卸效率，减少了运输船舶的在港停泊时间。为适应装卸集装箱的需要，出现了码头的专业化发展趋势，从而解决了船舶大型化、高速化而带来的运输效率被装卸效率过低而抵消的问题。使船舶经营人、货主等各方运输参与人从中受益。

（2）便于开展多式联运。所谓多式联运是指用两种或两种以上的运输方式，由多式联运经营人把货物从货物接管地点运到另一指定货物交付地点的行为。集装箱作为运输单元，由一种运输方式换装到另一种运输方式进行联运时，只需搬移集装箱而不需移动箱内货物，这就大大方便了换装作业。另外，由于集装箱具有坚固和密闭的特点，各监管单位只须验封，就可交接，这就大大简便了交接手续。

集装箱运输与杂货班轮运输的区别如图2－1所示。

2. 集装箱班轮运输存在的主要问题

集装箱班轮运输存在的主要问题有：

（1）初始投资大。集装箱运输是一种现代化的运输系统，开展集装箱运输需要专门的设施和新的技术装备。如码头要有专业码头、专业装卸设备、专用集装箱堆场；航运公司要有专用集装箱船和大量价格昂贵的集装箱；铁路要有专用的车皮、专用的装卸设备；公路运输要有专用集装箱运输车辆等。专业化的运输方式，必须有全方位专业化的运输设备相支撑。否则，各运输环节的发展不平衡，仍然无法体现集装箱运输的优越性。

（2）管理要求高。集装箱运输系统与传统的运输系统有很大差别。集装箱运输是采用

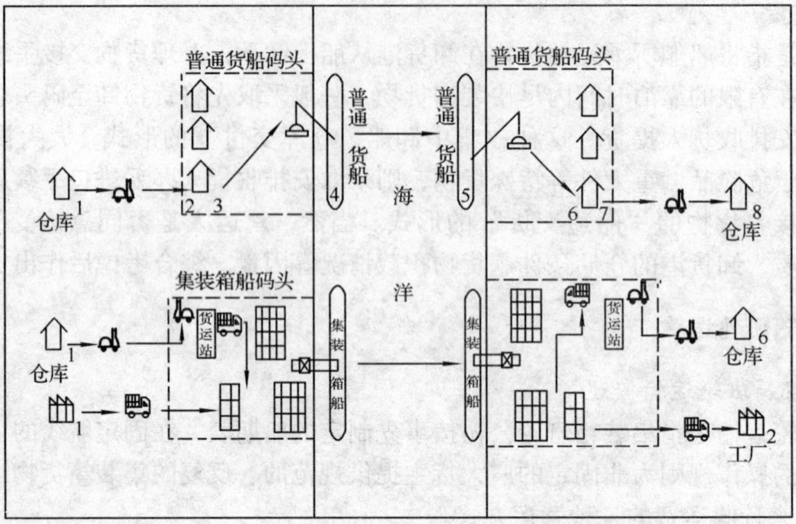

图2－1 集装箱运输与杂货班轮运输的区别

现代化大规模生产的方式，因此要求有更高的作业效率。这就要求各方参与者，针对集装箱运输的要求，在作业流程、作业规范等制度上作出调整。此外，集装箱运输中需要大量的集装箱，而集装箱的价格又很高。如何有效利用集装箱，加速集装箱的周转率，减少回程空箱的调运等，成了集装箱箱务管理的课题。除了依靠计算机系统的帮助，还需要建立一整套完善的集装箱设备交接规范。而上述这些规范都需要管理者的认真贯彻和实施。

(3) 潜在危险性增大。由于集装箱允许在甲板上装载，从而影响了船舶的稳性、安全性；集装箱船为使集装箱进入舱内，必须把舱口开大，因此集装箱船比普通杂货船纵向变形的适应力小了很多；一般集装箱船没有装卸设备，当发生危险时无法采取抛弃货物自救；由于货物在装箱后处于密闭状态，在运输途中无法发现箱内货物的状况。即使货物处于危险状态下，也无法及时采取处置措施。当运输的货物为危险货物时，情况更为严重。此外集装箱内货物因装载技术不当，或装载方式不妥而造成的货损，同样是因无法及时发现，而无法采取补救办法所致。在某种程度上，集装箱运输反而增加了货物损坏的可能性。随着新型集装箱船的设计、货物装载规范的标准化和科学技术的发展，集装箱运输中存在的危险程度在降低，有些问题已经得到了逐步解决。

(二) 集装箱班轮运输的主要航线

船舶在两个或多个港口之间从事货物运输的线路称为航线。海运航线按航行区域范围的大小、运输距离的长短分为国际大洋航线、地区性的国际航线和沿海航线。

1. 集装箱海上运输大洋航线

国际大洋航线有：太平洋航线、大西洋航线和印度洋航线。

(1) 太平洋航线。太平洋航线又细分为：远东—北美西海岸各港航线（从中国、日本、韩国和俄罗斯远东海港出发到加拿大、美国、墨西哥等北美西海岸各港）；远东—加勒比海、北美东海岸各港口航线（上述远东国家海港出发，经巴拿马运河后到达中美洲、加勒比海各港口、北美东部各港口）；远东—南美西海岸航线（上述远东国家海港出发，经琉球群岛、硫黄列岛、夏威夷群岛之南的莱恩群岛附近穿越赤道进入南太平洋至南美西海岸各港口）；远东—澳、新航线（分为两条航线：中国北方沿海港口和日本港口去澳洲东岸和新西兰港口，走琉球、加罗林群岛，进入所罗门海、珊瑚海；另外就是从中国沿海港口南下，经中国香港、南海、苏拉威海、班达海、阿拉弗拉海、珊瑚海、塔斯曼海。此外还有从中国去澳洲西海岸航线，多经菲律宾的民都洛海峡、望加锡海峡、龙目海峡南下）；远东—东南亚航线（上述远东国家海港出发，经东海、中国台湾海峡、巴士海峡、南海到东南亚各国港口）；澳、新—北美东西海岸航线（从澳、新港口出发，途经苏瓦、檀香山等太平洋上重要港口到北美西海岸，或经帕皮提群岛、过巴拿马运河到北美东海岸）；北美—东南亚航线（这组航线一般要经过夏威夷、关岛、菲律宾等地，或通过巴拿马运河将北美东、加勒比海各港与东南亚各国的港口连接。

（2）大西洋航线。由于大西洋位于西欧、北美两个世界经济发达的地区，有许多优良港湾和深入大陆的内河、内海。有苏伊士运河和巴拿马运河与印度洋和太平洋连接。其中的主要航线有：西北欧—北美东海岸航线（自北美东海岸经过纽芬兰横渡大西洋到达西北欧沿岸各港口）；西北欧—北美东岸、加勒比海各港口航线（该航线多出英吉利海峡后横渡大西洋。除去北美、加勒比海沿岸各港口外，还可经巴拿马运河到达美洲太平洋西岸各港口）；北美东岸、西北欧—地中海、苏伊士运河去东方航线；西北欧、地中海—南美东海岸航线；西北欧、北美大西洋—好望角、东方航线（这是油轮从海湾地区向西北欧、北美运送石油的必经之路）；南美东海岸—好望角航线（这是南美东海岸去海湾地区运油，或远东国家购买巴西矿石常选用的路线）。

（3）印度洋航线。横贯印度洋东西的航线（从亚洲太平洋地区和大洋洲横穿印度洋西行的航线）；进出印度洋北部国家各港口的航线（印度洋北部包括：孟加拉湾、阿拉伯沿岸国家等）；进出波斯湾沿岸国家的航线（一条经曼德海峡、红海、苏伊士运河、地中海进入大西洋，到欧洲或往北美；一条是南下印度洋，经东非沿岸，绕道好望角通往大西洋，到西北欧、北美；还有一条是出波斯湾东行，经印度洋、马六甲海峡、太平洋到东南亚和远东。

2. 国际集装箱海上运输主要干线

集装箱运输是一种资金密集型的运输系统，为了最大限度地发挥运输系统的运输效率和经济效益，必须促进集装箱主要航线的稳定，扩大配套运输支线网络，加强和完善多式联运的运输体制。当前，世界上规模最大的三条集装箱航线是：远东—北美航线；远东—欧洲、地中海航线；北美—欧洲、地中海航线。

（1）远东—北美航线。远东—北美航线实际上可分为两条航线，即远东—北美西岸航线，远东—北美东岸、墨西哥海湾航线。远东—北美西岸航线又有远东—北美西北航线（主要港口为远东的新加坡、香港、高雄、上海、釜山、神户、横滨及温哥华、西雅图、塔科马等）；远东—北美西南航线（主要港口为上述远东港口，及长滩、洛杉矶、旧金山等）。远东—北美东岸、墨西哥海湾航线（主要港口为上述远东港口，及纽约、新泽西、查尔斯顿和新奥尔良等）。

（2）远东—欧洲、地中海航线。远东—欧洲、地中海航线又称欧地线。可分为远东—欧洲航线（涉及的主要港口有：荷兰的鹿特丹、德国的汉堡和不来梅、比利时的安特卫普、英国的费利克斯托、法国的勒哈弗尔等）；远东—地中海航线（涉及的主要港口有：西班牙的巴塞罗那和瓦伦西亚、法国的马赛、意大利的那不勒斯和热那亚、土耳其的梅尔辛、塞浦路斯的利马索尔、埃及的塞得港、以色列的海法等）。

（3）北美—欧洲、地中海航线。北美—欧洲、地中海航线，又称跨大西洋航线。该航线实际包括三条航线：北美东岸、墨西哥海湾—欧洲航线，北美东、墨西哥海湾—地中海航线和北美西岸—欧洲、地中海航线。

（三）集装箱船舶

集装箱船是指专供载运集装箱的货船。外形瘦长，单甲板，货舱口成双排或三排，舱内为格栅结构，由柱子、水平标材及导轨等组成，既便于装载，又可防集装箱倒塌。舱口大小配合集装箱尺寸。甲板上和货舱口盖均有系固绑缚设备。集装箱一部分置于舱内，一部分堆放于舱面。一般用码头上的专用起货设备装卸，以减少船的停靠时间。

1. 集装箱船的种类

集装箱船的分类有按装卸方式划分的，包括吊装式、滚装式、载驳式；有按专用程度进行划分的，包括全集装箱船、部分集装箱船、可变换集装箱船；还有按有无舱盖板进行划分的，以及按特殊用途划分的，如适合冰区航行的具有破冰功能的集装箱船等。

（1）吊装式集装箱船。这类船舶多数不设装卸设备，而是利用岸上的集装箱装卸设备进行装卸作业。

（2）滚装式集装箱船。滚装式集装箱船在船尾或船侧设有吊门和连接码头的倾斜跳板，把装于底盘车上的集装箱、托盘货物等作为一个货物运输单元，用拖车牵引底盘车，经连接船舶与码头的倾斜跳板直接进出货舱完成装卸作业。

图 2－2 滚装船

滚装船（见图 2－2）由于采用水平的装卸方式，装卸可同时进行，对泊位设备投资较低，装卸效率很高。所以，这类船舶特别适合于靠泊潮差变化较小的短途水陆联运港口。其缺点是舱容利用率低，船舶造价高。

（3）载驳船。又称子母船。专用于运载能浮于水面的特殊集装箱货驳（子船）的船。母船装卸作业无须港口装卸设备，只要有条件良好的水面即能完成驳船（子船）装卸。离开母船后的子船可经水路直接拖至内河港口。子船特别适合在浅水泊位完成货物装卸。因此，载驳船适合于海河联运、干线和支线直达运输，但不适合于海陆联运。

（4）全集装箱船。指专门用于装运集装箱的船舶，舱内和舱面全部舱位专为装运集装箱而设计。它与一般杂货船不同，其货舱内有格栅式箱格，装有垂直导轨，便于集装箱沿导轨放下，四角有格栅制约，可防倾倒。

集装箱班轮运输采用的船型主要是全集装箱船（见图 2－3）。

（5）无舱盖集装箱船。无舱盖集装箱船（见图 2－4）首次出现于 20 世纪 90 年代初，这类船舶中部有多个舱设计成无舱盖形式，并将舱内箱格导轨延伸到舱面。它不但可以省去舱面集装箱的系固作业，因不必吊装舱盖板，也提高了装卸效率。

2. 集装箱船的特点

集装箱船具有下列特点：

图 2-3　全集装箱船

图 2-4　无舱盖集装箱船

（1）稳性要求高。这是因为集装箱船的甲板上要堆装 4～6 层箱子，全船的重心提高了，受风面积增大，故稳性要求就较高。同时，在装卸时对船体的倾斜限制较大。航行中希望横摇加速度较小，即摇摆周期要长。

（2）大窗口。为了充分利用货舱舱容，要求集装箱船舶舱底与舱口一样宽。为了提高强度，大型船采用了双船壳结构来提高总纵强度，又可作为压载、油舱使用。

（3）船型基本上都是偏尾机型。可使货舱尽可能方正，能够多装箱子。同时还要考虑到正常甲板装载条件下的瞭望的要求，又不能过分靠后。

（4）采用格栅结构的船舱。舱内为格栅结构，便于装箱，防止移动。焊在横舱壁上，又可以作为扶强材，提高了横舱壁强度。

（5）货舱方正。在艏、艉部的货舱由于船体形状的原因，为了装箱，形成一个个小平台，只能装 20 ft 箱或 40 ft 箱。

（6）船体削瘦，方形系数小，有利于提高速度。

（7）有完善的标准的系固系统。对非标准箱的系固需另行获得批准。

3. 集装箱船的优越性

集装箱船与一般杂货船相比，具有一系列优越性：

（1）装卸效率高，周转速度快，运营成本低。全部实现了高效装卸作业的机械化和自动化。

（2）由于集装箱船运输，可以节省装卸和理货等手续，因而能减少作业环节，简化作业程序，改善劳动条件，减轻劳动强度。

（3）可减少货物的损坏、遗失和混装现象。

（4）集装箱船对所运货物有较好的适应性。据有关部门统计，国际海上贸易中，有 80% 左右的货物可通过装运集装箱来使用集装箱船运输。

第二节　班轮货运代理业务

一、班轮货运代理业务一般流程

1. 订舱承运

托运人在选定船公司、班期后，填制托运单向船公司或其代理人（一般是船公司的船务代理，简称船代）申请订舱。船公司或船代根据托运人的订舱申请，考虑船舶舱位、货物性质、运输要求等因素后确定能否接受订舱委托。在船公司或船代审核托运单，确认可以接收后，会在装货单上签章，以表明承运该货物。托运人凭签章后的装箱单向海关办理出口货物报关手续。船公司或船代则根据托运单缮制预配清单等单据，以便于托运人、集装箱码头、集装箱空箱堆场等相关运输部门安排集装箱空箱的发放和重箱的进港等交接工作。

2. 装箱交接

船公司或船代在接受订舱后，其现场经办人员根据预配清单的用箱要求安排集装箱空箱发放的堆场，并缮制集装箱设备交接单。托运人根据其出运货物所使用集装箱的情况不同，或托运人安排集装箱门点装箱、或将货物送到承运人指定仓库收货和装箱。装箱前，负责装箱运输的集卡车队向船代领取集装箱设备交接单。凭设备交接单，到指定集装箱空箱堆场领取所需空箱。或在托运人指定的门点装箱、或在承运人指定的内装仓库装箱。装箱完毕，根据货物的实际装箱情况，填制集装箱装箱单。集装箱重箱与设备交接单、集装箱装箱单一起，由集装箱重箱运输司机送集装箱港口。在集装箱港口的入口处（俗称道口、卡口）完成箱、单交接。双方在设备交接单、集装箱装箱单上签字确认。

3. 配载装船

船公司或船代接受订舱后，根据托运单中的货物订舱数据，由船公司的集装箱配载中心或船舶大副，根据分类整理的订舱单，编制航次集装箱预配图。航次集装箱预配图由船公司直接转给集装箱港口装卸公司。港口装卸公司在收到集装箱预配图后，由码头船长（Terminal Captain）或集装箱配载员，根据预配图和码头实际进箱情况，编制集装箱实配图。待集装箱船靠泊后，码头配载员持实配图，交集装箱船的大副审查。经船方签字同意，码头凭确认后的集装箱实配图安排集装箱装船作业。集装箱装船完毕后，由理货公司的理货员按船舶实际装箱情况，编制最终积载图。托运人在船开后向船代申领提单。船代凭从集装箱装卸码头返回的，已经大副签注的“场站收据”联，签发提单。

4. 卸船交货

集装箱货物运抵卸货港后，船公司或船代负责卸货至港口集装箱堆场。货主在办理了进口手续后，海关在提货单上加盖放行章。货主凭合法有效的提货凭证到港口集装箱堆场办理提货拆箱。通常情况下，货主还需负责空箱的还箱工作。

二、整箱货出口代理

1. 整箱出口货运代理业务流程

整箱出口货运代理业务按下列流程操作：

（1）托运人与货代建立货运代理关系。

（2）货代单证操作部门填写托运单证，向船公司或船代订舱。

（3）订舱后，货代将有关订舱信息通知托运人。船代准备预配清单，通知船代现场准备集装箱设备交接单 EIR。

（4）托运人自己安排集装箱装箱及运输的，则由托运人根据订舱信息向船代现场领取 EIR，到空箱堆场提取空箱。在装箱后由装箱人制作集装箱装箱单 CLP，并按照船代重箱进港要求将重箱送到码头堆场待运。

（5）货代安排到托运人指定门点装箱的，则由货代运输调度部门安排向船代现场领取

EIR，到空箱堆场提取空箱，在托运人的指定门点装箱后，由装箱人制作集装箱装箱单 CLP，并按照船代重箱进港要求将重箱送到码头堆场待运。

（6）托运人将货物送到货代指定 CFS 做内装箱的，则由货代运输调度向船代现场领取 EIR，到空箱堆场提取空箱。在货代 CFS 装箱后，由装箱人制作集装箱装箱单 CLP，并按照船代重箱进港要求将重箱送到码头堆场待运。

注：(4)、(5)、(6) 在实践中只有一种选择。

（7）托运人自己报关的，则托运人在报关成功后，及时将有关单证送交船代现场。

（8）货代代为报关的，在报关成功后，及时将有关单证送交船代现场。

注：(7)、(8) 在实践中只有一种选择。

（9）船代现场根据货物报关、进港的实际情况安排码头堆场配载。

（10）集装箱装船后，船代现场将 D/R 正本返回船代。

（11）货代向船代申领提单。

（12）货代向托运人交付提单。

整箱出口货运代理流程图如图 2-5 所示。

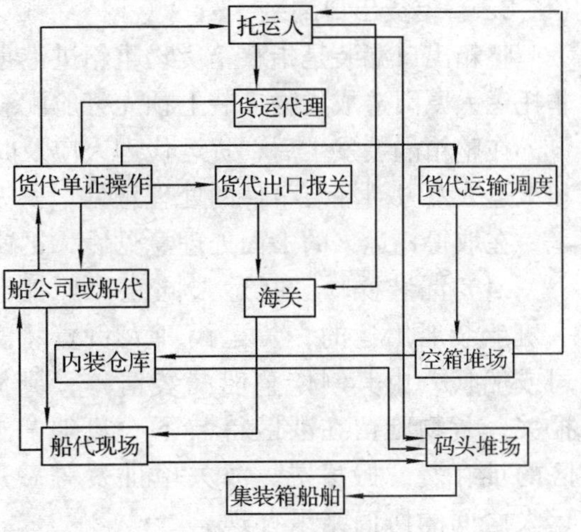

图 2-5 整箱出口货运代理流程图

2. 整箱货出口退关

整箱出口退关（Shut Out or Draw Back）是指托运人委托货运代理人办妥整箱出口货运订舱手续后，因种种原因在货物配载装船前中止货运过程的事件。

由于退关后处理手续繁杂，稍有疏忽即可能造成非常被动的货运责任事故，并引起额外的费用支出。因此在发生退关后，货运代理与委托人之间应及时分清责任。货运代理人应在取得托运人的明确指示后，尽量迅速、妥善地处理退关事宜。整箱退关的原因多种多样：或尚未提取集装箱空箱即退关、或已提取空箱但货物尚未装箱即退关、或已经装箱但尚未送进港区即退关、或已送进港区但尚未报关成功即退关、或已经送进港区且已报关成功但因超配或船舶吃水等原因退关等。

货运代理人要区别不同的情况，采取不同的应对措施：

（1）单证的处理。退关的结果是货物的装货单 S/O 失去配载的作用。在货物退关后，货运代理人应及时通知船公司或船代注销退关货物的订舱，以便其注销相应的场站收据等单证。

在货物报关成功前退关的，货运代理人需及时将托运人的报关资料退还托运人；若在货物报关成功后退关的，货运代理人需及时向海关办理退关手续，将注销的报关单及相关单证尽早取回后退还托运人。

委托人提出退关时集装箱设备交接单尚未领取的，则由船公司或船代的现场工作人员予以注销；若集装箱设备交接单已经领取但尚未提取空箱的，则货运代理人要及时通知委托人或空箱提箱人（一般是货运站、或集卡运输车队）及时返还设备交接单。

（2）货物及集装箱设备的处理。已经提取空箱但尚未装箱即退关的，货运代理人需督促托运人或空箱提箱人及时将集装箱空箱还回船公司的集装箱堆场。

已装箱但尚未将整箱货物送进港区或船公司集装箱重箱堆场即退关的，货运代理人要及时安排重箱拆箱，货物交还托运人，空箱返还船公司集装箱堆场。

重箱进港后退关的，货运代理人需向港区办理申请手续并缴纳相关费用后，安排将重箱拉出拆箱。货物交还托运人，空箱返还船公司集装箱堆场。

3. 整箱货出口漏装

整箱出口漏装是指整箱货物重箱进港报关成功后，因船舶超载、船舶吃水、码头作业等非托运人原因造成货物未装上预先订舱配载船舶的货运事件。

在整箱漏装发生后，货运代理人应及时与托运人、船公司或船代取得联系，听取托运人和承运人双方对漏装事件的处理意见，积极沟通和协调双方利益。

在取得托运人的书面处理意见后，迅速处理漏装货物的后续操作事宜。

（1）漏装操作。托运人同意由原船公司或船代将漏装货物安排在同一港区，由下一班船装船出运的，货运代理人负责将盖有海关放行章的场站收据副本联统一交船公司或船代，由其制作整船漏装清单，到海关办理相关货物放行手续。托运人不必重新报关，货物则留在港区待装下一班船。通常情况下，船公司或船代负担漏装货物在港区的堆存费、搬移费、海关单证费等费用。也有例外情况，则依据船公司或船代与托运人之间的协商结果办理。

（2）改配操作。托运人决定换装其他承运人的船，或由原船公司在其他港区码头的其他船出运的，则货运代理人需及时向海关办理退关手续，将注销的报关单及相关单证尽早取回后退还托运人。在向港区办理申请手续并缴纳相关费用后，安排将重箱拉出。若仍配原船公司船出运，则按照重新订舱的程序安排货运。在征得船公司同意的情况下，可以使用原集装箱，不必重新提取空箱进行货物捣箱作业；须注意，集装箱装箱单仍需重新制作。若托运人准备另行安排货运委托事宜，则货运代理人在安排拆箱后将货物交还托运人，拆箱后的空箱返还原船公司集装箱堆场。至于产生的费用结算事宜，则依据船公司或船代和托运人之间的协商结果办理。

三、拼箱货出口代理

所谓拼箱货运，是指有集拼条件的货运代理人，将不同委托人、不同收货人、同一卸货港的零星货物集中起来，以货运代理人的名义办理整箱运输。

1. 承办集拼业务的货运代理企业应具备的条件

承办集拼业务的货运代理企业必须具备下列条件：

（1）具有集装箱货运站装箱设施和装箱能力。

（2）在国外有自己的货运代理人，具备拆箱分拨能力。

（3）政府部门批准有从事集拼业务经营范围且能签发货代提单（House B/L）。

通常情况下，从事集拼业务的货运代理人，由于其签发自己的提单，其法律地位相当于无船承运人。办理拼箱业务的货物托运人，其接受的提单是货运代理人签发的以（LCL）CFS/CFS 交接方式的 House B/L。货运代理人作为集拼整箱的托运人，从船公司或其代理人处签得（FCL）CY/CY 交接方式的集拼整箱的 Master B/L。

例外情况，因集拼业务的货运代理人，在整箱货物的卸货港没有其自己的代理人。则货运代理人会使用船公司或其船代的代理，将拼箱货物送到船公司的 CFS 安排内装箱，向客户签发船公司的提单。这种业务相对于船公司或其船代而言，称为自拼箱（Self Container Load，简称 SCL），即将货运代理人视同货主，由货主自行组织零星货物拼成整箱后运输，船公司在卸货港的代理负责拆箱交货。在这种情况下，实际货物托运人接受的是船公司签发的以 CFS/CFS 为交接方式的 M－B/L。在此状况下，船公司提供的是类似杂货班轮的服务，因此操作程序也类似。

2. 拼箱货出口业务流程

集拼货运代理人预先以（LCL）CFS/CFS 集装箱交接方式向船公司或船代预定整箱，并为该整箱项下的每票货物单独缮制场站收据联单（D/R）。船代接受订舱后，依照场站收据联单操作流程将相关报关等单证退给货代，货代通知各委托人在规定时间内将运输的货物送进货代指定的货运站 CFS，同时将相关报关资料送交货代。货代安排货运站适时向船代现场领取 EIR 后，将空箱运到 CFS 装箱。CFS 中的装箱人根据实际装箱情况缮制 CLP，并将实际装箱数据通知货代操作人员，以便与订舱时的 D/R 数据核对。若有误，则及时要求船代更正。货代整理报关资料统一向海关进行出口申报。海关验放后，货代应及时将有关单证送交船代现场配载装运。船开后，货代向船代申领整箱货下的全部 M－B/L 提单。同时向各委托人分别签发货代的 H－B/L。拼箱货出口货运代理业务流程如图 2－6 所示。

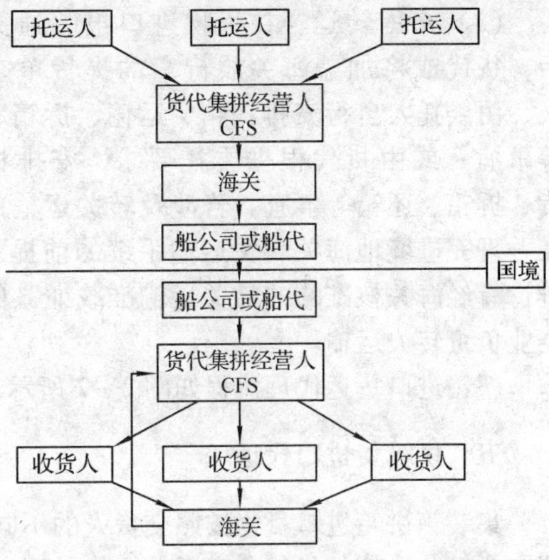

图 2－6 拼箱货出口货运代理业务流程

四、整箱货进口代理

海运代理进口业务是从承揽和接受货物，安排船舶到国外装港装货，运至国内安排卸货并将货物送交收货人的整个过程。在实际操作中，整箱货进口代理仅涉及国内段货物进口报关、内陆运输等业务。

整箱货进口代理业务流程主要是：

（1）建立委托。因进口货物运输业务的特性，所以货运代理与委托人在发生业务代理关系前，应签订进口货物代理委托协议。进口货运代理委托协议能规范双方的责任和义务。既是双方处理进口业务的依据，也是双方权益的保障条件之一。

进口货运代理委托协议的内容应明确如下事项：

① 委托人法人单位的全称、住址、联系电话、具体联系人；

② 委托人委托货代代理进口业务事项的授权范围；

③ 委托方提供进口单证、报关单证的时间范围；

④ 代垫费用、货代业务操作费用等进口业务费用的结算标准、结算方式；

⑤ 委托人和货运代理双方商定的其他特定条款；

⑥ 双方的违约责任条款；

⑦ 发生纠纷的法律管辖地条款；

⑧ 协议的有效期限；

⑨ 协议双方法人，或法人授权的代理人的签章和签字（公章或合同章）。

（2）换单报关。货运代理在接受进口货运委托后，应根据委托人提供的提单、或海运单副本、或电方提单的装运证明等货物运输单证，及时与承运船公司或其在卸货港的船舶代理人取得联系。查询船舶靠港、卸货、换单的准确日期。在船舶代理发出，或收到“到货通知书”的最短时间内，凭收货委托人背书的提单、或证明收货委托人身份的文件等向船代换取相关进口货物的提货单。或由委托人自行办理进口报关报检、或由货代代理进口报关报检等手续。

（3）交货转运。在货物进口报关通关验放后，货代或将加盖海关放行章的提货单交委托人，由委托人自行安排提箱、运输、拆箱和还箱等事宜；或由货代根据委托要求，安排相关交货、拆箱、还箱等事宜。若涉及转关运输的，则在办理完进境地海关转关运输手续的前提下，安排持有经海关核准的“转关运输准载证”的运输企业负责转关运输。

整箱进口货运代理流程如图 2－7 所示。

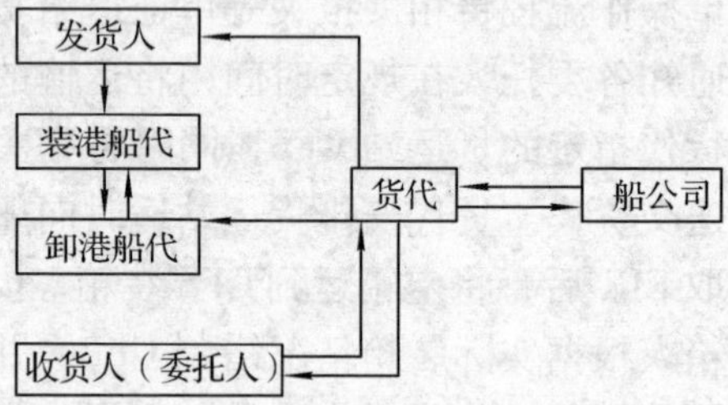

图 2－7 整箱进口货运代理流程

五、拼箱货进口代理

集装箱拼箱进口货物按照交货人的不同，分为两种情况：或由船公司负责拆箱交货、或由有拼箱分拨权的货代负责拆箱交货。两者的共同之处在于，货物在交付前均须处于海关监管下，即存放在海关监管仓库或监管港区内。

拼箱货进口代理具体流程为：

（1）卸船拆箱。载运集装箱的船舶到港后，由船代根据积载舱单数据向海关进行货物进港申报。船公司以 LCL 交付方式交货的集装箱则转入港区监管仓库、或船公司的海关监管仓库拆箱仓储。经海关核准具备拼箱分拨权的货代则先向海关办理整箱放箱手续，同时将整箱内所装货物的明细制作成分拨舱单，向海关发送分拨舱单信息以供验放核对之用。货物则转入海关监管仓库拆箱仓储。

（2）理货及到货通知。船代或有分拨权的货代在货物入库拆箱后，根据舱单内容对货物进行清点、整理、分类、仓储。同时向提单上显示的收货人、通知人发到货通知。货主或其委托的货代凭背书后的提单向船代或有分拨权的货代缴清运杂费后换取提货单。提货单须有船代或有分拨权货代的放货章方为有效。

（3）报关报检。货主或其委托的货代，携提货单和其他海关规定的报关资料向海关申请货物验放。有检验检疫要求的货物，须在报关申报前办理检验检疫手续。例外，非口岸地货物的检验手续须客户自行到货物目的地申请当地检验机构办理的，则接受进口报关报检委托的货代有义务提醒货主及时办理检验手续，以免招致相关职能部门的处罚而产生委托代理纠纷。

（4）提货转运。货主或其委托的货代在海关验放后，携盖有海关放行章及其他相关单位放行章的提货单，到港区监管仓库，或船公司监管仓库、或有分拨权的货代监管仓库中提货。若货主有委托货代转运要求的，则货代还需负责将货物转运到货主的指定地点交付货物。

（5）转关运输。进口货物涉及转关运输必须具备若干条件：货主所在地设有海关机构；向海关交验的进境运输单据上列明到达目的地为非首达口岸，需转关运输；运输工具和货物符合海关监管要求；转关运输的单位须经海关核准等。货代在接受货主委托办理转关运输时，须明确海关的相关规定，对涉及的报关注意事项、转关关封等文件的管理和移交，以及转关运输工具及运输单位的选择等事务必须谨慎办理。

六、班轮运输主要单证

班轮运输涉及的运输单证包括货运代理委托书、设备交接单、场站收据、集装箱装箱单、提单、报关单申报单或进口报关委托书、商业发票、装箱单、保险单、进口许可证、机电产品进口登记表、木制品包装熏蒸证明等货物运输单证、商业单证和报关报检用单证等。

1. 货运代理委托书

货运代理委托书是货主授权货运代理人进行国际货运的法律文件。货运代理人在货主的授权下开展与授权有关货运业务。图 2－8 所示为货运代理委托书样张。由于在实际操作中，常常由货运代理人代替货主进行货运业务活动。为规范代理行为，明确代理权限范围，在货主委托货运代理时，委托方必须要向货运代理人出具委托书。在货主与货运代理人订有长期货运代理合同的情况下，也可以用双方事先约定的货物出运明细表、货物入仓交接单等单证代替委托书。

货运委托书无统一格式，填制代运委托书时应注意：

（1）代运编号：出口企业与货运代理间商定的对口编号，一般为出口发票编号。

（2）委托单位编号：一般为委托单位的海关编号。

（3）国别：即目的港所在国家。

（4）件数及包装式样：一般杂货以件数作数量单位，如 XX 包，如一批货物有两种或两种以上的包装形式，需标明每种包装的数量和各种包装相加的总数，如 250 木箱（Wooden Cases）和 450 纸箱（Cartons），总个数为 700 件（Packages）。大宗散装货应注明吨数和散装（In Bulk）字样，如“1 000 公吨散装”。

（5）货名：中英文都填，英文应根据信用证或合同规定填写，是制作提单的依据。

（6）毛重，净重（公斤）：填写实际货物的总毛重和总净重。

（7）成交价格：填写成交的贸易术语。如 CIF。

（8）托运人：按信用证规定填写。一般为信用证的受益人，即出口商。

（9）收货人：按信用证规定填写。一般为“To Order”或“To Order of ×××”。

（10）通知人：按信用证规定填写。若信用证中未作具体规定，则一般正本留空不填，副本为信用证的申请人。

（11）需要提单份数：按信用证规定填写。若信用证规定为“全套”则填：3 份正本，2 份副本。

（12）运费支付：填写信用证规定的“Freight Prepaid”（运费预付）或“Freight To Collect”（运费到付）。

外运编号：

SHIPPER（发货人）

CONSIGNEE（收货人）

NOTIFY PARTY（通知人）

上远国际货运公司

兹委托你公司承运以下货物，请与出运后据次向我方（我指定方）收取费用。

委托方（盖章）

联系人：

Dated on:

TEL:

PLACE OF DELIVERY（目的港）	预备船名、船期：	预配箱量：	L/C装箱	L/C效期

MARK&NOS（标记、号码）	NO OF P' KGS（件数、包装）	DESCRIPTION OF GOODS（货物）	GROSS WEIGHT (Per each P' KGS)（每件重量）	DIMENSION（长*高*宽）	MEASUR MNT 尺码（立方米）
TOTAL:P' KGS			KGS		M

图 2－8　货运代理委托书

（13）代发装船电报的电挂，地址：一般为买方的地址，电挂。

（14）特约事项：①填写信用证中对提单的内容的特殊要求。②填写委托人对货运代理的要求。例如：告知代理人货物在装运港的存放地点及与有关仓储单位的联系方法等。

2. 集装箱设备交接单

集装箱设备交接单简称设备交接单（Equipment Interchange Receipt，E/R），是集装箱所有人（集装箱船公司）或集装箱经营人委托集装箱堆场、码头、仓库（集装箱货运站）、装箱人（或用箱人）等使用集装箱的各关系人之间交接集装箱设备的凭证；也是明确各关系人的责任范围和发生经济关系的依据。图 2－9 所示为设备交接单样张。

设备交接单分进场联、出场联各三联。三联出场联依序为：船代联；码头、堆场联；用箱人、运箱人联。三联进场联依序为：船代联；码头、堆场联；用箱人、运箱人联。

设备交接单的各栏分别由集装箱代理人（一般是船公司指定的船舶代理人）、码头或堆场、用箱人或运箱人等工作经办人员填写。

由集装箱代理人填写的内容为：用箱人/运箱人、提箱地点、船名/航次、集装箱尺寸/类型、免费期限、出场目的/状态等。

上海中远国际货运有限公司
COSCO SHANGHAI INTERNATIONAL FREIGHT CO., LTD.

OUT 出场

集装箱发放/设备交接单
EQUIPMENT INTERCHANGE RECEIPT

NO.

用箱人/运箱人 (CONTAINER USER/HAULIER)			提箱地点 (PLACE OF DELIVERY)
发往地点 (DELIVERED TO)		返回/收箱地点 (PLACE OF RETURN)	
船名/航次 (VESSEL/VOYAGE NO.)	集装箱号 (CONTAINER NO.)	尺寸/类型 (SIZE/TYPE)	营运人 (CNTR. OPTR.)
提单号 (B/L NO.)	铅封号 (SEAL NO.)	免费期限 (FREE TIME PERIOD)	运载工具牌号 (TRUCK, WAGON, BARGE NO.)
出场目的/状态 (PPS OF GATE-OUT/STATUS)	进场目的/状态 (PPS OF GATE-IN/STATUS)		出场日期 (TIME-OUT) 月 日 时
出场检查记录 (INSPECTION AT THE TIME OF INTERCHANGE)			
普通集装箱 (GP CONTAINER)	冷藏集装箱 (RF CONTAINER)	特种集装箱 (SPECIAL CONTAINER)	发电机 (GEN SET)
□ 正常 (SOUND) □ 异常 (DEFECTIVE)	□ 正常 (SOUND) □ 异常 (DEFECTIVE)	□ 正常 (SOUND) □ 异常 (DEFECTIVE)	□ 正常 (SOUND) □ 异常 (DEFECTIVE)

(1) 中货留底

损坏记录及代号 (DAMAGE & CODE)　BR 破损 (BROKEN)　D 凹损 (DENT)　M 丢失 (MISSING)　DR 污箱 (DIRTY)　DL 危标 (DG LABEL)

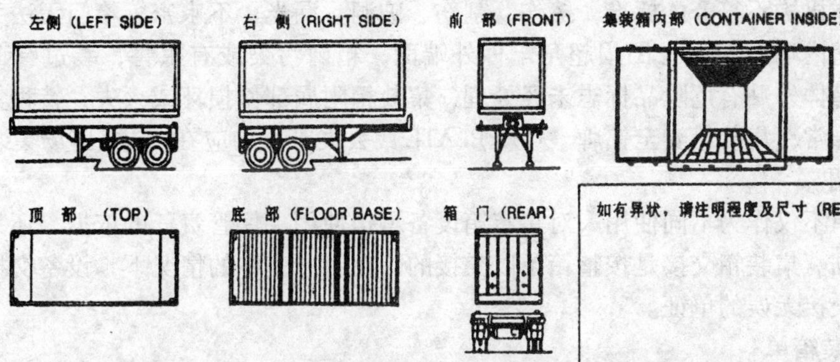

如有异状，请注明程度及尺寸 (REMARK).

除列明者外，集装箱及集装箱设备交接时完好无损，铅封完整无误。
THE CONTAINER/ASSOCIATED EQUIPMENT INTERCHANGED IN SOUND CONDITION AND SEAL INTACT UNLESS OTHERWISE STATED.

用箱人/运箱人签署 (CONTAINER USER/HAULIER'S SIGNATURE)　　码头/堆场值班员签署 (TERMINAL/DEPOT CLERK'S SIGNATURE)

图2-9　集装箱设备交接单

由码头、堆场填写的内容为：集装箱出场、进场日期；检查记录；出场联还要填写提箱地点和集装箱号等栏目。

由用箱人、运箱人填写的内容为：运输工具的车辆牌照号；进场联还要填写来自地点；集装箱号；提单号；铅封号等栏目。

设备交接单的流转过程是：

(1) 由集装箱代理人根据船代的预配清单，填制设备交接单；

(2) 由用箱人、运箱人凭船代预先告知的相应提单号，向集装箱代理人申领设备交接单。一般集装箱代理人会与用箱人、运箱人签订领取设备交接单的用箱协议，并收取一定数额的押金。

(3) 用箱人、运箱人到指定的集装箱堆场，与堆场经办人员对照设备交接单、检查集装箱的外表状况后，双方在设备交接单上签字，出场联中的第一、二联（船代联，码头、堆场联）留在堆场，第三联由用箱人、运箱人保管。

(4) 用箱人、运箱人在装完货后，根据箱封号等据实填写设备交接单的进场联相关内容。将集装箱重箱及设备交接单一同转交集装箱码头作业区的收货道口。

(5) 码头与用箱人、运箱人对设备交接单、集装箱重箱检查后，双方签字确认。码头将进场联的第一、二联（货代联，码头、堆场联）留下，将第三联交用箱人、运箱人保存。

(6) 堆场、码头分别将留下的出场第一联、进场第一联转交船代，据以结算上下车费等。

集装箱交接标准是：

(1) 空箱：箱体完好、水密、无漏光、清洁、干燥、无味、箱号及装载规范清晰、特种集装箱的机械、电器装置无异常。

(2) 重箱：箱体完好、箱号清晰，封志完整无误，特种集装箱的机械、电器装置运转正常，并符合进出口文件记载要求。

(3) 凡箱号及装载规范不明、不全、封志破损、脱落、丢失、无法辨认或与进出口文件记载不符，箱体机构不符 ISO 标准，擦伤、割伤、破洞、漏光、不水密、箱门无法关启，焊缝爆裂，凹损超内端面 3 cm，凸损超角配件外端面，箱内污染或有虫害，装过有毒有害货物未经处理，箱体外贴有危险品标志未经处理，集装箱附属部件损坏或灭失，特种集装箱机械、电器装置异常，集装箱安全铭牌（CSC PLATE）丢失等，均应在《进/出场集装箱设备交接单》内注明。

设备交接单不仅作为不同使用人对集装箱设备承担使用、保管责任的依据，还是集装箱设备的管理依据。集装箱交接是按整箱予以交接的。在封志完好的情况下，设备交接单也是证明箱内货物交接无误的单证。

3. 集装箱装箱单

集装箱装箱单（Container Load Plan，CLP）（见图 2－10）是托运人向承运人提供箱内所装货物的明细清单。此外，它也是集装箱船舶进出口报关时向海关提交的载货清单的补充文件资料，是船舶积、配载的依据，是装、卸港的集装箱装卸作业编制装卸计划的依据，是发生货损时处理索赔事故的原始依据之一。装箱单的填制数据准确与否与货物能否正常出运、能否正常退税核销有着重要的关系。

Reefer Temperature Required. 冷藏温度 ℃. ℉.			
Class 等级	IMDG Page 危规页码	UN NO. 联合国编号	Flashpoint 闪点

CONTAINER LOAD PLAN
装 箱 单

中远集装箱运输有限公司
COSCO CONTAINER LINES
① Terminal's Copy 码头联

Ship's Name / Voy No. 船名/航次	Port of Loading 装港	Port of Discharge 卸港	Place of Delivery 交货地	SHIPPER'S / PACKER'S DECLARATIONS: We hereby declare that the container has been thoroughly cleaned without any evidence of cargoes of previous shipment prior to vanning and cargoes has been properly stuffed and secured.		
Container No. 箱号	Bill of Lading No. 提单号	Packages&packing 件数与包装	Gross Weight 毛重	Measurements 尺码	Description of Goods 货名	Marks & Numbers 唛头
Seal No. 封号	Front 前					
Cont. Size 箱型 20' 40' 45' / Cont. Type. 箱类 GP=普通箱 TK=油罐箱 RF=冷藏箱 PF=平板箱 OT=开顶箱 HC=高箱 FR=框架箱 HT=挂衣箱						
ISO Code For Container Size / Type 箱型/箱类ISO标准代码						
Packer's Name / Address. 装箱人名称/地址 TEL NO. 电话号码	Door 门					
Packing Date 装箱日期	Received By Drayman 驾驶员签收及车号	Total Packages 总件数	Total Cargo Wt 总货重	Total Meas. 总尺码	Remarks: 备注	
Packed BY: 装箱人签名	Received By Terminals / Date Of Receipt 码头收箱签收和收箱日期		Cont. Tare Wt 集装箱皮重	Cgo / Cont Total Wt 货/箱总重量		

图 2－10 集装箱装箱单

集装箱装箱单有五联。依序为：第一联（码头联）、第二联（承运人联）、第三联（船代联）、第四联（发货人联）、第五联（装箱人联）。整箱货由发货人缮制装箱单，拼箱货由作为装箱人的集装箱货运站缮制装箱单。

集装箱装箱单的流转过程是：

（1）发货人或装箱人将货物装箱后，依据装箱顺序（由里至外）填制装箱货物的船名/航次、箱号、封号、箱型、箱类、提单号、件数与包装、毛重、尺码、货名和唛头（标志）和其他货运资料。对于特种货物还应加注特定要求，如对冷藏货物要求注明对箱内温度的要求等。

（2）将集装箱和五联装箱单一起送集装箱堆场或码头。码头或堆场的业务人员在五联单上签收后，留下第一、二、三联，将第四、五联退还给送交集装箱货物的发货人或装箱人留存。

（3）码头或堆场留下的三联中，码头联用以编制装船计划；船代联交船代缮制积载计划；承运人联作为处理货损事故的依据。

4. 场站收据联单

场站收据联单又称场站收据、港站收据、码头收据（Dock Receipt，D/R）。场站收据是货物的托运单，也是货物的订舱单。是发货人向船方或其代理申请订舱的形式单据，它是全套货运单证中最重要的单据。场站收据（见图 2－11 和图 2－12）在各地的联数各有不同，上海是一式十联，有的口岸是一式九联。

十联单的构成是：

第一联：货主留底（托运单原先由货主初步缮制后将此联留底，故作为第一联）。

第二联：船代留底（船代留底联上盖有货主的公章或订舱章，船代据以缮制载货清单，船公司据以编制预配图）。

第三联：运费通知（1）（船代在此联上批注运价，作为船代结算部门办理运费结算的参考依据）。

第四联：运费通知（2）（这联作为货代向发货人办理运费结算的参考依据）。

第五联：装货单（Shipping Order，S/O）（又称场站收据副本、海关联）（船代在此联上盖“订舱章”，表示确认接受发货人的订舱；海关凭此接收出口报关申报）。

第五联（附页）：缴纳出口货物港务申请书（由港区核算应收的港务费用）。

第六联（浅红色）：场站收据副本大副联（为理货单据，表示大副已代表船方接收了单据上的货物。一般由理货公司签署后将此联留存）。

第七联（黄色）：场站收据（Dock Receipt，D/R）（又称收货单，货物装货完毕后，由大副签字和批注，即表示所列货物已装上船，所以此联又称“大副收据”。装船结束后，船舶代理凭此联签发已装船提单）。

第八联：货代留底（此联由货运代理公司留存以备查询）。

第九联：配舱回单（1）、第十联：配舱回单（2）（配舱后交还发货人，发货人凭此缮制提单，如果货运大力代为统一缮制提单，第九、十联就不必退发货人了）。

十联场站收据联单的流转过程是：

（1）货主填制集装箱货物托运单一式十联，委托货运代理人代办托运手续。

（2）货运代理人审核托运单后接受委托，将货主留底联退还货主。

Shipper（发货人）①

D/R No（编号）④

奥吉

Consignee（收货人）②

场站收据
DOCK RECEIPT

⑤

第七联

Notify Party（通知人）③

Received by the Carrier the Total number of containers or other packages or units stated below to be transported subject to the terms and conditions of the Carrier's regular form of Bill of lading (for Combined Transport or Port to Port Shipment) which shall be deemed to be incorporated herein.
DATD（日期）：

Pre-carriage by（前程运输）⑥

Place of Receipt（收货地）⑦

Ocean Vessel（船名） Voy No（航次）⑧

Port of loading（装货港）⑨

场站章

Port of Discharge（卸货港）⑩

Place of Delivery（交货地点）⑪

Final Destination for the Merchant's Reference（目的地）⑫

Particulars Furnished by Merchants（托运人提供详细情况）

Container No（集装箱号）	Seal No（封志号） Marks & Nos（标记与号码）	No of containers or p'kgs（箱数或件数）	Kind or Packages; Description of Goods（包装种类与货名）	Gross Weight 毛重（公斤）	Measurement 尺码（立方米）
⑬	⑭	⑮	⑯ ⑫ ⑲	⑰	⑱
TOTAL NUMBER OF CONTAINERS OR PACKAGES(IN WORDS) 集装箱或件数合计（大写）			⑳		

Container No（集装箱号）	Seal No（封志号）	Pkgs（件数）	Container No（集装箱号）	Seal No（封志号）	Pkgs（件数）
㉑					

Received（实收） By Terminal Clerk（场站员签字）

FREIGHT & CHARGES	Prepaid at（预付地点）	Payable at（到付地点）	Place of Issue（签发地点）
	Total Prepaid（预付总额）	No of Original B(s)/L（正本提单份数）	BOOKING（订舱确认） APPROVED BY

Service Type on Receiving	Service Type on Delivery	Reefer Temperature Required（冷藏温度）	°F	°C
( )-CY, ( )-CFS, ( )-DOOR	( )-CY, ( )-CFS, ( )-DOOR			

TYPE OF GOODS（种类）	( ) Ordinary,（普通） ( ) Reefer,（冷藏） ( ) Dangerous（危险品） ( ) Auto（裸装车辆）	危险品	Class: Property: IMDG Code Page: UN No:
	( ) Liquid（液体） ( ) Live Animal,（活动物） ( ) Bulk（散装）		

图 2－11 场站收据联单（第七联）

Shipper （发货人）

D/R No.(编号)

奥吉

货代留底

第八联

Consignee (收货人)

Notify Party (通知人)

Pre-carriage by (前程运输)	Place of Receipt （收货地）	
Ocean Vessel (船名） Voy.No （航次）	Port of loading （装货港）	
Port of Discharge （卸货港）	Place of Delivery （交货地点）	Final Destination for the Merchant's Reference （目的地）

Particulars Furnished by Merchants (托运人提供详细情况)

Container No. （集装箱号）	Seal No.(封志号) Marks & Nos. (标记与号码)	No.of containers or p'kgs. (箱数或件数)	Kind or Packages:Description of Goods （包装种类与货名）	Gross Weight 毛重（公斤）	Measurement 尺码（立方米）
TOTAL NUMBER OF CONTAINERS OR PACKAGES(IN WORDS) 集装箱或件数合计（大写）					

FREIGHT & CHARGES （运费与附加费）	Revenue Tons （运费吨）	Rate(运费率）	Per （每）	Prepaid （运费预付）	Collect （到付）

Ex.Rate: （兑换率）	Prepaid at （预付地点）	Payable at （到付地点）	Place of Issue （签发地点）
	Total Prepaid （预付总额）	No of Original B(s)/L （正本提单份数）	

Service Type on Receiving ( )-CY, ( )-CFS, ( )-DOOR	Service Type on Delivery ( )-CY, ( )-CFS, ( )-DOOR	Reefer Temperature Required （冷藏温度）	°F	°C
TYPE OF GOODS (种类)	( ) Ordinary,(普通) ( ) Reefer, (冷藏) ( ) Dangerous (危险品) ( ) Auto （裸装车辆） ( ) Liquid （液体） ( ) Live Animal, (活动物) ( ) Bulk （散装） ______	危险品	Class: Property: IMDG Code Page UN No.	

可否转船:	可否分批:
装　期:	效　期:
金额:	
制单日期:	

图 2－12 场站收据联单（第八联）

(3) 货运代理人持其他九联托运单到船公司的指定代理人(船代)处代办托运手续。

(4) 船代审核托运单,确认订舱数据无误后,接收订舱;并在托运单上缮制提单号、船名、航次等运输信息。在场站收据副本(S/O)上盖章确认订舱。船公司或其代理人留下船代留底联、运费通知(1)、运费通知(2)联三联,将其余各联退还给货运代理人。

(5) 代理人留存货代留底联,据以缮制货物业务记录表。

(6) 货运代理人根据船代退回的配舱回单(1)联缮制提单和其他货运单证。

(7) 货运代理人持盖有船代订舱章的场站收据副本联(S/O)、第五联(附页)、第六联大副收据副本和第七联场站收据联,随同出口货物报关单和其他出口报关用的单证一起到海关办理货物出口报关手续。

(8) 海关审核有关报关单证,同意出口的,则在第五联场站收据副本(S/O)上加盖放行章,然后将经过海关加盖放行章的装货单和其他各三联退还给货运代理人。

(9) 货运代理人将海关退还的四联单证及配舱回单(2)联同集装箱、或待装箱货物转交集装箱堆场或集装箱货运站。

(10) 集装箱堆场或集装箱货运站验收集装箱或货物后,若无异常状况,则在正本场站收据(D/R)及配舱回单(2)上签章,并退还给货主或货运代理人;如实际收到的集装箱货货物与场站收据和配舱回单(2)的记载不符,则须在正本场站收据和配舱回单(2)上作出批注,退还货主或货运代理人,而货主或货运代理人则须根据配舱回单(2)的批注,修改已缮制的提单。

(11) 集装箱堆场或集装箱货运站收下S/O,集装箱装船后将大副收据交船方大副;第五联(附页)交港务局计算港建港杂费。

(12) 货主或货运代理人持正本D/R和事先缮制的提单至船公司或其代理人处,办理签发正本提单手续。船公司或船公司代理人收回D/R,签发提单。

由于集装箱业务的快速发展,海关报关程序的改变,电子数据交换在船公司、船代、货代间的广泛应用,货代为货主代为制作集装箱托运单现象的普遍存在等因素,造成相关原先针对十联单设计的单证流转程序也发生了很大的变化。例如,实际操作中已将场站收据联单,由原先的一式十联单,简化为一式四联。即第五联装货单,第五联(附页)缴纳出口货物港务申请书,第六联场站收据副本大副联和第七联场站收据联;货物进港,也不再遵循必须先将集装箱送交船公司的集装箱堆场的惯例,而是直接送交集装箱码头;海关予以盖章放行的场站收据副本等四联单据,由货运代理人直接送交船公司在码头的现场经办人员,码头配载会据此安排集装箱装船;船公司或其代理人依据从码头现场理货公司返还的正本场站收据缮制并签发提单;货运代理人或货主直接到船公司或其代理人处申领提单;集装箱货物的运费通过船公司或其代理人向货主或货运代理人收取。

场站收据联的填写,要求用英文打字机或针式电子打印机缮制。英文字母必须大写(委托人信息可以是中文机器缮制)。

以第七联(场站收据)和第八联(货代留底)为例,具体填制规范如下:

(1) 发货人(Shipper):托运人、或货主、或信用证上的卖方、或无船承运人等。

(2) 收货人(Consignee):货主、或信用证上的买方、或无船承运人、或某某指示人等。

(3) 通知人(Notify Party):详列通知方的名称、地址、电话、传真等;当没有通知人时，以“SAME AS CONSINGEE”显示。

（4）场站收据号（D/R No.）：或称为关单号，为船代接受订舱时提供的号码，或作为提单号码。

（5）委托方（Forwarder）：货运代理人的业务编号、托运人的名称、托运人的编号等。

（6）前程运输（Pre - carriage by）：联程运输时，相对收货地之前一段的货物运输承运方式或承运人填列在此栏中。一般海运托运单中，此栏不填。

（7）收货地（Place of Receipt）：货物实际收货地点（一般为港口所在城市）。

（8）船名/航次（Ocean Vessel/Voy. No）：船代在接受订舱时，按照配船要求确定。

（9）装货港（Port of Loading）：货物实际装运海港名称。

（10）卸货港（Port of Discharge）：将货物卸下的港口（一般是船舶班轮航线上的港口，但未必是货物的交货地）。

（11）交货地（Place of Delivery）：承运人将货物实际交付的地点（可以是船舶班轮航线上的港口，也可以是通过其他船舶转运过去的交货港口，或通过铁路、公路运输方式转运过去的内陆交货地点）。

（12）目的地（Final Destination for Merchant′s Reference）：客户或应贸易文件要求，需要在提单上显示的货物交付的最终目的地。因为承运人是以交货地作为联运的交货点，所以承运人一般在出具的提单上并不显示此项内容。经承运人的同意，承运人或其签单代理人可以在提单的“包装种类与货名”栏中的包装、货名下空白处显示该项内容。

（13）集装箱号（Container No.）：此栏对应正本提单的相应栏，提单上显示的集装箱号显示在此栏的靠下空白部分。在场站收据联单中，若有集装箱号的显示需要，则填制在下列第21栏中。

（14）标记与号码（Seal No. /Marks & Nos.）：贸易合同上、发票上、装箱单上标明的、信用证等文件规定的货物标记与号码。

（15）箱数或件数（No. of containers or Packages）：贸易合同上、发票上、装箱单上标明的、信用证等文件规定的货物件数。

（16）包装种类与货名（Kind of Packages：Description of Goods）：贸易合同上、发票上、装箱单上标明的、信用证等文件规定的货物的包装种类、商品名称、商品规格等。

（17）毛重（Gross Weight）：每一类货物的包装毛重，单位是KGS（kg）；两类以上，要有合计数。

（18）尺码（Measurement）：每一类货物的包装尺码（体积），单位是CBM（m^3）；两类以上要有合计数。

（19）交接方式、箱量、箱型、运费条款：货物的交接方式（如FCL）、箱量（如1×20′）、箱型（如GP）、运费条款（如FREIGHT PREPAID）等。

（20）集装箱数或件数大写：若是多票托单自拼整箱，则相应托单上根据货物的件数、包装用英文大写字母予以表示托单上的件数（如3票托单拼1×20′GP，其中1票的货物包装是10CTNS，则大写为SAY TEN CARTONS ONLY）；若是1票托单中多个集装箱，则用英文大写字母予以表示集装箱数量或包装件数（如：100CTNS，装2×20′普箱，FCL CY/CY交接，可以表示为SAY TWO CONTAINERS ONLY；或SAY ONE HUNDRED CARTONS ONLY）。

（21）集装箱号（Container No.）/运费与附加费（Freight & Charges）：此位置在第七联

中，是“集装箱号”栏，由理货公司人员在此栏中填写集装箱号码和封志号等；此位置在第八联中，是“运费与附加费”栏，一般在此栏填写与集装箱海运有关的海运运费和海运附加费的结算金额，或由货代填写、或由船代确认后填列货主与船公司约定的运价协议号（船公司以运价协议号的形式，确定与货主的运费结算标准。如S/C SHA0450）。

其他各联单的“集装箱数或件数大写”栏目下的各栏目不尽相同，由相关人员按实际需要填写，不再复述。

5. 危险品单证

海运危险货物中主要涉及的单证有：货物运输条件鉴定书、包装危险货物安全适运申报单、危险货物技术说明书、包装检验证明书、包装适用证明书、放射性货物剂量检查证明书、集装箱装运危险货物装箱证明书（见图2－13）等。

由于货物的化学性质的多样性，承运人屡屡因托运人瞒报品名而造成危险货物作为普通货物装运，而致产生运输中的危险隐患和安全事故。现在大多数承运人在接到陌生货名的货物运输委托时，会要求委托人出具《货物运输条件鉴定书》（Certification for Safe Transport of Chemical Goods）。这份鉴定书是由承运人认可的第三方化学研究机构出具的证明文件。其鉴定结果为承运人决定是否接运此货物提供了参考依据。

危险品在办理订舱托运手续时，须注意的事项和提供的货物信息如下：

（1）接受危险品货物订舱时，必须向船公司或船代事先确认；若货物装船后需涉及的有关过境港、中转港和目的港的，则还须通过船代向当地代理人进行书面确认，且遵照确认中的要求予以执行。上述任何一方的拒绝，有关代理机构都不会接受订舱及安排装船。以免货物无法过境、中转或交货而引起货运纠纷。

（2）危险货物必须按照各类不同危险特性分别缮制托运单，以便船公司或船代根据不同特性的危险货物按照《国际危规》的隔离要求安排集装箱的积载和运输。

（3）托运危险货物，托运单上除一般委托信息（如发货人、装港、卸港、唛头、品名、件数、包装等）外，应提供详尽的信息：货物名称用正规的化学学名或技术名称，并用中英文品全名表示；必须注明DANGEROUS CARGO字样，以引起船公司或船代的重视；提供危险货物的危险品级别；注明危险货物的《国际危规》页码；标明危险货物的联合国危险品编号；易燃液体必须注明闪点；其他积载的特殊要求等。

（4）随托运单附上“危险货物技术说明书”、“包装危险货物安全适运申报单”（又称货申报）一式三联、“集装箱装运危险货物装箱证明书”等申报单证。船代在配载后，凭“货申报”向海事局办理“船舶载运危险货物申报单”（又称船申报），港务监督部门必须在收到海事局审核批准的船申报后才允许船舶装载危险货物。

（5）其他危险货物资料：危险品货物中英文说明书（副本）、包装检验证明书、包装适用证明书、放射性货物剂量检查证明书、罐式集装箱检验合格证书等危险货物运输申报用资料，按照海事局的危险货物申报要求相应提供。

（6）对美国出口或需通过美国转运的危险货物，托运时应提供英文“危险货物安全资料卡”（又称MSDS，一式两份），由船代转交承运人供美国港口备案。

（7）托运人的危险货物外包装必须贴由《国际危规》规定的危险品标志、标记。集装箱内门上应粘贴箱内危险货物装箱清单，箱外四周应贴上与箱内货物内容一致的危险品标志与标牌。

集装箱装运危险货物
集装箱证明书
CONTAINER PACKING CERTIFICATE

船　名： Ship Name	航　次 Voyage	目的港： Destination
集装箱编号： Container Serial No.		
箱内所装危险货物： Dangerous Goods Packed Therein		

品名 Proper Shipping Name	联合国编号 UN NO.	危险货物类别 IMDG Code Class	包　装 Packing	件　数 Package Quantity	箱　数 Total of Cantainer	总　重 Total Weight

兹证明： 装箱现场检查员已根据.《国际海上危险货物运输规则》的要求，对上述集装箱和箱内所装危险货物，以及货物箱内的积载情况进行了检验。并声明如下：

1．集装箱清洁、干燥、外观上适合装货；
2．集装箱内未装有不相容货物；
3．所有的包件都已经过外观破损检查，装入箱内的包件均系完好；
4．包件装箱正确、衬垫、加固合理；
5．集装箱及包件外表均已正确地进行了标记和标志；
6．对集装箱内所装的每票危险货物，已经收到其根据《国际海上危险货物运输规则》总论第9.4段所要求的危险货物申报单。

以上正确无诈。

This is to certify that the above mentioned container, dangerous goods packed therein and their stowage condition have been inspected by the-undersigned packing inspector according to the provisions of 《International Maritime Dangerous Goods Code》and to declare that:

1．The container was clean, dry and apparently fit to receive goods;
2．No incompatible substances have been packed into the container;
3．All packages have been externally inspected for damage, and only sound packages packed;
4．All packages have been properly packed in the container, dunnaged and secured;
5．The container and packages are properly marked and labelled;
6．The dangerous goods declaration required in subsection 9.4 of the General introduction to the IMDG Code has been received for each dangerous goods consignment packed in the container ; and That all stated above are corredt.

装箱现场检查员签字：
Signature of packing inspector | 检查地点：
Place of inspection
装箱现场检查员证书编号：
No. Of certificate of packing inspector | 装箱单位（签章）
Packing unit (stamp)
装箱日期：
Date of packing | 签发日期：
Dare of issue

此证明书应由装箱现场检查员填写一式两份，正本应于集装箱装船三天前向港务监督提交，副本应在办理集装箱移交时交付给承运人。

Two copies of the certificate should be filled by the packing inspector; The original one should be submitted to Harbour Superintendency Administration three days prior to shipment and the copy should be given to the carrier on container delivery.

图2－13　集装箱装运危险货物装箱证明书

6. 货主提供的报关用单证

出口货物报关单或出口货物报关委托书、外汇核销单、出口货物退税单、商业发票、装箱单、包装单证、商检证、出口许可证、加工贸易手册等用于货物出口报关的资料。

7. 交货记录联单

交货记录联单又称小提单（Delivery Order，D/O）。交货记录联单标准格式为一式五联：到货通知书、提货单、费用账单（蓝色）、费用账单（红色）、交货记录。船代在收到货物进口资料后，根据舱单制作交货联单，向收货人发到货通知；收货人凭背书的正本提单或证明收货委托人身份的文件向船代结清运杂费后换取提货单等其他四联；提货单经船代盖章方始有效；收货人先办理三检取得签章，而后收货人在海关规定的报关期限内向海关申报；海关验放后在提货单的规定栏目中加盖放行章；海关放行后，收货人还需办理汽代、理货等申请签章，最后到船代现场办理放箱签章。收货人在取得上述签章后，持提货联单等四联单证向港区的营业部门申请港区作业计划；港区收下上述四联单后出具作业单，收货人凭作业单到指定堆场提箱。

第三节 班轮运价

一、班轮运价的概念

班轮运价是按照班轮运价表的规定计算，为垄断性价格。不同的班轮公司或不同的轮船公司有不同的运价表，但它都是按照各种商品的不同积载系数，不同的性质和不同的价值结合不同的航线加已确定的。

1. 班轮运价的构成

班轮运价是班轮公司向货主收取的运费价格。包括航运成本和利润。班轮公司制定运价时，除了考虑航运成本费用外，还要关注以下几个主要因素：

（1）货物价值和商品特性；

（2）运量大小和港口装卸效率的高低；

（3）航程的远近；

（4）航运市场的供求变化和同业竞争的程度。

2. 运价表

运价表又称运价本或费率本。根据运价表制定人不同分为班轮公会运价表、班轮公司自定运价表、双边运价表、货方运价表、协议运价表等。根据运价表的结构不同可分为等级运价表和单项费率运价表。

业务中，等级运价表使用最多。该表前部列有常用商品等级表（中英文对照），不同商品有不同等级，每一等级有一基本费率，一般分为二十个等级，一级运费最低，二十级运费最高。在等级表后列有各航线的杂货与集装箱货的费率（等级费率和包箱费率），同时附有计收标准以及各种附加费的收取。

二、班轮运费

班轮运费是由基本费率和附加费（如果有规定的话）两个部分构成的。所以，一些港口只查到基本费率，还不一定是实际计算运费的完整单价。

1. 基本费率

基本费率（BASIC RATE）是指每一计费单位（如一运费吨）货物收取的基本运费。英文也可说成 Freight Unitprice，即航线内基本港之间对每种货物规定的必须收取的费率，也是其他一些百分比收取附加费的计算基础。基本费率有等级费率、货种费率、从价费率、特殊费率和均一费率之分。

2. 附加费

附加费（SURCHARGES）为了保持在一定时期内基本费率的稳定，又能正确反映出各港的各种货物的航运成本，班轮公司在基本费率之外，为了弥补损失又规定了各种额外加收的费用。主要有：

（1）燃油附加费（BUNKER SURCHARGE OR BUNKER ADJUSTMENT FACTOR，B. A. F.）。在燃油价格突然上涨时加收。

（2）货币贬值附加费（DEVALUATION SURCHARGE OR CURRENCY ADJUSTMENT FACTOR，简称 C. A. F.）。在货币贬值时，船方为实际收入不致减少，按基本运价的一定百分比加收的附加费。

（3）转船附加费（TRANSHIPMENT SURCHARGE）。凡运往非基本港的货物，需转船运往目的港，船方收取的附加费，其中包括转船费和二程运费。

（4）直航附加费（DIRECT ADDITIONAL）。当运往非基本港的货物达到一定的货量，船公司可安排直航该港而不转船时所加收的附加费。

（5）超重附加费（HEAVY LIFT ADDITIONAL）、超长附加费（LONG LENGTH ADDITIONAL）和超大附加费（SURCHARGE OF BULKY CARGO）。当一件货物的毛重或长度或体积超过或达到运价本规定的数值时加收的附加费。

（6）港口附加费（PORT ADDITIONAL OR PORT SUECHARGE）。有些港口由于设备条件差或装卸效率低，以及其他原因，船公司加收的附加费。

（7）港口拥挤附加费（PORT CONGESTION SURCHARGE）。有些港口由于拥挤，船舶停泊时间增加而加收的附加费。

（8）选港附加费（OPTIONAL SURCHARGE）。货方托运时尚不能确定具体卸港，要求在预先提出的两个或两个以上港口中选择一港卸货，船方加收的附加费。

（9）变更卸货港附加费（ALTERNATIONAL OF DESTINATION CHARGE）。货主要求改变货物原来规定的港口，在有关当局（如海关）准许，船方又同意的情况下所加收的附加费。

（10）绕航附加费（DEVIATION SURCHARGE）。由于正常航道受阻不能通行，船舶必须绕道才能将货物运至目的港时，船方所加收的附加费。

三、集装箱货物运费构成

1. 海运运费

从集装箱船舶运输公司的优越性看，如将海上运费当做运输的等价物，那么，集装箱船可收取高于普通船运输的运费。但从目前的收费情况看，除有特殊规定外，基本上仍是按所运货物的运费吨所规定的费率计收，这与普通船货物运费的计收方法基本相一致。目前，集装箱货物运费计收所依据的运价本主要有两种，一种是班轮公会运价本，另一种是船公司运价本。

2. 堆场服务费

堆场服务费又称码头服务费，包括在装船港堆场接收出口的整箱货，以及堆存和搬运至装卸桥下的费用。同样，在卸船港包括从装卸桥下接收进口箱，以及将箱子搬运至堆场和堆存的费用，也一并包括在装卸港的有关单证费用。堆场服务费一般分别向发货人、收货人收取。

3. 拼箱服务费

拼箱服务费包括为完成下列服务项目而收取的费用：

（1）将空箱从堆场运至货运站。

（2）将装好货的实箱从货运站运至堆场（装船港）。

（3）将实箱从堆场运至货运站（卸船港）。

（4）理货。

（5）签发场站收据、装箱单。

（6）在货运站货物的正常搬运。

（7）装箱、拆箱、封箱、做标记。

（8）一定期限内的堆存。

（9）必要的分票与积载。

（10）提供箱子内部货物的积载图。

4. 集散运输费

集散运输又称支线运输，是由内河、沿海的集散港至集装箱出口港之间的集装箱运输。一般情况下，集装箱在集散港装船后，即可签发集装箱联运提单，承运人为这一集散而收取的费用称集散运输费。

5. 内陆运输费

内陆运输费有两种情况，一种由承运人负责运输，另一种由货主自己负责运输。

由承运人负责内陆运输，其费用则根据承运人的运价本和有关提单条款的规定来确定，主要包括：

（1）区域运费。所谓区域运费系指承运人按货主的要求在所指定的地点间，进行实箱或空箱运输所收取的费用。

（2）无效拖运费。在承运人将集装箱按货主要求运至指定地点，而货主却没有发货，且要求将箱子运回。一旦发生这种情况，承运人将收取全部区域费用，以及货主宣布运输无效后可能产生的任何延迟费用。

（3）变更装箱地点。如承运人应货主的要求同意改变原集装箱交付地点，货主要对承运人由此而引起的全部费用给予补偿。

（4）装箱时间与延迟费。装箱时间的长短与延迟费的大小，主要视港口的条件、习惯、费用支付情况而定，差别甚大。如在发货人工厂、仓库装箱时，有的对免费允许时限为：

20 ft 箱——2 h；

40 ft 箱——3 h。

上述时间均从司机将箱子交货主时起算，即使是阴天下雨，或恶劣气候也不能超出规定的时限。如超出规定的时限，则对超出时间计收延迟费。

（5）清扫费。使用箱子结束后，货主有责任清扫箱子，将清洁无味的箱子归还给承运人。如此项工作由承运人负责，货主仍应负责其费用。

如果内陆运输由货主自己负责时，承运人则可根据自己的选择和事先商定的协议，在他所指定的场所将箱子或有关机械设备出借给货主，并按有关规定计收费用。

在由货主自己负责内陆运输时，其费用主要包括：

（1）集装箱装卸费。货主在承运人指定的场所，如集装箱码头堆场或货运站取箱时，或按照承运人指定归还箱子时，或将箱子装上车辆，或从车上卸下的费用均由货主负担。

（2）超期使用费。货主应在规定的用箱期届满后，将箱子归还给承运人，超出时间则为延误，延误费的标准按每箱每天计收，不足一天以一天计。

（3）内陆运输费。货主对其从得到集装箱时起至归还箱子时止整个期间所产生的费用负责。

6. 整个运输过程的费用

整个运输过程的费用包括：

（1）发货地国家内陆运输费和其有关费用；

（2）发货地国家港区（码头堆场）费用；

（3）海上运费；

（4）收货地国家港区（码头堆场）费用；

（5）收货地国家内陆运输和其有关费用。

但由于集装箱运输，特别是国际多式联运不仅存在由谁负责内陆运输的问题，且还有整箱货、拼箱货之分。因此，费用的结构和分摊较复杂，如表 2－1 所示。

表 2－1 集装箱货物运费基本结构

装港					运输方式	卸港					费率组成
运输方式	A	B	C	D	E	运输方式	B	C	D	A	
承运人运输 FCL	A	B			E	承运人运输 FCL	B			A	ABEBA
承运人运输 FCL	A	B			E	货主运输 FCL	B	C			ABEBC
承运人运输 FCL	A	B			E	LCL			D		ABED
货主运输 FCL		B	C		E	承运人运输 FCL	B			A	BCEBA
货主运输 FCL		B	C		E	货主运输 FCL	B	C			BCEBC
货主运输 FCL		B	C		E	LCL			D		BCED
LCL				D	E	承运人运输 FCL	B			A	DEBA
LCL				D	E	货主运输 FCL	B	C			BEBC
LCL				D	E	LCL			D		DED

注：A——内陆运输费；
B——堆场服务费；
C——装卸费；
D——拼箱服务费；
E——海上运输费。

7. 不同交货方式下的费用结构

在集装箱整箱货、拼箱货流转过程中，其货物交货方式有 9 种，这样每一种交接方式下的费用结构也有所不同。

(1) 拼箱货—拼箱货（LCL—LCL）费用。其运费为：拼箱服务费 + 装船港堆场服务费 + 海运运费 + 卸船港堆场服务费 + 拼箱服务费。

(2) 整箱货—整箱货（FCL—FCL）运费。整箱货—整箱货（FCL—FCL）运费有以下几种计费方式：

①“门—门”运费。其运费为：集散运输费 + 装船港堆场服务费 + 海运运费 + 卸船港堆场服务费 + 集散运输费。

②“门—场”运费。其运费为：集散运输费 + 装船港堆场服务费 + 海运运费 + 卸船港堆场服务费。

③“场—场”运费。其运费为：装船港堆场服务费 + 海运运费 + 卸船港堆场服务费。

④“场—门”运费。其运费为：装船港堆场服务费 + 海运运费 + 卸船港堆场服务费 + 集散运输费。

(3) 拼箱货—整箱货（LCL —FCL）运费。拼箱货—整箱货（LCL —FCL）运费有以下几种计费方式：

①“站—场”运费。其运费为：装船港拼箱服务费 + 装船港堆场服务费 + 海运运费 + 卸船港堆场服务费。

②“站—门”运费。其运费为：装船港拼箱服务费 + 装船港堆场服务费 + 海运运费 + 卸船港堆场服务费十进口国集散运输费。

(4) 整箱货—拼箱货（FCL — LCL）运费。整箱货—拼箱货（FCL — LCL）运费有以下几种计费方式：

①“门—站”运费。其运费为：集散运输费 + 装船港堆场服务费 + 海运运费 + 卸船港堆场服务费 + 拼箱服务费。

②“站—场”运费。其运费为：拼箱服务费 + 装船港堆场服务费 + 海运运费 + 卸船港拼场服务费。

另外，有些航线采用包箱费率，即按箱子的类型规定每一种箱子的包干运价。这种包箱费率一般分商品包箱费率和均一包箱费率两种。前者按不同商品和不同类型的箱子规定各种不同的包箱费率，后者不管箱内装什么商品（危险品除外），按不同类型箱子规定包箱费率。应说明的是包箱费率为整箱货，其运价可以是总包箱费率，也可以是包箱费率加各种附加费。包箱费率是国际航运竞争的产物，这种费率较低，是对货主在托运整箱货运输时的一种优惠，也是作为船公司揽货的一种手段。

四、班轮运费的计算

（一）运费的计算类型

1. 拼箱货运费计算

目前，各船公司对集装箱运输下的拼箱货运费计算方法，基本上依据件杂货运费计算标准，但应掌握这样几个基本要点：

(1) 船公司或其他承运人对拼箱货运费的计算，则依据其所承担的责任和费用。

(2) 拼箱货海运运费的计收方法类同班轮运输下的件杂货运费计算方法，只是加收集装箱有关费用，如拼箱服务费等，但不再收取件杂货的码头的收货费用。

(3) 拼箱货的起码运费，按每提单计收。

(4) 由于拼箱货涉及不同的收货人，因而，拼箱货不能接受货主提出的有关选港，或变更目的港的要求，所以，也没有拼箱货的选港附加费和变更目的港附加费。

2. 整箱货运费计算

整箱货运费计算应考虑以下情况：

(1) 整箱货运输下，承运人接受货箱和交付货箱的责任期限习惯上于码头堆场至码头堆场，因此，承运人收取的运费和有关费用也仅包括堆场至堆场范围内的费用，对于两端码头堆场外的费用由货主自负。

(2) 整箱货运费计算如使用的箱子为船公司所有，则规定有最高运费和最低运费计收办法，如该箱子为货主所有，则另有规定。

3. 超重货、超长货，以及超大件附加费计算

超重货、超长货，以及超大件附加费计算应考虑以下情况：

(1) 整箱货不加收超重、超长、超大件附加费。

(2) 拼箱货按运价本的规定，对超重、超长、超大件货物加收其附加费。

(3) 如系整箱货接受，拼箱货交付；如拼箱货接收，整箱货交付，则按运价本的规定，对超重、超长、超大件加收50%的附加费。

4. 集装箱内的成组货物运费计算

集装箱内的成组货物运费计算应考虑以下情况：

(1) 对符合运价本有关成组货物的规定和要求，并按拼箱货托运的成组货物，可以与件杂货同样处理，给予运费优惠，但如按整箱货托运的成组货物，则不能享受优惠运价。

(2) 不论是拼箱货，还是整箱货托运的货物，在计算运费时均应扣除托盘本身的重量或尺码，但这种扣除不得超过成组货物（货物加托盘）重量或尺码的10%，超出部分仍按托盘上货物所规定的费率计收运费。但也有的航线习惯上对整箱货的托盘在计算运费时不扣除其重量或尺码。

5. 集装箱内的家具和行李计算

集装箱内的家具和行李计算应考虑以下情况：

集装箱内装载的是家具或行李，除组装成箱子再装入集装箱者外，均按箱子内容积的100%计收费用和其他与集装箱有关的费用，该办法一般适用于搬家的物件。

6. 滞期费计算

集装箱运输下，如货主未在规定的免费期内前往承运人的堆场提取货箱，或去货运站提取货物，承运人对超出的时间则向货主收取滞期费，一般说，整箱货的免费堆存期系从货箱从卸下船时起算，其中不包括星期天、节假日，这一免费堆存期视不同港口的规定，习惯有2、3、5、7天不等。滞期费按天计算，一旦进入滞期时间，便按连续计算，即在滞期时间内若有星期天、节假日，该星期天、节假日也应计入滞期时间。

不同货箱的免费堆存期也有所不同，冷藏箱、散装液体箱的免费堆存期比干货箱要短，如有的规定为24 h，也有的为48 h，卸船后要求收货人尽快提取，超出规定时间，则计收滞期费。应注意的是，在规定的免费堆存期内如货主没有提取货箱，承运人有权将货或箱子另行处理，费用和责任由货主自负。

对于拼箱货则在货运站规定的免费堆存期内，收货人仍未前来提取货物，承运人对超出免费堆存期的时间按运费吨向货方收取滞期费。

7. 延期费计算

如货主所使用的箱子和有关设备为承运人所有，而货主又未能在免费使用期届满后将箱子，或有关设备归还给承运人，或送交承运人指定地点，承运人则按规定对超出时间向货主收取延期费。

8. 服装运费计算

对于服装系挂载集装箱内运输的，计算运费应注意：

（1）承运人仅接受整箱货堆场至堆场运输，但特殊情况例外。

（2）运费按箱子内容积85%计算，衣架及其他必要的装箱物料由货主提供。

（3）货主可在同一箱内挂载服装和其他货物，运输按箱子内容积的85%加上装载同一箱内所装的其他货物的实际尺码计收，但总的运费尺码不得超过箱子内容积的100%，在这种情况下，货主应提供经承运人同意的公正单位出具的货物衡量证书。

9. 集装箱运费计算

集装箱运费计算考虑下列几种情况：

（1）最低运费计收。集装箱运输下的最低运费规定，不是普通船运输下所规定的最低运费金额，而是规定一个最低运费吨，也叫计费吨，是计收每一种货物运费时所使用的计算单位。运费吨包括重量吨和尺码吨两种，每一件货物都有它的重量和尺码，在确定按哪一种标准作为运费吨时，一般可按高者为准。例如某件货物重量4 t，尺码为6 m^3，在既可按重量，又可按尺码计收运费。如按尺码计算时，该件货物的运费按6尺码吨计收。

规定最低计费吨的目的在于，如货物系由货主自己装载时，箱内所装的货没有达到所规定的最低运费吨时，货主系支付亏箱运费，以确保承运人的利益。显然，最低运费吨乘上费率得的全部运费中已包括了亏箱运费。

（2）最高运费计收。最高运费的计收只出现在集装箱整箱货运输下，其含义是，即使货主实际装箱的货物尺码吨超出箱子规定的计费吨，承运人仍按箱子所规定的计费吨收取运费，超出部分免收运费。但有些船公司则进一步规定，免收运费的货物以箱内货物低费率为准。

在计算整箱货最高运费时应注意，如整箱货是以整箱交接，或整箱接收、拆箱交货的情况下进行运输，运费则按发货人填制的装箱单内详细列明的不同货种，根据各自适用的费率分别计收运费。如在每包，或每捆内装有不同等级的货物时，运费则按装在里面的货物所适用的最高运费计收。如发货人没有按照承运人的明确规定，详细申报箱内所装货物的情况，运费则按箱子的内容积计收，而且，费率按箱内货物所适用的最高费率计，假如箱内的货物有一部分没有申报衡量，那么，没有申报或衡量的部分计费标准是箱子可装内容积与已申报的货物运费吨之间的差数。

（3）整箱货余额运费计算。当同一票货物装载三个，或三个以上的集装箱时，其最后一箱的计费标准可略低一些，如20 ft箱可减去尺码吨6 m^3，重量吨4.5 t。但也有的对最后一箱按实际装箱的重量吨，或尺码吨计收运费。

（二）运费的计算方法

1. 运费计算标准

通常有按货物重量、按货物尺码或体积、按货物重量或尺码，选择其中收取运费较高者计算运费；按货物 FOB 价收取一定百分比作为费，称为从价运费；按每件为一单位计收；由船货双方临时议定价格收取运费，称为议价。

2. 运费计算步骤

运费计算可按下列步骤进行：

（1）选择相关的运价本。

（2）根据货物名称，在货物分级表中查到运费计算标准（BASIS）和等级（CLASS）。

（3）在等级费率表的基本费率部分，找到相应的航线，启运港，目的港，按等级查到基本运价。

费率表中有如下各种规定：

① 按货物重量（weight）计算，以"W"表示。如 1 公吨（1 000 kg）、1 长吨（1 016 kg）或 1 短吨（907.2 kg）为一个计算单位，也称重量吨。

② 按货物尺码或体积（measurement）计算，以"M"表示。如 1 m^3（约合 35.314 7 立方英尺）或 40 立方英尺为一个计算单位，也称尺码吨或容积吨。

③ 按货物重量或尺码，选择其中收取运费较高者计算运费，以"W/M"表示。

④ 按货物 FOB 价收取一定的百分比作为运费，称从价运费，以"AD VALOREM"或"ad. val."表示。这原是拉丁文，按英文是按照价值的意思（即 according to value）。

⑤ 按货物重量或尺码或价值，选择其中一种收费较高者计算运费，用"W/M or ad. val."表示。

⑥ 按货物重量或尺码选择其高者，再加上从价运费计算，以"W/M plus ad. val."表示。

⑦ 按每件为一单位计收，如活牲畜和活动物，按"每头"（per head）计收；车辆有时按"每辆"（per unit）计收；起码运费按"每提单"（per B/L）计收。

⑧ 临时议定的价格（open rate）。由承、托运双方临时议定的价格收取运费。一般多用于低价货物。

根据一般费率表规定：不同的商品如混装在一个包装内（集装箱除外），则全部货物按其中收费高的商品计收运费。同一种货物因包装不同而计费标准不同，但托运时如未申明具体包装形式时，全部货物均要按运价高的包装计收运费。同一提单内有两种以上不同计价标准的货物，托运时如未分列货名和数量时，计价标准和运价全部要按高者计算。这是在包装和托运时应该注意的。此外，对无商业价值的样品，凡体积不超过 0.2 m^3，重量不超过 50 kg时，可要求船方免费运送。

（4）再从附加费部分查出所有应收（付）的附加费项目和数额（或百分比）及货币种类。

（5）根据基本运价和附加费算出实际运价。

（6）运费 = 运价 × 运费吨。

举例：

出口斧头一批，共 19.6 t，14.892 m^3，由上海装船经香港转运至温哥华港。经查，上海至香港，该货运费计算标准为 W/M，等级为 8 级，基本费率为每运费吨 20.50 美元，香港至温哥华，计算标准为 W/M，等级为 8 级，基本费率为每运费吨 60 美元，另收香港中转费，每运费吨 13.00 美元。试计算该批货的总运费。

解： 该批货的总运费 = 运价 × 运费吨

= (20.5 + 60 + 13) × 19.6 = USD1832.6

第四节 租船运输

一、租船运输概述

1. 租船运输的定义

租船运输又称不定期船运输。是相对于班轮运输，租船指包租整船，即定期船运输而言的另一种远洋船舶营运方式。租船费用较班轮低廉，且可选择直达航线，故大宗货物一般采用租船运输。它和班轮运输不同，没有事先制定的船期表、航线、港口和运价。船舶的营运是根据船舶所有人（或船舶经营人）与需要船舶运输的货主双方事先签订的租船合同（CHARTER PARTY）来安排运输的，故称为租船运输。由于租船运输的特点，决定了其适合运输大宗、低值货物，如粮食、煤炭、矿砂、化肥、石油、木材和水泥等。

2. 租船运输的基本特点

租船运输有以下基本特点：

（1）租船运输是根据租船合同组织运输的，租船合同条款由船东和租方双方共同商定。

（2）一般由船东与租方通过各自或共同的租船经纪人洽谈成交租船业务。

（3）不定航线，不定船期。船东对于船舶的航线、航行时间和货载种类等按照租船人的要求来确定，提供相应的船舶，经租船人同意进行调度安排。

（4）租金率或运费率是根据租船市场行情来决定。

（5）船舶营运中有关费用的支出，取决于不同的租船方式由船东和租方分担，并在合同条款中订明。例如，装卸费用条款 FIO 表示租船人负责装卸费，若写明 Liner Term，则表示船东负责装卸费。

（6）租船运输适宜大宗货物运输。

（7）各种租船合同均有相应的标准合同格式。

3. 租船市场

租船是通过租船市场进行的。在租船市场上，船舶所有人是船舶的供给方，而承租人则是船舶的需求方。在当今通信技术十分发达的时代，双方当事人从事的租船业务，绝大多数是通过电话、电传、电报或传真等现代通信手段洽谈的。

4. 租船经纪人

在国际租船市场上，租船交易通常都不是由船舶所有人和承租人亲自到场直接洽谈，而是通过租船经纪人代为办理并签约的。租船经纪人都非常熟悉租船市场行情，精通租船业务，并且有丰富的租船知识和经验，在整个租期交易过程中起着桥梁和中间人的作用，对顺利成交起着十分重要的作用。

二、租船运输的类型

1. 定程租船

定程租船，又称程租船，是以航程为基础的租船方式。船方必须按租船合同规定的航程完成货物运输任务，并负责船舶的运营管理及其在航行中的各项费用开支。程租船的运费一般按货物装运数量计算，也有按航次包租金额计算的。

2. 定期租船

定期租船，又称期租船，是按一定时间租用船舶进行运输的方式。船方应在合同规定的租赁期内提供适航的船舶，并负担为保持适航的有关费用。租船人在此期尚可在规定航区内自租船

3. 光船租船

光船租船（Bareboat Charter），又称船壳租船，净船期租船。这种租船不具有承揽运输性质，它只相当于一种财产租赁。光船租船是指船舶所有人将船舶出租给承租人使用一定期限，但船舶所有人提供的是空船，承租人要自己任命船长、配备船员，负责船员的给养和船舶（经营管理所需的一切费用）。也就是说，船舶所有人在租期内除了收取租金外，不再承担任何责任和费用。

4. 光船租购

光船租购是光船租赁的种特殊形式，是指船舶出租人向承租人提供不配备船员的船舶。在约定的期间内，由承租人占有和使用，并在约定期间届满时将船舶所有权转移给承租人，而由承租人支付租购费的合同。光船租购实际上相当于分期付款购买船舶，船东在收到全部付款前对船舶拥有正式的所有权，租船人支付每期租金相等于分期付款，租期结束船价全部付清，船舶就属于租船人所有。

5. 包运租船

包运租船是指船舶所有人以一定的运力，在确定的港口之间，按事先约定的时间，航次周期，拟航次以较均等的运量，完成全部货运量的租船方式。

6. 航次期租船

航次期租船又称日租租船，它是一种以完成一个航次运输为目的，但租金以航次所需的时间（天）为计算标准。这种租船方式不计滞期、速遣费用，船方不负责货物运输的经营管理。在装货港和卸货港的条件较差，或者航线的航行条件较差，难于掌握一个航次所需时间的情况下，这种租船方式对船舶所有人比较有利。因为采用这种租船方式可以使船舶所有人避免难以预测的情况而使航次时间延长所造成的船期损失。

三、租船运输程序

1. 租船询价

询价又称询盘。通常是指承租人根据自己对货物运输的需要或对船舶的特殊要求通过租船经纪人在租船市场上要求租用船舶。询价主要以电报或电传等书面形式提出。承租人所期望条件的内容一般应包括：需要承运的货物种类、数量、装货港和卸货港、装运期限、租船

方式或期限、期望的运价（租金）水平以及所需用船舶的详细说明等内容。询价也可以由船舶所有人为承揽货载而首先通过租船经纪人向租船市场发出。由船舶所有人发出的询价内容应包括出租船舶的船名、国籍、船型、船舶的散装和包装容积、可供租用的时间、希望承揽的货物种类等。

2. 租船报价

报价又称发盘。当船舶所有人从船舶经纪人那里得到承租人的询价后，经过成本估算或者比较其他的询价条件，通过租船经纪人向承租人提出自己所能提供的船舶情况和运费率或租金率。报价的主要内容，除对询价的内容作出答复和提出要求外，最主要的是关于租金（运价）的水平和选定的租船合同范本及对范本条款的修改、补充条款。报价有“硬性报价”和“条件报价”之分，“硬性报价”是报价条件不可改变的报价的报价作出接受订租的答复，超过有效期，这一报价即告失效。与此相反，“条件报价”是可以改变报价条件的报价。

3. 租船还价

还价又称还盘，在条件报价的情况下，承租人与船舶所有人之间对报价条件中不能接受的条件提出修改或增删的内容，或提出自己的条件称为还价。还价意味着询价人对报价人报价的拒绝和新的报价开始。因此，船东对租船人的还价可能全部接受，也可能接受部分还价，对不同意部分提出再还价或新报价。这种对还价条件作出答复或再次作出新的报价称为反还价或称反还盘。

4. 租船报实盘

在一笔租船交易中，经过多次还价与反还价，如果双方对租船合同条款的意见一致，一方可以以报实盘的方式要求对方作出是否成交的决定。报实盘时，要列举租船合同中的必要条款，将双方已经同意的条款和尚未最后确定的条件在实盘中加以确定。同时还要在实盘中规定有效期限，要求对方答复是否接受实盘，并在规定的有效期限内作出答复。若在有效期限内未作出答复，所报实盘即告失效。同样，在有效期内，报实盘的一方对报出的实盘是不能撤销或修改的，也不能同时向其他第三方报实盘。

5. 接受订租

接受订租又称受盘，指双方当事人对实盘所列条件在有效期内明确表示承诺。至此，租船合同即告成立。原则上，接受订租是租船程序的最后阶段。接受订租后，一项租船洽商即告结束。

6. 订租确认书

订租确认书是租船程序的最后阶段，一项租船业务即告成交。通常的做法是，当事人之间还要签署一份“订租确认书”。“订租确认书”无统一格式，但其内容应详细列出船舶所有人和承租人在洽租过程中双方承诺的主要条款。订租确认书经当事人双方签署后，各保存一份备查。

四、租船合同

正式的租船合同实际是合同已经成立后才开始编制的。双方签认的订租确认书实质就是一份供双方履行的简式的租船合同。签认订租确认书后，船东按照已达成协议的内容编制正式的租船合同，通过租船经纪人送交承租人审核。如果租船人对编制的合同没有什么异议，就可签字。

1. 期租船合同

期租船合同的主要条款内容有：

（1）租船合同的当事人。

（2）船舶规范（包括船名、呼号、船旗、建造年份、船级、登记吨、载重吨、吃水、载货容积、船速、耗油量、起货设备、甲板舱口等）。

（3）租期。

（4）航行范围。

（5）交船港及交船期。

（6）船东供应项目（如船员工资，船舶保险费、保养费等）。

（7）租船人供应项目（如燃油港口费）。

（8）租金费率及计算方法。租金是按船舶每 30 天每载重吨计算的或者按整船每天若干金额计算。

（9）还船手续和还船通知。

（10）停租条件提单签发。

（11）转租。

（12）船东及船长责任条款等。

期租船合同的专门条款内容有：

（1）首要条款。

（2）战争条款。

（3）征用条款。

（4）冰封条款。

（5）共同海损条款。

（6）仲裁条款。该条款在中国租船公司期租合同及波罗的海国际海运协会的“标准定期租船合同”使用较为普遍。

2. 程租船合同

程租船合同的主要条款有：

（1）合同当事人。

（2）船舶概况位置及装卸港口。

（3）船舶受载期及解约日。这是租船的重要条件。受载日是租方可以接受船舶的最早装货日期。解约日是租方可以接受船舶的最晚装货日期。从受载日至解约日称为船舶的受载期。在这个期间，船方必须准备好装货，租方必须按时装货。

（4）货物种类及数量。

（5）运费及支付办法。

（6）装卸费分担条款。

（7）船舶所有人责任条款。

（8）装卸时间条款。即船方允许租方必须完成装卸作业的时间，一般规定若干日或若干小时，也可用每天装卸率来表示。

（9）签发提单办法。

（10）佣金。

（11）留置权。如出租人未能收到应收运费、空载运费和延期罚款，船方有权扣留所载货物。

（12）共同海损条款。

（13）赔偿条款。

（14）免责条款。

典型案例

海运运费纠纷

案由

上海明达贸易有限公司（以下简称明达公司）是一家从事对外贸易的专业公司，其长期委托上海宏远国际货运有限公司（以下简称宏远公司）代理上海口岸的海运出口业务。双方曾于1999年1月签订业务委托协议。协议大致约定：双方的运价以书面确认为准，货物出运后的1个月内双方结清相应的各项费用。协议的有效期为1年。自1999年3月起，2年内双方发生委托业务数十笔，费用的结算也是按照协议的要求处理。

2001年4月，双方因一笔委托业务发生纠纷，明达公司认为由于宏远公司的疏忽，而造成高达8万美元货款的退税过期，因此拒绝支付尚欠宏远的运费近4万元人民币。经双方协商，以明达最终支付人民币1万5千元以抵冲近4万元人民币的运费，双方业务就此结束。

事隔2个月后，明达公司的内部审计人员发现宏远公司向明达公司收取的2000年9月至2001年3月的运费金额中，有9笔业务的运费比明达公司当初向宏远公司发去的订舱委托书上确认的运费金额高，共计3千2百美元。明达公司据此向宏远公司发函要求退还上述多收的运费。在多次联系遭宏远公司拒绝的情况下，明达公司于2001年7月向某市海事法院提起诉讼。一审庭审中，明达公司出具了争议运费的订舱委托书。委托书上确实列明了运费的构成明细，且金额与宏远公司开具的运费收费发票不符，差额为3千2百美元。宏远公司对委托书无异议，但辩称：该9笔业务系发生在船公司运价调整时期，明达公司的订舱委托书上列明的运价系调整前的运价，而该9笔业务均发生在运价调整后，所以应该按调整后的运价收取运费。同时，宏远公司向法庭出示了相应9笔业务的应付船公司的账单，以表明宏远公司并未多收运费。此外，宏远公司认为：明达公司已经对双方的运费争议予以确认、并支付了相应的款项。表明明达公司以实际付款的行为对委托书上的运价发生更正的事实表示了事后的确认，不存在宏远公司多收运费的问题。某市海事法院根据双方提供的证据及相关法律条文，一审判决：驳回明达公司的诉讼请求。

明达公司不服，向某市高等法院提起上诉。在高等法院，明达公司对支付宏远公司运费情节予以确认，但认为其付费的行为并不表示其对这9笔争议运价的确认，并提出了其理由（略）。宏达公司除重申其在一审中的抗辩理由外，提出新的抗辩理由：双方的委托代理协议已经过期，订舱委托书上的价格不能作为运价的确认，且宏达公司也并未在订舱书上确认该运价。要求法院驳回上诉维持原判。高等法院认为：双方的委托代理协议过期与否，与本案的关键：运价的确认并无利害关系。而订舱委托书是委托方向承托方提起的运输合同要约，承托方接受其订舱委托，即表示对此要约的确认。若无相反证据证明承托方对该要约的更正事项得到委托方确认的，则视原要约为双方运输合同一部分。明达公司支付运费的行为，并不妨碍其追索多付运费的权利实施。基于上述理由，高等法院对一审判决予以改判：宏远公司须返还明达公司多收的运费3千2百美元及由此产生的利息，诉讼费由宏远公司承担。

分析

根据合同法的有关规定，要约在得到双方确认或实际履行后，双方的合同关系即告成立。而本案例中订舱委托书上的运价即是双方委托代理合同中运输标的物的价格。宏远公司错在没有对这9笔业务运价的变化及时向明达公司提出协商要求，要求明达公司对运价作出书面确认（宏远公司提出的理由：双方一直是口头确认最终运价的，订舱书上的运价只是作为参考等。这些理由均于法无据）。一旦其履行了受托代理业务，即表示对此要约的确认并承担相应后果。

实 训

填制设备交接单

实训目的

通过填制设备交接单，了解设备交接单的内容，熟悉设备交接单的填制过程。

实训内容

设备交接单填制内容：

货名：（1）TOOL；（2）CLOTH；装箱人：货运代理——亚东货代，TEL58130000，上海康桥路1500号；经手人：李晓明；船名/航次：XI BO HE V0005W；箱号：COSU0510773；铅封号：2018200；箱型/箱类；20ft/GP；装船日期：12/06/08；进场日期为装船日期；装船港：SHANGHAI；卸船港：LONGBEACH；提箱地：张华浜港区（重箱）；还箱地点：外高桥港区；发往地点：外高桥港区（装船）；集装箱皮重：2300KGS；货/箱总重：3564KGS；提单号：COSU352079732。唛头：（1）TOOL A001/A105；（2）CLOTH：B001/B100。卡车车牌号：沪A5813挂；集装箱交接方式：CFS－CY、CY－CY。允许的免费堆存期限为3天。

提箱时经检查，箱体右侧有一直径约10厘米的凹痕，未破损。

实训课时

2 课时

实训要求

根据上述信息，填制设备交接单。

检查标准

根据填制信息，填制设备交接单，并检查填制是否完整。

自·测·练·习

一、单项选择题

1. 目前班轮运输的主要形式是________运输。

   A. 杂货班轮　B. 集装箱班轮　C. 邮轮　D. 定点班轮

2. 集装箱海上运输主要采用________。

   A. 集装箱船　B. 全集装箱船　C. 滚装船　D. 驳船

3. 我国东部沿海港口至美国的海上货运应选择________。

   A. 远东—北美航线　B. 远东—地中海航线

   C. 远东—欧洲航线　D. 远东—北非航线

4. 国际货物运输代理业务中，场站集装箱货物交接采用的单证为________。

   A. 设备交接单　B. 装箱单　C. 场站收据　D. 委托书

5. 为降低运输成本，货主通常采用________使用集装箱。

   A. 借用方法　B. 自备方法　C. 购置方法　D. 租赁方法

二、多项选择题

1. 国际班轮运输的特点主要有________。

   A. 固定船期　B. 固定航线　C. 固定港口

   D. 相对固定的费率　E. 固定货物

2. 集装箱装箱单有五联。依序为________。

   A. 码头联　B. 承运人联　C. 船代联

   D. 发货人联　E. 装箱人联

3. 拼箱货进口代理具体流程为________。

   A. 卸船拆箱　B. 理货及到货通知　C. 报关报检

   D. 提货转运　E. 转关运输

4. 班轮运费通常按________等进行计算。

   A. 货物重量　B. 货物尺码或体积　C. 货物重量或尺码

   D. 理货质量　E. 时间的长短

5. 租船运输方式适合运输________等货种。

   A. 散粮　B. 煤炭　C. 矿砂

   D. 散化肥　E. 石油

三、是非题（正确的打“√”，错误的打“×”）

1. 危险货物集装箱运输的要求可以参照普通货物集装箱运输的要求进行。（　）
2. 集装箱进出场站需分别填制设备交接单。（　）
3. 计算班轮运费应考虑基本运费和附加运费。（　）
4. 单程货物海运租箱时可采用期租方式租赁集装箱。（　）
5. 针对集装箱货物，海上运输通常采用集装箱班轮运输。（　）

四、思考题

1. 简述班轮运输的特点。
2. 简述集装箱班轮的优越性。
3. 简述场站收据的流转过程。
4. 简述货运代理委托书的基本事项。
5. 集装箱运输的交接方式有哪些？

第三章

国际航空货运代理实务

学习目标

◎知识目标

了解航空运输的基本概念；了解航空运输的类型；了解航空货运的类型；了解航空货运代理业务；了解航空运价体系。

◎能力目标

熟悉航空定期航班运输；熟悉航空器及航空运输设备；熟悉和掌握航空货运代理业务；熟悉和计算航空货运运价。

第一节　国际航空货物运输概述

一、航空货运的营运方式

国际航空货物运输是随着国际贸易和民用航空运输的发展而发展起来的。国际航空飞机的营运方式必须与国际贸易对国际航空运输的要求相适应。

因此，为了适应不同贸易合同下的货物运输需要，也为了合理地利用飞机的运输能力并获得良好的营运经济效益，目前国际航空飞机的营运方式可分为两大类，即定期航班运输（班机运输）和不定期航班运输（租机运输）。

1. 航班运输

定期航班运输，又称班机运输，是指航空公司将飞机按事先制定的航班时刻表，在特定航线的各既定起落站之间，经常性地为非特定的众多货主提供规则的、反复的运输服务，并按运价本或协议运价的规定计收运费的一种营运方式。用于班机运输的飞机主要是客货混载，在搭载旅客的同时又运送小批量货物；但一些规模较大的航空公司在一些货源比较充足的航线上也有使用全货机开辟定期货运航班。

班机固定航线和停靠港，定期开航，定点到达，因此国际间货物流通采用班机方式可以使收发货人确切掌握货物起运和到达时间，保证货物安全、准时地成交。特别是对运送国际市场上的急需商品、行李、鲜活物、贵重物、电子器件等，效果十分明显。

由于班机大多使用客货混用机，而大多以客为主，舱位有限，尤其在旅游旺季，航空公司往往首先满足旅客的要求，有限的舱位更显得不足，不能满足大批量货物及时出运，只能是分期分批运输，使得班机在货物运输方面存在着很大的局限性。

在定期航班运输方式下，除了普通的零散件班机运输和直接运输外，根据舱/板/箱销售方式和货源及组织形式的不同，航空货运的具体业务种类有：

（1）包舱/板/箱运输。包舱、包集装箱（板）是定期航空货物运输的一种销售方式，它指托运人根据所运输的货物在一定时间内需要单独占用飞机部分或全部货舱、集装箱、集装板，而承运人需要采取专门措施予以保证。

包舱包板运输是航空包机运输中经常采用的方式，这无论对于航空公司还是代理人都是一个双赢的策略。根据具体的双方协议和业务操作，又可分为固定包舱和非固定包舱两种。

① 固定包舱：托运人在承运人的航线上通过包板（舱）的方式运输时，托运人无论是否向承运人交付货物，都必须支付协议上规定的运费；

② 非固定包舱：托运人在承运人的航线上通过包板（舱）的方式运输时，托运人在航班起飞前 72 小时如果没有确定舱位，承运人则可以自由销售舱位，但承运人对代理人的包板（舱）的总量有一个控制。

（2）航空快递。航空快递是指具有独立法人资格的企业将进出境货物或物品从发件人所在地通过自身或代理的网络运达收件人的一种快速运输方式，采用上述运输方式的进出境货物、物品叫快件。

航空快递业因其所运送的货物主要以文件和小包裹为主而区别于普通航空货运业务。

（3）集中托运。由于航空运价随着货物计费重量的增加而逐级递减，货物重量越重，航空货运代理人或集运商就可以从航空公司获取更加优惠的运价。因此，集中发运大批量货物的运营模式成为众多代理人追求的目标，因为这样就能从航空公司获取比其他竞争对手较低的运价。航空货运市场目前还是一个价格敏感度较强的市场，较低的价格意味着拥有较强的竞争优势，市场销售将会非常得力，会吸引更多的托运人发货，这样一来运送货物的总量会进一步增大，就能与航空公司谈到更加优惠的运价。这样良性循环，有利于航空货运代理人本身的生存和发展。

2. 不定期航班运输

不定期运输，主要是不定期的包机运输，是相对于班机运输而言的另一种飞机营运方式，由于这种营运方式须在市场上寻求机会，没有固定的航线和挂靠港，也没有事先制定的航班时刻表和费率，当事人须在市场上通过洽谈运输条件，订立飞机租用合同来安排运输。

《中华人民共和国民用航空法》（以下简称《民航法》）第98条规定：公共航空运输企业从事不定期运输，应当经国务院民用航空主管部门批准，并不得影响航班运输的正常经营。

包机运输是由租机人租用整架飞机或若干租机人联合包租一架飞机进行货运的物流方式。包机如往返使用，则价格较班机低，如单程使用则价格较班机为高。包机适合专运高价值货物。

根据包机人包用飞机舱位的多少，包机可分为整架包机和部分包机两种：

（1）整架包机。整架包机即包租整架飞机，是指航空公司或包机代理公司，按照与租机人事先约定的条件与费率，将整架飞机出租给包机人，从一个或几个航空站装运货物到指定目的地的运输方式。这种方式适合运输大批量货载，运费比较低。但整架包机的租机人要在货物装运前一个月与航空公司联系，以便航空公司安排飞机运载和向起落机场及有关政府部门申请，办理入境、过境及有关手续。

（2）部分包机。部分包机有两种方式，一种是由几家航空货运代理公司或发货人联合包租整架飞机，另一种是由包机公司把整架飞机的舱位分租给几家航空货运代理公司。部分包机适合于不足整机但货量也较大（一般为一吨以上）的货物运送。

二、国际航空货物运输的特点

国际航空货物运输虽然起步较晚，但发展极为迅速，这是与它所具备的许多特点分不开的。这种运输方式与其他运输方式相比，具有其独特的优点。

1. 运送速度快

现代喷气运输机时速一般都在1 450 km左右，协和式飞机时速可达2 173 km。航空线路不受地面条件限制，一般可在两点间直线飞行，航程比地面短得多，而且运程越远，快速的特点就越显著。在“时间就是效益”的现代社会，节省时间就可以获得极大的企业效益和社会效益。

2. 安全准确

航空运输管理制度比较完善，航空法规的建制几乎随航空技术的发展同步进行。所以，货物运输的破损率低，被盗窃机会少，可保证运输质量，如使用空运集装箱则更为安全。飞机航行有一定班期，世界各航空公司都十分重视正点率，把它视为影响企业发展的重要因素之一，可以保证货物按时到达。

3. 手续简便

航空运输为了体现其快捷便利的特点，为托运人提供了简便的托运手续，也可以由货运代理人上门取货，并为其办理一切运输手续。并可以通过货运代理人送货上门，实现“门到门”的运输服务，极大地方便托运人和收货人。

4. 节省包装、保险、利息和储存等费用

由于航空运输速度快，商品在途时间短，周期快，存货可相对减少，资金可迅速收回，从而大大节省贷款利息费用。加之航空货物运输中货损、货差较少，货物包装可以相对简化，从而可降低包装费用和保险费用。

5. 运价较高、载量有限、易受天气影响

与其他运输方式（特别是海运）相比，航空运输的不利之处也是明显的。由于技术要求高、运输成本大等原因，运价相对较高，例如从中国到美国西海岸，空运运价至少是海运运价的 10 倍以上；由于飞机本身载重、容积的限制，其货运量相对海运来说要少得多，如目前最常见的大型货机 B747 – 200F 型可载货 90 t，相比海运船舶几万吨、十几万吨的载重量要小得多；航空运输遇到大雨、大风、雾等恶劣天气，航班就不能得到有效保证，可能导致货物的延误及损失。

但是由于这种运输方式的优点突出，可弥补运费高的缺陷，加之保管制度完善，货损货差少，适于价值较高、运量小的货物运输。

三、航空区划和时差

1. 航空区划

为了制定国际航空运输中运价的计算规则，同时也为了便于航空公司间的合作和业务联系，国际航空运输协会（IATA）把世界划分为三个航空运输业务区。

图 3 – 1 所示为世界三个航空运输业务区，分别为 ARETC1、ARETC2、ARETC3 三个大区，简称 TC1 区、TC2 区、TC3 区。

（1）TC1。该区东临 TC2 区、西接 TC3 区，北起格陵兰岛，南至南极洲。主要包括北美洲、拉丁美洲以及附近岛屿和海洋。TC1 区与 TC2 区的分界线：北起 0°经线，向南约至 74°N 处折向西南，穿过格陵兰岛与冰岛之间的丹麦海峡，在 60°N 处沿 40°W 经线至 20°N 处，再折向东南，到赤道处再沿 20°W 经线向南止于南极洲。

TC1 区由两个相连的大陆：南、北美大陆及附近岛屿，格陵兰岛、百慕大群岛、西印度群岛和加勒比岛屿以及夏威夷群岛（含中途岛和巴尔拉环礁）。按自然地理划分，以巴拿马运河为界，分为南、北美洲。按政治经济地理划分，则以美、墨边境为界，分为北美洲及拉丁美洲。美洲大陆东临大西洋、西濒太平洋。太平洋天堑阻碍了美洲和其他大洲之间的陆路交通，它与其他各洲之间的交通联系只有通过海洋运输和航空运输来实现。

（2）TC2。该区东临 TC3 区，西接 TC1 区，北起北冰洋诸岛，南至南极洲，包括欧洲、非洲、中东及附近岛屿。TC2 区与 TC3 区分界线：北起 80°E 经线，在 75°N 处向南弯折，沿乌拉尔山南下，绕经里海西岸、南岸、伊朗北界、东界，再沿 60°E 经线向南止于南极洲。

（3）TC3。该区东临 TC1 区，西接 TC2 区，北起北冰洋，南至南极洲，包括亚洲（除中东包括的亚洲部分国家）、大洋洲及太平洋岛屿的广大地区。TC3 区与 TC1 区分界线：北

起170°W经线，向南穿过白令海峡海峡后，向西南折至（50°N，165°E），再折经（7°N，180°W）、（7°N，140°W）、（20°S，120°W）等处，最后沿120°W经线向南止于南极洲。

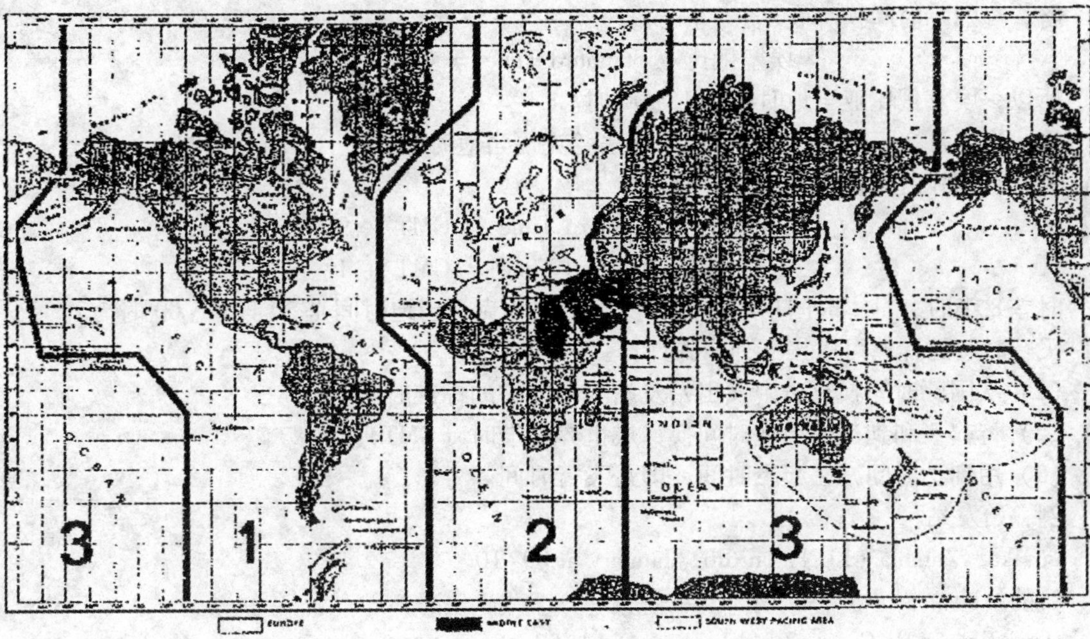

图3-1 世界三个航空运输业务区

2. 时差

时差，简单的说，两个地区地方时之间的差别称作为时差。各地的标准时间为格林尼治标准时间（G. M. T）加上（+）或减去（-）时区中所标的小时和分钟数时差。许多国家还采用夏令时（DST），比如美国每年4月到9月实行夏令时，时间提前一个小时。

由于地球自转造成了经度不同的地区时刻不同，当飞机跨越经度时，就产生时刻上的不统一。进行时差的换算，对于要排航班，更好地进行航空运输尤为重要。

在OAG-CARGO（航空货运指南）中的航班时刻表中的各个城市的时间都是当地标准时间，为了更方便查阅与时差换算，OAG公布了国际时间换算表（International Time Calculator，见表3-1）列出了各个国家当地的标准时间与世界标准时的时间差距。

表3-1 国际时间换算表

国家或地区	标准时间	夏令时	夏令时起止日期
China	+8		
U. S. A. **			
Eastern Time	-5	-4	02 Apr 00 - 28 Oct 00
Central Time	-6	-5	02 Apr 00 - 28 Oct 00
Mountain Time	-7	-6	02 Apr 00 - 28 Oct 00
Pacific Time	-8	-7	02 Apr 00 - 28 Oct 00

**表示该国家有多个时区；*表示该地区全年标准时不变，即没有夏令时。

根据国际时间换算表，可以计算世界两地的时差和飞行时间。

时差的计算可以根据国际时间换算表，查出每个国家的标准时，然后相减得到两地的时差。

例：当 GMT 时间是 12:00 时，问埃塞俄比亚首都的当地时间。

答：查国际时间换算表

埃塞俄比亚 Standard Time = GMT + 3

所以，埃塞俄比亚当地时间是 15:00 时。

例：当 3 月 20 日东京 15:00 时，问法兰克福当地时间。

答：查国际时间换算表

日本 Standard Time = GMT + 9

德国 Standard Time = GMT + 1

时差 8 小时，日本时间早于德国，所以，法兰克福当地时间是 20 日 07:00 时。

飞行时间的计算可以按下列步骤计算：

（1）从国际时间换算表中找出始发站和目的站的标准时间。

（2）将起飞和到达的当地时间换算成世界标准时（GMT）。

（3）用到达时间减去起飞时间，即是飞行时间。

例：始发站

Lusaka，Zambia（LUN）on 6th，January at 09:10

目的站

Hong Kong（HKG）on 7th，January at 14:50

飞行时间多少？

（Lusaka 在东 2 区；Hong Kong 在东 8 区）

解：

（1）从国际时间换算表中找出始发站和目的站的标准时间：

LUN = GMT + 02:00

HKG = GMT + 08:00

（2）将起飞和到达时间转换成世界标准时（GMT）：

LUN 0910 = GMT0910 - 0200 = GMT0710 6th，January

HKG 1450 = GMT1450 - 0800 = GMT0650 7th，January

（3）将到达时间减去起飞时间，即得出飞行时间：

0650 7th = 3050 6th

飞行时间 = 3050 6th - 0710 6th = 23 h40 min

四、航空货运航线

飞机飞行的路线称为空中交通线，简称航线。飞机的航线不仅确定了飞机飞行的具体方向、起讫点和经停点，而且还根据空中交通管制的需要，规定了航线的宽度和飞行高度，以维护空中交通秩序，保证飞行安全。

一般情况下，航线安排以大城市为中心，在大城市之间建立干线航线，同时辅以支线航线，由大城市辐射至周围小城市。航线按起讫点的归属不同分为国际航线和国内航线。其中国内航线又可分为干线航线和支线航线点对点航线。干线航线是指连接北京和各省会、直辖市或自治区首府或各省、自治区所属城市之间的航线，如北京—上海航线、上海—南京航线、青岛—深圳航线等。支线航线则是指一个省或自治区之内的各城市之间的航线。点对点航线是指确定一个起飞点，然后在中途不许停留，直达指定的降落点，不改变航线，不中途降落。

世界上最繁忙的航空线有：

（1）西欧—北美间的北大西洋航空线。该航线主要连接巴黎、伦敦、法兰克福、纽约、芝加哥、蒙特利亚等航空枢纽。

（2）西欧—中东—远东航空线。该航线连接西欧各主要机场至中国香港、北京、东京等机场。并途经雅典、开罗德黑兰、卡拉奇、新德里、曼谷、新加坡等重要航空站。

（3）远东—北美间的北太平洋航线。这是北京、中国香港、东京等机场经北太平洋上空至北美西海岸的温哥华、西雅图、旧金山、洛杉矶等机场的航空线。并可延伸至北美东海岸的机场。太平洋中部的火奴鲁鲁是该航线的主要中继加油站。

此外，还有北美—南美，西欧—南美，西欧—非洲，西欧—东南亚—澳新，远东—澳新，北美—澳新等重要国际航空线。

在我国，目前主要在北京、上海、天津、沈阳、大连、哈尔滨、青岛、广州、南宁、昆明和乌鲁木齐等机场接办国际航空货运任务。

五、航空运输设备

（一）民用运输机

运输机是专门执行运输任务的飞机。运输机一般分为军用和民用两大类。民用运输机的定义是航空运输中用于从事客货运输的飞机。民用运输机又分为旅客机和货机，其共同的特点是体积大，载重量大，航程远，续航时间长。而民用运输机还有经济性、舒适性（对旅客机而言）、安全性的要求。

1. 民用运输机的分类

民用运输机可分为以下几种：

（1）窄体飞机。窄体飞机的机身宽约 3 m，旅客座位之间有一个走廊，这类飞机往往只在其下货舱装运散货（见图 3－2）。

（2）宽体飞机。宽体飞机的机身较宽，客舱内有两条走廊，三排坐椅，机身宽一般在 4.72 m 以上，这类飞机可以装运集装货物和散货（见图 3－3）。

（3）全货机。飞机的主舱及下舱全部载货。

（4）全客机。只在飞机的下舱载货。

（5）客货混用机。在主舱前部设有旅客坐椅，后部可装载货物，下舱内也可装载货物。

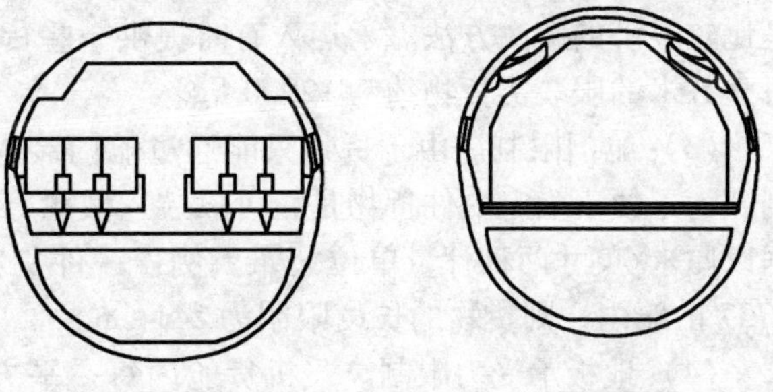

图 3－2 窄体飞机

2. 民用航空运输飞机的舱位结构

一般地，民用航空运输飞机主要分为两种舱位：主舱（Main deck）、下舱（Lower deck），但波音 747 分为三种舱位：上舱（Upper deck）、主舱、下舱（见图 3－4）。

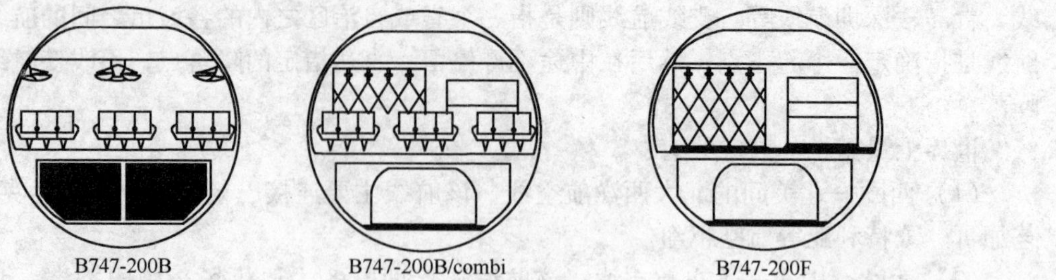

图 3－3　宽体飞机

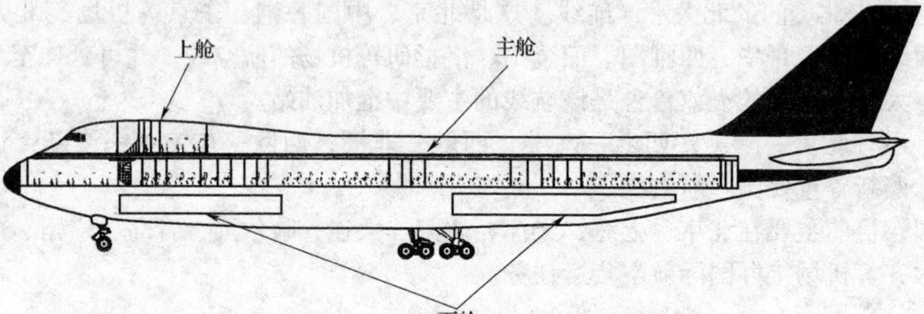

图 3－4　波音 747

3. 民用运输机的装载限制

民用运输机装载货物时受到下列条件的限制：

（1）重量限制。由于飞机结构的限制，飞机制造商规定了每一货舱可装载货物的最大重量限额。任何情况下，所装载的货物重量都不可以超过此限额。否则，飞机的结构很有可能会遭到破坏，飞行安全受到威胁。

（2）容积限制。由于货舱内可利用的空间有限，因此，这也成为运输货物的限定条件之一。轻泡货物已占满了货舱内的所有空间，而未达到重量限额。相反，高密度货物的重量已达到限额而货舱内仍会有很多的剩余空间无法利用。将轻泡货物和高密度货物混运装载，是比较经济的解决方法。承运人有时提供一些货物的密度参数作为混运装载的依据。例如，每立方米的服装类货物约为 120.0 kg。

（3）舱门限制。由于货物只能通过舱门装入货舱内，货物的尺寸必然会受到舱门的限制。为了便于确定一件货物是否可以装入散舱，飞机制造商提供了散舱舱门尺寸表，表内数据以厘米/英寸两种计量单位公布。例：一件货物的尺寸为 240 cm × 70 cm × 60 cm 装载在 B737 散舱内，则货物的长度限制为 241 cm。

（4）地板承受力限制。飞机货舱内每一平方米的地板可承受一定的重量，如果超过它的承受能力，地板和飞机结构很有可能遭到破坏。因此，装载货物时应注意不能超过地板承受力的限额。

通常飞机货舱地板承受力按下式计算：

$$\text{地板承受力} = \frac{\text{货物的重量}}{\text{地面接触面积}}$$

如果飞机货舱地板承受力超过限额，应使用 2 ~ 5 cm 厚的垫板，加大底面面积。垫板面积按下列计算：

$$垫板面积 = \frac{货物的重量}{地板承受力限额}$$

(二) 航空集装器

航空集装器的产生是在宽体飞机出现以后。为提高大批量货物的处理能力，人们认识到把小件货物集装成集装板、集装箱后作为大件货物运输是非常必要的。这些集装器可看做飞机结构中可移动的部件，使装卸更加简便。装运集装器的飞机，其舱内应有固定集装器的设备用于把集装器固定于飞机上。

1. 按注册与否分类的航空集装器

按注册与否分类的航空集装器。主要有注册航空集装器与非注册航空集装器。

(1) 注册航空集装器。注册的飞机集装器是国家政府有关部门授权集装器生产厂家生产的，适宜于飞机安全载运的，在其使用过程中不会对飞机的内部结构造成损害的集装器。

(2) 非注册航空集装器。非注册的集装器是指未经有关部门授权生产的，未取得适航证书的集装器，非注册的集装器不能看为飞机的一部分。因为它与飞机不匹配，一般不允许装入飞机的主货舱，但这种集装器的确适于地面的操作环境，它仅适合于某些特定机型的特定货舱，如 DPE 类的集装器仅适宜于如 B767。

2. 集装板和网套

集装板是具有标准尺寸的，四边带有卡锁轨或网带卡锁眼，带有中间夹层的硬铝合金制成的平板，以便货物在其上码放；网套是用来把货物固定在集装板上，网套的固定是靠专门的卡锁装置来限定。

集装板允许装载的货物重量受到集装板最大承重的限制。超过这一限制的货物不但会损坏集装板的结构，还有可能对机身造成损坏。

集装板的识别代号以字母“P”打头。常见的有 P1 板、P2 板、P6 板、P7 板等，其主要参数如下：

P1 板	224 cm×318 cm	88 英寸×125 英寸	6 804 kg
P2 板	224 cm×274 cm	88 英寸×108 英寸	4 536 kg
P6 板	244 cm×318 cm	96 英寸×125 英寸	6 804 kg
P7 板	244 cm×606 cm	96 英寸×238.5 英寸	11 340 kg

3. 结构与非结构集装棚

集装棚分结构式和非结构式两种。非结构式集装棚的前面敞开、无底，由玻璃纤维、金属及其他适合的材料制成坚硬的外壳，这个外壳与飞机的集装板和网套一起使用。

结构式集装棚的外壳与集装板固定成一体，不需要网套固定货物。

4. 航空集装箱

航空集装箱是根据飞机货舱的形状设计的，以保证货舱有限空间的最大装载率。

目前常用的航空集装箱主要有 AKE 集装箱、AMF 集装箱、AAU 集装箱和 AMA 集装箱四种。具体形状如图 3-5 至图 3-8 所示。

此外，还有空陆水联运集装箱以及特殊用途的集装箱，例如，保温箱、汽车运输设备等。其中空陆水联运集装箱装有顶角件和底角件，具有与航空器栓固系统相配合的栓固装置，其底部结构便于全部冲洗并能用滚装作业系统进行装运。该集装箱适用于空运并可与地图运输方式（如铁路、公路及水运）相互交接联运。

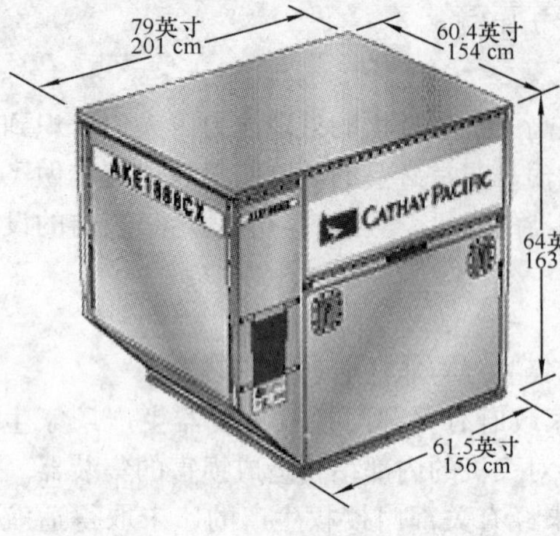

图 3－5　航空 AKE 集装箱

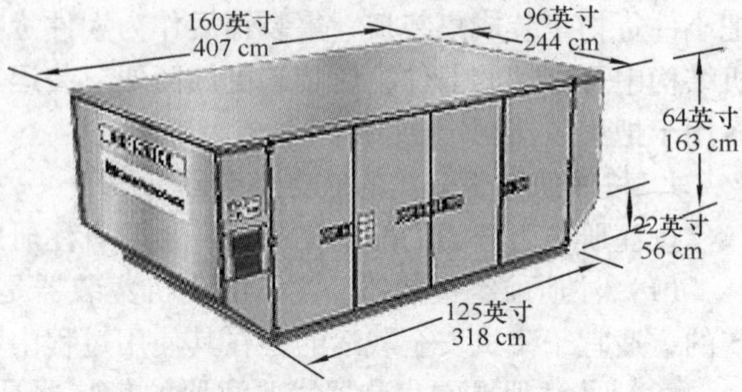

图 3－6　航空 AMF 集装箱

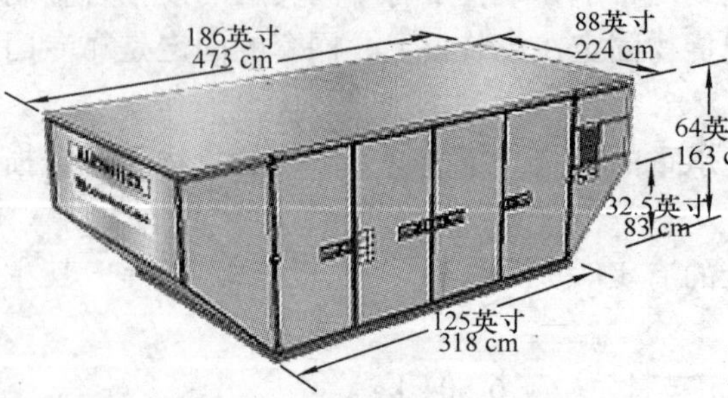

图 3－7　航空 AUU 集装箱

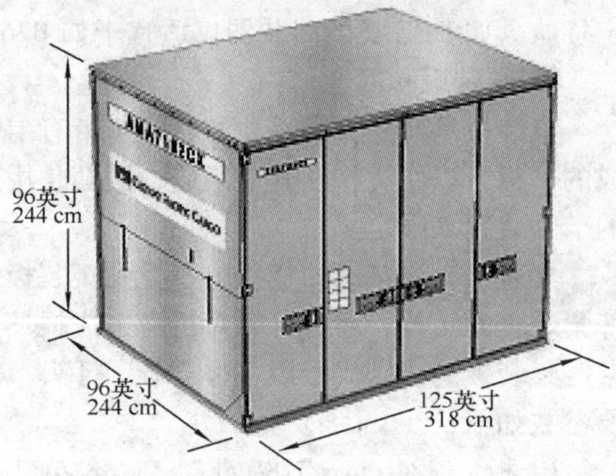

图 3－8　航空 AMA 集装箱

5. 集装器的限制

（1）集装器的最大承重限制和体积/尺寸限制。集装箱内部所装货物受到体积限制是不言而喻的。重点考虑集装板体积限制。集装板上所装货物的形状要与飞机的货舱内部形状相适应，且应能从货舱门装入。集装板可装货物的高度，随飞机机型的主货舱或下舱的位置布局而定。如 P1 板可装高度 164 cm/244 cm/299 cm、P6 板可装高度 164 cm/244 cm/299 cm、P7 板可装高度 244 cm。

此外，还有集装器底板承重等限制。

（2）货物品名的限制。某些特殊货物装载集装器是受到限制的，如危险品、活动物、贵重货物、尸体等。

6. 集装器货物的装载

集装器货物的装载应按照下列原则进行：

（1）检查所有待装货物。根据货物的卸机站、重量、体积、包装材料以及货物运输要求设计货物组装方案。

（2）一般情况下，大货、重货装在集装板上；体积较小、重量较轻的货物装在集装箱内。组装时，体积或重量较大的货物放在下面，并尽量向集装器中央集中码放；小件和轻货放在中间；危险物品或形状特异可能危害飞机安全的货物，应将其固定，可用填充物将集装器塞满或使用绳、带捆绑，以防损坏设备、飞机，造成事故。合理码放货物，做到大不压小、重不压轻、木箱或铁箱不压纸箱。同一卸机站的货物应装在同一集装器上。一票货物应尽可能集中装在一个集装器上，避免分散装在多个集装器上。

（3）在集装箱内的货物应码放紧凑，间隙越小越好。

（4）如果集装箱内没有装满货物，即所装货物的体积不超过集装箱容积的三分之二，或单件货物重量超过 150 kg 时，就要对货物进行捆绑固定。最好用标准的绳具将货物固定在集装箱的卡锁轨里。

（5）特别重的货物放在下层，底部为金属的货物和底部面积较小重量较大的货物必须使用垫板，以防金属货物损坏集装板，同时可以分散货物对集装器底板的压力，保证集装器能够平稳顺利地装入飞机。

（6）装在集装板上的货物要码放整齐，上下层货物之间要相互交错，骑缝码放，避免货物与货物坍塌、滑落。

（7）装在集装板上的小件货物，要装在其他货物的中间或适当地予以固定，防止其从网套及网眼中滑落。一块集装板上装载两件或两件以上的大货时，货物之间应尽量紧邻码放，尽量减少货物之间的空隙。

（8）一般情况下不组装低探板货物。确因货物多，需充分利用舱位，且货物包装适合装低探板时，允许装低探板。但是，装低探板货物要按照标准码放，码放货物要合理牢固，网套要挂紧，必要时要用尼龙带捆绑，保证集装货物在运输过程中不发生散落或倾斜。

（三）航空货运代码

由于航空货物运输单证的大小限制、操作的方便程度等缘故，在整个货运流程中采用航空货运代码就显得非常重要。航空货运代码有简洁、节省空间、容易识别等优点。

1. 国家代码

在航空运输中，国家的代码用两字代码表示。常见的国家代码如表 3－2 所示。

表 3－2 常见国家代码

英文全称	中文全称	两字代码	英文全称	中文全称	两字代码
China	中国	CN	Japan	日本	JP
United States of America	美国	US	Korea	韩国	KR
United Kingdom	英国	GB	Singapore	新加坡	SG
Germany	德国	DE	Canada	加拿大	CA
France	法国	FR	Australia	澳大利亚	AU

2. 航空公司代码

航空公司代码是国际航空运输协会（IATA）为全球各航空公司指定的两个字母的代码，它是由航班代码的两个首字母组成。IATA 也采用国际民用航空组织 1987 年开始发布的三字母代码。部分航空公司代码如表 3－3 所示。

表3-3 航空公司代码

国内航空公司			
中 文 名 称	英 文 名 称	2位代码	3位代码
中国国际航空公司	Air China	CA	CCA
中国南方航空公司	China Southern Airlines	CZ	CSN
东方航空公司	China Eastern Airlines	MU	CES

国际航空公司			
中 文 名 称	英 文 名 称	2位代码	3位代码
港龙航空公司	Dragon Air	KA	KDA
大韩航空公司	Korean Air	KE	AKA
韩亚航空公司	Asiana Airways	OZ	AAR
日本航空公司	Japan Airlines	JL	JAL
全日空公司	All Nippon Airways	NH	ANA
新加坡航空公司	Singapore Airlines	SQ	SIA
泰国国际航空公司	Thai Airways International	TG	THA
美国西北航空公司	Northwest Airlines	NW	NWA
加拿大国际航空公司	Canadian Airlines International	AC	
美国联合航空公司	United Airlines	UA	UAL
英国航空公司	British Airways	BA	BAW
荷兰皇家航空公司	Klm Royal Dutch Airlines	KL	
德国汉莎航空公司	Lufthansa German Airlines	LH	DLH
法国航空公司	Air France	AF	AFR
瑞士航空公司	Swissair	SR	SWR
奥地利航空公司	Austrian Airlines	OS	AUA
俄罗斯国际航空公司	Aeroflot Russian International	SU	AFL
澳洲航空公司	Qantas Airways	QF	QFA
芬兰航空公司	Finnair Airlines	AY	FIN
意大利航空公司	Italia Airlines	AZ	AZA
斯堪的纳维亚（北欧）航空公司	Scandinavian Airlines	SK	SAS
文莱皇家航空公司	Royal Brunei Airlines	BI	RBA
印度尼西亚鹰航空公司	Garuda Indonesia Airlines	GA	GIA
新加坡胜安航空公司	Singapore Silk Air	MI	MMP
马来西亚航空公司	Malaysian Airlines	MH	MAS
埃塞俄比亚航空公司	Ethiopian Airlines	ET	RTH
美国长青国际航空公司	Evergeen Int Airlines	EZ	EIA
波兰航空公司	Lot-Polish Airlines	LO	LOT
罗马尼亚航空公司	Torom Romanian Air Transport	RO	ROT

续表

国际航空公司			
中 文 名 称	英 文 名 称	2位代码	3位代码
乌兹别克斯坦航空公司	Uzbekistan Airlines	HY	UZB
伏尔加第聂伯航空公司	Volga - Dnepr Airlines	VI	VDA
乌克兰航空公司	Air Ukraine		UKR
哈萨克斯坦航空公司	Kazakhstan Airlines	K4	KXA
蒙古航空公司	Miat Mongolian Airlines	OM	MGL
巴基斯坦国际航空公司	Pakistan International Airlines	PK	PIA
菲律宾航空公司	Philippine Airlines	PR	PAL
尼泊尔王家航空公司	Royal Nepal Airlines	RA	RNA
伊朗航空公司	Iran Air - The Airlines Of Isamic	IR	IRA
日本航空系统株式会航空公司	Japan Air System	JD	JAS
朝鲜航空公司	Air Koryo	JS	KOR
以色列航空公司	Ei Ai Israel Airlines	LY	ELY
澳门航空公司	Air Macau	NX	AMU
缅甸国际航空公司	Myanmar Airways	UB	UBA
越南航空公司	Vientnam Airlines	VN	HVN

两个字母的航空公司代码表用于预约、时刻表、票务、征税、航空提单、公开发布的日程表和航空公司间的无线电通信，同时也用于航线申请。IATA 分发三种两字符的航空公司代号：唯一的英文号唯一的数目字加英文号和有控制性的重复码。代码用于各种商业用途的航空公司识别。这些两个字母的航空公司代码是 IATA 按照 762 号决议的规定指定的。

3. 机场代码

国际航空运输协会机场代码是由一个国际航空运输协会（IATA）规定、用于代表全世界大多数机场的代码。机场代码采用三字代码，它用 3 个字母组成并最常见在登机证及行李牌上。机场代码如表 3－4 所示。

这些代码的分配由国际航空运输协会第 763 号决议决定，并且由在蒙特利尔的 IATA 总部管理。这些代码每半年一次出版在 IATA 的航空公司编码目录里。但在大多数国家的正式航空刊物里，她们都使用国际民航组织机场代码（ICAO airport code）而非 IATA 代码。国际航空运输协会也为火车站和飞机场经营实体提供代码。它亦有一份航空公司和铁路线（例如美国国铁、法国国家铁路、德国铁路）代码共享协议的目录和一份在美国和加拿大 Amtrak 车站使用的单独站码目录。

表 3－4 机场代码

城市名	机场三字码	机场四字码	机 场 名 称	英 文 名 称
北京	PEK	ZBAA	北京首都机场	BEIJING
长春	CGQ	ZYCC	长春龙嘉国际机场	CHANGCHUN
成都	CTU	ZUUU	成都双流机场	CHENGDU

续表

城市名	机场三字码	机场四字码	机 场 名 称	英 文 名 称
重庆	CKG	ZUCK	重庆江北机场	CHONGQING
广州	CAN	ZGGG	广州白云机场	GUANGZHOU
桂林	KWL	ZGKL	桂林两江机场	GUILIN
贵阳	KWE	ZUGY	贵阳龙洞堡机场	GUIYANG
哈尔滨	HRB	ZYHB	哈尔滨太平机场	HARBIN
海口	HAK	ZJHK	海口美兰机场	HAIKOU
上海	SHA	ZSSS	上海虹桥机场	SHANGHAI
上海浦东	PVG	ZSPD	上海浦东机场	SHANGHAI
天津	TSN	ZBTJ	天津滨海机场	TIANJIN
武汉	WUH	ZHHH	武汉天河机场	WUHAN
乌兰浩特	HLH	ZBUL	乌兰浩特机场	ULANHOT
乌鲁木齐	URC	ZWWW	乌鲁木齐地窝堡机场	URUMQI
厦门	XMN	ZSAM	厦门高崎机场	XIAMEN
中国台北	TSA	RCSS	台北松山机场	TAIBEI
桃园	TPE	RCTP	台湾桃园国际机场	TAIBEI
杭州	HGH	ZSHC	杭州萧山机场	HANGZHOU
中国香港	HKG	VHHH	香港赤邋角国际机场	HONG KONG
首尔	ICN	RKSI	首尔仁川机场	SEOUL
东京成田	NRT	RJAA	东京成田机场	TOKYO
新加坡	SIN	WSSS	樟宜机场	SINGAPORE
罗马	FCO	LIRF	菲乌米奇诺机场	ROME
巴黎	CDG	LFPG	戴高乐机场	PARIS
温哥华	YVR	CYVR	温哥华机场	VANCOUVER
法兰克福	FRA	EDDF	法兰克福机场	FRANKFURT
莫斯科	VKO	UUWW	伏努科沃机场	MOSCOW
悉尼	SYD	YSSY	悉尼金斯福德·史密斯机场	SYDNEY
芝加哥	ORD	KORD	芝加哥机场	CHICAGO
纽约	JFK	KJFK	肯尼迪机场	NEW YORK
洛杉矶	LAX	KLAX	洛杉矶机场	LOS ANGELES
华盛顿	WAS	KWAS	华盛顿机场	WASHINGTON
西雅图	SEA	KSEA	西雅图机场	SEATTLE
旧金山	SFO	KSFO	旧金山机场	SAN FRANCISCO

4. 国际航空城市代码

由于航空运输是在空间上点与点之间的位移过程，因此，每运一票航空货物都涉及城市。所以，城市代码在航空货运中占据着重要地位。国际航空城市代码采用三字代码。国际航空城市代如表3－5所示。

表 3－5　国际航空城市代码

城　市	三字代码	城　市	三字代码	城　市	三字代码	城　市	三字代码
安克雷奇	ANC	哈尔滨	HRB	长崎	NGS	威海	WEH
乌鲁木齐	URC	黄山	HTX	南京	NKG	安庆	AQG
包头	BAV	黄岩	HYN	南宁	NNG	温州	WNZ
北海	BHY	银川	INC	东京	NRT	武汉	WUH
曼谷	BKK	景德镇	JDZ	大阪	OSA	武夷山	WUS
布鲁塞尔	BRU	纽约	JFK	北京	PEK	襄樊	XFN
广州	CAN	吉林	JIL	釜山	PUS	昆明	KMG
厦门	XMN	巴黎	CDG	晋江	JJN	西雅图	SEA
西宁	XNN	郑州	CGO	锦州	JNZ	汉城	SEL
宜宾	YBP	长春	CGQ	南昌	KHN	旧金山	SFO
宜昌	YIH	芝加哥	CHI	沈阳	SHE	烟台	YNT
重庆	CKG	吉隆坡	KUL	秦皇岛	SHP	温哥华	YVR
长沙	CSX	贵阳	KWE	西安	SIA	湛江	ZHA
成都	CTU	桂林	KWL	新加坡	SIN	珠海	ZUH
丹东	DDG	洛杉矶	LAX	石家庄	SJW	大连	DLC
兰州	LHW	圣保罗	SPL	福州	FOC	连云港	LYG
汕头	SWA	法兰克福	FRA	马德里	MAD	悉尼	SYD
福冈	FUK	牡丹江	MDG	三亚	SYX	海口	HAK
墨尔本	MEL	深圳	SZX	呼和浩特	HET	慕尼黑	MUC
青岛	TAO	杭州	HGH	齐齐哈尔	NDG	济南	TNA
广岛	HIJ	宁波	NGB	天津	TSN	香港	HKG
名古屋	NGO	太原	TYN				

5. 常见的危险品代码

危险品运输时航空货运中操作最复杂、难度最大的一类货物，尤其是在仓储、运输环节。因此，为提高操作的安全性，在采用航空货运的危险品包装上标有危险品代码。常见的危险品代码如表 3－6 所示。

表 3－6　常见的危险品代码

危险品品名	危险品代码	危险品品名	危险品代码
低温液体	RCL	放射性包装，I 类白色	RRW
易腐蚀的货物	RCM	固体二氧化碳（干冰）	ICE
爆炸物 1.3C 类	RCX	易燃固体	RFS
易燃液体	RFL	遇水释放易燃气体的物质	RFW
有机过氧化物	ROP	感染性物质	RIS
有毒气体	RPG	氧化剂	ROX

6. **常见的航空货运操作代码**

在航空货物运输中，经常可以看到一些常见的特殊操作代码，这些代码主要供操作人员在运输的各个环节中注意运输货物的性质，采取相应的操作策略。表 3－7 是常见的操作代码。

表 3－7 常见的操作代码

操作代码	英 文 全 称	中文全称
AOG	AIRCRAFT ON GROUND	航材
AVI	LIVE ANIMAL	活动物
BIG	OUTSIZED	超大货物
CAO	GARGO AIRCRAFT ONLY	仅限货机
DIP	DIPLOMATIC MAIL	外交邮袋
EAT	FOODSTUFFS	食品
FIL	UNDEVELOPED/UNEXPOSED FILM	未冲洗/未曝光的胶卷
FRO	FROZEN GOODS	冷冻货物
HUM	HUMAN REMAINS IN COFFINS	尸体
ICE	DRY ICE	干冰
LHO	LIVING HUMAN ORGANS/BLOOD	人体器官/鲜血
NWP	NEWSPAPERS，MAGAZINES	报纸、杂志
OBX	OBNOXIOUS CARGO	有强烈异味的货物
OHG	OVERHANG ITEM	拴挂货物
PEF	FLOWERS	鲜花
PEM	MEAT	肉
PER	PERISHABLE CARGO	易腐货物
PES	FISE/SEAFOOD	鱼/海鲜
VAL	VALUABLE CARGO	贵重物品
WET	SHIPMNTS OF WET MATERIAL NOT PACKED IN WATERTIGHT CONTAINERS	湿潮货
HEA	HEAVY CARGO，150 kg AND OVER PER PIECE	单件 150 kg 以上的货物

第二节　航空货物运输的类型

一、航空集中托运

1. 航空集中托运的概念

由于航空运价随着货物计费重量的增加而逐级递减，货物重量越重，航空货运代理人或集运商就可以从航空公司获取更加优惠的运价。因此，集中发运大批量货物的运营模式成为众多代理人追求的目标，因为这样就能从航空公司获取比其他竞争对手较低的运价。

航空集中托运是指航空货运代理公司把若干批单独发运的货物组成一批向航空公司办理

托运，填写一份总运单将货物发运到同一目的站，由航空货运代理公司在目的站的代理人负责收货、报关，并将货物分别拨交给各收货人的一种运输方式。

由于航空运输的运费按不同重量标准确定不同运费率，运量越多，费率越低。例如有10批货物空运至美国芝加哥，每批20 kg，如单批发运，运价为每kg人民币19.34元，若将此10批货物集中托运，开列一张运单，按200 kg级运价，仅为每kg 13.69元。因此，这种托运方式，可争取较低的运价，在航空运输中使用较为普遍。

集中托运可以采用班机或包机运输方式，是指航空货运代理公司将若干批单独发运的货物集中成一批向航空公司办理托运，填写一份总运单送至同一目的地，然后由其委托当地的代理人负责分发给各个实际收货人。这种托运方式，可降低运费，是航空货运代理的主要业务之一。

2. 集中托运的特点

集中托运的特点主要有：

（1）节省运费：航空货运公司的集中托运运价一般都低于航空协会的运价。发货人可得到低于航运航空公司运价，从而节省费用。

（2）提供方便：将货物集中托运，可使货物到达航空公司到达地点以外的地方，延伸了航空公司的服务，方便了货主。

（3）提早结汇：发货人将货物交与航空货运代理后，即可取得货物分运单，可持分运单到银行尽早办理结汇。

集中托运方式已在世界范围内普遍开展，形成较完善、有效的服务系统，为促进国际贸易发展和国际科技文化交流起了良好的作用。集中托运成为我国进出口货物的主要运输方式之一。

3. 集中托运的具体做法

集中托运的具体做法是：

（1）将每一票货物分别制定航空运输分运单，即出具货运代理的运单HAWB。

（2）将所有货物区分方向，按照其目的地相同的同一国家、同一城市来集中，制定出航空公司的总运单。总运单的发货人和收货人均为航空货运代理公司。

（3）打出该总运单项下的货运清单，即此总运单有几个分运单，号码各是什么，其中件数、重量各多少等。

（4）把该总运单和货运清单作为一整票货物交给航空公司。一个总运单可视货物具体情况随附分运单（也可以是一个分运单，也可以是多个分运单）。如一个MAWB内有10个HAWB，说明此总运单内有10票货，发给10个不同的收货人。

（5）货物到达目的地站机场后，当地的货运代理公司作为总运单的收货人负责接货、分拨，按不同的分运单制定各自的报关单据并代为报关、为实际收货人办理有关接货送货事宜。

（6）实际收货人在分运单上签收以后，目的站货运代理公司以此向发货的货运代理公司反馈到货信息。

4. 集中托运的限制

采用集中托运有以下的限制：

（1）集中托运只适合办理普通货物，对于等级运价的货物，如贵重物品、危险品、活动物以及文物等不能办理集中托运。

(2) 目的地相同或临近的可以办理，如某一国家或地区，其他则不宜办理。例如，不能把去日本的货发到欧洲。

二、航空快递

1. 航空快递的概念

航空快递是指具有独立法人资格的企业将进出境货物或物品从发件人（Consignor）所在地通过自身或代理的网络运达收件人的一种快速运输方式。采用上述运输方式的进出境货物、物品叫快件。

快件业务从所发运快件的内容看主要分成快件文件和快件包裹两大类。

快件文件以商务文件、资料等无商业价值的印刷品为主。其中也包括银行单证、合同、照片、机票等。

快件包裹又称小包裹服务，包裹是指一些贸易成交的小型样品、零配件返修机采用快件运送方式的一些进出口货物和物品。

航空快递的业务性质和运输方式与普通航空货运有较多相近之处，可以视为航空货运的延续或发展。因而，国内许多航空货运代理公司都兼营快件业务，同时也有专门的快件公司从事国际航空快件业务。

快件货物除了航空公司飞行承运之外，其全程运行必须置于快件公司的操作和控制之下。这样才能提高运送速率，减少差错，为跟踪查询提供了条件，使快件运输较之于普通空运在服务水准上有了质的提高。

2. 航空快递的特点

航空快件运输（尤其是包裹运输）与普通航空货物运输相比，其基本程序和需要办理的手续相同，所需的运输单据和报关单证也基本一样，都要向航空公司办理托运；都要与收、发货人及承运人办理单货交接手续；都要提供相应的报关单证向海关办理进、出口报关手续。

航空快运业务具有以下特点和作用：

(1) 快递公司有完善的快递网络。快递是以时间、递送质量区别其他运输方式，它的高效运转只有建立在完善的网络上才能进行。这种网络要求无论始发地、中转地、到达地都能以服务于网络这个目的进行，同时网络具有相当强的整合能力。

(2) 以收运文件和小包裹为主。从收运范围来看，航空快递以收运文件和小包裹为主。

文件包括银行票据、贸易合同、商务信函、装船单据、小件资料等，包裹包括机器上的小零件、小件样品、急用备件等。快运公司对收件有最大重量和最大体积的限制。

普通航空货运则以收运进出口贸易货物为主，并且规定每件货物的最小体积不得小于5 cm×10 cm×20 cm，每票货物的最小重量不得小于0.5 kg。

邮政业务则以运送私人信函为主要业务范围，要求货物的体积、重量较之航空快件为小。航空快件、普通航空货运、邮政国际业务三者业务范围之间有一定交叉，但又各有自己相对的经营领域和服务范围。其主导业务是有明显区分的。

3. 航空快递的分类

国际快递就是国与国之间的以商业文件和包裹为运送对象的一种快速运送方式。其根据所提供的服务不同又分为以下三类：

(1) 门到门服务。发件人需要发货时打电话给快递公司，快件公司接到电话后，立即派人到发件人处取件。快件公司将取到的所需发运的快件根据不同的目的地进行分拣、整理、核对、制单、报关。利用最近的航班，通过航空公司（或快件公司自己的班机）将快件运往世界各地。发件地的快递公司用电传、发 E-mail 或传真等形式将所发运快件有关信息（航空运单及分运单号、件数、重量等内容）通为中转站或目地站的快件公司。快件到达中转站或目的地机场后。由中转站或自地的快件公司负责办理清关手续、提货手续，并将快件及时送交收货人手中，之后将快件派送信息及时反馈到发件地的快递公司。

（2）门到机场服务。运输服务只能到达收件人所在城市或附近的机场。快件到达目的地机场后，当地快递公司及时将到货信息通知收件人，收件人可自己办理清关手续，可委托原快递公司或其他代理公司办理清关手续，但需额外缴纳清关代理费用。采用这种运输方式的快件多是价值较高，或是目的地海关当局对货物或物品有特殊规定。

（3）专人派送服务。这种方式是指发件地快递公司指派专人携带快件在最短的时间内，采用最便捷的交通方式，将快件送到收件人手里。这种方式一般是在一些比较特殊的情况下，为了确保货物安全、确保交货时间采用的。

三、特种货物运输

1. 鲜活易腐货物运输

鲜活易腐货物是指在一般运输条件下易于死亡或变质腐烂的货物。

鲜活易腐货物在装卸、储存和运输过程中，由于气温变化和运输延误等因素可能导致其变质或失去原有价值。常见的鲜活易腐货物有：鲜花、植物、水果、蔬菜、新鲜的肉类、海鲜、正在孵化的禽蛋、疫苗和医疗设施等。此类货物一般要求在运输和保管中采取冷藏、保温等特别的措施等，以保持其鲜活或不变质。

鲜活易腐货物空运除识别标签外，货物的外包装上还应拴挂“鲜货易腐”标签和“向上标签”。

托运人在交运鲜活易腐货物之前必须预定所需的舱位。鲜活易腐货物应安排直达航班。如果一定要有多个航班转运时，必须获得所有参加运输的承运人关于订妥吨位及选择运输路线的确认，否则不可接受非直达航班运输的鲜活易腐物品。

对鲜活易腐货物的运输要求是：

（1）承运前必须查阅 TACT Rules，Section 7.3 Import/Transit/Export Regulations 中关于各个国家对鲜活易腐物品进出口、转口的运输规定。确认在始发地、中转地、目的地能够提供操作设备。

（2）鲜活易腐货物应优先发运，尽可能利用直达航班。

（3）收运鲜活易腐品的数量必须取决于机型以及飞机所能提供的调温设备。

（4）需订妥航班。

（5）鲜活易腐货物运达后，应由航空公司或其地面代理立即通知收货人来机场提取。

（6）承运前还应查阅 TACT 规则本中第八部分有关承运人对鲜活易腐品的承运规定。

（7）如果在周末和节假日无法办理清关手续，应尽量安排货物在工作日到达中转站或目的站。

2. 活动物运输

IATA 每年出版一期《活动物规则》（Live Animal Regulations，LAR），其中包括了有关

活体动物运输的各项内容，如包装种类、操作和仓储标准等，目的是保证活动物安全到达目的地。收运活动物应以 LAR 为依据，严格遵守各项规定。

运输活动物时使用标签和标记的要求是：

（1）托运人必须在活动物的容器上用清晰、持久的字迹详细注明与货运单相一致的收货人的姓名，还应注明有关特殊饲养的方法及应注意的事项。

（2）装有活动物的容器上应贴有“动物”标签（LIVE ANIMAL）和“不可倒置”标签（THIS SIDE UP）；若所装动物在叮、咬或接触时能放射毒素，应同时贴有“有毒”标签（POISONOUS）；实验用动物专用容器上应贴“实验动物”标签（LABORATORY ANIMALS）。

对活动物的运输要求是：

（1）必须在订妥全程舱位之后方可收运。

（2）动物运输不办理运费到付。

（3）动物运输应尽量利用直达航班；如无直达航班，应尽量选择中转次数少的航班。

（4）应注意动物运达目的站的日期，尽量避开周末和节假日，以免动物运达后延误交付，造成动物死亡。

（5）只有部分机型的下货舱可以通风和控制温度。因此，动物装载在下货舱内运输时，应考虑不同的飞机所提供的运输条件。

（6）动物在运输过程中，由于自然原因而发生的病、伤或死亡，承运人不负责任；除非证明由于承运人造成的责任。

（7）由于托运人的过失或违反承运人的运输规定，致使动物在运输过程中造成对承运人或第三者的伤害或损失时，托运人应负全部责任。

（8）动物在运输途中或到达目的地后死亡（除承运人的责任事故外）所产生的一切处理费用，应由托运人或收货人承担。

3. 危险物品运输

空运危险物品应按 DGR（Dangerous Goods Regulations，危险物品手册）进行。DGR（Dangerous Goods Regulations，危险物品手册）是根据芝加哥公约附件 18 和 ICAO 技术指南的内容而编制的。IATA 组织了一些危险物品运输专家对 DGR 内容每年进行修改，并于每年 1 月 1 日出版。所有的 IATA 会员航空公司及他们的代理人都必须统一使用最新出版的 DGR。

某些危险品，名称上虽看不出危险品，但实际上是。如电器开关，可能含有水银；冷冻的水果、蔬菜，可能含有干冰；玩具，可能是易燃的材料所制。所以也必须按危险物品处理。

危险品运输的原则是：

（1）预先检查原则。危险品采用空运前必须经过预检

预检的主要内容包括：

① 危险物品的包装件在组装集装器或装机之前，必须进行认真检查，包装件在完全符合要求的情况下，才可继续进行作业。检查的内容包括：外包装无漏洞、无破损，包装件无气味，无任何漏泄及损坏的迹象。

② 包装件上的危险性标签和操作标签正确无误、粘贴牢固，包装件的文字标记（包括运输专用名称、UN 或 ID 编号、托运人和收货人的姓名及地址）书写正确，字迹清楚。

（2）方向性原则。装有液体危险物品的包装件均按要求贴有向上标签“THIS SIDE UP”，在搬运、装卸、装集装板或集装箱以及装机的全过程中，必须按该标签的指向使包装件始终保持直立向上。

（3）轻拿轻放原则。在搬运或装卸危险物品包装件时，无论是采用人工操作还是机械操作，都必须轻拿轻放，切忌磕、碰、摔、撞。

（4）固定货物、防止滑动原则。危险物品包装件装入飞机货舱后，装载人员应设法固定。防止危险物品在飞机飞行中倾倒或翻滚，造成损坏。

4. 超大超重货物运输

超大货物一般是指需要一个以上的集装板方能装下的货物，这类货物的运输需要特殊处理程序以及装卸设备。

超重货物一般是指每件超过 150 kg 的货物，但最大允许货物的重量主要还取决于飞机的机型（地板承受力）、机场设施以及飞机在地面停站的时间等。

超大超重货物运输的要求是：

（1）确保货物内部不含有危险性的物品（如电池、燃油等）。如果有此类物品，应按 TACT 有关危险品规定来处理。

（2）托运人应提供装卸超大、超重货物的设施。

（3）重货尽量装在集装器的中间位置。

（4）如果装载的货物未超过集装箱的 2/3 容积，属于重货需固定。

5. 贵重货物运输

凡托运人交运的一批货物中，含有贵金属、现金、证券、宝石、手表等，以及声明价值毛重每 kg 超过（或等于）1 000 美元或等值货币的任何物品均称为贵重货物。

托运人交运贵重货物自愿办理声明价值；每票货运单货物的声明价值不得超过十万美元（否则应请托运人分批托运或按上级机关指示办理）；每次班机上所装载的贵重货物，价值不得超过一百万美元。

超大超重货物运输的要求是：

（1）运输贵重货物，尽量缩短货物在始发站、中转站和目的站机场的时间，避开周末或节假日交运；

（2）贵重货物在装机或装集装箱过程中，至少应有三人在场，其中一人必须是承运人的代表；

（3）装在集装箱内的贵重货物，装机站负责监护装机至飞机舱门关闭，航班离港后，装机站应立即用电话或电报通知卸机站，并做详细记录，卸机站接到通知，应安排专人监督卸机直至货物入库；

（4）中转站接收中转的贵重货物，应进行复核，发现包装破损或封志有异，应停止运输，征求始发站的处理意见；

（5）贵重货物不得使用地面运输；

（6）如果发现贵重货物有破损、丢失或短少等迹象，应立即停止运输，填写《货物不正常运输记录》并通知有关部门；

（7）收货人提取货物前，应仔细检查货物包装，如有异议时，应当场向承运人提出，必要时重新称重，并详细填写运输事故记录。

6. 作为货物运送的行李

作为货物运送的行李（Baggage Shipped As Cargo），又译称无人押运行李或无人陪伴行李（Unaccompanied Baggage）。

旅客在乘机时的交运行李，只要在其客票的免费行李额内，可免费交运。如果行李的重量超过了免费行李额，旅客可支付逾重行李费，或将行李送至货运部门作为货物托运。作为货物运送的行李不一定与旅客同机到达目的地。

作为货物运送的行李，仅限于旅客本人的衣物和与旅行有关的私人物品，包括手提打字机、小型乐器、小型体育用品；但不包括机器设备、机器零件、货币、证券、珠宝、表、餐具、镀金属器皿、皮毛、影片或胶卷、照相机、票证、文件、酒类、香水、家具、商品和销售样品等。

作为货物运送的行李运输的要求是：

(1) 如旅客要求将行李的钥匙随同货物一起运往目的站时，应请其装入自备的结实信封内，在信封上写明收货人和托运人的姓名、地址，然后由航空公司收运部门封妥，订在货运单之后；同时在货运单“Handing Information”一栏中应填明“KEY OF UNACCOMPANIED BAGGAGE”。

(2) 在运输过程中，为了便于识别旅客交运的行李和作为货物运送的行李，在作为货物运送的行李上应加挂货物标贴。

(3) 行李的外包装上应详细注明托运人/收货人的名称、地址。

(4) 如旅客要求无人陪伴行李同机到达时，应事先做好安排，订妥全程航班和舱位。

第三节　航空货运代理业务

一、航空货运出口代理业务

(一) 航空货运出口代理业务程序

国际航空货物出口运输代理业务通常按下列流程进行操作。

1. 委托运输

发货人发货时，首先需填写托运书，并加盖公章，作为货主委托代理承办航空货运出口货物的依据。航空货运代理公司根据委托书要求办理出口手续，并据以结算费用。因此，“国际货物托运书”是份重要的法律文件。

在接受托运人委托后，单证操作前，货运代理公司的指定人员对托运书进行审核或称之为合同评审。审核的主要内容：价格、航班日期。目前，各航空公司均采取自由销售方式，每家航空公司、每条航线、每个航班甚至每个目的港均有优惠运价，这种运价会因货源、淡旺季经常调整，而且各航空公司之间的优惠价也不尽相同。所以有时候更换航班，运价也随之更换。

货运单上显示的运价虽然与托运书上的运价有联系，但互相之间有很大区别。货运单上显示的是TACT（航空运价手册）上公布的适用运价和费率，托运书上显示的是航空公司优惠价加上杂费和服务费或使用协议价格。托运书的价格审核就是判断其价格是否能被接受，预订航班是否可行。审核人员必须在托运书上签名和日期以示确认。

2. 审核单证

所需要审核的单证根据贸易方式、信用证要求等有所不同，主要包括以下单证：

（1）发票、装箱单：发票上一定要加盖公司公章（业务科室、部门章无效），标名价格术语和货价（包括无价样品的发票）。

（2）托运书：一定要注明目的港名称或目的港所在城市名称，明确运费预付或运费到付、货物毛重、收发货人、电话/电传/传真号码。托运人签字处一定要有托运人签名。

（3）报关单：注明经营单位注册号、贸易性质、收汇方式，并要求在申报单位处加盖公章。

（4）外汇核销单：在出口单位备注栏内，一定要加盖公司公章。

（5）许可证：合同号、出口口岸、贸易国别、有效期，一定要符合要求与其他单据相符。

（6）商检证：商检证、商检放行单、盖有商检放行章的报关单均可。商检证上应有海关放行联字样。

（7）进料/来料加工核销本：注意本上的合同号是否与发票相符。

（8）索赔/返修协议：要求提供正本，要求合同双方盖章，外方没章时，可以签字。

（9）到付保函：凡到付运费的货物，发货人都应提供。

（10）关封。

3. 预配舱

代理人汇总所接受的委托和客户的预报，并输入电脑，计算出各航线的件数、重量、体积，按照客户的要求和货物重、泡情况，根据各航空公司不同机型对不同板箱的重量和高度要求，制订预配舱方案，并对每票货配上运单号。

4. 预订舱

代理人根据所指定的预配舱方案，按航班、日期打印出总运单号、件数、重量、体积，向航空公司预订舱。这一环节称之为预订舱，是因为此时货物可能还没有入仓库，预报和实际的件数、重量、体积等都会有差别，这些留待配舱时再作调整。

5. 接受单证

接受托运人或其代理人送交的已经审核确认的托运书及报关单证和收货凭证。将电脑中的收货记录与收货凭证核对。制作操作交接单，填上所收到的各种报关单证份数，给每份交接单配一份总运单或分运单。将制作好的交接单、配好的总运单或分运单、报关单证移交制单。如此时货未到或未全到，可以按照托运书上的数据填入交接单并注明，货物到齐后再进行修改。

6. 填制货运单

填制航空货运单，是指依据发货人提供的国际货物托运书，逐项填制航空货运单的相应栏目。填制航空货运单是空运出口业务中最重要的环节，货运单填写的准确与否直接关系到货物能否及时、准确地运达目的地。航空货运单是发货人收结汇的主要有效凭证。因此，运单的填写必须详细、准确、严格符合单货一致、单单一致的要求。

填制货运单，包括主运单和分运单两种。所托运货物，如果是直接发给国外收货人的单票托运货物，填开航空公司运单即可。如果货物属于以国外代理人为收货人的集中托运货物，必须先为每票货物填开航空货运代理公司的分运单；然后再填开航空公司的主运单，以便国外代理对总运单下的各票货物进行分拨。

最后制作《空运出口业务日报表》供制作标签用。

7. 接受货物

接受货物，是指航空货运代理公司把即将发运的货物从发货人手中接过来并运送到自己的仓库。

接受货物一般与接单同时进行。对于通过空运或铁路从内地运往出境地的出口货物，货运代理按照发货人提供的运单号、航班号及接货地点、接货日期，代其提取货物。如货物已在始发地办理了出口海关手续，发货人应同时提供始发地海关的关封。

接货时应对货物进行过磅和丈量，并根据发票、装箱单或送货单清点货物，核对货物的数量、品名、合同号或唛头等是否与货运单上所列一致。

8. 配舱

配舱时，需运出的货物都已入库。这时需要核对货物的实际件数、重量、体积与托运书上预报数量的差别。对预订舱位、板箱的有效领用、合理搭配，按照各航班机型、板箱型号、高度、数量进行配载。同时，对于货物晚到、未到情况以及未能顺利通关放行的货物做出调整处理，为制作出仓单做准备。实际上，这一过程一直延续到单、货交接给航空公司后才完毕。

9. 订舱

订舱，就是将所接收空运货物向航空公司申请并预订舱位。

货物订舱需根据发货人的要求和货物标识的特点而定。一般来说，大宗货物、紧急物资、鲜货易腐物品、危险品、贵重物品等，必须预订舱位。非紧急的零散货物，可以不预订舱位。

订舱的具体做法和基本步骤是：接到发货人的发货预报后，向航空公司吨控部门领取并填写订舱单（Cargo Booking Advance，CBA），同时提供货物的名称、体积（必要时提供单件尺寸）、重量、件数、目的地、要求出运的时间、其他运输要求（温度、装卸要求、货物到达目的地时限等）等相应的信息。订舱后，航空公司签发舱位确认书，同时给予装货集装器领取凭证，以表示舱位订妥。

航空公司根据实际情况安排航班和舱位，一般来说，航空公司舱位销售的原则是：

（1）保证有固定舱位配额的货物；

（2）保证邮件、快件舱位；

（3）优先预订运价较高的货物舱位；

（4）保留一定的零散货物舱位；

（5）未订舱的货物按交运时间的先后顺序安排舱位。

预订的舱位有时会由于货物原因、单证原因、海关原因使得最终舱位不够或者空舱，此类情况需要综合考虑和有预见性等经验，尽量减少此类事情发生，并且在事情发生后作及时必要的调整和补救措施。

10. 出口报关

出口报关，是指发货人或其代理人在货物发运前，向出境地海关办理货物出口手续的过程。

出口报关的基本程序是：首先将发货人提供的出口货物报关单的各项内容输入电脑，即电脑预录入；在通过电脑填制的报关单上加盖报关单位的报关专用章；然后将报关单与有关的发票、装箱单和货运单综合在一起，并根据需要随附有关的证明文件；以上报关单证齐全后，由持有报关证的报关员正式向海关申报；海关审核无误后，海关官员即在用于发运的运单正本上加盖放行章，同时在出口收汇核销单和出口报关单上加盖放行章，在发货人用于产品退税的单证上加盖验讫章，粘上防伪标志；完成出口报关手续。

出运修理件、更换件时，需留取海关报关单，以备以后进口报关用。

出口货物根据动卫检部门的规定和货物种类，还会填制相应的动、卫签单。非动植物及其制品类，要求填制《卫检申报单》，加盖卫检放行章。动植物类货物除《卫检申报单》外，还需《动植检报验单》并加盖放行章。

化工类产品须到指定地点检验证明是否适合空运。而不同的出口货物亦有各种规定和限制。

11. 出仓单

配舱方案制订后就可着手编制出仓单，主要内容有出仓单的日期、承运航班的日期、装载板箱形式及数量、货物进仓顺序编号、总运单号、件数、重量、体积、目的地三字代码和备注等。

出仓单交给出口仓库，用于出库计划，出库时点数并向装板箱交接。出仓单交给装板箱环节用于向出口仓库提货的依据。出仓单交给货物的交接环节用于从装板箱环节收货凭证和制作《国际货物交接清单》的依据，该清单用于向航空公司交接货物。出仓单还可用于外拼箱。出仓单交给报关环节，当报关有问题时，可有针对性反馈，以采取相应措施。

12. 提板箱

订妥舱位后，航空公司吨控部门将根据货量出具发放“航空集装箱、板”凭证，货运代理公司凭此向航空公司箱板管理部门领取与订舱货量相应的集装板、集装箱并办理相应的手续。

提板、箱时，应领取相应的塑料薄膜和网。对所使用的板、箱要登记、销号。

13. 装板箱

除特殊情况外，航空货运均是以“集装箱”、“集装板”形式装运。

通常情况下，航空货运代理公司将体积为二立方米以下货物作为小货交与航空公司拼装，大于二立方米的大宗货或集中托运拼装货，一般均由货运代理自己装板装箱。

14. 签单

货运单在盖好海关放行章后还需到航空公司签单。主要是审核运价使用是否正确以及货物的性质是否适合空运，例如，危险品等是否已办了相应的证明和手续。航空公司的地面代理规定，只有签单确认后才允许将单、货交给航空公司。

15. 交接发运

交接是向航空公司交单交货，由航空公司安排航空运输。

交单就是将随机单据和应有承运人留存的单据交给航空公司。随机单据包括第二联航空运单正本、发票、装箱单、产地证明、品质鉴定书等。

交货即把与单据相符的货物交给航空公司。交货之前必须粘贴或拴挂货物标签，清点和核对货物，填制货物交接清单。大宗货、集中托运货，以整板、整箱称重交接。零散小货按票称重、计件交接。航空公司审单验货后，在交接签单上验收，将货物存入出口仓库，单据交吨控部门，以备配舱。

16. 航班跟踪

单、货交接给航空公司后，航空公司会因种种原因，例如，航班取消、延误、溢载、故障、改机型、错运、倒垛或装板不符合规定等，而使得货物未能按预定时间运出。所以货主或其代理从单、货交给航空公司后就需对航班、货物进行跟踪。对于需要联程中转的货物，在货物出运后，要求航空公司提供二、三程航班中转信息。有些货物事先已预订了二、三程，也还需要确认中转情况。有时需直接发传真或电话与航空公司的海外办事处联系货物中转情况。

17. 信息服务

物流和信息流是密不可分的，二者是同步进行的。在出口货运操作的整个过程中，航空货运代理公司应将订舱信息、审单及报关信息、仓库收货信息、交运称重信息、一程及二程航班信息、集中托运信息以及单证信息等及时地传递给货主，做好沟通和协调工作。

18. 费用结算

在出口货运操作中，货运代理公司要同发货人、承运人和国外代理人三方面进行费用结算。货代与发货人结算费用主要是付运费、地面运输费和各种服务费、手续费；与承运人结算费用主要是航空运费、代理费及代理佣金；与国外代理人结算主要涉及付运费和利润分成。

到付运费实际上是发货方的航空货运代理为收货人垫付的，因此收货方的航空货运代理公司在将货物移交收货人时，应收回到付运费并将有关款项退还发货方的货运代理。同时发货方的货运代理应将代理佣金的一部分分给其收货地的货运代理。

由于航空货运代理公司之间存在长期的互为代理协议，因此与国外代理的费用结算一般不采取一票一结的办法，而采取应收应付相互抵消、在一定期限内以清单冲账的办法。

（二）航空出口货运要求

1. 航空出口货运包装的基本要求

检查货物的外包装是否符合运输的要求：

（1）托运人提供的货物包装要求坚固、完好、轻便，应能保证在正常的运输情况下，货物可完好运达目的站，同时也不损坏其他货物和设备。

（2）为了不使密封舱飞机的空调系统堵塞，不得用带有碎屑、草末等材料作包装，如草袋、草绳、粗麻包等。包装的内衬物，如谷糠、锯末、纸屑等不得外漏。

（3）包装包部不能有突出的棱角也不能有钉、钩、刺等。包装外部需清洁、干燥、没有异味和油腻。

（4）托运人应在每件货物的包装上详细写明收货人、另请通知人和托运人的姓名和地址。如包装表面不能书写时，可写在纸板、木牌或布条上，再拴挂在货物上，填写时字迹必须清楚、明晰。

（5）包装窗口的材料要良好，不得用腐朽、虫蛀、锈蚀的材料。无论木箱或其他容器，为了安全，必要时可用塑料、铁箍加固。

（6）如果包装件有轻微破损，填写货运单应在“Handing Information”标注详细情况。

2. 对包装材料的具体要求

通用的包装材料有木箱、结实的纸箱（塑料打包带加固）、皮箱、金属或塑料桶等。

(1) 液体类货物。液体类货物不论瓶装、罐装或桶装，容器内至少有5% ~10%的空隙，封盖严密，容器不得渗漏；用陶瓷、玻璃容器盛装的液体，每一容器的容量不得超过500毫升，并需外加木箱包装，箱内装有内衬物和吸湿材料，内衬物要填牢实，以防内装容器碰撞破碎；用陶瓷、玻璃容器盛装的液体货物，外包装上应加贴“易碎物品”标贴。

(2) 易碎物品。每件重量不超过25 kg；用木箱包装；用内衬物填塞牢实；包装上应贴“易碎物品”标签。

(3) 精密仪器和电子管。精密仪器和电子管应采用多层次包装，内衬物要有一定的弹性，但不得使货物移动位置和互相碰撞摩擦；悬吊式包装，用弹簧悬用在木箱内，适于电子管运输；加大包装底盘，不使货物倾倒；包装上应加贴“易碎物品”和“不可倒置”标贴。

(4) 裸装货物。不怕碰压的裸装货物如轮胎等，可以不用包装。但不易点数或容易碰坏飞机的仍须妥善包装。

(5) 木制包装。木制包装或垫板表面应清洁、光滑、不携带任何种类植物害虫；有些国家要求“Handing Information”栏中注明“The solid wood materials are totally free from bark and apparently free from live plant pests”，并随附熏蒸证明。

(6) 混运货物。一票货物中包含有不同物品称为混运货物。这些物品可装在一起，也可以分别包装，但不得包含下列物品：贵重货物、动物、尸体、骨灰、外交信袋、作为货物运送的行李等。

3. 标记和标签

航空货运对标记和标签有以下的要求：

(1) 标记。在货物外包装上由托运人书写的有关事项和记号（见图2-2），其内容主要是托运人、收货人的姓名、地址、联系电话、传真；合同号等；操作（运输）注意事项（例如，不要曝晒（Don't Expose to Excessive Sunlight）、防潮（Keep Dry）、小心轻放（Handle With Care）等）；单件超过150 kg的货物。

(2) 标签。航空货运标签的作用主要有：

① 识别标签（说明货物的货运单号码、件数、重量、始发站、目的站、中转站的一种运输标志，分为挂签、贴签两种）。

② 特种货物标签（说明特种货物性质的各类识别标志。分为活动物标签、危险品标签和鲜货易腐物品标签三种）。

③ 操作标签（说明货物储运注意事项的各类标志）。

④航空公司标签。是航空公司对其所承运货物的标识，各航空公司的标签虽然在格式、颜色上有所不同，但内容基本相同。标签上三位阿拉伯数字代表所承运航空公司的代号，后八位数字是总运单号码。

⑤分标签。是货运代理公司对出具分标签货物的标识。凡出据分运单的货物都要制作分标签，填制分运单号码和货物到达城市或机场的三字代码。

一件货物贴一张航空公司标签，有分运单的货物，每件再贴一张分标签。

4. 货物装板、装箱要求

大宗货物、集中托运货物可以在货运代理公司自己的仓库、场地、货棚装板、装箱，亦可在航空公司指定的场地装板、装箱。

航空货物装板、装箱时要注意以下几点：

（1）不要用错集装箱、集装板，不要用错板型、箱型。每个航空公司为了加强本航空公司的板、箱管理，都不许可本公司的板、箱为其他航空公司的航班所用；不同公司的航空集装箱、航空集装板因消号、尺寸有异，如果用错会出现装不上飞机的现象。

（2）不要超装箱板尺寸。一定型号的箱、板用于一定型号的飞机，板、箱外有具体尺寸规定，一旦超装箱、板尺寸，就无法装上飞机。因此，装箱、板时，要注意货物的尺寸，既不超装，又在要规定的范围内用足箱、板的可用体积。

（3）货物要垫衬，封盖好塑料纸，防潮、防雨淋。

（4）集装箱、板内货物尽可能配装整齐，结构稳定，并接紧网索，防止运输途中倒塌。

（5）对于大宗货物、集中托运货物，尽可能将整票货物装一个或几个板、箱内运输。已装妥整个板、箱后剩余的货物尽可能拼装在同一箱、板上，防止散乱、遗失。

二、航空货运进口代理业务

（一）航空货运进口代理业务程序

国际航空货物进口运输代理业务是指对于货物从入境到提取或转运整个流程的各个环节所需办理的手续及准备相关单证的全过程。

国际航空货物进口运输代理业务通常按下列流程进行操作。

1. 代理预报

在出口国发货之前，由始发地代理公司将运单、航班、件数、重量、品名、实际收货人及其地址、联系电话等内容通过传真或 E－mail 发给目的地代理公司，这一过程被称为预报。

进口国代理收到预报后，应及时做好接货前的所有准备工作，同时特别注意：

（1）中转航班：中转点航班的延误会使实际到达时间和预报时间出现差异；

（2）分批货物：从国外一次性运来的货物在国内中转时，由于国内载量的限制，往往采用分批的方式运输。

2. 交接单、货

航空货物入境时，与货物相关的单据（运单、发票、装箱单等）也随机到达，运输工具及货物处于海关监管之下。

货物卸下后，将货物存入航空公司或机场的监管仓库，进行进口货物舱单录入，将舱单上总运单号、收货人、始发站、目的站、件数、重量、货物品名、航班号等信息通过电脑传输给海关留存，供报关用。

同时根据运单上的收货人及地址寄发取单、提货通知。若运单上收货人或通知人为某航空货运代理公司，则把运输单据及与之相关的货物交给该航空货运代理公司。

航空公司的地面代理向货运代理公司交接的主要有国际货物交接清单；总运单、随机文件；货物。双方交接时要做到单、单核对，即交接清单与总运单核对；单、货核对，即交接清单与货物核对。

另外还需注意分批货物，做好空运进口分批货物登记表。

航空货运代理公司在与航空公司办理交接手续时，应根据运单及交接清单核对实际货物，若存在有单无货或有货无单的情况，均应在交接清单上注明，以便航空公司组织查询并通知入境地海关。

3. 理货与仓储

货运代理公司自航空公司接货后，即短途驳运进自己的监管仓库，组织理货及仓储。

4. 理单

航空进口货物理单涉及的内容包括：

（1）集中托运，总运单项下拆单。将集中托运进口的每票总运单项下的分运单分理出来，审核与到货情况是否一致，并制成清单输入计算机系统；将集中托运总运单项下的发运清单输入海关计算机系统，以供按分运单分别报关、报验、提货之用。

（2）分类理单、编号。运单分类的方法有多种，各货运代理公司可根据需要结合多种方法使用：

① 分航班号理单：便于区分进口方向；

② 分进口代理理单：便于掌握、反馈信息，做好对代理的对口服务；

③ 分货主理单：重要的经常有大批货物的货主，将其运单分类出来，便于联系客户，制单报关和送货、转运；

④ 分口岸、内地或区域理单：便于联系内地货运代理，便于集中转运；

⑤ 分运费到付、预付理单：便于安全收费；

⑥ 分寄发运单、自取运单客户理单：便于安排邮寄和接待。

分类理单的同时，须将各票总运单、分运单编上各航空货运代理公司自己设定的编号，以便内部操作及客户查询。

（3）编配各类单证。理单人员应将总运单、分运单与随机单证、国外代理先期寄达的单证（发票装箱单、合同副本、装卸、运送指示等）、国内货主或经营到货单位预先交达的各类单证进行逐单审核、编配。经审核、编配，凡单证齐全、符合报关条件的即转入制单、报关程序。否则，应与货主联系，催齐单证，使之符合报关条件。

5. 到货通知

航空进口货物到货通知的要求和内容包括：

（1）发出到货通知的及时性要求。从航空运输的时效出发，同时也为了减少货主仓储费、避免海关滞报金，货物到达目的港后，应尽早、尽快、尽妥地通知货主到货情况，提请货主配齐有关单证，尽快报关。

① 早：到货后，第一个工作日内就要设法通知货主。

② 快：尽可能用传真、电话预通知客户，单证需要传递的，尽可能使用特快专递，以缩短传递时间。

③ 妥：一星期内须保证以电函、信函形式第三次通知货主，并应将货主尚未提货情况告知发货人代理。

（2）到货通知的内容。到货通知应向货主提供到达货物的以下内容：

① 运单号、分运单号、货运代理公司编号；

② 件数、重量、体积、品名、发货公司、发货地；

③ 运单、发票上已编注的合同号、随机已有单证数量及尚缺的报关单证；

④ 运费到付数额，货运代理公司地面服务收费标准；

⑤ 货运代理公司及仓库的地址（地理位置图）、电话、传真、联系人；

⑥ 提示货主：海关关于超过十四天报关收取滞报金及超过三个月未报关货物上交海关处理的规定。

6. 制单、报关

航空货运制单、报关的要求是：

（1）进口制单。制单指按海关要求，依据运单、发票、装箱单及证明货物合法进口的有关批准文件，制作“进口货物报关单”。

（2）进口报关。进口报关是进口运输中关键的环节。报关程序大致可分为初审、审单、征税、验放四个主要环节。

由于货主的需求不一，货物进口后的制单、报关一般有以下几种形式：

（1）货运代理公司代办制单、报关、运输；

（2）货主自行办理制单、报关、运输；

（3）货运代理公司代办制单、报关后，货主自办运输；

（4）货主自行办理制单、报关后，委托货运代理公司运输；

（5）货主自办制单、委托货运代理公司报关和办理运输。

7. 收费

货运代理公司仓库在发放货物前，一般先将费用收妥。收费内容有：

（1）到付运费及垫付佣金；

（2）单证、报关费；

（3）仓储费（含冷藏、冷冻、危险品、贵重品特殊仓储费）；

（4）装卸、铲车费；

（5）航空公司到港仓储费；

（6）海关预录入、动植检，卫检报验等代收代付费用；

（7）关税及垫付佣金。

除了每次结清提货的货主外，经常性的货主可与货运代理公司签订财务付费协议，实施先提货，后付款，按月结账的付费方法。

8. 发货

办完报关、报验等进口手续后，货主须凭盖有海关放行章、动植物报验章、卫生检疫报验章（进口药品须有药品检验合格章）的进口提货单到所属监管仓库付费提货。

仓库发货时，须检验提货单据上各类报关，报验章是否齐全，并登记提货人的单位、姓名、身份证号以确保发货安全。

保管员发货时，须再次检查货物外包装情况，遇有破损、短缺，应向货主做出交代。

发货时，应协助货主装车，尤其遇有货物超大超重，件数较多的情况，应指导货主（或提货人）合理安全装车，以提高运输效率，保障运输安全。

9. 送货与转运

出于多种因素（或考虑便利，或考虑节省费用，或考虑运力所限），许多货主或国外发货人要求将进口到达货由货运代理报关、垫税，提货后运输到直接收货人手中。货运代理公司在代理客户制单、报关、垫税、提货、运输的一揽子服务中，由于工作熟练，衔接紧密，服务到位，因而受到货主的欢迎。

(二) 航空进口货运要求

1. 货损货差的处理

发现货物短缺，破损或其他异常情况，应向民航索要商务事故记录，作为实际收货人交涉索赔事宜的依据。

货运代理公司请航空公司开具商务事故证明的通常有：

(1) 包装货物受损。纸箱开裂、破损、内中货物散落（含大包装损坏，散落为小包装，数量不详）；木箱开裂、破损，有明显受撞击迹象；纸箱、木箱未见开裂、破损，但其中液体漏出。

(2) 裸装货物受损。无包装货物明显受损，如金属管、塑料管压扁、断裂、折弯；机器部件失落、仪表表面破裂等。

(3) 木箱或精密仪器上防震、防倒置标志泛红。应检查货物受损情况。

(4) 货物件数短缺。对货损责任难以确定的货物，可暂将货物留存机场，商请货主单位一并到场处理。

2. 进口货物的理货要求

进口货物的理货要求主要是；

(1) 逐一核对每票件数，再次检查货物破损情况，遇有异常，确属接货时未发现的问题，可向航空公司提出交涉。

(2) 区分大货/小货、重货/轻货、单票货/混载货、危险品/贵重品、冷冻、冷藏品等不同情况分别进仓、堆存。堆存时要注意货物箭头朝向，总运单、分运单标志朝向，注意大不压小，重不压轻。

(3) 登记每票货储存区号，并输入计算机系统。

3. 进口货物的仓储注意事项

鉴于航空进口货物的贵重性、特殊性，其仓储要求较高，须注意以下几点：

(1) 防雨淋、防受潮。货物不能置于露天，不能无垫托置于地上。

(2) 防重压。纸箱、木箱均有叠高限制；纸箱受压变形，会危及箱中货物安全。

(3) 防温升变质。生物制剂、化学试剂、针剂药品等特殊物品有储存温度要求，要防止阳光暴晒。一般情况下：冷冻品置于 -15 ~ -20 ℃冷冻库（俗称低温库），冷藏品置放于 2 ~8 ℃冷藏库。

(4) 防危险品危及人员及其他货品安全。空运进口仓库应设独立的危险品库。易燃、易爆品、毒品、腐蚀品、放射品均应分库安全置放。以上货品一旦出现异常，均须及时通知消防安全部门或卫生检疫部门进行检测和处理，以保证人员及其他物品安全。

(5) 防盗。为防贵重品被盗，贵重品应设专库，由双人制约保管，防止出现被盗事故。

4. 进口货物的送货作业要求

进口货物的送货业务主要有送货上门和转运，其作业要求主要有：

(1) 送货上门业务。送货上门业务主要指进口清关后货物，直接运送至货主单位，运输工具一般为汽车。

(2) 转运业务。转运业务主要指将进口清关后货物转运至内地的货运代理公司，运输方式主要为飞机、汽车、火车、水运、邮政。

办理转运业务，需由内地货运代理公司协助收回相关费用，同时口岸货代公司亦应支付一定比例的代理佣金给内地代理公司。

5. 进口货物转关及监管运输

进口货物转关，是指货物入境后不在进境地海关办理进口报关手续，而运往另一设关地点办理进口海关手续，在办理进口报关手续前，货物一直处于海关监管之下，转关运输亦称监管运输，意谓此运输过程置于海关监管之中。

（1）转关条件。进口货物办理转关运输必须具备下列条件：

① 指运地设有海关机构，或虽未设海关机构，但分管海关同意办理转关运输，即收货人所在地必须设有海关机构，或邻近地区设有分管该地区的海关机构。

② 向海关交验的进境运输单据上列明到达目的地为非首达口岸，需转关运输。

③ 运输工具和货物符合海关监管要求，并具有加封条件和装置。

④ 转关运输的单位必须经海关核准、认可的航空货运代理公司。

（2）转关手续。转关货物无论采用飞机运输，汽车运输，还是火车运输，转关申请人（或货运代理）均须首先向指运地海关申请“同意接收××运单项下进口货物转关运输至指运地”的关封。

办理进口货物转关运输手续时，应向进境地海关递交：

① 指运地海关同意转关运输的关封；

②《转关运输申报单》；

③ 国际段空运单、发票。

进境地海关审核货运单证同意转关运输后：

① 将货物运单号和指运地的地区代号输入电脑进行核销，并将部分单证留存；

② 将运单、发票、转关货物准备各一份装入关封内，填妥关封号加盖验期讫章；

③ 在运单正本上加盖放行章；

④ 在海关配发给各代理公司的转关登记簿上登记，以待以后收回回执核销；

⑤ 采用汽于转关运输时，并需在海关颁发的货运代理监管运输车辆的“载运海关监管货物车辆登记簿”上登记、待销。

转关货物无论以何种运输方式，无论将货物监管运输至指运地民航监管仓库、货运代理公司监管仓库或收货人单位，等货物转关进入指运地海关监管之下，指运地海关应将“转关运输货物准单”回执联填妥，盖章后，寄还给入境地海关核销。货运代理公司再据以核销自己的转关登记簿上的有关项目，以完成整个转关运输程序。

三、航空货运单证

（一）航空货运单证概述

托运人托运航空货物必须填写航空货运单（Air Waybill，AWB）。航空公司承运货物必须出具航空货运单。

根据《统一国际航空运输某些规则的公约》（简称《华沙公约》）第6条第（1）款和第（5）款规定，航空货运单应当由托运人填写，承运人根据托运人的要求填写航空货运单的，在没有相反证据的情况下，应当视为是代替委托人填写的。

在航空货运业务的操作中，各航空公司承运的货物大量是通过其代理人收运的，某些特种货物由航空公司直接收运。因为填写航空货运单必须具有一定的专业知识，同时为了方便操作和对客户提供服务，托运人以托运书或委托书的形式授权航空公司或其代理人代替填写航空货运单。在这种情况下，托运人正确、完整地填写托运书或委托书十分重要。航空公司或其代理人根据托运人的托运书或委托书代替托运人填写航空货运单。

对于代理人来说，在这种情况下它既是托运人的代理人又是有关航空公司的指定代理人（或称授权代理人）。锦海捷亚国际货运有限公司是中外各主要航空公司的代理人，同时也是许多客户的代理人，每日承办着数百吨的进出口货物。

（二）航空货运主要单证

1. 托运书

根据《华沙公约》第5条第1款和第5款规定，货运单应由托运人填写，也可由承运人或其代理人代为填写。实际上，目前，货运单均由承运人或其代理人代为填制。为此，作为填开货运单的依据——托运书，应由托运人自己填写，而且托运人必须在上面签字或盖章。

托运书（见图3－9）是托运人用于委托承运人或其代理人填开航空货运单的一种表单，表单上列有填制货运单所需各项内容，并应印有授权于承运人或其代理人代其在货运单上签字的文字说明。

托运书的内容和货运单基本相似，它的缮制要求却不如货运单严格。因此，了解托运书缮制的相关内容有助于我们掌握货运单的缮制。

托运书填写的主要内容包括：

（1）托运人。填列托运人的全称、街名、城市名称、国家名称及便于联系的电话、电传或传真号码。

（2）收货人。填列收货人的全称、街名、城市名称、国家名称（特别是在不同国家内有相同城市名称时，更应注意填上国名）以及电话号、电传号或传真号，本栏内不得填写“to order”或“to order of the shipper”等字样，因为航空货运单不能转让。

（3）始发站机场。填始发站机场的全称。

（4）目的地机场。托运书中目的地机场一栏应填目的地机场名称（机场名称不明确时，可填城市名称），如果某一城市名称用于一个以上国家时，应加上国名。例如：LONDON UK；LONDON KY US；LONDON CA。

（5）要求的路线/申请订舱。本栏用于航空公司安排运输路线时使用，但如果托运人有特别要求时，也可填入本栏。

为保证制单承运人收运的货物可以被所有续运承运人接受，可查阅TACT－RULES 8.1的双边联运协议。

（6）供运输用的声明价值。填列供运输用的声明价值金额，该价值即为承运人赔偿责任的限额。承运人按有关规定向托运人收取声明价值费。但如果所交运的货物毛重每kg不超过20美元（或等值货币），无须填写声明价值金额，可在本栏内填入“NVD”（No Value Declared，未声明价值），如本栏空着未填写时，承运人或其代理人可视为货物未声明价值。

（7）供海关用的声明价值。国际货物通常要受到目的站海关的检查，海关根据此栏所填数额征税。

（8）保险金额。各空运企业如暂未开展国际航空运输代保险业务，本栏可空着不填。

（9）处理事项。填列附加的处理要求。例如，另请通知，除填收货人之外，如托运人还希望在货物到达的同时通知他人，应另填写通知人的全名和地址；外包装上的标记；操作要求，如易碎、向上等。

SHIPPER'S LETTER OF INSTRUCTION

SHIPPER NAME AND ADDRESS CHINA INDUSTRY CORP., BEIJING. P. R. CHINA TEL: 86(10)64596666 FAX: 86 (10)64598888	SHIPPERS ACCOUNT NUMBER	FOR CARRIAGE USE ONLY FLIGHT/DAY FLIGHT/DAY CA921/30 JUL
CONSIGNEE NAME AND ADDRESS OSAKA SPORT IMPORTERS, OSAKA, JAPAN TEL: 78789999	CONSIGNEE ACCOUNT NUMBER	BOOKED CHARGES CHARGES PREPAID
ISSUING CARRIERS AGENT NAME AND CITY KUNDA AIR FREIGHT CO., LTD AIRPORT OF DEPARTURE CAPITAL INTERNATIONAL AIRRPORT AIRPORT OF DESTINATION NARITA		ALSO NOTIFY
SHIPPER DECLARED VALUE FOR CARRIAGE: NVD FOR CUSTOMS: NCV	AMOUNT OF INSURANCE XXX	DOCUMENT TO ACCOMPANY AIR WAYBILL 1 COMMERCIAL INVOICE
HANDLING INFORMATION (INCL. METHOD OF PACKING IDENTIFYING AND NUMBERS) KEEP UPSIDE		

NO. OF PACKAGES	ACTUAL GROSS WEIGHT (KG.)	RATE CLASS	CHARGEABLE WEIGHT	RATE/CHARGE	NATURE AND QUANTITY OF GOODS (INCL. DIMENSIONS OR VOLUME)
4	89.8				TOYS DIMS: EACH 70×47×35CM×4

THE SHIPPER CERTIFIES THAT THE PARTICULARS ON THE FACE HEREOF ARE CORRECT AND AGREES TO THE CONDITIONS OF CARRIAGE OF THE CARRIER

SIGNATURE OF SHIPPER DATE AGENT DATE

图 3-9 航空货运托运书

（10）货运单所附文件。填列随附在货运单上运往目的地的文件，应填上所附文件的名称。例如，托运人所托运的动物证明书。

（11）件数和包装方式。填列该批货物的总件数，并注明其包装方法。例如，包裹（Package）、纸板盒（Carton）、盒（Case）、板条箱（Crate）、袋（Bag）、卷（Roll）等。如货物没有包装时，就注明为散装（Loose）。

（12）实际毛重。本栏内的重量应由承运人或其代理人在称重后填入。如托运人已填上重量，承运人或其代理人必须进行复核。

（13）运价类别。所适用的运价、协议价、杂费、服务费。

（14）计费重量。本栏内的计费重量应由承运人或其代理人在量过货物的尺寸（以厘米为单位）后，由承运人或其代理人算出计费重量后填入，如托运人已经填上，承运人或其代理人必须进行复核。

（15）费率。本栏可空着不填。

（16）货物的品名及数量（包括尺寸或体积）。填列货物的品名和数量（包括尺寸或体积）。

若一票货物包括多种物品时，托运人应分别申报货物的品名，填写品名是不能使用"样品"、"部件"等这类比较笼统的名称。货物中的每一项均须分开填写，并尽量填写详细，如"9 筒 35 毫米的曝光动画胶片"、"新闻短片（美国制）"等，本栏所填写内容应与出口报关发票、进出口许可证上列明的货物相符。

运输下列货物，按国际航协有关规定办理（参阅 TACT - Rules 2. 3. 3/7. 3/8. 3）：活体动物；个人物品；枪械、弹药、战争物资；贵重物品；危险物品；汽车；尸体；具有强烈气味的货物；裸露的机器、铸件、钢材；湿货；鲜货易腐物品。

危险品应填写适用的准确名称及标贴的级别。

（17）托运人签字。托运人必须在本栏内签字。

（18）日期。填托运人或其代理人交货的日期。

2. 航空货运单

航空货运单是航空货物运输合同订立和运输条件以及承运人接受货物的初步证据。航空货运单上关于货物的重量、尺寸、包装和包装件数的说明具有初步证据的效力。除经过承运人和托运人当面查对并在航空货运单上注明经过查对或者书写关于货物的外表情况的说明外，航空货运单上关于货物的数量、体积和情况的说明不能构成不利于承运人的证据。

托运人托运航空货物必须填写航空货运单。航空公司承运货物必须出具航空货运单。

《华沙公约》等国际条约和我国《民航法》均没有设定航空货运单的定义。《华沙公约》第 11 条第 1 款规定："在没有相反的证据时，航空货运单是订立契约、接受货物和承运条件的证明。"我国《民航法》第 118 条规定："航空货运单是航空货物运输合同订立和运输条件以及承运人接受货物的初步证据"。

一般来说，航空货运单是由托运人或者以托运人的名义填制的，托运人和承运人之间在承运人的航线上运输货物所订立的运输合同的证明。航空货运单由承运人制定，托运人在托运货物时要按照承运人的要求进行填制，经承运人确认后，航空货物运输合同即告成立。

航空货运单既可用于单一种类的货物运输，也可用于不同种类货物的集合运输。既可用于单程货物运输，也可用于联程货物运输。

目前国际上使用的航空货运单少的有 9 联，多的有 14 联。我国国际航空货运单一般由一式 12 联组成，包括 3 联正本，6 联副本和 6 联额外副本。

正本单证具有同等的法律效力，副本单证仅是为了运输使用方便。航空货运单的 3 份正本，第一份注明"交承运人"，由托运人签字、盖章；第二份注明"交货人"，由托运人和承运人签字、盖章；第三份由承运人在接受货物后签字、盖章，交给托运人，作为托运货物及货物预付运费时运费的收据，同时也是托运人与承运人之间签订的具有法律效力的运输文件。

根据签发人的不同，航空运单分两类：

（1）航空主运单。航空主运单（Master Air Waybill，MAWB）凡由航空运输公司签发的航空运单就称为主运单（见图 3 - 10）。它是航空运输公司据以办理货物运输和交付的依据，是航空公司和托运人订立的运输合同，每一批航空运输的货物都有自己相对应的航空主运单。

（2）航空分运单（HAWB，House Air Waybill）集中托运人在办理集中托运业务时签发的航空运单被称作航空分运单（图3－11）。在集中托运的情况下，除了航空运输公司签发主运单外，集中托运人还要签发航空分运单。

航空分运单作为集中托运人与托运人之间的货物运输合同，合同双方分别为货A、B和集中托运人；而航空主运单作为航空运输公司与集中托运人之间的货物运输合同，当事人则为集中托运人和航空运输公司。货主与航空运输公司没有直接的契约关系。不仅如此，由于在起运地货物由集中托运人交付航空运输公司，在目的地由集中托运人或其代理从航空运输公司处提取货物，再转交给收货人，因而货主与航空运输公司也没有直接的货物交接关系。

航空货运单各联的分发如表3－8所示。

表3－8　航空货运单各联名称及分发对象

序　号	名称及分发对象		颜　色
A	Original 3	（正本3，给托运人）	浅蓝色
B	Copy 9	（副本9，给代理人）	白色
C	Original 1	（正本1，交出票航空公司）	浅绿色
D	Original 2	（正本2，给收货人）	粉红色
E	Copy 4	（副本4，提取货物收据）	浅黄色
F	Copy 5	（副本5，给目的地机场）	白色
G	Copy 6	（副本6，给第三承运人）	白色
H	Copy 7	（副本7，给第二承运人）	白色
I	Copy 8	（副本8，给第一承运人）	白色
J	Extra copy	（额外副本，供承运人使用）	白色
K	Extra copy	（额外副本，供承运人使用）	白色
L	Extra copy	（额外副本，供承运人使用）	白色

代理人在进行集中托运货物时，首先从各个托运人处收取货物，在收取货物时，需要给托运人一个凭证，这个凭证就是分运单（House Air Waybill），它表明托运人把货物交给了代理人，代理人收到了托运人的货物，所以分运单就是代理人与发货人交接货物的凭证，代理人可自己颁布分运单，不受到航空公司的限制，但通常的格式还是按照航空公司主运单来制作。在分运单中，托运人栏和收货人栏都是真正的托运人和收货人。

代理人在收取货物之后，进行集中托运，需要把来自不同托运人的货物集中到一起，交给航空公司，代理人和航空公司之间就需要一个凭证，这个凭证就是主运单（Master Air Waybill）。航空主运单对于代理人和航空公司都非常重要，因为它承载了货物的最主要信息，货物运输的过程就是信息流的过程，信息流保证了货物运送的安全性和准确性，主运单表明代理人是航空公司的销售代理人，表示取得授权的代理人在市场上可以销售航空公司的舱位。通常航空公司根据代理人的实际情况和结算周期，分时间间隔发放给代理人一定数量的货运单，通常代理人销售完一定数量的运单后，与航空公司进行结算。因此，主运单是代理人与承运人交接货物的凭证，同时又是承运人运输货物的正式文件。在主运单中，托运人栏和收货人栏都是代理人。在我国，只有航空公司才能颁布主运单，任何代理人不得自己印制、颁布主运单。

图 3-10 主运单

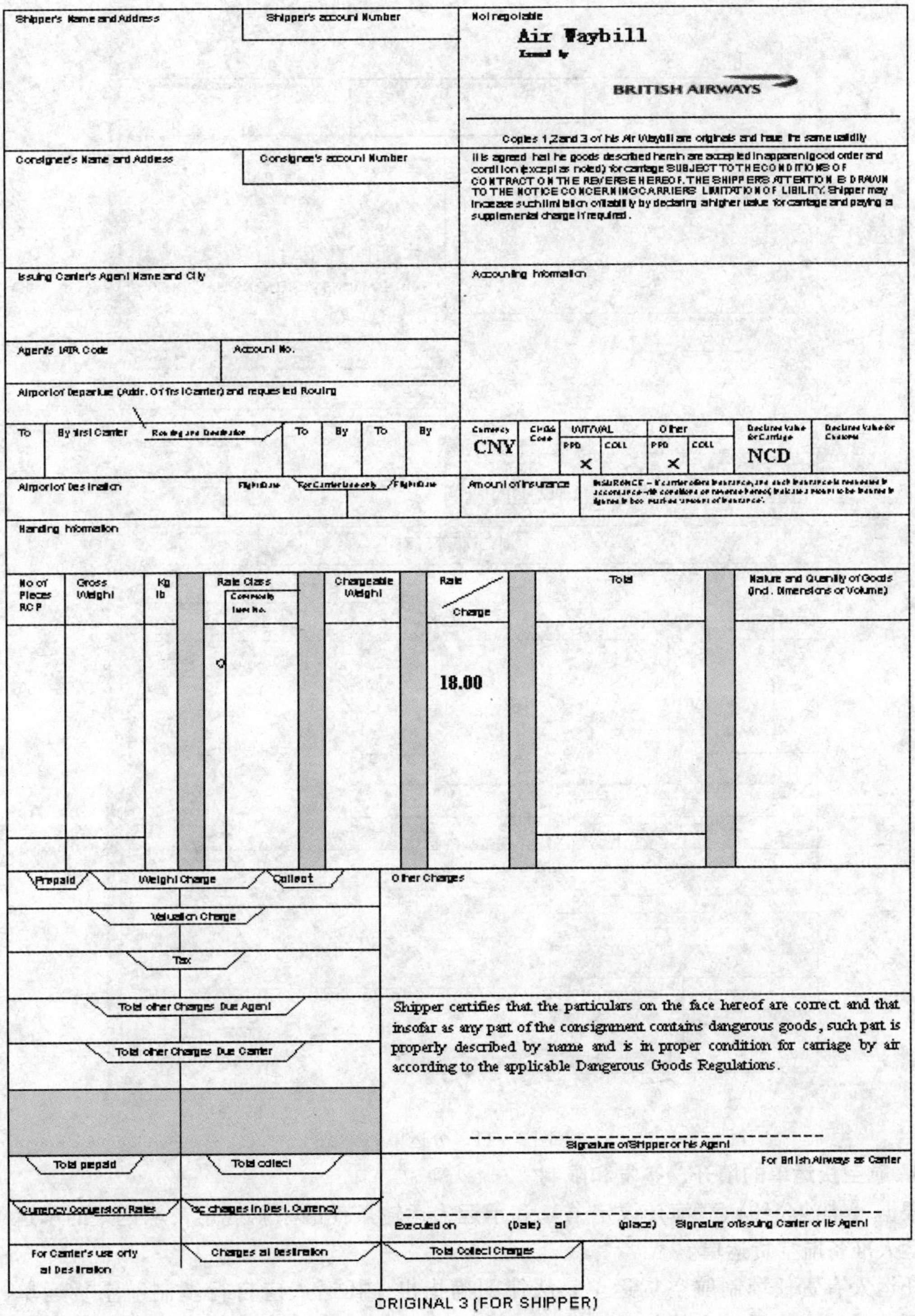
Shipper's Name and Address
Shipper's account Number
Not negotiable
Air Waybill
Issued by
BRITISH AIRWAYS
Copies 1, 2 and 3 of this Air Waybill are originals and have the same validity
Consignee's Name and Address
Consignee's account Number
It is agreed that the goods described herein are accepted in apparent good order and condition (except as noted) for carriage SUBJECT TO THE CONDITIONS OF CONTRACT ON THE REVERSE HEREOF. THE SHIPPER'S ATTENTION IS DRAWN TO THE NOTICE CONCERNING CARRIERS' LIMITATION OF LIABILITY. Shipper may increase such limitation of liability by declaring a higher value for carriage and paying a supplemental charge if required.
Issuing Carrier's Agent Name and City
Accounting Information
Agent's IATA Code
Account No.
Airport of Departure (Addr. of first Carrier) and requested Routing
To
By first Carrier
Routing and Destination
To
By
To
By
Currency
CNY
CHGS Code
WT/VAL
PPD
COLL
×
Other
PPD
COLL
×
Declared Value for Carriage
NCD
Declared Value for Customs
Airport of Destination
Flight/Date
For Carrier Use only
Flight/Date
Amount of Insurance
INSURANCE – If carrier offers insurance, and such insurance is requested in accordance with conditions on reverse hereof, indicate amount to be insured in figures in box marked amount of insurance.
Handling Information
No of Pieces RCP
Gross Weight
Kg lb
Rate Class
Commodity Item No.
Q
Chargeable Weight
Rate
Charge
18.00
Total
Nature and Quantity of Goods (incl. Dimensions or Volume)
Prepaid
Weight Charge
Collect
Other Charges
Valuation Charge
Tax
Total other Charges Due Agent
Shipper certifies that the particulars on the face hereof are correct and that insofar as any part of the consignment contains dangerous goods, such part is properly described by name and is in proper condition for carriage by air according to the applicable Dangerous Goods Regulations.
Total other Charges Due Carrier
Signature of Shipper or his Agent
Total prepaid
Total collect
For British Airways as Carrier
Currency Conversion Rates
cc charges in Dest. Currency
Executed on (Date) at (place) Signature of Issuing Carrier or its Agent
For Carrier's use only at Destination
Charges at Destination
Total Collect Charges
ORIGINAL 3 (FOR SHIPPER)

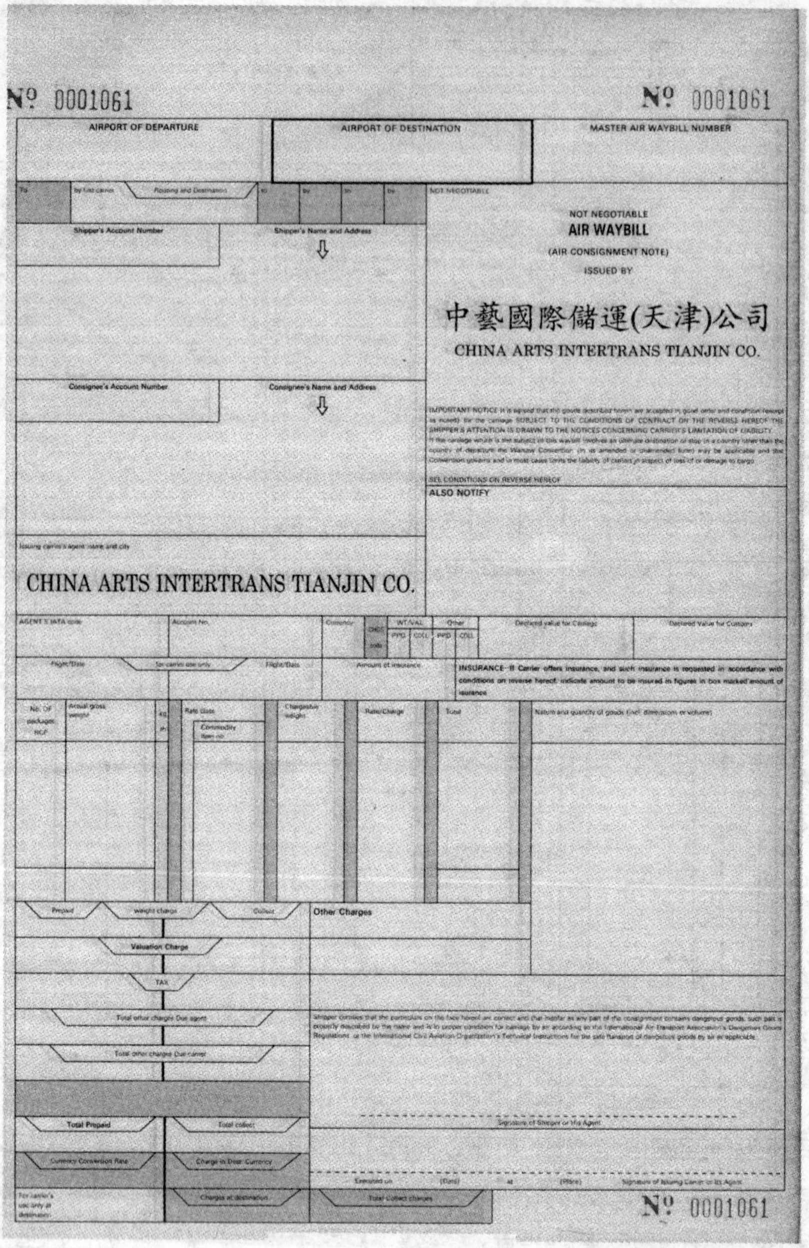
Nº 0001061
Nº 0001061
AIRPORT OF DEPARTURE
AIRPORT OF DESTINATION
MASTER AIR WAYBILL NUMBER
Shipper's Account Number
Shipper's Name and Address
NOT NEGOTIABLE
AIR WAYBILL
(AIR CONSIGNMENT NOTE)
ISSUED BY
中藝國際儲運(天津)公司
CHINA ARTS INTERTRANS TIANJIN CO.
Consignee's Account Number
Consignee's Name and Address
ALSO NOTIFY
CHINA ARTS INTERTRANS TIANJIN CO.
Other Charges
Valuation Charge
TAX
Total Prepaid
Nº 0001061

图 3－11 分运单

3. 航空货运单的填开、签发和限制

根据《华沙公约》、《海牙议定书》和承运人运输条件的条款规定，承运人的承运条件为托运人准备航空货运单。

托运人有责任填制航空货运单。法律明确指出，托运人应自行填制航空货运单，也可以要求承运人或承运人授权的代理人代为填制。托运人对货运单所填各项内容的正确性、完备性负责。由于货运单所填内容不准确、不完全，致使承运人或其他人遭受损失，托运人负有责任。托运人在航空货运单上的签字，证明其接受航空货运单正本背面的运输条件和契约。

我国《民航法》第 113 条规定：承运人有权要求托运人填写航空货运单，托运人有权要求承运人接受该航空货运单。托运人未能出示航空货运单，航空货运单不符合规定或者航空货运单遗失，不影响运输合同的存在或者有效。

我国《民航法》第 114 条规定：托运人应当填写航空货运单正本一式三份，连同货物交给承运人。航空货运单第一份注明“交承运人”，由托运人签字、盖章；第二份注明“交收货人”，由托运人和承运人签字、盖章；第三份由承运人在接受货物后签字、盖章，交给托运人。承运人根据托运人的请求填写航空货运单的，在没有相反证据的情况下，应当视为代托运人填写。

一张货运单只能用于一个托运人在同一时间、同一地点托运的由承运人承运的，运往同一目的站同一收货人的一件或多件货物。

4. 航空货运单的性质和作用

航空货运单是航空货物运输合同订立和运输条件以及承运人接受货物的初步证据。

航空货运单上关于货物的重量、尺寸、包装和包装件数的说明具有初步证据的效力。除经过承运人和托运人当面查对并在航空货运单上注明经过查对或者书写关于货物的外表情况的说明外，航空货运单上关于货物的数量、体积和情况的说明不能构成不利于承运人的证据。

虽然《海牙议定书》明确规定不限制填发可以流通的航空货运单，但目前使用的航空货运单在右上端都普遍印有“Not Negotiable”（不可转让）字样，其目的是仅将航空货运单作为货物航空运输的凭证，并限制签发可以转让的航空货运单。在这一点上，航空货运单与可以转让的指示提单和不记名提单恰恰相反。

目前，任何 IATA 成员都不允许印制可以转让的航空货运单，货运单上的“Not Negotiable”（不可转让）字样不可被删去或篡改。

货运单是航空货物运输合同当事人所使用的最重要的货运文件，其作用归纳如下：

（1）运输合同的证明：是承运人与托运人之间缔结的运输合同的证明。航空货运单一经签发，便成为签署承托双方运输合同的书面证据，货运单上的记载事项及背面条款构成了双方航空货物运输合同的重要组成部分。

（2）货物收据：是承运人收运货物的证明文件。当发货人将其货物发运后，承运人或其代理人将一份航空货运单正本交给发货人，作为已接受其货物的证明，也就是一份货物收据。

（3）运费账单：是运费结算凭证及运费收据。航空货运单上分别记载着属于收货人应负担的费用和属于代理人的费用，因此可以作为运费账单和发票，承运人可将一份运单正本作为记账凭证。

（4）报关单据：是国际进出口货物办理清关的证明文件。当航空货物运达目的地后，应向当地海关报关，在报关所需各种单证中，航空货运单通常是海关放行查验时的基本单据。

（5）保险证书：若承运人承办保险或者发货人要求承运人代办保险，则航空货运单即可作为保险证书。载有保险条款的航空货运单又称红色航空货运单。

（6）承运人内部业务的依据：是承运人在货物运输组织的全过程中运输货物的依据。

航空货运单是承运人在办理该运单项下货物的发货、转运、交付的依据，承运人根据运单上所记载的有关内容办理有关事项。

5. 航空货运单的有效期

航空货运单自填制完毕、托运人或其代理人和承运人或者其代理双方签字后开始生效；货物运到目的地，收货人提取货物并在货运单交付联（或提货通知单）上签收认可后，货运单作为运输凭证，其有效期即告终止。但作为运输合同的法律依据，航空货运单的有效期应至民用航空器到达目的地点、应当到达目的地点或者运输终止之日起两年内有效。

（三）航空货运单的正面内容和背面条款

1. 航空货运单的正面内容

关于航空货运单应包括的内容，我国《民航法》第115条的规定和《海牙议定书》第6条的规定是一致的："航空货运单应当包括的内容由国务院民用航空主管部门规定，至少应当包括以下内容：出发地点和目的地点；出发地点和目的地点均在中华人民共和国境内，而在境外有一个或者数个约定的经停地点的，至少注明一个经停地点；货物运输的最终目的地点、出发地点或者约定的经停地点之一不在中华人民共和国境内，依照所适用的国际航空运输公约的规定，应当在货运单上声明此项运输适用该公约的，货运单上应当载有该项声明。"

《中国民用航空货物国际运输规则》第9条规定："货运单上应当包括下列内容：填写的地点和日期；出发地点和目的地点；出发地点和目的地点均在中华人民共和国境内，而在境外有一个或者数个约定的经停地点的，至少注明一个经停地点；托运人的名称和地址；第一承运人的名称和地址；收货人的名称和地址；货物的性质；包装件数、包装方式、特殊标志或者号数；货物的重量、数量、体积或者尺寸；货物和包装的外表情况；运费，如经议定，付费日期和地点及付费人；提取货物时支付货款的，应当注明货物的价格和必要时应付的费用金额；需要声明货物在目的地点交付时的利益的，应当注明声明价值金额；货运单的份数；随货运单交给承运人的文件；如经议定，应当注明完成货物运输的时间和概要说明经过的路线；货物运输的最终目的地点、出发地点或者约定的经停地点之一不在中华人民共和国境内，依照所适用的国际航空运输公约的规定，应当在货运单上声明此项运输适用该公约的，货运单上应当载有该项声明。"

在航空货运单的正面，还印有承运人的说明事项：

（1）说明货运单效力的文字。本航空货运单1、2、3为正本，具有同等效力。

（2）说明特别注意事项的文字。

除非另有注明，本货运单所记载的货物是以表面状况良好的状况下收运的，其运输受到本运单背面契约条件的约束。除非托运人在本运单上给出明确相反的指示，所有货物可由包括公路在内的任何其他方式或任何其他承运人运送。特请托运人注意关于承运人责任限额的通知。托运人可通过声明一个供运输用的较高价值并按要求支付额外费用来增加该责任限额。通常的英文措辞如下：

2. 航空货运单的背面条款

印制在三份正本航空货运单背面的主要内容如下：

（1）本契约中承运人是指承运或准备承运货运单上所载货物，或是为运输本票货物提供其他服务的单位。华沙公约是指1929年10月12日在华沙签署的《统一某些有关国际航空运输规则的公约》，或是指1955年9月28日在海牙签署的修订本。法国金法郎是指1法郎含有纯度为0.900的10/31 g黄金的法郎。

（2）以下讲到的运输是指承运人责任受《华沙公约》限制的运输，是《华沙公约》所定义的国际运输。

（3）除受《华沙公约》制约之外，每个承运人的运输和提供的其他服务还受到以下限制：

① 适用的法律（包括国家执行公约的法律）、政府的规定、命令、要求的限制；

② 本契约提出的条款限制；

③ 承运人的运价、规则、运输条件、规定和航班表（不是指起飞，降落的时间）也成为规定的一部分，并且可以在其任一办公室，任一提供定期航班服务的机场进行检查。对于美国、加拿大和其他地区间的运输，应采用美国、加拿大与这些国家间使用的运价。

（4）第一承运人的名称见货运单的缩写，全称见该承运人的运价、运输条件、规章和时刻表，第一承运人的地址是货运单上的离港机场。双方同意的经停点（承运人必要时可以修改）是除了始发地、目的地以外货运单上的其他地点，或是承运人的航班表中规定的经停点。几个承运人共同完成一次运输。

（5）本契约所指运输应遵守《华沙公约》所制定的有关责任规定，除非此种运输不是公约中所指的“国际运输”。

为了不与上述公约解释相矛盾，各承运人提供的运输和其他服务应遵守下列规定：

① 适用的法律（包括履行公约的国家法律）、政府规章、命令和要求；

② 本契约的规定；

③ 承运人适用的运价、规则、运输条件、规章和班期时刻表为本契约的组成部分。并可在承运人的任一办事处和它仍经营的定期航班的机场内查到。美国或加拿大的某一地点与境外任一地点之间的运输，其适用运价应为这些国家之间的有效运价。

（6）第一承运人的名称在本页正面上可用简称，其全称及简称见该承运人的运价手册、运输条件、规章和班期时刻表。第一承运人的地址是填写在本页正面上的出发地点机场，约定的经停地点（必要时承运人可改变）是除始发地点和目的地点外，在本页正面上所填列的地点、或在承运人的班期时刻表内所列航路的经停地点。由几个承运人连续的运输，应视为一个单一运输。

（7）除非承运人的运价或运输条件中另有规定，在《华沙公约》不适用于该项运输时，承运人对货物损失、损坏或延误所负的责任以不超过每kg 20.00美元或其等值货币为限，除非托运人对贵重货物声明一个较高的价值并缴付了附加费。

（8）如货运单正面作为“供运输用声明价值”一栏中所填金额超过上述“声明”和本契约条款中所规定仍适用责任限额，并且托运人按照承运人的运价，运输条件或规章缴付了所规定的附加费，就是构成一个特别声明价值，在此情况下承运人的责任限额将为其所声明的价值。赔偿数额将依据实际损失的证明予以赔偿。

（9）如遇货物部分遗失，损坏或延误，在确定承运人的责任限额时，计算赔偿的重量只能是该件或其有关的若干件的重量。

除非另有规定，美国联邦航空法中所指“国际运输”修定为：如一批货物或其部分遗失、损坏或延误，在确定承运人的责任限额的重量应为决定这批货物运费所用的重量（或部分货物遗失、损坏或延误按所占重量比例决定）。

（10）对承运人责任的任何免除或限制，应适用于并有利于承运人的代理人、受雇人和代表，以及承运人为运输而使用其飞机的所有人及其代理人、受雇人和代表。本条的规定是承运人在此作为代理人，代理上述所有人员。

（11）承运人为完成本契约的运输可做合理的安排。承运可改变承运人或飞机并无须事先通知改变运输方式，但应适当照顾托运人的利益。承运人有权选择路线或变更货运单本页正面上所填列的路线。本款不适用于至/自美国的运输。

承运人为完成本契约的运输可做合理的安排，除了承运人的运价在美国可以适用外，承运可改变承运人或飞机并无须事先通知改变运输方式，承运人有权选择路线或变更货运单本页正面上所填列的路线。本款适用于至/自美国的运输。

（12）依据本契约条件规定，货物在承运人或其代理人照管期内，由承运人负责。

（13）除未经托运人的书面同意，承运人将款项记入收货人的贷方外，托运人保证按照承运人的运费规定、运输条件和有关规章，适用的法律（包括履行公约的国家法律）、政府规章、命令和要求交付应付的一切规定。

如果托运货物全部未能交付，即使运费未曾交付，对该批货物的索赔要求也应接受。

（14）货物到达通知应立即发给收货人或本页正面所列的另请通知人，货物到达目的地点时，如事先收到托运人的其他指示，可按其指示交付货物，否则按收货人的指示办理。

（15）交付货物时，在下列情况下收货人有权向承运人提出异议，但必须用书面形式：

① 货物的明显损坏，应在发现损坏时立即提出，至迟在收到货物后 14 天内提出。

② 货物的其他损坏，自收到货物之日起 14 天内提出。

③ 货物延误，自其自由支配货物之日起 21 天内提出。

④ 货物没有交付，自填开货运单之日起 120 天内提出。

⑤ 如对上述所述有异议，应以书面形式提出，交给货运单所属空运企业或给第一承运人，或给最后承运人，或给在运输中发生货物遗失、损坏或延误的承运人。

⑥ 诉讼应在货物到达目的地之日起，或从飞机应该到达之日当日起，或从运输停止之日起两年内提出，否则即丧失向承运人诉讼的权利。

（16）托运人应遵守一切有效法律和运输货物始发、到达、经停或飞越任何国家的政府规章，包括有关货物包装，运输或货物的交付，以及为了遵守上述法律和规章必须提供的各种必要资料和货运单的随附文件。对于托运人不遵守本条规定所造成的损失或费用，承运人对托运人不负责任。

（17）承运人的代理人、受雇人或代表均无权改变、修改或废止本契约的任一条款。

（18）在要求保险和已交付保险费，并且将保险金额在本页正面写上，即证明该运单上所列货物已经保险，其申请保险数额为货运单正页上所列数额（赔偿金额以遗失和损坏的货物实际价值为限，但此金额不能超出所保险的金额）。该保险应符合保险合同的条款、条件和范围（某些风险除外），保险合同可由填开货运单承运人办事处的有关当事人进行审核，此种保险的索赔须立即向承运人的办事处提出。

（四）其他类别航空货运运单

1. 鲜活易腐货物运输单证

鲜活易腐货物运输单证采用货运单，货运单品名栏“Nature and Quantity”应注明“Perishable”字样。同时注明已订妥的各航段航班号/日期。

鲜活易腐货物运输单证，除了货运单外，还需要以下文件：

① 鲜活易腐货物应具有必要的检验合格证明和卫生检疫证明，还应符合有关到达站国家关于此种货物进出口和过境规定；

② 托运人交运鲜活易腐货物时，应书面提出在运输中需要注意的事项及允许的最长运输时间；

③ 在货运单“Handing Information”栏内应注明其他文件的名称和注意事项，并将装有各种卫生检疫证明的信封钉在货运单后面，随货运单寄出。

2. 活动物运输单证

活动物运输采用货运单，货运单的品名栏内必须写明与LAR中一致的动物俗名和动物的数量，并注明已订妥的各航段航班号/日期。但是，活动物不能与其他货物同用一张货运单，即活动物不能与其他货物混运。

活动物运输单证，除了货运单外，还需要以下文件：

① 活动物证明书。托运人每交运一批动物，应填制活动物证明书一式二份，证明书应由托运人签字，一份交承运人留存，一份和其他证件一起附在货运单上寄往目的站。

填写活动物证明书，托运人应声明动物健康状况良好，并根据LAR中的规定和有关承运人、国家的要求对货物进行适当的包装，符合空运条件。

② 动物卫生检疫证明。

③ 有关国家的进出口许可证等。

3. 航空集中托运单证

航空集中托运单证的类型主要有：

① 航空货运单。在集中托运业务中，托运人与集运商之间采用分运单；集运商与航空公司之间采用主运单。

一票集中托运货物的所有分运单都要装在结实的信封内附在主运单后，并在货运单“Nature and Quantity of Goods”栏内注明：“Consolidation As Per Attached Manifest”。

② 集中托运货物舱单（见表3-9）。由于在主运单中，货物的品名是通过品名栏中注明的“集中托运货物的相关信息附在随带的舱单中”，并没有列出具体的货物品名，因此需要查询所示的集中托运货物舱单（Consolidation Manifest），才能了解在这种主运单中有哪些分运单和货物。通过集中托运货物舱单，我们可以看出，主要有各个分运单号，以及各个分运单中货物的运送目的地、件数、重量、体积等项目。

4. 航空集中托运货物标签

对于集中托运货物，应在每一件货物上贴上识别标签，在识别标签上要特别注明主单号和分单号。航空集中托运货物的标签（见图3-12）是一种货物识别单证。

表3－9 集中托运货物舱单

ATU CONSOLIDATOR

Langer kornweg D－6092 Kelsterbach Germany

CONSOLIDATION MANIFEST

MWB：131－12345675

AIRLINE	：JAPAN AIRLINES	FLIGHT：JL678/23		
POINT OF LOADING	：FRANKFURT			
POINT OF UNLOADING	：TOKYO	DATE：20 JAN		
HWB NR DEST	NMUBER OF PACKAGES	GROSS		
ACCORDING	NATURE OF GOODS	WEIGHT	TOTAL CC	
77846117	7 CLOTH	160.5 kg	DEM	1460.74
77846118	4 AIRCRAFT PART	10.0 kg	DEM	122.95
77847005	4 MUSICAL INSTRU	235.0 kg	DEM	1838.60
77847123	1 SPARE PART FOR CUTTING MACH	8.8 kg	DEM	173.40
77847124	30 PLASTIC SHEETS	360.0 kg	DEM	5953.30
77847125	1 ADVE MAT	45.0 kg	PREPAID	
77847126	4 HELICO PART	11.7 kg	DEM	252.30
77847127	6 SHOES	139.0 kg	DEM	1173.69
77847128	49 PARTS FOR SHOES	692.0 kg	DEM	5746366
	106	1662.0 kg	DEM	1621.74

5. 快件与快递运输交付凭证

快件与快递运输使用特殊单据POD（Proof of Delivery），即“交付凭证”。

POD是航空快运中重要的单据（见图3－13）。它由多联组成（各快运公司的POD不尽相同），一般有发货人联、随货同行联、财务结算联、收货人签收联等，其上印有编号及条形码。POD类似于航空货运中的分运单，但比航空分运单的用途更为广泛。

航空快件在整个运输过程中都处于电脑的监控之下，快件每经一个中转港或目的港，电脑都得输入其动态（提货、转运、报关等），派送员将货送交收货人时，让其在POD上签收（日期、姓名）后，电脑操作员将送货情况输入电脑，这样，信息很快就能反馈到发货方。一旦查询，立时就能得到准确的回复。这种运输方式使收、发货人都感到安全、可靠。

普通的航空货物虽然在送交收货人时也让其在底单上签字，但这种底单主要是作为货物已交付货主的凭证存入档案，而不是作为回执反馈发货方。虽然有些航空货运代理公司也开始向发货方国外代理反馈货物处理信息，但反馈信息的速度和准确度远不如航空快运业务。

6. 危险货物运输单证

航空运输危险货物应出具相关的危险货物运输单证，这些单证主要有：

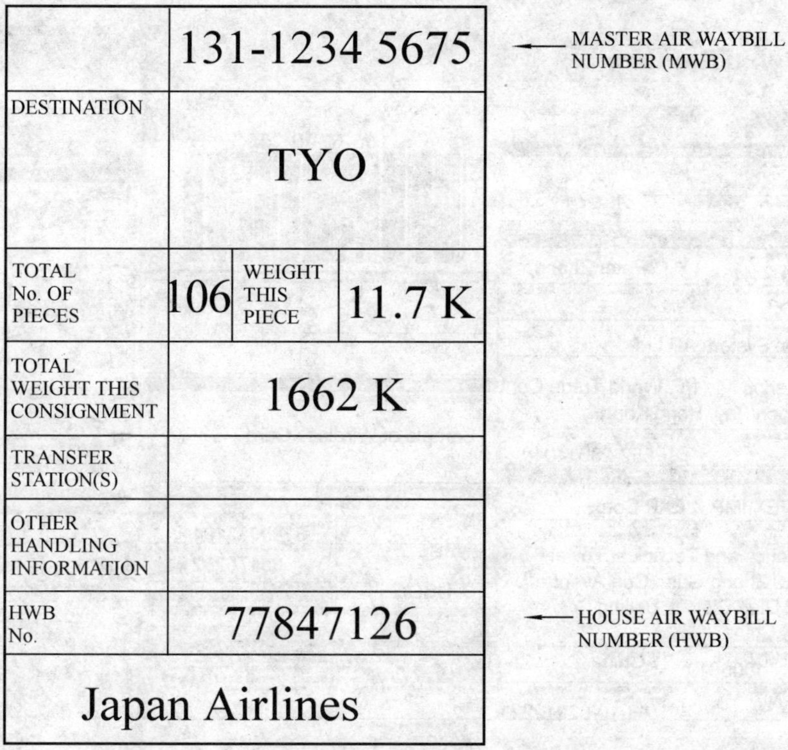

图 3－12　航空集中托运货物的标签

（1）危险品申报单。①托运人必须填写一式两份的危险品申报单，签字后一份交始发站留存，另一份随货物运至目的站。② 申报单必须有托运人填写、签字并对申报的所有内容负责。③任何代理人都不可替代托运人签字。④ 填写危险品申报单，托运人应确认货物已完全准确地给予描述、分类、包装、标识和标图以及货物完全符合运输要求和国际、国内的政府规定。

（2）危险品货运单。危险品货运单必须按 TACT Rules Section 6. 2 中的要求正确填写。同时在货运单中的“Handing Information”注明有关正确信息。

（3）危险物品的标签与标识。危险品的运输应同时在每件货物上粘贴危险性标签（指明是哪类危险品）和操作标签（如向上标志或危险品标签）。

此外，还应显示危险品的运输专用名称、UN 编号、特殊操作要求等内容。

7. 贵重货物运输单证

航空运输贵重货物需要以下单证：

（1）贵重货物货运单。货运单必须注明详细的托运人、另请通知人和收货人的名称、地址、联系电话；除在“Nature and Quantity of Goods”栏内填写真实的货物名称、准确净重、内装数量外和体积尺寸外，还应注明“Valuable Cargo”字样；始发地机场必须用全称；注明已订妥的各航段航班号/日期；贵重货物不可与其他货物混为一票货物运输；对于航空公司有要求的，托运人应在货运单上注明货物的声明价值。

（2）其他文件。其他文件的名称和操作要求在“Handling Information”栏内注明；托运人应提供目的地国家要求的证明或许可，这些要求列在 TACT Rules Section 7. 3 Import/Transit/Export Regulations 中。

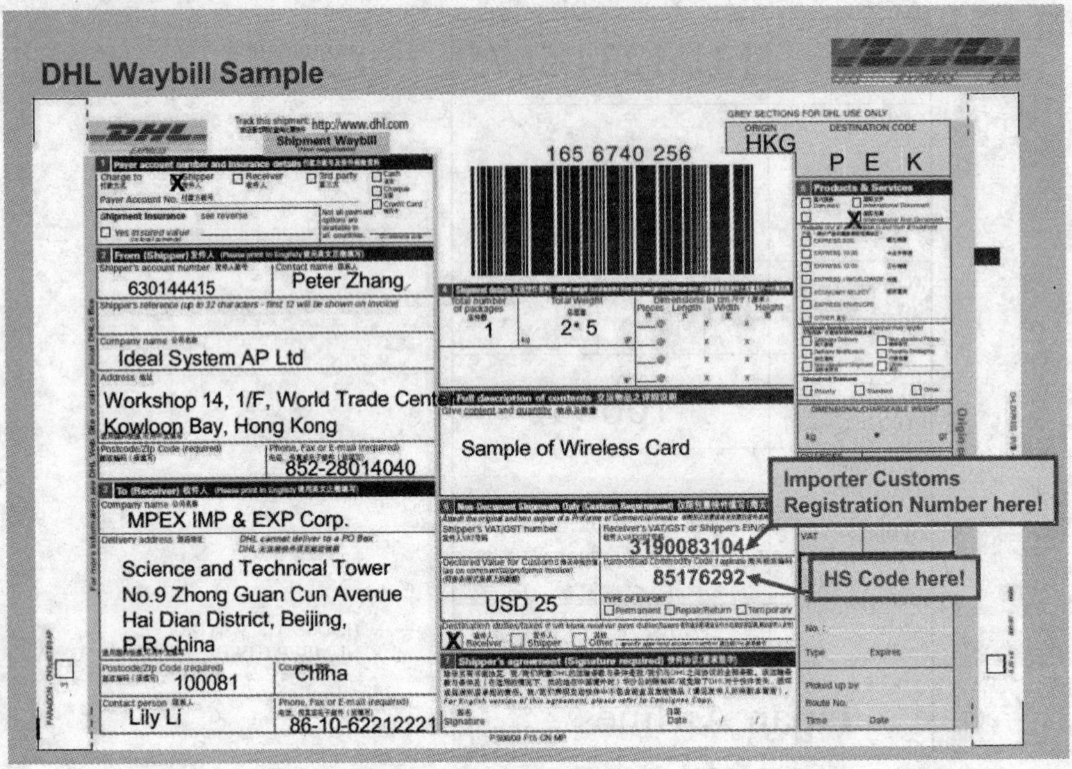

图 3－13 航空快递交货凭证（POD）

（3）贵重货物标记与标签。贵重货物标记与标签作为单证的一种式样，使用时要求：

① 贵重货物只能使用挂签；

② 除识别标签和操作标签外，贵重货物不需要任何其他标签和额外粘贴物；

③ 货物的外包装上不可有任何对内装物做出提示的标记。

8. 作为货物运送的行李所需单证

（1）货运单。收运此种货物，需将旅客的客票号码、所乘班机的航班号、乘机日期等填入货运单 Accounting Information 一栏，同时在 Nature and Quantity of Goods 一栏内应填明 Unaccompanied Baggage，表示“无人押运行李”。

（2）客票。在客票“Endorsement 签注”栏内应注明“UNBAG”字样以及货运单号码、件数和重量等内容。

（3）其他文件。对此类货物的运输，有些国家要求列有行李内容和价值的清单，详见 TACT Rules Section 7. 3 Import/Transit/Export Regulations 之规定。

第四节 航空运价

一、航空运价概述

航空货物运价是调节航空货物运输市场的重要经济杠杆，并进而影响着国民经济的各个方面。所以作为航空货运代理人与航空公司，掌握正确的定价理论显得尤为重要。

1. 航空运价与运费的基本概念

航空货物运价是调节航空货物运输市场的重要经济杠杆，并进而影响着国民经济的各个方面。所以作为航空货运代理人与航空公司，掌握正确的定价理论显得尤为重要。

（1）运价。又称费率，是指承运人对所运输的每一重量单位货物（千克或磅，kg or lb）所收取的自始发地机场至目的地机场的航空费用。

（2）航空运费。是指航空公司将一票货物自始发地机场运至目的地机场所应收取的航空运输费用。该费用根据每票货物（使用同一份航空货运单的货物）所适用的运价和货物的计费重量计算而得。

（3）其他费用。是指由承运人、代理人或其他部门收取的与航空货物运输有关的费用。在组织一票货物自始发地至目的地运输的全过程中，除了航空运输费外的地面运输、仓储、制单、国际货物的清关等环节的服务部门所收取的费用。

2. 国际航空货物运价体系

目前，国际航空货物运价按制定的途径划分，主要分为协议运价和国际航协运价。

（1）协议运价。协议运价是指航空公司与托运人签订协议，托运人保证每年向航空公司交运一定数量的货物，航空公司则向托运人提供一定数量的运价折扣。

目前航空公司使用的运价大多是协议运价，但在协议运价中又根据不同的协议方式进行如下细分：

①长期协议。通常航空公司同代理人签订的协议是一年的期限。

②短期协议。通常航空公司同代理人签订的协议是半年或半年以下的期限

③包板（舱）。指托运人在一定航线上包用承运人的全部或部分舱位或集装器来运送货物。

④死包板（舱）。托运人在承运人的航线上通过包板（舱）的方式运输时，托运人无论向承运人是否交付货物，都必须付协议上规定的运费。

⑤软包板（舱）。托运人在承运人的航线上通过包板（舱）的方式运输时，托运人在航班起飞前72小时如果没有确定舱位，承运人则可以自由销售舱位，但承运人对代理人的包板（舱）的总量有一个控制。

⑥销售量返还。如果代理人在规定期限内完成了一定的货量，航空公司则可以按一定的比例返还运费。

⑦销售额返还。如果代理人在规定期限内完成了一定的销售额，航空公司则可以按一定的比例返还运费。

⑧自由销售。也称议价货物或是一票一价，除协议货物，都是一票货物一个定价。

（2）国际航协运价。国际航协运价是指IATA在TACT运价资料上公布的运价。国际货物运价使用IATA的运价手册——TACT、RATES BOOK，结合并遵守国际货物运输规则——TACT RULES共同使用。按照IATA货物运价公布的形式划分，国际货物运价可分为公布直达运价和非公

3. 运价的特点与使用顺序

航空运价的特点主要有：

①不包括其他额外费用，如提货、报关、接交和仓储费用等；

②AWB 中的运价是运单填开之日所适用的运价；

③一般以 kg 和磅为单位；

④运价与运输距离、运输数量、运输货物种类有关，如运价大小随运输货量的增加而降低，即所谓的“数量折扣”原则。

航空运价按下列顺序使用：

协议运价→公布直达运价→非公布直达运价

国际航协运价体系如表 3－10 所示。

表 3－10　国际航协运价体系

<table>
<tr><td rowspan="6">国际航协运价
(International Air Transport Association，IATA)</td><td rowspan="4">公布直达运价
(Published thr－ough rates)</td><td>普通货物运价（General Cargo Rate)</td></tr>
<tr><td>指定商品运价（Specific Commodity Rate)</td></tr>
<tr><td>等级货物运价（Commodity Classification Rate)</td></tr>
<tr><td>集装箱货物运价（Unit Load Device Rate)</td></tr>
<tr><td rowspan="2">非公布直达运价
(UN－Published through rates)</td><td>比例运价（Construction Rate)</td></tr>
<tr><td>分段相加运价（Combination of Rates and Charges)</td></tr>
</table>

4. 计费重量

计费重量是指用以计算货物航空运费的重量。货物的计费重量或者是货物的实际毛重，或者是货物的体积重量，或者是较高重量分界点的重量。

（1）实际毛重。包括货物包装在内的货物重量，称为货物的实际毛重。

（2）体积重量。按照国际航协规则，将货物的体积按一定的比例折合成的重量，称为体积重量。不论货物的形状是否为规则的长方体或正方体，计算货物体积时，均应以最长、最宽、最高的三边的厘米长度计算。长、宽、高的小数部分按四舍五入取整 。

航空货运的运费计算是由单 kg 运价乘以货物的 kg 数来确定的，但这里 kg 数是指货物的计费重量 kg 数，计费重量 kg 数并不一定等于普通人理解的货物通过磅秤称出来的 kg 数，有的时候，这个 kg 数是用米尺“量”出来的。

计费重量是根据货物的物理重量和货物的“体积重量”二者比较后，择大计收的。

由于飞机载运货物的货舱容积有限，航空公司在收取货运费用时，为了平衡货物实际重量与货物所占容积的关系，由国际航空运输协会（IATA）统一确定了“体积重量”的标准公式：

航空货运货物的体积重量（kg）

＝货物的体积［长（cm）×宽（cm）×高（cm）］/6000

式中：6 000 cm^3 体积的货物相当于 1 kg 重的货物。

也可按下式计算：

航空货运货物的体积重量（kg）＝货物体积（m^3）×167

式中：1 m^3 的货物相当于 167 kg 重的货物。

按照物理重量与体积重量择大计费的原则，如果货物的比重小而单位体积偏大，比如棉花，编织工艺品等，那么应当测量货物的体积，根据以上公式计算出体积重量，然后，将货物的实际重量与体积重量做比较，择其大者作为计费重量，乘以单 kg 费率就得出了应收运费。

这种体积重量的计费方式也同样适用于航空快递公司。

（3）运费限额。按计费重量和适用的运价计得一票货物的运费不得低于一个限额，该限额称为最低运费（M）。

5. 航空运输的定价原则

航空运输的定价原则是：

（1）重量分段对应运价。在每一个重量范围内设置一个运价。例如，北京到汉城的运价表如表 3－11 所示。

表 3－11 北京到汉城运价表

北京—汉城航线	
（重量分级，kg）	（运价，元/kg）
N 23.95	45 18.00
100	17.17
300	15.38

"N"运价表示的重量在 45 kg 以下的运价是每千克人民币 23.95 元，也就是运价 23.95 元/kg 适用的重量范围是 0～45 kg。在这个重量范围用的都是同一个运价。

（2）数量折扣原则。随着运输重量的增大，运价越来越低，这实际上是使用定价原则中的数量折扣原则，通过这个原则，保证飞机的舱位有充分的货物。从以上北京到汉城就可以看出，45 kg 的运价是 18 元/kg，100 kg 的运价是 17.17 元/kg，300 kg 的运价是15.38 元/kg。重量越大，运价越低。

（3）运距的因素。这是一个基本因素，运距越长运价越高。这是因为运距越长，运输的消耗越大，因此运价越高。例如，北京到新加坡和北京到悉尼的运价对比如表 3－12 所示。

表 3－12 北京到新加坡和北京到悉尼的运价对比表

北京—新加坡		北京—悉尼	
（重量分级，kg）	（运价，元/kg）	（重量分级，kg）	（运价，元/kg）
N	36.66	N	54.72
45	27.50	45	41.04
300	15.38	300	32.83

从北京到悉尼的距离大概是到新加坡的两倍左右。从表 3－12 中就可以看出，300 kg 的运价，到悉尼是到新加坡的两倍左右。距离越长这种趋势越明显，但在低重量级别上，往往运价相差比距离之差要小，原因在于地面操作成本的大小。

（4）根据货物性质定价。国际航协根据产品的性质分为在普货运价的基础上运价附加和运价附减，例如，对于活体动物、骨灰、灵柩、鲜活易腐物品、贵重物品、急件等货物采取附加的形式，对于书报杂志、作为货物运输的行李采取附减的形式。

6. 我国国内航空货物运价体系

我国民航系统从1998年9月1日起，对原先的国内航线运价体系作了调整与修改，按新 运价结构执行，即为：

（1）最低运费。最低运费又称起码运费（代号M）。起码运费是航空公司办理一批货物所能接受的最低运费，是航空公司在考虑办理即使很小的一批货物也会产生固定费用后制定的。

如果承运人收取的运费低于起码运费，就不能弥补运送成本。因此，航空公司规定无论所运送的货物适用哪一种航空运价，所计算出来的运费总额都不得低于起码运费。若计算出的数值低于起码运费，则以起码运费计收，另有规定除外。

我国规定每票国内航空货物最低运费为30元。

（2）普通货物运价。普通货物运价包括基础运价和重量分界点运价。

基础运价为45 kg以下普通货物运价（代号N），费率按照民航总局规定的统一费率执行。重量分界点运价，45 kg以上普通货物运价（代号Q）由民航总局统一规定，按标准运价的80%执行。此外，航空公司可根据运营航线的特点，建立其他重量分界点运价，共飞航线由运营航空公司协商协定，报民航总局批准执行。

（3）等级货物运价（代号S）。生物制品、植物和植物制品、活动物、骨灰、灵柩、鲜活易腐物品、贵重物品、机械、弹药、押运货物等特种货物的国际航空运费按普通货物标准运价的150%计收。

（4）指定商品运价（代号C）。对于一些批量大、季节性强、单位价值小的货物，航空公司可建立指定商品运价，运价优惠幅度不限，报民航总局批准执行。

二、航空运价计算

（一）公布直达运价

1. 公布直达运价的使用方法

公布的直达运价按下列方法使用：

① 除起码运费外，公布的直达运价都以kg或磅为单位。

② 航空运费计算时，应首先适用特种货物运价，其次是等级货物运价，最后是普通货物运价。

③ 如按特种货物运价或等级货物运价或普通货物运价计算的货物运费总额低于所规定的起码运费时，按起码运费计收。

④ 承运货物的计费重量可以是货物的实际重量或者是体积重量，以高的为准；如果某一运价要求有最低运量，而无论货物的实际重量或者是体积重量都不能达到要求时，以最低运量为计费重量。

⑤ 公布的直达运价是一个机场至另一个机场的运价，而且只适用于单一方向。

⑥ 公布的直达运价仅指基本运费，不包含仓储等附加费。

⑦ 原则上，公布的直达运价与飞机飞行的路线无关，但可能因承运人选择的航路不同而受到影响。

⑧ 运价的货币单位一般以起运地当地货币单位为准，费率以承运人或其授权代理人签发空运单的时间为准。

2. 普通货物运价计算

普通货物运价（GCR）是适用最为广泛的一种运价。当一批货物不能适用特种货物运价，也不属于等级货物时，就应该适用普通货物运价。

（1）普通货物运价的类别。普通货物运价分为以下两种类别：

① 基础运价（代号 N）。航空公司统一规定各航段货物基础运价，基础运价为 45 kg 以下普通货物运价，金额以角为单位。

② 重量分界点运价（代号 Q）。通常，重量越大，运价越优惠。目前最为普遍的重量等级是 45 kg、100 kg、100 kg 以上。普通货物运价分类如下：45 kg（100lb）以下，运价类别代号为 N；45 kg（含 45 kg），运价类别代号为 Q；45 kg 以上可分为 100 kg、300 kg、500 kg、1 000 kg、2 000 kg 等多个计费质量分界点，但运价类别代号仍以 Q 表示。

航空公司一般建立 45 kg 以上、100 kg 以上、300 kg 以上 3 级重量分界点及运价。

（2）普通货物运费的收取方法。普通货物运费的收取方法是根据货物重量和适用的运价计得的运费，与其较高重量分界点的重量和适用的运价计得的运费相比较，取低者作为货物的运费。

（3）普通货物运费计算方法。普通货物运费按下列方法计算：

运费 = 适用的运价 × 计费重量

例： Beijing，CHINA（BJS）to AMSTERDAM，HOLLAND（AMS）

commodity：PARTS

gross weight：38.6 kg

dimensions：101cm × 58cm × 32cm

公布运价如下：

BEIJING	CN	BJS
Y. RENMINBI	CNY	kg
AMSTERDAM	NL	
	M	320.00
	N	50.22
	45	41.53
	300	37.52

解： 按实际重量计算

volume：101 cm × 58 cm × 32 cm = 187 456 cm^3

volume weight：187 456 cm^3/6 000 cm^3/kg = 31.24 kg = 31.5 kg

gross weight：38.6 kg

chargeable weight：39.0 kg

applicable rate：GCR N 50.22CNY/kg

weight charge：39 × 50.22 = CNY1958.58

3. 等级货物运价的计算

等级货物运价（缩写 CCR）是指适用于规定地区或地区间指定等级的货物所适用的运价。通常表示为在普通货物运价的基础上增加或减少一定的百分比。

等级货物运价是在普通货物运价的基础上增加或减少一定百分比而构成的。IATA 规定，等级货物运价主要包括以下两类：

（1）等级运价加价，用运价代号“S”（Surcharged class rate）表示，适用商品包括：活动物、贵重物品、尸体、骨灰等。

通常急件、生物制品、珍贵植物和植物制品、活体动物、骨灰、灵柩、鲜活易腐物品、贵重物品、枪械、弹药、押运货物等特种货物实行等级货物运价，按照基础运价的150%计收。

活体动物运价由表3－13确定：

① 当表中出现“the Normal GCR”时，表示使用运价表中的45 kg以下普货运价。即N运价（当不存在45 kg重量点时，N运价表示100 kg以下普通货物运价。）

② 当表中出现“the Normal GCR的百分比”（如150% of the Normal GCR）时，表示在运价表中N运价的基础上乘以这个百分比（如150% N）。

③ 当表中出现“appl. GCR”时，表示使用运价表中适用的普货运价（N、Q45、Q100、Q300、Q500……）。

④ 当表中出现“appl. GCR”的百分比（如110% of appl. GCR）时，表示在所适用的普货运价基础上乘以该百分比（如110% N、110% Q45 kg、110% Q100 kg、110% Q300 kg、110% Q500 kg……）。

（2）等级运价减价，用运价代号“R”（Reduced class rate）表示，适用商品包括：报纸、杂志、书籍及出版物、作为货物托运的行李。

表3－13 活动物运价表

Rates covering all are as，excluding between countries in the ECAA

	IATA AREA（see Rules 1. 2. 2Definitions of Area）					
	Within1	Winthin2（see also Rule 3. 7. 1. 3）	Winthin 3	Between 1&2	Between 2&3	Between 3&1
ALL LIVE ANIMALS Except：Baby Poultry less than 72 hours old	175% of Normal GCR	175% of Normal GCR	150% of Normal GCR Except：1 below	175% of Normal GCR	150% of Normal GCR Except：1 below	150% of Normal GCR Except：1 below
BABY POULTRY Less than 72 hours old	Normal GCR	Normal GCR	Normal GCR Except：1 below	Normal GCR	Normal GCR Except：1 below	Normal GCR Except：1 below

Exception：1 Within and from the south West Pacific sub－area：200% of the applicable GCR

最低运费：（不包含ECAA国家之间）活体动物的最低运费标准为200% M。

4. 指定商品运价的计算

对于一些批量大、季节性强、单位价值低的货物，航空公司可申请建立指定商品运价（代号C）。

例：一批活热带鱼，毛重120 kg，体积0.504 m³，从*A*点到*B*点，计算其运费。

解：对三种运费的计算如下：

GCR：9.00元×120＝1080元；

CCR：16.70元×120＝2004元；

SCR：1024类（起码质量为100 kg）；7.59元×120＝910.80元。

根据以上计算，这批活热带鱼的运费应按指定商品运价计算的运费收取，即运费为

910.80元。

5. 集装货物运价

以集装箱、集装板作为一个运输单元运输货物可申请建立集装货物运价（UCR）。这是为了适应航空集装箱运输的快速发展而使用的一种运价计算法，它不区分货物的种类、等级，只要将货物装在集装箱或成组器中运输，就可以将装在飞机货舱里的集装箱或成组器作为计价单位来计算运费，即成组货物运价，适用于托盘或集装箱货物。

（二）非公布的直达航空运价

1. 比例运价

在运价手册上除公布的直达运价外还公布一种不能单独使用的附加（Add-on amounts）。当货物的始发地或目的地无公布的直达运价时，可采用比例运价与已知的公布的直达运价相加，构成非公布的直达运价（Construction Rate）。

需要注意的是在利用比例运价时，普通货物运价的比例运价只能与普通货物运价相加，特种货物运价、集装设备的比例运价也只能与同类型的直达运价相加，不能混用。此外，可以用比例运价加直达运价，也可以用直达运价加比例运价，还可以在以计算中使用两个比例运价，但这两个比例运价不可连续使用。

2. 分段相加运价

所谓分段相加运价（Combination of Rate）是指在两地间既没有直达运价也无法利用比例运价时可以在始发地与目的地之间选择合适的计算点，分别找到始发地至该点、该点至目的地的运价，两段运价相加组成全程的最低运价。

无论是比例运价还是分段相加运价，中间计算点的选择，也就是不同航线的选择将直接关系到计算出来的两地之间的运价，因此承运人允许发货人在正确使用的前提下，以不同计算结果中最低值作为该货适用的航空运价。

（三）其他运费

1. 特种货物运价

特种货物运价（SCR）通常是承运人根据在某一航线上经常运输某一种类货物的托运人的请求或为促进某地区间某一种类货物的运输，经国际航空运输协会同意所提供的优惠运价。

国际航空运输协会公布特种货物运价时将货物划分为以下类型：

0001－0999 食用动物和植物产品；

1000－1999 活动物和非食用动物及植物产品；

2000－2999 纺织品、纤维及其制品；

3000－3999 金属及其制品，但不包括机械、车辆和电器设备；

4000－4999 机械、车辆和电器设备；

5000－5999 非金属矿物质及其制品；

6000－6999 化工品及相关产品；

7000－7999 纸张、芦苇、橡胶和木材制品；

8000－8999 科学、精密仪器、器械及配件；

9000－9999 其他货物。

其中每一组又细分为10个小组，每个小组再细分，这样几乎所有的商品都有一个对应的组号，公布特种货物运价时只要指出本运价适用于哪一组货物就可以了。

因为承运人制定特种运价的初衷主要是使运价更具竞争力，吸引更多客户使用航空货运形式，使航空公司的运力得到更充分的利用，所以特种货物运价比普通货物运价要低。也因此适用特种运价的货物除了满足航线和货物种类的要求外，还必须达到承运人所规定的起码运量（如 100 kg）。如果货量不足，而托运人又希望适用特种运价，那么货物的计费重量就要以所规定的最低运量（100 kg）为准，该批货物的运费就是计费重量（在此是最低运量）与所适用的特特种运价。

2. 货运单费

货运单费：又称航空货运单工本费，此项费用为填制航空货运单之费用。货运单费应填制在货运单的“其他费用”一栏中，用两字代码“AW”表示（air waybill fee AW）。

按国际航协规定：

① AWC，表示此项费用归出票航空公司（issuing carrier）所有。

② AWA，表示此项费用归销售代理人所有。

3. 垫付款和垫付费

垫付款是指在始发地机场运输一票货物时发生的部分其他费用。这部分费用仅限于货物地面运输费、清关处理费和货运单工本费。

此项费用需按不同其他费用的种类代号，费用归属代号（A 或 C）及费用金额一并填入货运单的“其他费用”一栏。

例如，“AWA”表示代理人填制的货运单；“CHA”表示代理人代替办理始发地清关业务；“SUA”表示代理人将货物运输到始发地机场的地面运输费。

在任何情况下，垫付款数额不能超过货运单上全部航空运费总额。但当货运单的航空运费的总额低于 100 美元时，垫付款金额可允许达到 100 美元标准。

垫付费是对于垫付款的数额而确定的费用。垫付费的费用代码为“DB”，按 TACT Rules 规定，该费用归出票航空公司所有。在货运单的其他费用栏中，此项费用应表示为“DBC”。

垫付费的计算公式：

$$\text{垫付费} = \text{垫付款} \times 10\%$$

但每一票货物的垫付费不得低于 20USD 或等值货币。

4. 危险品处理费

国际航空货物运输中，对于收运的危险品货物，除按危险品规则收运并收取航空运费外，还应收取危险货物收运手续费，该费用必须填制在货运单“其他费用”栏内，用“RA”表示费用种类，TACT Rules 规定，危险品处理费归出票公司所有。在货运单中，危险品处理费表示为“RAC”。

自中国至 IATA 业务一区、二区、三区，每票货物的最低收费标准均为 400 元人民币。

5. 运费到付货物手续费

国际货物运输中，当货物的航空运费及其他费用到付时，在目的地的收货人，除支付货物的航空运费和其他费用外，还应支付到付货物手续费（charges collect fee，CC Fee）。此项费用由最后一个承运航空公司收取，并归其所有。

对于运至中国的运费到付货物，到付运费手续费的计算公式及标准如下：

到付运费手续费 =（货物的航空运费 + 声明价值附加费）× 2%

各个国家 CC Fee 的收费标准不同。在中国 CC Fee 最低收费标准为 CNY100。

6. 声明价值费

按《华沙公约》规定，对由于承运人的失职而造成的货物损坏、丢失或错误等所承担的责任，其赔偿的金额为每公斤 20 美元或 7.675 英镑或相等的当地货币，若要求按货物的价值赔偿，则需由托运人在付运费的同时，向承运人另外支付一笔，声明价值费。

7. 货到付款劳务费

货到付款是由承运人接受发货人的委托，在货物到达目的地后交给收货人的同时，代为收回运单上规定的金额，承运人则按货到付款金额收取规定的劳务费用。

典型案例

航空货运丢失货物每公斤赔偿 20 元是否合理

案由

某专门从事计算机销售业务的电脑公司于 2001 年通过某货运公司航空托运一批电脑给其客户，在填写货运单时将货物的名称、型号、具体配置、重量和数量都详细填写清楚了，但没有办理声明价值，电脑公司留下了货物并交付了托运费，数日后，货运公司告知电脑公司全部货物在托运过程中丢失，电脑公司要求货运公司赔偿损失，货运公司决定按毛重每 kg 人民币 20 元的标准对电脑公司进行赔偿，并表示这是赔偿的最高限额，电脑公司不能接受，双方发生争议，货运公司的赔偿依据是民航总局 1996 年的《中国民用航空货物国内运输规则》（下称《货规》）规定："货物没有办理声明价值的，承运人按照实际损失进行赔偿，但赔偿最高限额为毛重每 kg 人民币 20 元"。

评析

类似的货运争议经常发生，但《货规》规定的赔偿标准是否合理，却值得商榷。

从规定内容本身看，该《货规》一方面规定赔偿实际损失，又规定每 kg 最高赔 20 元，这二点是自相矛盾的，现在绝大多数的空运货物价值都超过每 kg 20 元，丢失货物的实际损失大都会远远超过每 kg 20 元，因此 20 元是赔偿不了实际损失的，那么《货规》的这些看上去不合理的规定是根据什么制定出来的呢，民航总局关于《货规》的说明解释说是以国际惯例和国家有关法律法规相结合制定的，国家法律法规具体是哪些没有列举，而国际惯例指的是《华沙公约》和《海牙议定书》，其赔偿办法就是以限额赔偿和声明价值相结合的，即对货物损失的赔偿以每 kg 20 美元为最高限额；已办理声明价值的则按所声明的价值作为赔偿依据。对于国内货运，民航总局将最高赔偿限额由 20 美元变为 20 元人民币，由此，制定了《货规》中规定的赔偿标准。

事实上，国内货运最高赔偿限额由 20 美元改为 20 元人民币是缺乏合理性的，一方面不能认定国内货运的价值就一定低于国际货运，另一方面，每 kg 20 美元和 20 元人民币，从数额上差距非常大，20 美元能够起到一定的赔偿作用，具有合理性，而 20 元人民币则几乎起不到多大的赔偿作用，缺乏合理性。同时，《货规》本身在效力上也存在问题，根据航空法一百二十八条规定：“国内航空运输承运人的赔偿责任限额由国务院航空主管部门制定，报国务院批准后公布执行”，民航总局应该是航空主管部门，而其制定的《货规》却没有报国务院批准，并且已经执行了很长时间，其内容的不合理之处，明显对承运人一方有利，从合同的角度看，对托运人一方是不公平的，对于没有声明价值的货物，任何承运人都可以放心的承接货运业务，无论怎样不负责任，甚至随便丢失东西，只要没有声明价值，就每 kg 赔 20 元，不会有多大的损失，对于作为消费者的广大托运人来说，由于不了解《货规》的规定，货物的情况写得再清楚，只要没有声明价值，货物丢失就很难得到合理的赔偿，这种合同关系存在不公平，是违反民法通则公平原则这一基本原则的。同时，目前许多作为格式合同的货运单上并没有将上述最高赔偿限额印在上面，而该内容是限制性条款，这种情况属于承运人违反合同法第三十九条的规定：“采用格式条款订立合同的，提供格式条款的一方应当遵循公平原则确定当事人之间的权利和义务，并采取合理的方式提请对方注意免除或者限制其责任的条款，按照对方的要求，对该条款予以说明。”

实 训

航空货运运费计算与运价填制

实训目的

通过对运费的计算，了解航空运费体系的构成，熟悉运费的计算过程及运价填制。

实训内容

Routing：Stuttgart，Germany（SRT）－Barcelona，Spain（BCN）

Commodity：狗（Live dog）

Gross weight：40 kg（dog ＋ kennel）

Dimension：90 cm × 50 cm × 68 cm × 1

Payment：全部预付

STUTTGART	DE	STR
EURO	EUR	KG
BARCELONA ES	M	76.69
	N	5.47
	100	4.45
	300	3.86
	500	3.73

实训课时

2 课时

实训要求

1. 请计算其航空运费。

2. 请根据计算结果，填写航空货运单运费计算栏。

检查标准

检查计算是否准确，并检查填制是否完整。

提示：IATA2 区之内运输一般活体动物，运价为 175% N。

自·测·练·习

一、单项选择题

1. 计算航空货运货物的体积重量时，6 000 cm^3 体积的货物相当于________kg 重的货物。

A. 1　　B. 2　　C. 3　　D. 4

2. “N”运价表示的重量范围是________。

A. 0 ~ 35 kg　　B. 0 ~ 45 kg　　C. 0 ~ 55 kg　　D. 0 ~ 65 kg

3. 按计费重量和适用的运价计得一票货物的运费不得低于一个限额，该限额称为________。

A. 最高运费　　B. 限价运费　　C. 最低运费　　D. 普通运费

4. 协议运价是指航空公司与托运人签订协议，托运人保证每年向航空公司交运一定数量的货物，航空公司则向托运人提供一定数量的________。

A. 运价报酬　　B. 运价佣金　　C. 运价回扣　　D. 运价折扣

5. 以集装箱、集装板作为一个运输单元运输货物可申请建立集装货物运价，其代号是________。

A. UCR　　B. GCR　　C. CCR　　D. SCR

二、多项选择题

1. 国际航空运输协会（IATA）和国际民用航空组织所采用的航空公司代码有________。

A. 一字母代码　　B. 两字母代码　　C. 三字母代码

D. 四字母代码　　E. 首字母代码

2. 但是由于航空货物运输方式的优点突出，可弥补运费高的缺陷，加之保管制度完善，货损货差少，因此这种运输方式适用于________的货物运输。

A. 价值较高　　B. 单一货种　　C. 保值

D. 多式联运　　E. 运量小

3. 目前常用的航空集装箱主要有________。

A. AKE 集装箱　　B. AMF 集装箱　　C. AAU 集装箱

D. AMA 集装箱　　E. TEU 集装箱

4. 定期航班运输特点是________，因此国际间货物流通采用班机方式可以使收发货人确切掌握货物起运和到达时间，保证货物安全、准时地成交。

A. 固定航线　　B. 固定停靠港　　C. 定期开航

D. 定点到达　　E. 特定业务

5. 航空公司一般建立________3 级重量分界点及运价。

A. 45 kg 及以下　　B. 45 kg 以上　　C. 100 kg 以上

D. 300 kg 以上　　E. 400 kg 以上

三、是非题（正确的打“√”，错误的打“×”）

1. 航空运输活动物所用容器、饲料、饮用水等重量应包括在货物的计费重量内。　（　）

2. 根据《华沙公约》、《海牙议定书》和承运人运输条件的条款规定，托运人为承运人准备航空货运单。　（　）

3. 原则上，公布的直达运价与飞机飞行的路线无关，但可能因承运人选择的航路不同而受到影响。　（　）

4. 航空托运书中保险金额栏为必填项，即本栏不可能空着。　（　）

5. 航空运费。是指航空公司将一票货物自始发地机场运至目的地机场所应收取的航空运输费用。　（　）

四、思考题

1. 航空运输有哪些优缺点？其主要功能是什么？

2. 航空运输出口货物运输流程包括哪些环节？

3. 航空运输进口货物运输流程包括哪些环节？

4. 国际航空主运单的填写应注意哪些事项？

5. 航空公司公布的直达运价有哪几类？

第四章

国际陆路货运代理实务

学习目标

◎知识目标

了解国际公路货运类型；了解国际公路货运业务的内容；了解国际铁路货物联运类型；了解国际铁路货物联运内容。

◎能力目标

熟悉国际公路货运类型；熟悉和掌握国际公路货运业务；熟悉国际铁路货物联运类型；熟悉和掌握国际铁路联运业务。

第一节 国际公路货物运输概述

一、国际公路运输概述

随着我国对外贸易的日益扩大，许多陆路口岸相继开通，涉外公路运输量大幅度提高，成为我国对外贸易工作中不可缺少的组成部分。

1. 公路运输的特点

公路运输是现代运输主要方式之一，同时，也是构成陆上运输的两个基本运输方式之一。公路运输既是一个独立的运输体系，又是连接铁路车站、港口和机场，集散物资的重要手段，是连接铁路运输、水路运输和航空运输起端和末端不可缺少的运输方式。现代公路运输主要是指公路汽车运输。

国际公路货物运输是指国际货物借助一定的运载工具，沿着公路作跨及两个或两个以上国家或地区的移动过程。公路联运贸易进出口是指借助运载工具，沿口岸公路两国之间的移动，以实现货物的贸易交接，并根据国家的法律、法规完成货物的报关、报检、报验、纳税等一切相关手续。它是国际公路联运的重要组成部分，是为保障国际公路联运顺利畅通的重要服务环节，是一个国家公路运输结束到另一个国家公路运输的开始，它是国际公路联运运输的重要枢纽。

公路货物运输主要有如下几个方面的特点：

（1）适应性强。汽车运输具有车辆形式多样、技术性能各异、受地理和气候条件限制较小、运行范围较广等特点。因此，与其他运输方式相比汽车运输有较强的适应性，这种适应性恰好可以弥补其他运输方式的不足。

（2）具有灵活性。汽车运输单位运量小，既易于集中，也易于分散，调度灵活，突击性强，能提供及时有效的服务。

（3）直达性能好，可以实行门到门服务。水运、铁路、民航运输只能直达港站，两头都需要汽车为其集散，装卸环节多。只有汽车运输能够做到取货接客上门，送货送客到家，实现门到门的直达运输，中间不需要倒载换装，极为方便。

（4）运输速度较快，便于周转流通。短途运输是汽车运输特有的优势，短途货运批量小，时间紧，要求急，对装卸机具和场地要求不高，最宜采用汽车运输，其他运输方式难以替代。

（5）投资少，见效快。汽车结构比较简单，驾驶技术比较容易掌握，设备和资金转移的自由度大，具有投资少、见效快、利润高、投资回收期短等特点；地区、单位、个人均可兴办，便于吸收社会闲散资金集中使用。

（6）可以广泛参与联合运输。汽车运输是沟通铁路、水运、航空和管道运输的有效方式，可以为其他运输方式分流，缓解其他运输方式运力不足造成的紧张局面，特别是在开展现代化国际集装箱多式联运中具有独特的优势。汽车拖挂的集装箱，既可以直接开上滚装船，也可以直接开上滚装火车的底盘，通过水路和铁路到达终点，再进行公路运输，直到把货物交到收货人手中。

公路运输具有诸多的优越性，但是也有它的局限性：

（1）运价较高，在一定程度上竞争力弱于铁路和水运；

（2）载重量较小，不适应大宗货物运输的要求；

（3）平均运程较短，持续性较差。

2. 国际公路运输的特点

国际公路运输除具有上述一般公路运输的特点外，又具有自身的特点，主要表现在以下几个方面：

（1）政治性强。国际公路运输质量的优劣，不仅关系着客户的切身利益，而且直接影响到国家的声誉以及国家或地区之间、民族之间的关系。因而对车辆装备、人员素质、运输质量等各运输环节都提出了严格要求。

（2）政策性强。国际公路运输必须严格执行双方就运输路线、班次、时间、货物类别、起讫点、运输单证等事项签订的协议，严格遵守国家（地区）的出入境管理规定及对方国家（地区）的法律。因此政策性比较强。

（3）纵横关系复杂。国际公路运输的中间环节多。在运输全过程中，根据不同货物的贸易特点，可能涉及代理商、港口、船公司、工厂、仓库等业主，以及海关、商检、卫检、动植检、边检、保险公司等部门和有关主管部门。因此，组织工作难度大，纵横关系比较复杂。

（4）时间性强，风险较大。国际市场上商品竞争十分激烈，贸易机会稍纵即逝；商品运输路线长、环节多、不可见因素出现率高，一旦误期，将造成很大损失，发生交通事故也较国内难以处理。因此，要求国际公路运输人员必须加强时间观念，提高预见性，并应具有较丰富的实务经验。

二、公路运输的类型

1. 整车货物运输

整车货物运输指托运人一次托运的货物，其计费重量在3 t以上或不足3 t，但其性质、体积、形状需要一辆汽车运输的。

2. 零担货物运输

零担货物运输指托运人一次托运的货物，其计费重量在3 t及3 t以下的。零担货物运输按其性质和运输要求，可分为普通零担货物和特种零担货物。普通零担货物系指《公路价规》中列明的并适于零担汽车运输的一、二、三等普通货物。特种零担货物分长、大、笨重零担货物，危险、贵重零担货物，以及特种鲜活零担货物等。

3. 特种货物运输

同普通货物相比，特种货物运输是指被运输货物本身的性质特殊，在装卸、储存、运送过程中有特殊要求，以保证货物完整无损及安全性。一般需要以大型汽车或挂车（核定吨位为40 t及以上的）以及罐装车、冷藏车、保温车等车辆运输，这种货物运输又分为长大笨重货物运输、贵重货物运输、鲜活易腐货物运输和危险货物运输四种，每种又分为若干类，各类运输都有不同的要求和不同的运输方法。

4. 公路集装箱运输

以集装箱为单位办理托运且由专用汽车载运的，为公路集装箱运输。

5. 包车货物运输

包车货物运输是指把车辆包给托运人安排使用的货物运输方式。包车货运通常有两种形式：

（1）计程包车。即运费按货物运输里程结算。

（2）计时包车。指按包车时间结算运费。

计时运输主要适用于以下情况：不易计算货物重量、运距；货物性质、道路条件限制车辆不能按正常速度运行；装卸次数频繁或时间过长；需托运人自行确定车辆开停时间；40 t及以上大型汽车及挂车运输。

三、国际公路货物运输业务

1. 出口物资的集港（站）运输

出口物资的集港（站）运输指出口商品由产地至外贸中转仓库；由中转仓库至港口仓库；由港口仓库至船边（铁路专用线或航空港收货点）的运输。

2. 货物的疏港（站）运输

货物的疏港（站）运输指按出口货物代理人的委托，将进口货物由港（站）送达指定交货地点。

3. 国际多式联运的首末段运输

国际多式联运的首末段运输指国际多式联运国内段的运输，即将出口货物由内陆装箱点装运至出运港（站）；将进口货物由港（站）运至最终交货地的运输。

4. 边境公路过境运输

边境公路过境运输指经向海关申请办理指定车辆、驾驶员和过境路线，在海关规定的地点停留，接受海关监管和检查，按有关规定办理报验、完税、放行后运达目的地的运输。

5. 特种货物运输

特种货物运输指超限笨重货物、危险品、鲜活商品等的运输，要使用专门车辆并向有关管理部门办理准运证方得起运。

6. “浮动公路”运输

“浮动公路”运输，即利用一段水运衔接两段陆运，衔接方式采用将车辆开上船舶，以整车货载完成这一段水运，到达另一港口后，车辆开下继续运输的联合运输形式。浮动公路运输又称车辆渡船方式，这种联合运输的特点是在陆运与水运之间，不需将货物从一种运输工具上卸下再转换到另一种运输工具上，而仍利用原来的车辆作为货物载体。其优点是两种运输工具之间能够有效衔接，运输方式转换速度快，而且在转换时不触碰货物，因而有利于减少或防止货损，也是一种现代化运输方式。

四、国际公路货运代理业务

1. 公路货物运输合同的签订

在公路国际货运业务中，运单即是运输合同，运单的签发则是运输合同成立的体现。《国际公路货物运输合同公约》（CMR）中对运单所下的定义是：运单是运输合同，是承运人收到货物的初步证据和交货凭证。

图 4－1 所示为国内段公路运单。

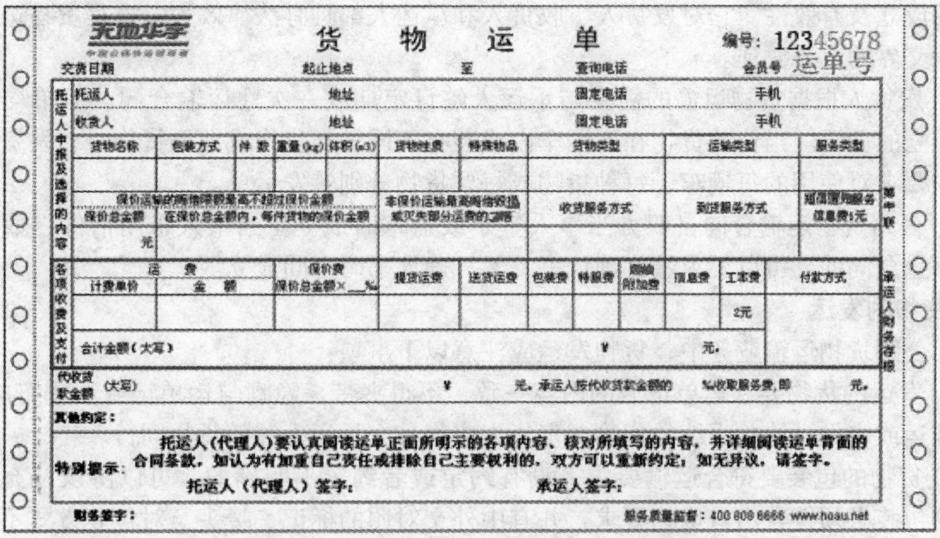

货 物 运 单 编号：12345678

交货日期 起止地点 至 查询电话 会员号 运单号

托运人申报及选择的内容

托运人 地址 固定电话 手机

收货人 地址 固定电话 手机

货物名称	包装方式	件数	重量(kg)	体积(m3)	货物性质	特殊物品	货物类型	运输类型	服务类型

保价运输的赔偿限额最高不超过保价金额 保价总金额	在保价总金额内，每件货物的保价金额	非保价运输最高赔偿额为灭失部分运费的3倍	收货服务方式	到货服务方式	短信通知服务信息费1元
元					

第一联

各项收费及支付

运费 计费单价	运费 金额	保价费 保价总金额×__%	提货运费	送货运费	包装费	特服费	燃油附加费	信息费	工本费	付款方式
									2元	

合计金额（大写） ¥ 元。

承运人财务存根

代收货款金额 (大写) ¥ 元。承运人按代收货款金额的 %收取服务费，即 元。

其他约定：

特别提示：托运人（代理人）要认真阅读运单正面所明示的各项内容、核对所填写的内容，并详细阅读运单背面的合同条款，如认为有加重自己责任或排除自己主要权利的，双方可以重新约定；如无异议，请签字。

托运人（代理人）签字： 承运人签字：

财务签字： 服务质量监督：400 809 6666 www.hoau.net

图 4－1 国际公路运输国内段公路运单

国际公路货物运输使用的是国际公路联运货物运单。国际公路联运货物运单为一式三份，都需要发货人和承运人签字或盖章，一份交给发货人；一份随货物同行，作为通关以及交接的凭证；一份由承运人留底。

国际公路联运货物运单共计 22 个栏目，填写时要求用钢笔或圆珠笔清楚填写，或者打印，或者盖戳记。1～12 栏以及 16 栏由发货人填写；18 和 20 栏由收货人填写，其他由承运人填写。

国际公路联运货物运单应包括下列主要内容：

（1）运单的签发日期和地点；

（2）发货人的名称和地址；

（3）承运人的名称和地址；

（4）货物接管地点、日期以及指定的交货地点；

（5）收货人的名称和地址；

（6）货物品名和包装方法，如属危险货物，应说明其基本性质；

（7）货物件数、特征标志和号码；

（8）货物毛重或以其他方式表示的量化指标；

（9）与运输有关的费用（运费、附加费、关税和从签订合同到交货期间发生的费用）；

（10）办理海关手续和其他手续所必需的托运人的通知；

（11）是否允许转运的说明；

（12）发货人负责支付的费用；

（13）货物价值；

（14）发货人关于货物保险给予承运人的指示；

（15）交付承运人的单据清单；

（16）运输起止期限等。

签订公路货物运输合同应注意以下事项：

（1）公路货物运输合同以签发运单来确认。无运单、运单不正规或运单丢失不影响运输合同的成立及有效性。它对发货人、收货人和承运人都具有法律效力，也是贸易进出口货物通关、交界的重要凭证。

（2）发货人根据货物运输的需要与承运人签订定期或一次性运输合同。运单均视为运输合同成立的凭证。当待装货物在不同车内或装有不同种类货物或数票货物时，发货人或承运人有权要求对使用的每辆车、每种货物或每票货物分别签发运单。

（3）公路货物运输合同自双方当事人签字或盖章时成立。当事人采用信件、数据电文等形式订立合同的，可以要求签订确认书，签订确认书时合同成立。

2. 货物的发运

国际公路货物运输业务中，货物发运应注意以下事项：

（1）发运的货物要和运单记载的内容一致，不得夹带、隐瞒与运单记载不相符的货物。需办理准运或审批、检验手续的货物，发货人应将其交承运人并随货物同行。

（2）货物的包装要符合运输要求，没有约定或者约定不明确的，可以协议补充。对出口货物的包装必须符合出口货物要求，并有中外文对照的标记、唛头。对包装方式不能达成协议的，按通用的方式包装，没有通用方式的，应基于足以保证运输、搬运装卸作业安全和货物完好的原则进行包装。发货人应根据货物性质和运输要求，按国家规定及国际要求正确使用运输标志和包装储运图示标志。

（3）运输过程中需要饲养、照料的动植物、尖端精密产品、稀有珍贵物品、文物等，发货人要派人随车押运。大型特型货物、危险货物、贵重物品是否押运，发货人与承运人双方协商。除上述货物外，发货人要求押运时，需经承运人同意。

（4）押运人员的姓名以及其他必要的情况应填写在运单上，不能随意换人顶替，押运人员每车一人，免费乘车。有押运人员时，运输途中发生的货损、货差，承运人不负责损失赔偿责任。

3. 货物的承运与交接

国际公路货物运输中，货物的承运应注意以下事项：

（1）承运人不得超限超载（重货不得超过车辆的额定载重吨位；轻货不得超过车辆额定的有关长、宽、高的装载规定。

（2）运输线路由承运人与发货人共同确定，一旦确认不得随意更改，如果承运人不按约定路线运输，额外费用由承运人自己承担。

（3）运输期限由承运和发货双方共同约定并在运单上注明，承运人必须在规定时限内运达。

国际公路货物运输中，货物的交接应注意以下事项：

（1）承运人在运输约定货物之前要对货物核对，如果发现货物和运单不符或者可能会给运输带来危险的，不得办理交接手续。

（2）货物运达目的地前，承运人要及时通知收货人作好交接准备；如果是运输到国外，则由发货人通知；如果是零担货物，在货到 24 小时内通知。

（3）承运人与发货人之间的交接，如果货物单件包装，则按件交接；如果采用集装箱以及其他有封志的运输方式，按封志交接；如果是散装货则按磅交接或双方协商的方式交接。

（4）货物运达目的地以后，收货人应凭借有效单证接收货物，不得无故拒绝接收，否则承担一切损失。涉外运输如发生上述情况，应由发货人解决并赔偿承运人的损失。

（5）货物在交给收货人时，双方对货物的重量或者内容有疑义，均可以提出查验或者复核，费用由责任方承担。

4. 货物的保险与保价运输

货物运输有两种投保方式：货物保价和货物保价运输，采取自愿投保的原则，由发货人自行确定。货物保险由发货人向保险公司投保，也可委托承运人代办。

货物保价运输是按保价货物办理承运手续，在发生货物赔偿时，按发货人声明价格及货物损坏程度予以赔偿的货物运输。发货人一张运单发运的货物只能选择保价或不保价。发货人选择货物保价运输时，申报的货物价值不得超过货物本身的实际价值，保价运输为全程保价，按一定比例收取保价费。

5. 运输合同的变更和解除

下列情况允许运输合同的变更和解除：

（1）不可抗力因素；

（2）合同当事人一方原因，在合同约定的期限内无法履行运输合同的；

（3）合同当事人一方违约，导致合同不可能或者没有必要履行的；

（4）合同当事人协商同意解除或变更合同的，可以变更或解除；如果是承运人提出的，承运人要退还已经收取的费用；

（5）在货物没有交付收货人之前，发货人可以要求终止运输，返还货物，变更目的地或者要求把货物交给其他收货人，但应当赔偿承运人因此受到的损失。

如果因为不可抗力因素，导致货物在运输过程中受阻，发生了装卸、接运、保管等费用：

（1）所有费用由发货人承担，承运人要退回未完的运输费用；

（2）回运时，回程运费免收；

（3）发货人要求绕道运输，额外费用按实际收取；

（4）货物在受阻地需要存放，保管费用发货人负担。

6. 逾期提货

货物到达目的地后，承运人知道收货人的，应及时通知收货人，收货人逾期提货的，应当支付承运人保管费用。收货人不明或收货人无正当理由拒绝收领货物的，依照我国合同法规定，承运人可以提存货物。

第二节　国际铁路货物运输概述

一、国际铁路货物运输概述

铁路运输是现代化运输业的主要运输方式之一，已经有150多年的历史。它与其他运输方式比较，具有运量大、速度快、安全可靠、运输成本低、运输准确性和连续性强、受气候影响较小等一系列特点，联系着工业和农业、城市和乡村、内地和沿海，是我国运输网中的骨干，在国际货物运输中，起着非常重要的作用。

目前，我国经由铁路运输的进出口货量仅次于海洋运输而居于第二位，其运输方式主要是采用铁路联运。

国际铁路联运是指凡在跨及两个及两个以上国家铁路的货物运输中，由参加国铁路共同使用一份运送票据，在由一国铁路向另一国铁路移交货物和车辆时，不需要收发货人参加，并以连带责任办理货物的全程铁路运输。

国际铁路联运产生于19世纪中期，有关国家签订协约开展国际铁路客货联运，1890年欧洲国家在瑞士首都伯尔尼签订了《国际铁路运送规则》并于1893年开始生效。1934年该公约修改后称为《国际铁路货物运送公约》并于1938年9月开始实行。现在参加该公约的国家已达到30多个，在国际铁路货物运输的影响也日益扩大。

1951年在北大西洋公约组织欧洲各国部长运输会议上，由原苏联代表提议，起草并通过了《国际货协》和《国际客协》，最初有8个国家参加，1954年中国、朝鲜、蒙古正式参加，随后越南也参加进来。从此，国际铁路联运成为连接亚欧各国客货运输的重要纽带。

1. 铁路运输在中国对外贸易中的作用

铁路运输在中国对外贸易中起着非常重要的作用：

（1）有利于发展同欧亚各国的贸易。通过铁路把欧亚大陆联成一片，为发展中、近东和欧洲各国的贸易提供了有利的条件。在新中国成立初期，我国的国际贸易主要局限于东欧国家，铁路运输占我国进出口货物运输总量的50%左右，是当时我国进出口贸易的主要运输方式。进入20世纪60年代以后，随着我国海上货物运输的发展，铁路运输进出口货物所占的比例有所下降，但其作用仍然十分重要。自50年代以来，我国与朝鲜、蒙古、越南、原苏联的进出口货物，绝大部分仍然是通过铁路运输来完成的；我国与西欧、北欧和中东地区一些国家也通过国际铁路联运来进行进出口货物的运输。

（2）有利于开展同港澳地区的贸易，并通过香港进行转口贸易。铁路运输是我国内地联系港澳地区，开展贸易的一种重要的运输方式。港澳地区所需的食品和生活用品多由内地供应，随着内地对该地区出口的不断扩大，其运输量逐年增加。做好对港澳地区的运输工作，达到优质、适量、均衡、应时的要求，在政治上和经济上都非常重要。为了确保该地区的市场供应，从内地开设了直达该地区的快运列车，对繁荣稳定港澳市场，以及该地区的经济发展起到了积极作用。

（3）对进出口货物在港口的集散和各省、市之间的商品流通起着重要作用。我国幅员辽阔，海运进口货物大部分利用铁路从港口运往内地的收货人，海运出口货物大部分也是由内地通过铁路向港口集中，因此铁路运输是我国国际货物运输的重要集散方式。至于国内各省市和地区之间调运外贸商品、原材料、半成品和包装物料，主要也是通过铁路运输来完成的。我国国际贸易进出口货物运输大多都要通过铁路运输这一环节，铁路运输在我国国际货物运输中发挥着重要作用。

（4）利用欧亚大陆桥运输是必经之道。大陆桥运输一般都是以集装箱为媒介，采用国际铁路系统来运送。我国目前开办的西伯利亚大陆桥和新欧亚大陆桥的铁路集装箱运输具有安全、迅速、节省的优点。这种运输方式对发展我国与中、近东及欧洲各国的贸易提供了便利的运输条件。为了适应我国经济贸易的发展需要，利用这两条大陆桥开展铁路集装箱运输也是必经之道，将会促进我国与这些国家和地区的国际贸易发展。

2. 国际铁路联运的特点

国际铁路联运的特点主要有：

（1）涉及面广。凡是办理国际联运，每运送一批货物都要涉及两个或两个以上国家，有时还要通过与《国际货协》有关的国家，向与《国际货协》无关的西北欧国家办理转发送，才能完成全程的运送工作，最后运到目的地。

（2）运输条件高。由于国际联运参加国多，涉及多个国家的铁路、车站和国境站，有时还有收转人参加，这就要求每批货物的运输条件如包装、转载、票据的编制、添附文件及车辆使用都要符合有关国际联运的规章、规定，否则将造成货损、货差、延迟交货等运输事故。

（3）运输时间短、成本低。国际铁路联运的始发站和最终目的站大多是内陆车站，或发、收货的铁路专用线。货物从发货人的专用线或就近的车站出发，直接到达收货人的专用线或就近的车站。对内陆收发货人来讲铁路运输时间比海运少，运输成本也比海运低。

3. 国际铁路联运范围

国际铁路联运范围主要是：

（1）同参加国际货协和未参加国际货协但采用国际货协规定的铁路间的货物运送，铁路从发站以一份运送票据负责运送至最终到站交付给收货人。

（2）同未参加国际货协铁路间的货物运送，发货人在发送路用国际货协运送票据办理至参加国际货协的最后一个过境路的出口国境站，由该站站长或收货人、发货人委托的收转人转运至最终到站。

（3）通过过境铁路港口站的货物运送。从参加国际货协铁路的国家，通过参加国际货协的过境铁路港口，向其他国家（不论这些国家的铁路是否参加国际货协）或者相反方向运送货物时，用国际货协运送票据只能办理至过境铁路港口站止或者从这个站起开始办理，由港口站的收转人办理转发送。

我国国际铁路过境运输是指从世界各主要港口海运到中国港口（如上海、大连、青岛、天津新港、连云港等）换铁路运输，经中国铁路口岸站（二连浩特、满洲里、丹东、凭祥、阿拉山口等口岸）到蒙古、俄罗斯、朝鲜、越南、中亚五国（哈萨克斯坦、乌兹别克斯坦、土库曼斯坦、吉尔吉斯斯坦、塔吉克斯坦）的运输，以及从中国香港经内地各铁路口岸站到中国周边国家的运输（包括相反方向的运输）。

我国国际铁路过境运输方式为：

①铁/铁/海。发货人在铁路发站用《国际货协》运单办理至过境铁路港口站，然后由发货或收货人委托在港口站的代理人办理海运至最终目的地。

②海/铁/铁。由发货人或收货人委托在过境铁路港口站的代理人，以发货人的全权代理人的身份，负责填制《国际货协》运单，将货物发送至最终到达站。

二、国际铁路货运组织

1. 国际铁路货运组织机构

《国际铁路货物运送公约》（简称《国际货约》）于1938年10月1日生效。它是由1890年欧洲各国在瑞士伯尔尼举行的各国铁路代表大会所制定的《伯尔尼公约》发展而来的。《国际货约》屡经修改，至今仍在执行。目前参加《国际货约》的国家有：南斯拉夫、奥地利、瑞士、法国、意大利、比利时、荷兰、西班牙、葡萄牙、芬兰、瑞典、挪威、丹麦、希腊、卢森堡、英国、爱尔兰、列支敦士登、伊朗、伊拉克、叙利亚、黎巴嫩、突尼斯、阿尔巴尼亚、摩洛哥、土耳其、保加利亚、匈牙利、罗马尼亚、捷克、斯洛伐克、波兰。

《国际铁路货物联运协定》（简称《国际货协》）是1951年11月由前苏联和阿尔巴尼亚、保加利亚、匈牙利、前民主德国、波兰、罗马尼亚、前捷克斯洛伐克8个国家签订的。1953年7月中国、朝鲜、蒙古铁路代表团参加了在莫斯科召开的《国际货协》和《国际客协》代表大会，并从1954年1月1日起执行上述协定。目前，参加《国际货协》的国家有13个：前苏联、阿尔巴尼亚、保加利亚、匈牙利、前民主德国、波兰、罗马尼亚、前捷克斯洛伐克、中国、朝鲜、蒙古、越南和古巴。

1956年6月在保加利亚召开的国际货、客协参加国第一届部长会议上，决定在原签订的《国际货协》和《国际客协》的基础上，成立"铁路合作组织"（简称"铁组"）。1957年9月1日起铁组委员会开始工作。

进入20世纪90年代，随着国际政治、经济形势的变化，"铁组"进行了必要的改革。1991年6月在华沙，由保加利亚、中国、朝鲜、蒙古、罗马尼亚和前苏联作为"缔约铁路"，公布了《关于统一过境运价规程》（简称《统一货价》）。《统一货价》是该协约不可分割的组成部分，不再从属于《国际货协》，具有独立的法律地位。新《统一货价》是在原《国际货协》统一货价的基础上修改补充而成的，其中的费率由原来的以卢布计价改为以瑞士法郎计价。匈牙利、前捷克斯洛伐克、波兰和前民主德国不参加新的《统一货价》，但仍采用《国际货协》的规定。我国铁路从1991年9月1日起执行上述新规定，即参加《统一货价》。参加《国际货协》的国家铁路还有保加利亚和罗马尼亚。

目前，"铁组"成员国有26个：阿塞拜疆、阿尔巴尼亚、白俄罗斯、保加利亚、匈牙利、越南、格鲁吉亚、哈萨克斯坦、中国、朝鲜、吉尔吉斯斯坦、拉脱维亚、立陶宛、摩尔多瓦、蒙古、波兰、俄罗斯、罗马尼亚、斯洛伐克、塔吉克斯坦、土库曼斯坦、乌兹别克斯坦、乌克兰、捷克、爱沙尼亚、伊朗。

法国铁路和德国铁路作为"观察员"出席"铁组会议"。

2. 我国铁路国际联运的主管机构

我国铁路国际联运主要由铁道部领导和管理，运输局和对外合作司负责具体工作。主要分工是：对外合作司负责国际联运规章的制定、运输计划的对外商定、对各铁路局日常联运事宜的管理，以及同"铁组"总部的联系。运输局根据与国外铁路商定的运输计划，具体负责国际联运计划的审批和日常的运输指挥，各铁路局具体负责国际联运的日常组织工作。铁道部在波兰的华沙"铁组"总部派有常驻人员，代表中国铁路参与国际联运的管理和协调工作。

3. 我国及周边国家铁路国际联运代理机构

由于我国与周边国家经济贸易的发展变化，进出口货物办理国际联运主要有两种形式：一是进出口商自己通过相关国家铁路办理，二是通过国际货物运输代理机构来完成。货运代理采用最安全、最迅速、最经济的办法组织国与国之间的货物运输，利用其网络控制货物，为货主提供运输费用、包装条件、运输单证、报关报验等方面的服务。

我国目前从事铁路国际联运的代理企业主要是中国外运（集团）总公司、中国铁路对外服务总公司、中国铁路集装箱运输中心及其他经过对外经贸部批准的具有铁路业务代理权的国际货运代理企业，其业务范围为：办理对蒙古、朝鲜、越南、俄罗斯、哈萨克斯坦等独联体国家铁路进出口和过境货物的运输。随着我国改革开放步伐的加快，中外合资经营的国际货运代理企业应运而生，很多国外货运代理机构也已经进入货运代理市场。加入世界贸易组织之后，国际货物运输市场将会越来越开放。

我国周边国家国际货运代理业近几年也发展很快。目前，蒙古主要有蒙古铁路运输代理中心、图申公司等；俄罗斯主要有联盟过境股份有限公司、联盟外运康采恩、西伯利亚快车运输服务公司、阿巴雷利公司、雷伊尔公司、MTE 多式联运设备公司等；哈萨克斯坦主要有 KIF 国际运输有限公司；越南主要有铁路联合企业对外服务公司、越南铁路联合企业第一区域运输公司；朝鲜主要是外运公司。

4. 国际铁路货物联运有关规章和文件

国际铁路货物联运适用的规章很多，有的规章仅适用于铁路部门，有的规章对铁路、发货人、收货人都适用。

办理国际铁路货物联运时铁路和发货人、收货人均必须遵守的规章和文件有：

(1)《国际铁路货物联运协定》(简称《国际货协》)。这是参加国际铁路货物联运协定的各国铁路和发货人、收货人在办理铁路货物联运时都必须遵守的基本文件。《国际货协》对运输合同的缔结，运输合同的履行和变更，铁路的责任，发货人、收货人的权利与义务等事项均作了规定。

(2)《统一过境运价规程》(简称《统一货价》)。它规定了参加《统一货价》的铁路，按照《国际货协》的条件，利用铁路运送过境货物时，规定了办理货物运送的手续、过境运送费用的计算、货物品名分等表、过境里程表和货物运费计算表等内容，对铁路和发货人与收货人都适用。

(3)《国境铁路协定》和《国境铁路会议议定书》。《国境铁路协定》是由相邻国家签订的，它规定了办理联运货物交接的国境站、车站及货物交接条件和方法、交接列车和机车运行办法及服务方法等内容。根据国境协定的规定，两个相邻国家铁路定期召开国境铁路会议，对执行协定中的有关问题进行协商，签订国境铁路会议议定书，其主要内容为双方铁路之间关于行车组织、旅客运送、货物运送、车辆交接以及其他有关问题。我国与前苏联、蒙古、朝鲜、越南各铁路均分别签订有国境铁路协定和议定书。

(4)《铁路货物运价规则》(简称国内价规)

它是办理国际铁路货物联运时国内段货物运送费用计算和核收的依据。

(5) 中、朝、蒙、前苏联四国的铁路、贸易部门及铁组委员会代表参加的四方联运会议。会议的任务主要是检查上年度计划完成的情况；商定当年的货运计划，进出口及过境年度运输计划以及完成当年计划的措施。

三、国际铁路货物运输

(一) 国际铁路货物联运方式的限制

1. 国际铁路货物联运方式

国际铁路货物联运办理种别分为整车、零担和大吨位集装箱。表 4－1 为常用的铁路货运车辆数据。

(1) 整车运输。是指按一份运单托运的按其体积或种类需要单独车辆运送的货物。

（2）零担运输。是指按一份运单托运的一批货物，重量不超过5 000 kg，按其体积或种类不需要单独车辆运送的货物。但如有关铁路间另有商定条件，也可不适用国际货协整车和零担货物的规定。

（3）大吨位集装箱。是指按一份运单托运的，用大吨集装箱运送的货物或空的大吨位集装箱。

表4-1 常用的铁路货运车辆数据

车型		载重/t	自重/t	轴重/t	容积/m^3	比容/（$m^3 \cdot t^{-1}$）	换长	每延米重/t	商业运营速度/（$km \cdot h^{-1}$）
通用敞车	C_{70}型敞车	70	23.8	23	77	1.1	1.27	6.69	120
	C_{64}型敞车	61	≤23	21	73.3	1.2	1.22	6.25	120
通用棚车	P_{20}型棚车	70	24.6	23	145	2.06	1.6	5.5	120
	P_{44GK}型棚车	60	24.0	21	135	2.25	1.5	5.1	120
共用平车	NX_{70}型共用车	70	23.8	23	—	—	1.5	4.25	120
	NX_{17BK}型共用车	61	22.9	21	—	—	1.5	3.75	120
轻油罐车	GQ_{70}型轻油罐车	70	23.6	23	78.7	1.12	1.1	7.66	120
	G_{70K}型轻油罐车	62	20.4	21	69.7	1.12	1.1	6.87	120
黏油罐车	GN_{70}型黏油罐车	70	23.8	23	78.1	1.05	1.1	7.68	120
	G_{17BK}型黏油罐车	63	20.9	21	66.4	1.05	1.1	7	120
石渣漏斗车	KZ_{70}型石渣漏斗车	70	23.8	23	42	0.60	1.1	7.77	120
	K_{13NK}型石渣漏斗车	60	23.1	21	36	0.60	1.1	6.9	120
煤炭漏斗车	KM_{70}型煤炭漏斗车	70	23.8	23	75	1.07	1.3	6.5	120
	K_{17AK}型煤炭漏斗车	60	24.0	21	65	1.08	1.3	5.7	120

2. 国际铁路货物联运的运输限制

开展国际铁路货物联运，其运输方式有以下限制：

（1）国际铁路直通货物联运中禁运货物。在国际铁路直通货物联运中，下列货物不准运送：

① 应当参加运送的铁路的任一国家禁止运送的物品；

② 属于应当参加运送的铁路的任一国家邮政专运物品；

③ 炸弹、弹药和军火（但狩猎和体育用的除外）；

④ 爆炸品、压缩气体、液化气体或在压力下溶解的气体、自燃品和放射性物质（指《国际货协》附件第2号之附件1中1、3、4、10表中没有列载的）；

⑤ 一件重量不足10 kg，体积不超过0.1 m^3 的零担货物；

⑥ 在换装联运中使用不能揭盖的棚车运送一件重量超过1.5 t的货物；

⑦ 在换装联运中使用敞车类货车运送的一件重量不足100 kg的零担货物，但此项规定不适用附件第2号《危险货物运送规则》中规定的一件最大重量不足100 kg的货物。

（2）国际铁路货物联运中的商定运输货物。下列货物只有在参加运送的各铁路间预先商定后才准运送：

① 一件重量超过60 t的；而在换装运送中，对越南重量超过20 t的货物；

② 长度超过 18 m 的；而运往越南长度超过 12 m 的货物；

③ 超限的货物；

④ 在换装运送中用特种平车装运的货物；

⑤ 在换装运送中用专用罐车装运的化学货物；

⑥ 用罐车运往越南的一切罐装货物。

(3) 国际铁路货物联运中特殊办理货物。下列货物的运送必须按特殊规定办理：

① 危险货物；

② 押运人押运的货物；

③ 易腐货物；

④ 集装箱货物；

⑤ 托盘货物；

⑥ 不属于铁路或铁路出租的空、重车；

⑦ 货捆货物。

(二) 国际铁路货物联运运单

1. 国际铁路货物联运运单的作用

国际铁路货物联运运单是参加国际铁路货物联运的铁路与发货人、收货人之间缔结的运输合同。它体现了参加联运的各国铁路和发货人、收货人之间在货物运送上的权利、义务、责任和豁免，对铁路和发货人、收货人都具有法律效力。图 4－2 为国际铁路联运运单正本。

2. 国际铁路货物联运运单的组成

国际铁路货物联运运单有五联，其内容为：

第一联——运单正本；

第二联——运行报单；

第三联——运单副本；

第四联——货物交付单；

第五联——货物到达通知单。

此外，还有为发送路和过境路准备的必要份数的补充运行报单。

3. 联运运单的填写

运单正面未画粗线的各栏由发货人填写，现将发货人填写的各栏说明如下：

第 1 栏，发货人及其通信地址

填写发货人的名称及其通信地址。发货人只能是一个自然人或法人。

由中国、朝鲜、越南发货时，准许填写这些国家规定的发货人及其通信地址的代号。

第 2 栏，合同号码

填写出口单位和进口单位签订的供货合同号码。

第 3 栏，发站

填写运价规程中所载发站全称。

第 4 栏，发货人的特别声明

发货人可在该栏中填写自己的声明，例如关于对运单的修改及易腐货物的运送条件等。

第 5 栏，收货人及其通信地址

注明收货人的名称及其通信地址，收货人只能是一个自然人或法人。从国际货协参加路向未参加国际货协的铁路发货而由站长办理转发送时，则在该栏填写“站长”。

第6栏，对铁路无约束效力的记载

发货人可以对该批货物做出记载，该项记载仅作为对收货人的通知，铁路不承担任何义务和责任。

第7栏，通过的国境站

注明货物应通过的发送路和过境路的出口国境站。如有可能从一个出口国境站通过邻国的几个进口国境站办理货物运送，则还应注明运送所要通过的进口国境站。根据发货人注明的通过国境站确定经路。

第8栏，到达路和到站

在斜线之前，应注明到达路的简称，在斜线之后，应用印刷体字母（中文用正楷粗体字）注明运价规程上到站的全称。运往朝鲜的货物，还应注明到站的数字代号。运往非货协国的货物而由站长办理转发时，记载国际货协参加路最后过境路的出口国境站，并在该站站名后记载：“由铁路继续办理转发送至________铁路________站”。

9~11栏的一般说明：

填写9~11栏事项时，可不受各栏间竖线的严格限制。但是，有关货物事项的填写顺序，应严格符合各栏的排列次序。

第9栏，记号、标记、号码

填写每件货物上的记号、标记和号码。货物如装在集装箱内，则还要填写集装箱号码。

第10栏，包装种类

填写包装的具体种类，如纸箱、木桶等，不能笼统地填“箱”、“桶”，如用集装箱运输，则记载集装箱。

第11栏，货物名称

货物名称应按《国际货协》规定填写，或按发送路或发送路和到达路现行的国内运价规程品名表的规定填写，但需注明货物的状态和特征；两国间的货物运送，可按两国商定的直通运价规程品名表中的名称填写。

在“货物名称”字样下面专设的栏内填写通用货物品名表规定的六位数字代码。

填写全部事项时，如篇幅不足，则应添附补充清单。

第12栏，件数

注明一批货物的件数。

用敞车类货车运送不盖篷布或盖有篷布而未加封的货物，其总件数超过100件时，或运送仅按重量不按件数计的小型无包装制品时，注明“堆装”，不注件数。

第13栏，发货人确定的重量（kg）

注明货物的总重量。

第14栏，共计件数（大写）

用大写填写第12栏中所记载的件数。

第15栏，共计重量（大写）

用大写填写第13栏中所载的总重量。

第16栏，发货人签字

发货人应签字证明列入运单中的所有事项正确无误。发货人的签字也可用印刷的方法或

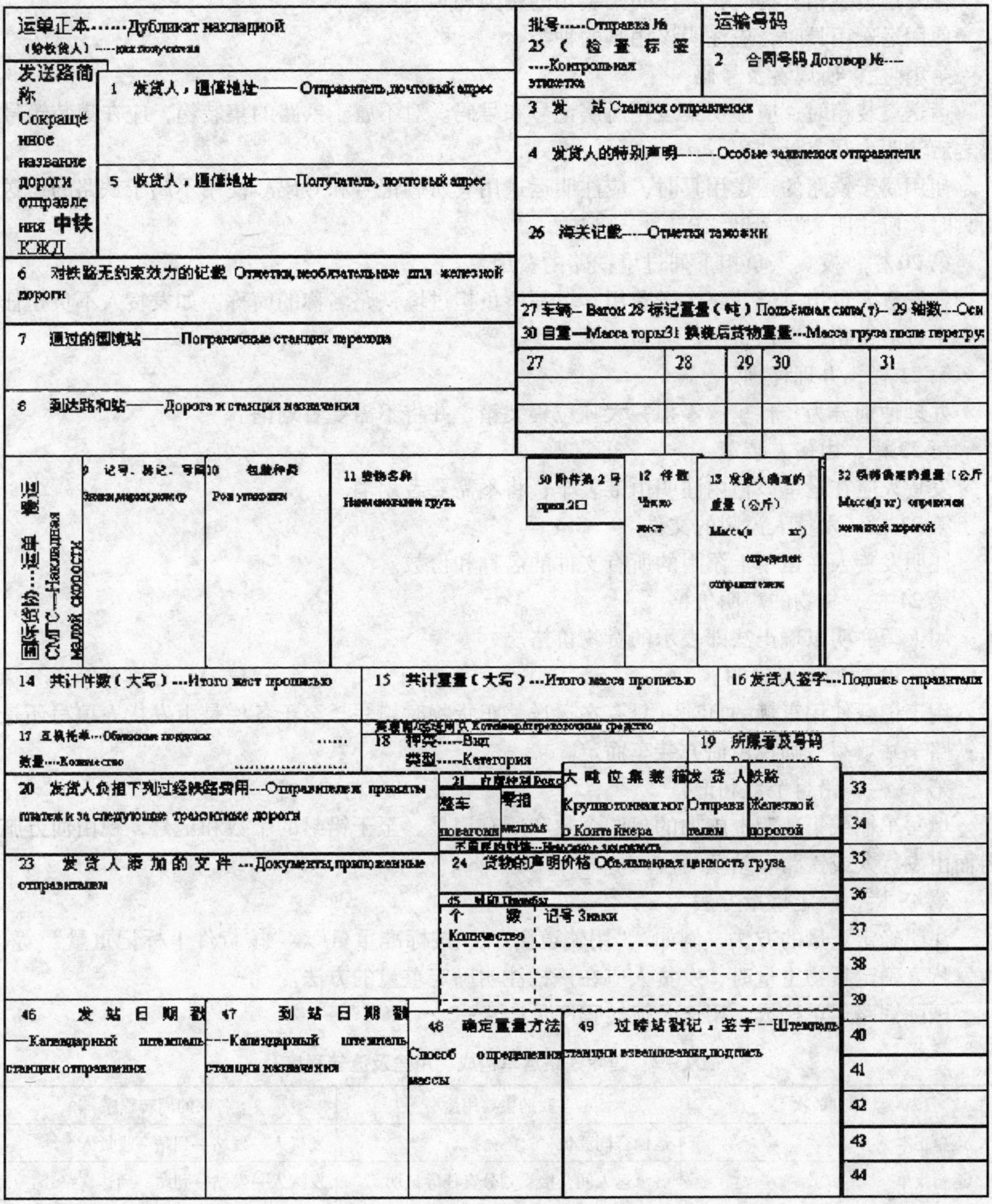

运单正本……Дубликат накладиой
（给收货人）----для получателя
批号……Отправка №
25（检量标签----Контрольная этикетка
运输号码
2　合同号码 Договор №----
发送路简称 Сокращённое название дороги отправления 中铁 КЖД
1　发货人，通信地址——Отправитель, почтовый адрес
3　发站 Станция отправления
4　发货人的特别声明——Особые заявления отправителя
5　收货人，通信地址——Получатель, почтовый адрес
26　海关记载----Отметки таможни
6　对铁路无约束效力的记载 Отметки, необязательные для железной дороги
27 车辆-- Вагон 28 标记重量（吨）Подъёмная сила(т)-- 29 轴数---Оси
30 自重---Масса тары 31 换装后货物重量---Масса груза после перегруз
7　通过的国境站——Пограничные станции перехода
27 | 28 | 29 | 30 | 31
8　到达路和站——Дорога и станция назначения
国际货协……运单 慢运 СМГС---Накладная малой скорости
9　记号、标记、号码 Знаки, марки, номер
10　包装种类 Род упаковки
11　货物名称 Наименование груза
50 附件第 2 号 прил.2□
12　件数 Число мест
13　发货人确定的重量（公斤）Масса (в кг) определена отправителем
32　铁路确定的重量（公斤）Масса (в кг) определена железной дорогой
14　共计件数（大写）---Итого мест прописью
15　共计重量（大写）---Итого масса прописью
16 发货人签字---Подпись отправителя
17　互换托盘---Обменные поддоны
数量----Количество
集装箱/运送用具 Контейнер/Перевозочные средства
18　种类----Вид
类型----Категория
19　所属者及号码
20　发货人负担下列过境铁路费用---Отправитель принимает платеж и за следующие транзитные дороги
21　办理种别 Род отправки
整车 повагонная
零担 мелкая
大吨位集装箱 Крупнотоннажного контейнера
22　由何方装车 发货人 Отправителем
铁路 Железной дорогой
不需要的划掉---Ненужное зачеркнуть
23　发货人添加的文件---Документы, приложенные отправителем
24　货物的声明价格 Объявленная ценность груза
45　封印 Пломбы
个数 Количество
记号 Знаки
33 34 35 36 37 38 39 40 41 42 43 44
46　发站日期戳---Календарный штемпель станции отправления
47　到站日期戳---Календарный штемпель станции назначения
48　确定重量方法 Способ определения массы
49　过磅站戳记，签字---Штемпель станции взвешивания, подпись

图 4－2　国际铁路联运运单正本

加盖戳记处理。

第 17 栏，互换托盘

该栏内的记载事项，仅与互换托盘有关。

注明托盘互换办法，并分别注明平式托盘和箱式托盘的数量。

第 18 栏，种类、类型

在发送集装箱货物时，应注明集装箱的种类和类型。

使用运送用具时，应注明该用具的种类。

第 19 栏，所属者及号码

运送集装箱时，应注明集装箱所属记号和号码。对不属于铁路的集装箱，应在集装箱号码之后注明大写字母“P”。

使用属于铁路的运送用具时，应注明运送用具所属记号和号码。使用不属于铁路的运送用具时，应注明大写字母“P”。

第 20 栏，发货人负担下列过境铁路的费用

如发货人负担过境铁路运送费用，填写所负担过境铁路名称的简称。如发货人不负担任何一个过境铁路的运送费用，填写“无”字。

第 21 栏，办理种别

办理种别分为：整车、零担，大吨位集装箱，并将不需要者划消。

第 22 栏，由何方装车

发货人应在运单该栏内注明由谁装车，将不需要者划消。

第 23 栏，发货人添附的文件

注明发货人在运单上添附的所有文件的名称和份数。

第 24 栏，货物的声明价格

用大写注明以瑞士法郎表示的货物价格。

27 ~ 30 栏的一般说明

用于记载使用车辆的事项，只有在运送整车货物时填写。至于各栏是由发货人填写还是由铁路车站填写，则视由何方装车而定。

第 45 栏，铅封个数和记号

填写车辆或集装箱上施加的封印个数和所有记号。至于铅封的个数和记号，视由何方施封而由发货人或铁路车站填写。

第 48 栏，确定重量方法

注明确定重量的方法，例如，“用轨道衡”、“按标准重量”、“按货件上标记重量”等。由发货人确定货物重量时，发货人应在该栏注明确定重量的方法。

国际铁路运单构成、用途及流转程序见表 4 – 2。

表 4 – 2 国际铁路运单构成、用途及流转程序

运 单 联 次	各联的主要用途	各联的周转程序
1. 运单正本	运输合同凭证	发货人→发站→到站→收货人
2. 运行报单	各承运人间交接、划分责任等证明	发货人→发站→到站→到达铁路
3. 运单副本	承运人收货、发货人结汇的证明	发货人→发站→发货人
4. 货物交付单	承运人合同履行的证明	发货人→发站→到站→到达铁路
5. 货物到达通知单	收货人存查	发货人→发站→到站→收货人

（三）国际铁路货物联运运费的计算和核收

国际铁路货物联运运送费用的计算和核收，必须遵循《国际货协》、《统一货价》和中华人民共和国铁道部《铁路货物运价规则》（简称《国内价规》）的规定。

联运货物运送费用包括货物运费、押运人乘车费、杂费和其他费用。

1. 运送费用核收的规定

参加国际货协各铁路间运送费用核收的原则是：

(1) 发送路的运送费用。在发站向发货人或根据发送路国内现行规定核收。

(2) 到达路的运送费用。在到站向收货人或根据到达路国内现行规定核收。

(3) 过境路的运送费用。按《统一货价》在发站向发货人或在到站向收货人核收。

2. 国际货协参加路与非国际货协铁路间运送费用核收的规定

国际货协参加路与非国际货协铁路间运送费用核收的规定有：

(1) 发送路和到达路的运送费用与1 (1)、1 (2) 项相同。

(2) 过境路的运送费用，则按下列规定计收。

参加国际货协并实行《统一货价》各过境路的运送费用，在发站向发货人（相反方向运送则在到站向收货人）核收；但办理转发送国家铁路的运送费用，可以在发站向发货人或在到站向收货人核收。

过境非国际货协铁路的运送费用，在到站向收货人（相反方向运送则在发站向发货人）核收。

3. 通过过境铁路港口站货物运送费用核收的规定

从参加国际货协并实行《统一货价》的国家，通过另一个实行统一货价的过境铁路港口，向其他国家（不论这些国家是否参加统一货价）和相反方向运送货物时，用国际货协票据办理货物运送，只能办理至过境港口站为止或从这个站起开始办理。

从参加国际货协铁路发站至港口站的运送费用，在发站向发货人核收；相反方向运送时，在到站向收货人核收。

在港口站所发生的杂费和其他费用，在任何情况下，都在这些港口车站向发货人或收货人的代理人核收。

过境铁路的运送费用，按《统一货价》规定计收。

4. 国际铁路货物联运国内段运送费用的计算

根据《国际货协》的规定，我国通过国际铁路联运的进出口货物，其国内段运送费用的核收应按照我国《铁路货物运价规则》进行计算。

运费的计算依据是：

(1) 根据货物运价里程表确定从发站至到站的运价里程。

(2) 根据运单上填写的货物品名查找货物品名检查表，确定适用的运价号。

(3) 根据运价里程和运价号在货物运价率表中查出相应的运价率。

(4) 按《铁路货物运价规则》确定的计费重量与该批货物适用的运价率相乘，算出该批货物的运费。

四、国际铁路联运出口货物运输业务

(一) 国际铁路联运出口货物运输业务代理

国际铁路货物联运出口货物运输组织工作主要包括铁路联运出口货物运输计划的编制、货物托运和承运、国境站的交接和出口货物的交付等。

1. 国际铁路货物联运出口货物运输计划的编制

国际铁路货物联运出口货物运输计划一般是指月度要车计划，它是对外贸易运输计划的组成部分，体现对外贸易国际铁路货物联运的具体任务，也是日常铁路联运工作的重要依据。

国际铁路货物联运月度要车计划采用“双轨（铁路、外贸）上报、双轨下达”的方法，其编制程序如下：

（1）各省、市、自治区发货单位应按当地铁路部门的规定，填制“国际铁路联运”月度要车计划表，向铁路局（分局、车站）提出下月的要车计划，并在规定的时间内，分别报送当地经贸厅（局）和各主管总公司。

（2）各铁路局汇总发货单位的要车计划后，上报铁道部；各省、市、自治区经贸厅（局）和各进出口总公司在审核汇总所属单位的计划后，报送经贸部。

（3）经贸部汇总审核计划后，与铁道部平衡核定。

（4）月度要车计划经两部平衡核定，并经有关国家的铁道部门确认后，由经贸部将核准的结果通知各地经贸厅（局）和各进出口总公司，各地经贸厅（局）和各进出口总公司再分别转告所属发货单位；各铁路局（分局、车站）将铁道部批准的月度要车计划分别通知发货单位。

凡发送整车货物，均需具备铁路部门批准的月度要车计划和旬度要车计划；零担货物，则不必向铁路部门编报月度要车计划，但发货人必须事先向发站办理托运手续。

2. 国际铁路货物联运的托运和承运

具有批准的出口运输计划时进行货物托运与承运的前提。托运与承运的过程实际就是铁路与发货人之间签订运输合同的过程。

（1）托运的一般过程。货物的托运是发货人组织货物运输的一个重要环节；发货人在托运货物时，应向车站提出货物运单，以此作为货物托运的书面申请。车站接到运单后，应进行认真审核。

（2）托运手续的查验。整车货物办理托运，车站应检查是否有批准的月度、旬度货物运输计划和要车计划，检查运单上的各项内容是否正确。如确认可以承运，应予签证。运单上的签证，表示货物应进入车站的日期或装车日期，表示铁路已受理托运。发货人应按签证指定的日期将货物搬入车站或指定的货位，铁路根据运单上的记载查对实货，认为符合国际货协和有关规章制度的规定，车站方可接受货物，并开始负保管责任。整车货物一般在装车完毕后，发站应在运单上加盖承运日期戳，即为承运。

（3）托运货物的查验。发运零担货物与整车货物不同，发货人在托运时，不需要编制月度、旬度要车计划，凭运单直接向车站申请托运。车站受理托运后，发货人应按签证指定的日期将货物搬进货场，送到指定的货位上，经查验、过磅后，即交由铁路保管。当车站将发货人托运的货物，连同货物运单一同接受完毕，在货物运单上加盖承运日期戳时，即表示货物业已承运。铁路对承运后的零担货物负保管、装车和发运的责任。

托运、承运完毕，铁路运单作为运输合同即开始生效。铁路按《国际货协》的规定对货物负保管、装车并运送到指定目的地的一切责任。

3. 对货物托运的有关要求

发货人向铁路托运货物时，应作以下工作：

（1）货物的品质、规格、数量须符合合同的要求。凡属需要商品检验和检疫的商品，应及时作报检工作。

（2）托运时应认真过磅，细致查点件数，并将重量和件数正确记载在运单上。另外还应遵守以下规定：

① 用敞车类货车运送不盖篷布或盖有篷布而未加封的整车货物，在承运时，如总件数不超过100件时，发货人在运单中应记载货物的件数和重量；如总件数超过100件时，发货人在运单中只记载货物的重量，并在运单“件数”栏内填写“堆装”字样。

② 整车运送仅按重量不按件数计的小型无包装制品时，注明“堆装”，不注件数。

③ 包装时已确定重量，并在每一货件上标有标记重量的有包装货物，以及同一标记重量的货物，承运时不过磅。发货人应尽可能按标记重量或标准重量托运货物，以减少货物过磅确定重量的手续。在这种情况下，发货人应在运单“确定重量方法”栏内记载货物总重量的确定方法。

（3）货物的包装应能充分保证防止货物在运送中灭失和损坏，防止损坏其他货物和运输工具、包装以及伤害人员。危险货物应按《国际货协》附件2《危险货物运送规则》的条件包装。如用纸箱包装的货物，应在箱面和箱底沿中线缝加贴牛皮纸或胶条；用麻布（或白布）包装的出口货物，发货人应做到包装完整清洁，包件捆紧，发运时应根据车辆情况妥善衬垫，以防包装磨损擦破，货物撒漏。内外包装及衬垫，一般不采用稻草、麦秸等材料，如必须使用时，应附有植物检疫证书。

（4）货物标记和表示牌是为运送货物提供方便，便于识别货物，以利于装卸和收货人提货。所以发货人应在货件上做字迹清晰、不易擦掉的标记，或拴挂货签。对整车货物（堆装货物除外），应在接近车门的货件上做标记，每车不少于10件。对零担货物，应在每件货物上做标记，标记的内容：发送路和发站，到达路和到站，每件的记号和号码，发货人和收货人的姓名，零担货物的件数，运单号。这些内容应同运单记载一致。

如运送某些要求采取特别防护的货物，发货人应在每个货件上作“小心对待”标记或粘贴《国际货协》附件6格式的表示牌。标记应用发送国文字书写，并译成俄文，表示牌上的记载用发送国文字和俄文印刷。由中国发往越南、朝鲜的货物可不附译俄文。货件上不应有旧的标记或表示牌以及与运输无关的字画。

（5）货物的声明价格。发货人在托运货物时声明价格，其目的在于保证货物发生货损货差时，能够得到铁路按照货物的声明价格的全部赔偿。按《国际货协》的规定，发货人在托运下列货物时应声明价格：金、银、白金及其制品，宝石，贵重毛皮及其制品，摄制的电影片、画、雕像、艺术制品、古董、家庭用品。只有当发货人在运单“发货人的特别声明”栏内注明“不声明价格”的记载，并签字证明时，才准许承运无声明价格的家庭用品。

托运上述以外的货物，根据发货人的希望，也可声明价格。

4. 托运单证准备

主要有运单和运单的随附单证。

（1）国际货协运单。国际货协运单简称货协运单，是国际铁路货物联运运单中的一种。货协运单是由发送国铁路代表所有参加运送货物的各国铁路同发货人之间订立的运送契约。因此参加联运的各国铁路和发、收货人在货物运送中便具有了相应的权利和义务，它对铁路和发、收货人都具有法律效力。

（2）运单的随附单据。经国际铁路联运出口的货物通过国境站时，需要履行海关手续、商品检验、卫生检疫等法定手续，为此发货人必须将所需的文件附在运单上。这些文件主要有出口货物报关单、出口货物明细单，并根据货物性质的需要还可能有出口许可证、品质证明书、商品检验证书、植物检验证书或兽医证明书等。其他有关单据，则视合同的规定和货物不同要求而定。

在运单上所附的一切文件，应由发货人记入运单第 23 栏“发货人添附的文件”栏内，并牢固地附在运单上，随货物同行。

铁路没有义务检查发货人在运单上所添附的文件是否正确和是否齐全。

5. 在托运与承运中产生的各方的权利和义务

承运人、发货人和收货人三方的权利和义务主要介绍如下。

（1）承运人的权利和义务。承运人是指参加联运的各国铁路。在履行运输合同义务的过程中，承运人是以各国铁路整体的名义与发、收货人订立合同的，因此而产生的承运人的权利和义务为：

① 有权要求发货人按规定提供必要的运输证明文件，如发货人拒绝提供，则承运人有权拒绝承运。

② 承运人对不符合安全运输条件规定的货物包装，有权要求发货人予以改善、整装。如改善后仍不符合规定，有权拒绝承运，或者经发货人同意，订立补充协议，以发货人的责任承运。

③ 承运人应在规定期限内将货物运至到达站。超过运到期限的，承运人应当承担违约责任。

④ 承运人有权要求发、收货人支付规定的运送费用，但必须依章收取，多收、误收费用的，应如数退还。

⑤ 对于超过规定期限无人领取的货物，承运人经有关部门的批准可以按无主货物处理。但所得款额除扣去承运人所支出的部分外，其余应单独列账，一旦查到收货人即应退还。

（2）发货人的权利和义务

发货人即托运人，其权利和义务是：

① 有权要求承运人按合同规定准备和配备车辆。对于不适合安全运输的车辆有权要求承运人调换并赔偿损失。

② 发货人应保证货物有保证安全的运送包装。因包装不良而导致货损货差的，应承担责任。

③ 发货人托运货物时，应提供各种规定的单证并按规定支付各种运送费用。

（3）收货人的权利和义务

收货人的主要权利和义务是：

① 有权向到站提取货物。

② 有义务缴清托运人在发站未交或少交以及运输途中发生的垫款等费用。

③ 有义务在规定的期限内提取货物。由收货人组织卸车的货物，收货人应清扫车厢，在规定期限内将货车交回铁路部门。

6. 发、收货人对联运合同的变更

托运与承运完成后，托运人与承运人签订的运输合同对承运人、发货人和收货人都有约束力，但发、收货人对已发生法律效力的运输合同可以提出变更。

（1）联运合同变更范围

发货人的联运合同变更范围：

① 在发站将货物领回；

② 变更到站，此时在必要的情况下应注明变更运输合同后货物应通过的国境站；

③ 变更收货人；

④ 将货物返还发站。

收货人联运合同变更范围：

① 在到达国范围内变更货物的到站；

② 变更收货人。收货人的变更申请只限于在到达国进口国境站，且在货物尚未从该国境站发出时办理，如货物已通过到达国的进口国境站，则只能按到达路现行的国内规章办理。

（2）联运合同变更申请书及变更程序

发货人或收货人要求变更运输合同时，应按《国际货协》附件第 17 号规定的格式逐项填写变更申请书。"运输合同变更申请书"主要内容由四部分组成，第一是抬头，填写应接受申请书的某铁路某站长；第二是该货变更前的运输情况，如货物名称、批号、件数、包装、发送路与到达路名称、承运日期等；第三是请求变更的具体事项；第四是变更申请人的签字及申请变更日期。到达路可以接受收货人按到达路现行的国内规章规定的格式填写的运输合同变更申请书。

发货人应对每批货物单独填写一份变更申请书提交发站，而收货人则提交到达国进口国境站。发货人应将申请事项记入运单副本的"货物名称"栏内，并将运单副本与申请书同时提交铁路。发站在收到申请书后，应在申请书和运单副本中"货物名称"栏内发货人填记的事项处加盖车站日期戳，并由受理申请书的车站工作人员签字证明申请书已收到，然后将运单副本退还给发货人。收货人在提交变更申请书时也可不提交运单副本。

（3）联运合同变更限制

货物运输变更以发货人申请办理一次和收货人申请办理一次为限。同时不能同一批货物分开办理变更。如果是成组车辆运送的数批货物，均变更为同一到站和同一收货人，则收货人也可按数批货物提出一份变更申请书。

（4）联运合同变更后的货物运费

变更运输后，货物运费的计收应按正常条件办理并考虑下列特殊情况：

① 如货物在中途站交付，则运费只计收到该站为止。如果货物已通过了新到站，而铁路又将它返回该站，则除运到货物截留站的费用外，还应单独加算并核收从货物截留站至新到站的运费。

② 如货物发往原到站更远的新到站或发往货物原运送经路以外的车站，则到原到站或货物截留站的运费和从该站到新到站的运费应分别计收。

③ 如货物返还发站、则从发站到返还站的往返运费，应分别计算，并向发货人核收。

另外，还应核收运输合同变更费。这项费用按变更运输合同的铁路现行国内规章计算，向支付该铁路运费的发货人或收货人核收。

7. 货物装车发运

按我国铁路的规定，在车站公共装卸场所内的装卸工作，由铁路负责组织；其他场所如专用线装卸场，则由发货人或收货人负责组织。但某些性质特殊的货物，如易腐货物、未装容器的活动物等，即使在车站的货场内，也均由发货人组织装车或卸车。

货物装车发运的主要程序如下：

(1) 货物进站

货物应按铁路规定的时间进站。进站时，发货人应组织专人在车站接货。由铁路装车的货物，应会同铁路货运员对货物的件数、包装、品名、唛头标记、运单及其随附单证逐件进行检查，如发现问题或相互不符，必须修复、更换或查明原因给以更正。经铁路货运员验收完毕，认为符合运送要求，发货人即同货运员办理货物交接手续，并在运单上签字确认。

零担货物经铁路货运员查验、过磅，发货人按运单记载交付运杂费后，货物在站内的保管和装车发运工作即由铁路负责。

在专用线装车时，发货人应在货车调送前一日将货物搬至货位，并做好装车前的一切准备。

(2) 请车和拨车

由铁路负责装车的货物，有关请车和拨车均由铁路自行办理。

由发货人负责装车时，不论是在车站的货场内装车或是在专用线装车，发货人应按铁路批准的日要车计划，根据货物的性质和交货数量，向车站请拨车辆。发货人要正确合理选择需要的车种和车辆吨位。尽量做到车种适合货种，车吨配合货吨，并在保证货物和车辆安全的前提下，充分利用车辆的载重吨和容积，以提高经济效益。铁路在货车调送到装货地点或车辆交接地点之前，应将送车时间通知发货人，发货人应根据铁路送车时间通知按时接车，同时组织装车力量，在铁路规定的时间内完成装货工作，按时交车，并将装车完毕时间通知车站。

(3) 货物的装车、加固和施封

货物装车应具备三个基本条件：第一，货物包装完整、清洁、牢固，货物标志、标记清晰完整；第二，单证齐全、内容准确、完备；第三，车辆的车体完整、清洁，技术状态良好，具备装车的必备条件。

由发货人装车的货物，发货人应在现场负责监装。铁路负责装车的货物，一般应由铁路监装，在必要时可要求发货人在货场检查货物装载情况。

现场监装工作的内容有以下几个方面：

① 装车前，检查货位上的货物，复核点数，是否符合装车条件。

② 货车调到时，会同铁路货运员检查车辆是否符合装车要求。

③ 合理装载，装车时对配载货物做到心中有数，计算准确，装载合理部装车。检查货物是否装载恰当，确保货物运输安全。

④ 装车完毕，检查车辆是否封闭、加固、通风以及相应的安全措施。

⑤ 记录车号，做好发运登记，并在出口货物明细单上填写车号、运单号和装车日期；如实际车数与原单记载有出入时，应及时做好修改和更正。

⑥ 装车结束后，及时向车站交付运费，取回盖有发站承运戳记的运单副本和运单副本抄件。

对于敞车、平车及其他特种车辆装运超限货物，箱装和裸体的机械设备以及车辆等货物，应在装车时放置稳妥，捆绑牢固，以防运送途中发生移动、坠落、倒塌及互相撞击，保证安全运送。由我国铁路用敞车类货车发运货物时，装载加固按我国国内规章办理，暂不执行《国际货协》附件第 14 号《敞车类货车货物装载加固规则》的规定。

货物出口加固工作，应由铁路负责（自装车和专用线装车由发货人负责），但发货人应检查加固情况，如不合要求，应提醒铁路方面重新加固。它是保证货物运输安全的重要措施之一，以便分清铁路与发、收货人之间，铁路内部之间的相互责任。

我国装运国际联运出口货物的棚车、冷藏车、罐车必须施封。

货车施封后，应使用只在毁坏后才能启开的封印。

铁路装车时由铁路施封，发货人装车由发货人施封；或委托铁路施封，此时发货人应在运单“铅封”栏内注明“委托铁路施封”字样。

对出口货物和换装接运的进口货物，各发站和进口国境站必须用 10 号铁线将车门上部门扣和门鼻拧紧，在车门下部门扣处施封。

8. 货车的配载

各类型货车配载的要求是：

（1）棚车的使用和配载。棚车有顶盖和四壁，有门、窗，能启闭，对货物运送比较完全。装棚车的货物每件包装不宜过长、过大、过重，一般不超过 250 kg 为宜，以利装卸。我国现有棚车以 60 t 和 50 t 为多，因此应根据储运货物的数量，尽可能选用 60 t 或 50 t 的棚车。

在配载货物时，应先利用车容量和载重量。在安排车容时，应根据每件货物大小和车辆长宽高，进行正确合理的计算，保证货物按数装载和不浪费运力。必要时应制订货物装载方案和绘制装载示意图，供装车时作为参考依据。

（2）敞车的使用和配载。敞车主要装运不怕受潮的货物。对于不能装棚车的货物，采取防潮、防盗措施能保证货物安全的，也可使用敞车装载。我国现在 60 t 和 50 t 的敞车较多。

装敞车的散装货物，凡能捆扎成件的（如钢材、钢管等），应尽量捆扎成大件，每车不超过 100 件。敞车货物的配载，也应充分利用货车的载重量和容积，在保证货物安全运送的前提下尽量做到满载，但装载不得超过车辆限界。

（3）平车的使用。我国现有平车以 60 t 为多，30 t 次之。平车用于装运长大货物（敞车装卸困难的）。对于汽车、拖拉机及其他裸体机械，一般以装平车为宜。用平车装运货物，其高度和宽度均不得超过车辆限界。

9. 货物发出后办理的事项

货物发出后办理的事项主要有：

（1）登记。发货人的运输人员在发货后，要将发货经办人员的姓名、货物名称、数量、件数、毛重、净重、发站、到站、经由口岸、运输方式、发货日期、运单号、车号及运费等项目，详细登记在发运货物登记表内，作为原始资料。

（2）通知及上报。如合同有规定，发货后发货人要用电传或传真通知收货人，发货人要及时通知；如规定要上报总公司相当地经贸厅（局、委）的，要及时上报。总之，要做好必要的通知和报告工作。

(3) 修正和更改。如果货物发出后，发现单证或单货错误，要及时电告货物经由口岸的外运分支机构，要求代为修正，发货后需要变更收货人、到站或其他事项的，要及时按规定通知原发站办理变更。

(二) 国际铁路货物联运出口货物在国境站的交接

联运货物在装车发运后，紧接着就要考虑在国境站的交接问题。

1. 国境站的类型

在相邻国家铁路的终点，从一国铁路向另一国铁路办理移交或接收货物和车辆的车站称为国境站。我国国境站除设有一般车站应设的机构外，还设有国际联运交接所、海关、国家出入境检验检疫所、边防检查站及中国对外贸易运输（集团）总公司所属的分支机构等单位。

国境站的类型主要有：

(1) 国际联运交接所（简称交接所）。它是国境站的下属机构。交接所执行下列任务：

① 办理货物、车辆、运送用具的交接和换装；

② 办理各种单据的交接，负责运送票据、商务记录的编制、翻译和交接工作；

③ 计算国际铁路联运进口货物运到期限、过境铁路运费和国内各项运杂费用；

④ 对货物和票据进行检查，处理和解决货物交接以及车、货、票、证等方面存在的问题。

(2) 海关。海关代表国家贯彻执行进出口政策、法律、法令，是口岸行使监督管理职权的机关，海关对进出口货物履行报关手续。只有在按规定交验有关单据和证件后，海关才可以放行。

(3) 国家出入境检验检疫所。它是负责进出口商品检验检疫工作的国家行政管理机关。

(4) 边防检查站。在我国，它是公安部下属的国家公安部队，其职责是执行安全保卫，负责查验出入国境的列车、机车及列车服务人员和随乘人员的进出境证件。

(5) 中国外运分公司。中国外运分公司是各进出口公司的货运代理。中国外运分公司在国境站的主要业务范围是：承办各种进出口物资的铁路发运、转运、联运、口岸交接、分拨、报关、报验和大型集装箱的中转、拆箱和装箱等业务。

2. 国际联运出口货物交接的一般程序

国境站除办理一般车站的事务外，还办理国际铁路联运货物、车辆和列车与邻国铁路的交接，货物的换装或更换轮对，运送票据、文件的翻译及货物运送费用的计算与复核等项工作。

出口货物在国境站交接的一般程序是：

(1) 出口国境站货运调度根据国内前方站列车到达预报，通知交接所和海关做好接车准备。

(2) 出口货物列车进站后，铁路会同海关接车，并将列车随带的运送票据送交接所处理，货物及列车接受海关的监管和检查。

(3) 交接所实行联合办公，由铁路、海关、外运等单位参加，并按照业务分工开展流水作业，协同工作。铁路主要负责整理、翻译运送票据，编制货物和车辆交接单，以此作为向邻国铁路办理货物和车辆交接的原始凭证。外运公司主要负责审核货运单证，纠正出口货物单证差错，处理错发错运事故。海关则根据申报，经查验单、证、货相符，符合国家法令及政策规定，即准予解除监督，验关放行。最后由双方铁路具体办理货物和车辆的交接手续，并签署交接证件。

（4）特殊货物的交接。对于特殊货物的交接，如鲜活商品、易腐、超重、超限、危险品等货物，则按合同和有关协议规定，由贸易双方商定具体的交接方法和手续。属贸易双方自行交接的货物，国境站外运公司以货运代理人的身份参加双方交接。

（5）货物品质和数量的鉴定。如果在换装交接过程中需要鉴定货物品质和数量，应由国内发货单位或委托国境站商检所进行检质、检量，必要时邀请双方检验代表复验。外运分公司按商检部门提供的检验结果，对外签署交接证件。属于需要随车押运的货物，国境站外运分公司应负责两国国境站间的押运工作，并按双方实际交接结果对外签署交接证件，作为货物交接凭证和货款结算的依据。

3. 联运出口货物交接中的注意事项

联运出口货物在交接过程中要注意下列事项：

（1）联运出口货物单证资料的审核。审核出口货物单证是国境站的一项重要工作，它对正确核放货物，纠正单证差错和错发错运事故，保证出口货物顺利交接具有重要意义。

出口货物运抵国境站后，交接所应将全部货运单证送外运分公司进行审核，外运分公司作为国境站的货运代理公司，在审核单证时，要以运单内容为依据，审查出口货物报关单、装箱单、商检证书等记载的内容和项目是否正确、齐全。如正确无误，则可核放货物，做到差错事故不出国。如出口货物报关单项目有遗漏或记载错误，或份数不足，应按运单记载内容进行订正或补制；运单、出口货物报关单、商检证书三者所列项目如有不符，有关运单项目的订正或更改，由国境站联系发站并按发站通知办理；需要更改或订正商检证书、品质证明书或动植物检疫证书时，应由出证单位通知国境站出入境检验检疫所办理；海关查验实货，如发现货物与单证不符，需根据合同和有关资料进行订正，必要时应联系发货人解决。总之，国境站外运分公司在订正、补制单据时，只限于代发货人缮制单证，而对运单内容和项目，以及商检证书、品质证明书、检疫证、兽医证等国家行政管理机关出具的证件，均不代办订正或补制。

出口货物单证经复核无误后，应将出口货物报关单、运单及其他随附单证送海关，作为向海关申报和海关审核放行的依据。

（2）办理报关、报验等法定手续。铁路联运出口货物报关，由发货人委托铁路在国境站办理。发货人在货物发运前，应填制出口货物报关单，作为向海关申报的主要依据。

出口货物报关单格式由我国海关总署统一制定。发货人或其代理人需按海关规定逐项填写，要求内容准确、详细，并与货物、运单及其他单证记载相符。字迹要端正、清晰，不可任意省略或简化。对于填报不清楚或不齐全的报关单，以及未按海关法的有关规定交验进出口许可证等有关单证者，海关将不接受申报；对于申报不实者，海关将按违章案件处理。

（3）报关报检手续。铁路发站在承运货物后，即在货物报关单上加盖站戳，并与运单一起随货同行，以便国境车站向海关办理申报。

需办埋检验检疫的货物，要向当地出入境检验检疫部门办理检验检疫手续，取得证书。

上述各种证书在发站托运货物时需连同运单、报关单一起随车同行，在国境站由海关执行监管，查证放行。

4. 联运出口货物的交接方式

货物交接可分为凭铅封交接和按实物交接两种情况：

（1）凭铅封交接的货物，根据铅封的站名、号码或发货人简称进行交接。交接时应检查封印是否有效或丢失，印文内容、字迹是否清晰可辨，同交接单记载是否相符，车辆左、右侧铅封是否一致等，然后由双方铁路凭完整铅封办理货物交接手续。

（2）按实物交接的货物。按实物交接可分为只按货物重量、只按货物件数和按货物现状交接三种方式。

按货物重量交接的，如中朝两国铁路间使用敞车、平车和砂石车散装煤、石膏、焦炭、矿石、熟矾土等货物；按货物件数交接的，如中越两国铁路间用敞车类货车装载每批不超过100件的整车货物；按货物现状交接的，一般是难以查点件数的货物。

在办理货物交接时交付方必须编制"货物交接单"，没有编制交接单的货物，在国境站不得办理交接。

5. 联运出口货运事故的处理

联运出口货物在国境站换装交接时，如发现货物短少、残损、污染、湿损、被盗等事故，国境站外运分公司应会同铁路查明原因，分清责任，分别加以处理。由于铁路原因造成的货物残损短缺，要提请铁路编制商务记录，并由铁路负责整修。整修所需包装物料由国境站外运分公司根据需要与可能协助解决，但费用由铁路承担；由于发货人原因造成的事故，在国境站条件允许的情况下，由国境站外运分公司组织加工整修，但需由发货人提供包装物料，负担所有的费用和损失。因技术条件限制，无法在国境站加工整修的货物，应由发货人到国境站指导，或将货物返回发货人处理。

6 国际联运出口货物的交付

国际联运出口货物抵达到站后，铁路应通知运单中所记载的收货人领取货物。在收货人付清运单中所记载的一切应付运送费用后，铁路必须将货物连同运单交付给收货人。收货人必须支付运送费用并领取货物。收货人只有在货物因毁损或腐坏而使质量发生变化，以致部分货物或全部货物不能按原用途使用时，才可以拒绝领取货物。收货人领取货物时，应在运行报单上填记货物领取日期，并加盖收货戳记。

五、国际铁路联运进口货物运输业务

国际铁路联运进口货物的发运工作是由国外发货人根据合同规定向该国铁路车站办理的。

根据《国际货协》规定，我国从参加国际货协的国家通过铁路联运进口货物，凡国外发货人向其所在国铁路办理托运，一切手续和规定均按《国际货协》和各该国国内规章办理。

我国国内有关订货及运输部门对联运进口货物的运输工作，主要包括联运进口货物在发运前编制运输标志；审核联运进口货物的运输条件；向国境站寄送合同资料；国境站的交接、分拨；进口货物交付给收货人以及运到逾期计算等。

1. 国际铁路联运进口货物运输标志的编制

运输标志又称唛头，一般印制在货物外包装上，它的作用是为承运人运送货物提供方便，便于识别货物，便于装卸，便于收货人提货。唛头必须绘制清楚醒目，色泽鲜艳，大小适中，印制在货物外包装显著位置。我国规定，国际铁路联运进口货物在订货工作开始前，由经贸部统一编制向国外订货的代号，作为收货人的唛头，各进出口公司必须按照统一规定的收货人唛头对外签订合同。

凡是由中国技术进出口总公司承办引进技术成套设备的进口货物，其收货人唛头由该公司自行编制和管理。

国际铁路联运进口货物使用标准的收货人唛头后，就可以在订货卡片、合同、运单的“收货人”栏内，用收货人唛头代替收货人实际名称，而不再用文字填写收货人全称及其通信地址，从而既加强了保密，减少了订货合同和运输过程中的翻译工作，也在很大程度上方便了运输，防止了接发错运事故。使用收货人唛头时，须严格按照经贸部统一规定，不得颠倒编排顺序，增加内容或任意编造代号唛头。

2. 审核国际铁路联运进口货物的运输条件

国际铁路联运进口货物的运输条件是合同不可缺少的重要内容，因此必须认真审核，使之符合国际联运和国内的有关规章。

审核国际铁路联运进口货物运输条件的内容主要包括收货人唛头是否正确；商品品名是否准确具体；货物的性质和数量是否符合到站的办理种别；包装是否符合有关规定等。

3. 向国境站寄送合同资料

合同资料是国境站核放货物的重要依据，各进出口公司在贸易合同签字以后，要及时将一份合同中文抄本寄给货物进口口岸的外运分公司。合同资料包括合同的中文抄本和它的附件、补充书、协议书、变更申请书、更改书和有关确认函电等。

4. 国际铁路联运进口货物在国境站的交接与分拨

国际铁路联运进口货物在国境站的交接与分拨业务主要有：

(1) 国际铁路联运进口货物交接的一般程序。联运进口货物的交接程序与出口货物的交接程序基本相同。其做法是：进口国境站根据邻国国境站货物列车的预报和确报，通知交接所及海关做好到达列车的检查准备工作。进口货物列车到达后，铁路会同海关接车，由双方铁路进行票据交接，然后将车辆交接单及随车带交的货运票据呈交接所，交接所根据交接单办理货物和车辆的现场交接。海关则对货物列车执行实际监管。

我国进口国境站交接所通过内部联合办公，开展单据核放、货物报关和验关工作，然后由铁路负责将货物调往换装线，进行换装作业，并按流向编组向国内发运。

(2) 国际铁路联运进口货物交接的注意事项。国际铁路联运进口货物交接中的几个问题：

① 进口合同资料的查验。进口合同资料是国境站核放货物的唯一依据，也是纠正并处理进口货物在运输中出现错乱的重要资料，口岸外运分公司在收到合同资料后，如发现内容不齐全、有错误、字迹不清，应迅速联系有关进出口公司修改更正。

国际铁路联运进口货物抵达国境站时，口岸外运分公司根据合同资料对各种货运单证进行审核，只有单、证、票、货完全相符，才可核放货物。

② 国际铁路联运进口货物变更到站和变更收货人。国际铁路联运货物，根据发货人和收货人的需要，可以提出运输变更。运输变更申请应由发货人或收货人提出。

国际铁路联运进口货物变更到站、变更收货人时，首先应通过有关进出口公司向国外发货人提出。在国外发货人不同意办理变更时，可向国境站外贸运输机构申请，在国境站办理变更。

国际铁路联运进口货物变更的受理，应在货物到达国境站前。如由收货人申请变更到站和收货人，则只可在货车开至到达国进口国境站且货物尚未从该站发出时提出变更。

③ 国际铁路联运进口货物的分拨与分运。对于小额订货（具有零星分散的特点）、合装货物和混装货物，通常以口岸外运分公司作为收货人。因此，在双方国境站办妥货物交接手续后，口岸外运分公司应及时向铁路提取货物，进行开箱分拨，并按照合同编制有关货运单证，向铁路重新办理托运手续。在分运货物时，必须做到货物包装牢固，单证与货物相符，并办清海关申报手续。

如发现货损货差，属于铁路责任的，必须由铁路出具商务记录。如属发货人责任，由各有关进出口公司向发货人提出赔偿。

六、货运事故的处理与赔偿

在国际铁路货物联运过程中，发生货损货差等不正常情况后，铁路应及时作出事故记录。联运合同的各方当事人，违反运输合同者，应承担法律责任。受损害的一方有权提出索赔，责任方应当赔偿损失。

（一）国际铁路货运事故的类型与等级

1. 国际铁路货运事故基本类型

货物在铁路运输过程中（包括启运前保管），发生火灾、被盗、丢失、损坏、变质、污染以及其他严重的办理差错，都属于铁路货运事故。

国际铁路货运事故的类型分为七类：

（1）火灾；

（2）被盗（有被盗痕迹）；

（3）丢失（全批未到或部分短少，没有被盗痕迹的）；

（4）损坏（破裂、变形、磨伤、摔损、部件破损，湿损）；

（5）变质（腐烂、植物枯死、活动物非中毒死亡）；

（6）污染（污损、染毒、异味、活动物中毒死亡）；

（7）其他（整车、零担拼装车、集装箱车的票货分离和误运送、误编或伪编记录以及其他造成影响而不属于以上各类的事故）。

2. 国际铁路货运事故其他类型

其他国际铁路联运进口货物货运事故类型主要有：

（1）合同资料与随车单证不符；

（2）单证与货物不符，包括有票无货，有货无票；

（3）货物错经国境口岸；

（4）货物混装、短装或超过合同规定的数量；

（5）货物不符合《国际货协》规定，铁路拒收等。

3. 国际铁路货运事故等级

货运事故按损失金额标准划分为四等：

（1）500 元以下为轻微事故；

（2）一般事故：500 ~2 000 元；

（3）重大事故：2 000 ~ 5 000 元；

（4）特大事故：5 000 元以上。

（二）事故记录的编写

在联运过程中发生货运事故后，发现站应在发现事故的当日作出记录。记录应如实反映事故现状，作为基本的原始材料和处理赔偿的依据。

记录分为商务记录、普通记录和技术记录三种。

1. 商务记录

商务记录是具体分析事故原因、责任和请求赔偿的基本文件。遇有下列情况之一者，均应编写商务记录：

（1）货物全部或部分灭失，重量不足、毁损、腐坏或因其他原因降低质量；

（2）运单中所记载的货物名称、重量、件数和其他事项同实际货物不符；

（3）有票无货、有货无票或运单缺页；

（4）运单中所记载的发货人运送用具没有或短少；

（5）在国境站换装时发现货物容器或包装不良；

（6）遇有国内《铁路货运事故处理规则》第 8 条第 2、3 款规定的情况和事故货物在国内段回送时。

商务记录一式四份。发站和中途站编写的，其中两份附在运单上，一份留本站存查，一份送责任单位调查；到站编写的，其中两份留本站存查，一份交收货人，一份送责任单位调查。属本站责任的，将一份商务记录报主管局。

2. 普通记录和技术记录

在货物运送过程中，发现上述商务记录情况以外的一切情况，如有需要，则车站应编写普通记录。普通记录不作为赔偿的依据。

当查明货物毁损的原因是车辆不良所致，则除编写商务记录外，还应按该铁路国内规章的规定和格式编写关于车辆状态的技术记录。技术记录应随附于商务记录。

（三）违反运输合同的法律责任

根据运输合同的内容，各方当事人违反合同的责任主要有以下几个方面。

1. 承运方的责任

承运方的责任主要有：

（1）承运方应在规定的运到期限内将货物交付给规定的收货人，逾期到达交付应承担违约罚款。自铁路通知货物到达和可以将货物移交给收货人处理时起，一昼夜内如收货人未将货物领出，即失去领取货运逾期罚款的权利。

（2）承运方未按合同规定将货物完整地交给收货人应承担责任，因货物全部或部分灭失、重量不足、毁损、腐坏或其他原因降低质量所发生的损失，应负责赔偿。

（3）承运方不得任意收取运费。如果违反规定收取额外费用的，应当退还多收部分。发货人和收货人也有权要求其退还。

如果承运的货物由于下列原因，发生全部或部分灭失、其他原因降低质量，铁路承运方可免除责任：

（1）由于铁路不能预防和不能消除的情况；

（2）由于货物本身的性质引起的货损、货差；

（3）由于发、收货人装车和卸车原因造成的；

（4）由于发、收货人的过失或由于其要求而不能归咎于铁路的；

（5）由于发、收货人或其委派的货物押运人未执行《国际货协》附件 3 的规定，以及由于押运人不符合这项规定提出的要求的；

（6）由于发送路现行的国内规章允许使用敞车类货车运送的货物的；

（7）由于货物没有《国际货协》第 9 条 1 项规定的运送该货物所必需的容器或包装，以致未能在运送全程保证货物完整的；

（8）由于包装缺陷，铁路在承运时无法从外部发现的；

（9）由于发货人用不正确、不确切或不完全的名称托运不准运送的物品的；

（10）由于发货人在托运应按特定条件承运的货物时，使用不正确或不完全的名称未遵守《国际货协》的规定的；

（11）由于货物特殊自然性质致使货物减量超过《国际货协》第 24 条 1 项规定的标准的；

（12）由于发货人将货物装入不适于运送该货物的车辆，而发货人在检查车辆时可以通过观察确定它是不适用的。

在下列情况下，未按期限运到货物，铁路承运方可免除责任：

（1）发生雪（沙）害、水灾、崩塌和其他自然灾害，按有关国家铁路中央机关的指示，期限在 15 天以内；

（2）发生其他致使行车中断或限制的情况，按有关国家政府的指示而延缓者。

2. 发货人的责任

发货人的责任主要有：

（1）发货人对自己所填写的货物运单的真实性负完全责任，发货人伪报、捏报货物品名、重量，应负违约责任。除按违章处理外，造成铁路运输设备的损坏或第三者产生损失的，还应赔偿损失。例如，某单位自装一车生铁，伪报重 50 t，承运后，列车在运行中该车车轴发生燃轴事故，经检查系超重所致，因而该单位要负赔偿铁路修理车辆费的损失。

（2）发货人应按规章规定缴纳运送费用。如发货人无故不缴纳运送费用，铁路部门有权拒绝承运，或按规定核收延期付款费。

（3）发运前取消运输的，应承担违约责任，支付铁路部门已发生的各项费用。

（4）由于包装不良，铁路承运部门无法从外部发现的，造成货损货差的，责任自负，如果给铁路或他人造成损失，还应依法负责赔偿。

3. 收货人的责任

收货人在运输合同中的主要义务是提取货物。如果收货人超过期限提货，应向承运人支付规定的保管费。

（四）货运事故的赔偿

1. 赔偿请求的提出与受理

发货人和收货人有权根据运送合同提出赔偿请求，赔偿请求应附有相应根据并注明款额，按每批货物，以书面方式由发货人向发送路或收货人向到达路提出。

从国际货协参加路所属国，按统一货价的规定，向非国际货协参加路所属国运送货物，而发送路又未参加货物到达国所参加的国际联运协定，在这种情况下，如货物毁损发生在非国际货协参加路时，则应由收货人直接向未参加国际货协的到达路或其他路提出赔偿请求。

从非国际货协参加路所属国向国际货协参加路所属国运送货物时，应由收货人直接向到达铁路提出赔偿请求。铁路在审查属于国际货协参加路责任的赔偿请求后，应将结果通知赔偿请求人，如发现赔偿请求部分或全部属于非国际货协参加路的责任，则应部分或全部予以拒绝，同时应将赔偿请求书随附的文件退还赔偿请求人。以便向未参加国际货协的责任路直接提出。

由全权代理人代表发货人或收货人提出赔偿请求时，应有发货人或收货人的委托书证明这种赔偿请求权，委托书应符合受理赔偿请求铁路所属国的法令和规章。

自赔偿请求提出之日（以发信邮局戳记或铁路在收到直接提出的请求书时出具的收据为凭）起，铁路必须在180天内审查这项请求，并给赔偿请求人以答复，在全部或部分承认赔偿请求时，支付应付的款额。

2. 提赔的依据及随附文件

赔偿请求人在向铁路提出赔偿请求时，必须同时提出下列文件：

货物全部灭失时，由发货人提出，同时需提出运单副本；或由收货人提出，同时需提出运单副本或运单正本和货物到达通知单。

货物部分灭失、毁损、腐坏或由于其他原因降低质量时，由发货人或收货人提出，同时需提出运单正本和货物到达通知单以及铁路在到站交给收货人的商务记录。

货物运到逾期时，由收货人提出，同时需提出运单正本和货物到达通知单以及货物运到逾期赔偿请求书一式两份。

多收运送费用时，由发货人按其已交付的款额提出，同时需提出运单副本或发送路国内规章规定的其他文件；或由收货人按其所交付的运费提出，同时需提出运单正本和货物到达通知单。我国铁路承运的联运进出口货物，如多收了运送费用，可由发货人或收货人提出正式函件，注明运单号码、发站、到站、货物名称、件数、重量、承运日期、已付款额和要求退还款额等。此时，发货人可不提出运单副本，但收货人仍需提出运单正本和货物到达通知单。

发货人或收货人提出赔偿请求时，除需提交运单正本和货物到达通知单或运单副本外，有时还应添附商务记录、证明货物灭失或毁损的价格的文件，以及能作为赔偿请求依据的其他文件。

3. 赔偿请求的时效

发货人或收货人根据运输合同向铁路提出赔偿请求，以及铁路对发货人或收货人关于支付运送费用、罚款和赔偿损失的要求，可在9个月期间内提出；货物运到逾期的赔偿请求，应在2个月期间内提出。

上述期限按如下方法计算：

（1）关于货物部分灭失、毁损、重量不足、腐坏或由于其他原因降低质量以及运到逾期的赔偿请求，自货物交付之日起算。

（2）关于货物全部灭失的赔偿请求，自货物运到期限期满后30天起算。

（3）关于补充支付运费、杂费、罚款的赔偿请求，或关于退还上述款额的赔偿请求，或由于运价适用不当以及费用计算错误所发生的订正清算的赔偿请求，自付款之日起算。如未付款时，从货物交付之日起算。

（4）关于支付变卖货物的余款的赔偿请求，自变卖货物之日起算。

4. 赔偿金额的确定与支付

国际铁路联运货运事故赔偿金额的确定与支付按下列确定：

（1）货物全部或部分灭失的赔偿额。铁路对货物全部或部分灭失的损失赔偿应按外国售货者账单中所列的价格，或按从该账单中摘录的价格计算。如不能按上述办法确定全部或部分灭失货物的价格，则货物的价格应由国家鉴定机关确定。

声明价格的货物全部或部分灭失时，铁路应按声明价格，或相当于货物灭失部分的声明价格的款额给予赔偿。

除货物灭失的赔偿外，灭失货物或其灭失部分的运送费用、海关费用以及与运输有关的其他费用，如未纳入货物价格内，则均应予以偿还。但同运输合同无关的费用和损失则不予赔偿。

（2）货物毁损、腐坏或由于其他原因降低质量的赔偿额。货物毁损、腐坏或由于其他原因降低质量时，铁路应支付相当于货物价格减低额的款额，但不赔偿其他损失。

声明价格的货物毁损、腐坏或由于其他原因降低质量时，铁路应按照相当于货物由于毁损、腐坏或由于其他原因降低质量而减低价格的百分数，支付声明价格的部分赔偿。

（3）货物运到逾期的赔偿额。货物运到逾期时，铁路应按照造成逾期铁路的运费，向收货人支付罚款。

以上各项赔偿额，均以支付这些款项的铁路所属国的货币支付。如用某一国货币表示的款额，在另一国支付，则该项款额应按付款地、付款当日的牌价，折合为支付路国家的货币支付。

如从接到赔偿请求之日起，经过180天后，才对赔偿请求给予答复，此时铁路对应付的款额加算年4%的利息。

5. 诉讼与司法管理

国际铁路联运货运事故诉讼程序是：

（1）诉讼的提出。凡有权向铁路提出赔偿请求的人，即有权根据运输合同提起诉讼。但诉讼的提出仅限于特定的情况，一是铁路自赔偿请求提出之日（以发信邮局戳记或铁路在收到直接提出的赔偿请求书时出具的收据为凭）起180天内未给予答复；二是铁路在180天内已将全部或部分拒绝赔偿请求一事通知请求人。只有在这两种情况下，有起诉权的人才可对受理赔偿请求的铁路提起诉讼。

（2）诉讼时效。发货人或收货人根据运输合同向铁路提出诉讼，与赔偿请求时效一样，可在9个月期间内提出；但货物运到逾期的诉讼，应在2个月期间内提出。

从发货人或收货人向铁路提出赔偿请求书之时起，时效期间即行中止。但从铁路将关于全部或部分拒绝赔偿请求一事已通知请求人之日（以发信邮局戳记上注明的日期或赔偿请求人收到拒绝赔偿通知书的日期）起，时效期间仍然继续。时效期间已过的赔偿请求和要求，不得以诉讼形式提出。

（3）诉讼受理。国际铁路联运货运事故诉讼只能在受理赔偿请求铁路的国家的适当法院提出诉讼。

典型案例

对香港地区铁路运输

对香港地区铁路运输，不同于国际联运，也不同于一般的国内运输，而是一种特定的运输方式。它的全过程由两部分组成，即内地段铁路运输和香港段铁路运输。货车到达深圳后，要过轨至香港，继续运送到九龙车站，内地铁路与香港铁路不办理直通联运，即“租车方式，两票运输”。

一、运输特点

1. 商品结构的特殊性

在铁路运量中，鲜活商品运量占深圳过轨总运量的50%。鲜活货物运输有特殊要求，如运送速度要求快，质量要求高，使用特种车辆，途中作业多。

2. 贸易方式的特殊性

对港澳地区的贸易方式不同于对其他国家的贸易。有相当数量的商品，特别是鲜活商品，是由我驻港机构根据香港市场的变化情况，随时进行调整。反映在运输上必然是计划多变，力争做到数量不多不少，时间不早不晚，优质、适量、均衡、及时供应香港市场。这就比一般国际铁路联运和外贸出口的运输要求高。

3. 运输方式的特殊性

对香港地区的铁路运输是一种特殊的租车方式的两票运输，按照国内运输办理，但又不同于国内运输。它的全过程是由内地段铁路运输和香港段铁路运输两段组成，由中国对外贸易运输公司各地分支机构和香港中国旅行社联合组织。

4. 费用项目繁杂

由于对香港出口货物铁路原车过轨是“三段计费”，所以费用项目繁杂。共包括四部分：

(1) 发战至广州北站的运费，铁路建设基金，电气化附加费及其他杂费。

(2) 广州北站至深圳北站147 km的运费及加成50%铁路建设基金等。

(3) 深圳口岸的中转费（深圳北站到罗湖口岸）、调车费、装卸费及杂费、口岸代理劳务费等。

(4) 香港段的运费及杂费，包括终点费、装卸费、延期费等和香港段代理劳务费。

二、运输过程

(1) 按铁路局规定，按时提出月度要车计划和旬度装车计划；

(2) 发货地外运公司或外贸进出口公司填制铁路运单向车站办理至深圳北站的托运手续；

(3) 按车站指定的进货日期，将货物送到车站指定的货位，并办妥出口报关手续；

(4) 发货单位以出口物资工作单委托深圳外运分公司办理接货租车过轨等手续，装车后立即拍发起运电报；

(5) 深圳外运分公司接到各发货地工作单和启动电报后，及时通知中旅社做好接车准备工作；

(6) 发货地发车后，当地外运分公司与铁路局进行票据交换，并编制货车过轨计划，办理租车手续；

(7) 货车到达后，深圳外运分公司与铁路局进行票据交换，并编制货车过轨计划，办理租车手续；

(8) 中旅社向香港海关报关，并向广九铁路公司办理托运起票手续；

(9) 货到香港地区后，由中旅社负责卸货并送交货主。如属去澳门货物，则发至广州，由广州外运公司办理中转手续，其他手续与对香港运输货物的手续相同。

三、所使用的主要运输单证

(1) 供港货物委托书。它是发货人委托深圳外运分公司和中旅社办理货物转运报关接货等的书面文件，也是被委托人的工作依据和核收运杂费的凭证。

(2) 出口货物报关单。出口货物报关单是发货人向海关申报的依据。

(3) 起运电报。深圳口岸和驻港机构接到起运电报后可以及时做好接运准备，必要时，还可以起运电报作为补制单证的依据，这是供港运输的必备文件。

发货人必须在货物装车后24小时内向深圳外运分公司拍发起运电报，如在广州附近装车，应以电话通知深圳外运。

(4) 承运货物收据。由于内地铁路部门与香港九龙铁路当局没有货运直接同车运输协议，各地铁路发往香港的货物，不能一票直达至香港，银行不同意用内地铁路运单作为对外结汇的凭证。有鉴于此，为解决各外贸专业公司结汇的需要，各地外运分公司以运输承运人的身份向各外贸专业公司提供经深圳口岸中转至香港的“承运货物收据”，作为向银行结汇的重要凭证和香港收货人提货的凭证。

(5) 根据出口货物性质，有时还要提供商检证书文物出口证明书许可证等证件。

实 训

国际铁路货运运费（国内段）计算

实训目的

通过国际铁路货运运费（国内段），了解国际铁路货运运费（国内段）的构成，熟悉国际铁路货运（国内段）运费的计算方法和过程。

实训内容

计算从太原经广州出口的煤炭国内段运费。铁路货运里程为 2 243 kg，列车载货 3 000 t。根据铁道部规定，煤炭焦炭按 5 号运价执行，其发到基价为 7.9，运行基价为 0.036，铁路建设基金整车方式为吨公里 0.033。(货币单位：人民币元)。

实训课时

2 课时

实训要求

按《铁路货物运价规则》计算运费：

(1) 铁路运输每吨运费 = 基价 1 + 基价 2 × 运价公里；

(2) 铁路运输每吨运费 = 铁路货物运费 × 货物计费重量。

检查标准

根据《铁路货物运价规则》检查运费计算的准确性。

自·测·练·习

一、单项选择题

1. 国际铁路货物联运是指________铁路间的运输。

A. 州与州　　B. 国与国　　C. 省与省　　D. 边境

2. 目前国际公路运输的实质是________运输。

A. 特殊货物　　B. 货物　　C. 危险货物　　D. 汽车

3. 我国装运国际联运出口货物的棚车、冷藏车、罐车必须________。

A. 施封　　B. 押运　　C. 密封　　D. 看护

4. 国际公路联运货物运单共计________栏目。

A. 20　　B. 21　　C. 22　　D. 23

5. 我国利用大陆桥开展国际铁路运输，其运输方式主要是采用________运输。

A. 行包列车　　B. 货物专列　　C. 集装箱专列　　D. 可货混列

二、多项选择题

1. 国际铁路货运事故等级的准划分为________。

A. 轻微事故：500 元以下

B. 一般事故：500 ~ 2 000 元

C. 重大事故：2 000 ~ 5 000 元

D. 特大事故：5 000 元以上

E. 特殊处理事故

2. 国际公路运输除具有一般公路运输的特点外，还具有以下特点：________。

A. 政治性强　　B. 政策性强　　C. 纵横关系复杂

D. 时间性强，风险较大　　E. 可靠性强

3. 国际铁路货运国境站的类型主要有________。

A. 国际联运交接所　　B. 国家出入境检验检疫所　　C. 海关

D. 边防检查站　　E. 中国外运分公司

4. 国际铁路货运发生货运事故后，发现站应在发现事故的当日作出记录，其事故记录方式有________。

A. 商务记录　　B. 普通记录　　C. 技术记录

D. 原始记录　　E. 其他记录

5. 我国通过国际铁路联运的进出口货物，其国内段运费计算依据是________。

A. 《国际货协》的《统一货价》

B. 根据货物运价里程表确定从发站至到站的运价里程

C. 根据运单上填写的货物品名查找货物品名检查表，确定适用的运价号

D. 根据运价里程和运价号在货物运价率表中查出相应的运价率

E. 按《铁路货物运价规则》确定的计费重量与该批货物适用的运价率相乘，算出该批货物的运费

三、是非题（正确的打"√"，错误的打"×"）

1. 国际铁路货运中，发货人发运货物前取消运输的，应承担违约责任，支付铁路部门已发生的各项费用。（　）

2. 国际公路运输整车运输是指一批货物的运量应满3 t或需一辆3 t卡车运输。（　）

3. 国际铁路货运合同采用提单。（　）

4. 《国际公路货物运输合同公约》将运单作为国际公路运输的合同，视为承运人收到货物的初步证据和交货凭证。（　）

5. 作为国际货协的缔约国之一，我国铁路于1991年9月1日起执行新的《关于统一过境运价规程》。（　）

四、思考题

1. 国际铁路联运范围包括哪些？

2. 国际铁路联运出口货物运输的流程是怎样的？

3. 国际联运出口货物交接的一般程序包括哪些？

4. 联运出口货物的交接方式有哪几类？

5. 联运进口货物交接中要注意哪些问题？

第五章

国际货运通关业务

学习目标

◎知识目标

了解进出口报关业务；了解进出口报检业务；了解口岸通关业务。

◎能力目标

熟悉和掌握报关的流程以及业务内容；熟悉和掌握报检的流程以及业务内容；熟悉口岸通关业务内容。

第一节　国际货运报关业务

一、国际货运报关概述

报关是指进出境运输工具的负责人、进出口货物的收发货人、进出境物品的所有人或者他们的代理人，向海关办理运输工具、货物、物品的进出境手续及相关海关事务的过程。

《中华人民共和国海关法》（以下简称《海关法》）第八条规定，“进出境运输工具、货物、物品，必须通过设立海关的地点进境或者出境。”

1. 海关

《海关法》第二条规定：“中华人民共和国海关是国家的进出关境监督管理机关。”

“关境”区别于“国境”：关境是世界各国海关通用的概念，指适用于同一海关法或实行同一关税制度的领域。我国的关境范围是除享有单独关境地位的地区以外的中华人民共和国的全部领域，包括领水、领土和领空。目前我国的单独关境有香港、澳门和台、澎、金、马单独关税区。在单独关税区内，各自实行单独的海关制度。

海关的性质是：

（1）国家行政机关。海关是国家行政机关之一，从属于国家行政管理体制，属我国最高国家行政机关——国务院的直属机构。海关对内和对外代表国家依法独立行使行政管理权。

（2）国家进出境监督管理机关。海关依照有关法律、行政法规并通过法律赋予的权力，制定具体的行政规章和行政措施，对特定领域的活动开展监督管理，以保证其按国家的法律规范进行。

（3）监督管理的对象。海关监督管理的对象是所有进出关境的运输工具、货物、物品。

（4）国家行政执法活动。海关的监督管理是国家行政执法活动。海关通过法律赋予的权力，对特定范围内一定社会经济活动进行监督管理，并对违法行为依法实施行政处罚，以保证这些社会经济活动按照国家的法律法规进行。因此，海关的监督管理是保证国家有关法律、法规实施的行政执法活动。

2. 海关的任务

《海关法》第二条规定：“海关依照本法和其他有关法律、行政法规，监管进出境的运输工具、货物、行李物品、邮递物品和其他物品，征收关税和其他税、费，查缉走私，并编制海关统计和办理其他海关业务。”

海关有四项基本任务：

（1）监管。海关监管是指海关运用国家赋予的权力，通过一系列管理制度与管理程序，依法对进出境运输工具、货物、物品及相关人员的进出境活动所实施的一种行政管理。海关监管是一项国家职能，其目的在于保证一切进出境活动符合国家政策和法律的规范，维护国家主权和利益。

海关监管分为运输工具监管、货物监管和物品监管三大体系。

监管是海关最基本的任务，是四项任务的基础，海关的其他任务都是在监管工作的基础上进行的。

（2）征税。海关的第二项任务就是代表国家征收关税和其他税、费。“关税”是指由海关代表国家，按照《海关法》和进出口税则，对准许进出口的货物、进出境的物品征收的一种税。“其他税、费”是指海关在货物进出口环节，由海关代征的有关国内税、费，目前主要有增值税和消费税等。

海关征税工作的基本法律依据是《海关法》、《中华人民共和国进出口关税条例》。

（3）查缉走私。查缉走私是指海关依照法律赋予的权力，在海关监管场所和海关附近的沿海沿边规定地区，为发现、制止、打击、综合治理走私活动而进行的一种调查和惩处活动。查缉走私也是海关为保证顺利完成监管和征税等任务而采取的保障措施。

走私是指进出境的当事人或相关人违反《海关法》及有关法律、行政法规，逃避海关监管，偷逃应纳税款、逃避国家有关进出境的禁止性或者限制性管理，非法运输、携带、邮寄国家禁止、限制进出口或者依法应当缴纳税款的货物、物品进出境，或者未经海关许可并且未缴应纳税款、交验有关许可证件，擅自将保税货物、特定减免税货物以及其他海关监管货物、物品、进境的境外运输工具在境内销售的行为。走私对国家危害性极大，必须予以高度重视、严厉打击。

《海关法》规定：“国家实行联合缉私、统一处理、综合治理的缉私体制。海关负责组织、协调、管理查缉走私工作。” 海关是打击走私的主管机关，此外，为了严厉打击走私犯罪活动，根据党中央、国务院的决定，我国组建了专司打击走私犯罪的海关缉私警察队伍，负责对走私犯罪案件的侦查、拘留、执行逮捕和预审工作。另外，根据我国的缉私体制，公安、工商、税务、烟草专卖等部门也有查缉走私的权力，但这些部门查获走私案件，必须按照规定，统一处理。

（4）编制海关统计。海关统计是以实际进出口货物作为统计和分析的对象，通过搜集、整理、加工处理进出口货物报关单或经海关核准的其他申报单证，对进出口货物的品种、数（重）量、价格、国别（地区）、经营单位、境内目的地、境内货源地、贸易方式、运输方式、关别等项目分别进行统计和综合分析，全面、准确地反映对外贸易的运行态势，以及提供统计信息和咨询，实施有效的统计监督，开展国际贸易统计的交流与合作，促进对外贸易的发展。

海关统计是国家进出口贸易统计，是国民经济统计的组成部分，是国家制定对外经济贸易政策、进行宏观调控、实施海关严密高效管理的重要依据，是研究我国对外经济贸易发展和国际经济贸易关系的重要资料。

海关的四项基本任务是一个统一的、不可分割的、有机联系的整体。

3. 海关的权力

海关权力，是指国家为保证海关依法履行职责，通过《海关法》和其他法律、行政法规赋予海关的对进出境运输工具、货物、物品的监督管理权能。海关权力属于公共行政职权，其行使受一定范围和条件的限制，并应当接受执法监督。

海关的权力主要包括：

（1）行政许可权。包括：对报关企业注册登记的许可，对从事海关监管货物的仓储、转关运输货物的境内运输的许可，对加工装配的备案、变更和核销业务的许可，对报关员的报关从业资格的许可等。

（2）税、费征收权。包括：代表国家依法对进出口货物征收关税和其他税费、依法对特定进出口货物减征或免征关税以及依法补征、追征关税等。

（3）行政监督检查权。行政监督检查权是海关保证其行政管理职能得到履行的基本权力，主要有：检查权，查验权，查阅、复制权，查问权，查询权，稽查权等。

（4）行政强制权。具体包括：扣留权，滞报金、滞纳金征收权，提取货样、施加封志权，提取货物变卖、先行变卖权，强制扣缴、变卖抵缴关税权，税收保全，抵缴、变卖抵缴罚款权，连续追缉权以及其他特殊行政强制。

（5）佩带和使用武器权。国家赋予海关佩带和使用武器的权力。

（6）行政处罚权。国家赋予海关在其权力范围内的行政处罚权。

（7）其他行政处理权。国家赋予海关在其权力范围内的其他行政处理权。

4. 报关业务的主要内容

按照《海关法》规定，所有进出境的运输工具、货物、物品都需要办理报关手续。所以，在进出口业务中，报关业务主要有：

（1）进出境运输工具报关。进出境运输工具，主要包括用以载运人员、货物、物品进出境，并在国际间运营的各种境内或境外船舶、车辆、航空器和驮畜等。

根据我国《海关法》的规定，所有进出我国关境的运输工具必须得由设有海关的港口、车站、机场、国界孔道、国际邮件互换局（交换站）及其他可办理海关业务的场所申报进出境。

根据海关监管的要求，进出境运输工具负责人或其代理人在运输工具进入或驶离我国关境时均应如实向海关申报运输工具所载旅客人数、进出口货物数量、装卸时间等基本情况。

讲出境运输工具负责人或其代理人就以上情况向海关申报后，有时还应海关的要求配合海关检查，经海关审核确认符合海关监管要求的，可以上下旅客、装卸货物。

（2）进出境货物报关。进出境货物的报关比较复杂。根据海关规定，进出境货物的报关工作应由依法取得报关员从业资格，并在海关注册登记的报关员办理。

进出境货物的报关业务主要有：

① 按照规定如实申报进出口货物的商品编码、实际成交价格、原产地及相应优惠贸易协定代码等，并办理填制报关单、提交报关单证等与申报有关的事宜；

② 申请办理缴纳税费和退税、补税事宜；

③ 申请办理加工贸易合同备案、变更和核销及保税监管等事宜；

④ 申请办理进出口货物减税、免税等事宜；

⑤ 办理进出口货物的查验、结关等事宜。

⑥ 应当由报关单位办理的其他报关事宜。

（3）进出境物品报关。《海关法》规定，个人携带的行李物品、邮寄进出境的物品，应当以自用合理数量为限。所谓自用合理数量，对于行李物品而言，“自用”指的是进出境旅客本人自用、馈赠亲友而非为出售或出租，“合理数量”是指海关根据进出境旅客旅行目的和居留时间所规定的正常数量；对于邮递物品，则指的是海关对进出境邮递物品规定的征、免税限制。

二、报关管理制度

为了加强对报关单位及其报关员的主体资格管理，规范报关行为，明确报关单位、报关员的法律地位和法律责任，《海关法》和《海关对报关单位注册登记管理规定》等相关行政法规、规章，明确了一系列报关管理制度。

报关管理制度是指海关依法对报关单位和报关员的注册登记许可，报关单位和报关员的注册登记，报关单位和报关员的报关行为进行规范和管理的业务制度。海关是报关单位注册登记管理的主管机关。

1. 报关单位

报关单位，是指在海关注册登记的进出口货物收发货人和报关企业。《海关法》将报关单位划分为两种类型，即自理报关单位和代理报关单位。

自理报关单位包括依法直接进口或者出口货物的中华人民共和国关境内的法人、其他组织或者个人。例如，外贸公司、工贸公司、三资企业（中外合资、中外合作和外商独资企业）和技贸公司等。进出口货物收发货人应当通过本单位所属的报关员办理本公司进出口货物的报关业务，不得接受其他企业的委托代为办理报关业务。

代理报关单位，是指经海关准予注册登记，接受进出口货物收发货人的委托，以进出口货物收发货人名义或者以自己的名义，向海关办理代理报关业务，从事报关服务的境内企业法人。例如，主营代理报关业务的专业报关公司或报关行、国际货物运输公司、国际货运代理公司、国际航空公司、国际快件公司和国际邮政企业等。报关企业接受委托代为办理报关业务时，应当由报关企业所属的报关员代为办理报关业务。

2. 报关注册登记制度

报关注册登记制度是指报关企业依法向海关提交规定的注册登记申请材料，经注册地海关依法对申请注册登记材料进行审核，准予其办理报关业务的管理制度。报关企业申请人经直属海关注册登记许可后，应当到工商行政管理部门办理许可经营项目登记，并且自工商行政管理部门登记之日起90日内到企业所在地海关办理注册登记手续。

（1）报关企业注册登记许可应当具备下列条件：

① 具备境内企业法人资格条件；

② 企业注册资本不低于人民币150万元；

③ 健全的组织机构和财务管理制度；

④ 报关员人数不少于5名；

⑤ 投资者、报关业务负责人、报关员无走私记录；

⑥ 报关业务负责人具有五年以上从事对外贸易工作经验或者报关工作经验；

⑦ 无因走私违法行为被海关撤销注册登记许可记录；

⑧ 有符合从事报关服务所必需的固定经营场所和设施；

⑨ 海关监管所需要的其他条件。

（2）报关企业注册登记许可程序：

① 报关企业注册登记许可申请。申请报关企业注册登记许可的申请人应当到所在地直属海关对外公布受理申请的场所向海关提出申请。

申请报关企业注册登记许可，应当提交下列文件材料：报关企业注册登记许可申请书、

《企业法人营业执照》副本或者《企业名称预先核准通知书》复印件、企业章程、出资证明文件复印件、所聘报关从业人员的《报关员资格证》复印件、从事报关服务业可行性研究报告、报关业务负责人工作简历、报关服务营业场所所有权证明、租赁证明、其他与申请注册登记许可相关的材料。

申请人可以委托代理人提出注册登记许可申请。申请人委托代理人代为提出申请的，应当出具授权委托书。

② 海关对申请的处理。对申请人提出的申请，海关根据不同情况分别作出不予受理或受理决定。

③ 海关对申请的审查。海关受理申请后，应当根据法定条件和程序进行全面审查，并于受理注册登记许可申请之日起20日内审查完毕，将审查意见和全部申请材料报送直属海关。直属海关应当自收到接受申请的海关报送的审查意见之日起20日内作出决定。

④ 行政许可的作出。注册地海关依法对申请注册登记材料是否齐全、是否符合法定形式进行核对。符合法定条件的，海关应当依法作出准予注册登记许可的书面决定，并通知申请人，并由注册地海关核发《中华人民共和国海关报关企业登记证书》（以下简称《报关企业登记证书》）。报关企业凭以办理报关业务。

《报关企业登记证书》有效期限为2年。报关企业应当在办理注册登记许可延续的同时办理换领《报关企业登记证书》手续。逾期未到海关办理换证手续的，《报关企业登记证书》自动失效。

申请人的申请不符合法定条件的，海关应当依法做出不准予注册登记许可的书面决定，并且告知申请人享有依法申请行政复议或者提起行政诉讼的权利。

（3）报关企业跨关区分支机构注册登记许可规定。报关企业如需要在注册登记许可区域外（即另一直属海关关区）从事报关服务的，应当依法设立分支机构，并且向拟注册登记地海关递交报关企业分支机构注册登记许可申请。

申请分支机构注册登记许可的报关企业应当符合的条件包括：报关企业自取得海关核发的《报关企业登记证书》之日起满2年；报关企业自申请之日起最近两年未因走私受过处罚。同时，报关企业每次申请一项跨关区分支机构注册登记许可，应当增加注册资本人民币50万元。

报关企业跨关区设立的分支机构拟取得注册登记许可的，应当具备的条件包括：

① 符合境内企业法人分支机构设立条件；

② 报关员人数不少于3名；

③ 有符合从事报关服务所必需的固定经营场所和设施；

④ 分支机构负责人应当具有五年以上从事对外贸易工作经验或者报关工作经验；

⑤ 报关业务负责人、报关员无走私记录。

海关比照报关企业注册登记许可程序规定作出是否准予跨关区分支机构注册登记许可的决定。

报关企业及其跨关区分支机构注册登记许可期限均为2年。被许可人需要延续注册登记许可有效期的，应当办理注册登记许可延续手续。

报关企业未办理注册登记许可延续手续或者海关未准予注册登记许可延续的，自丧失注册登记许可之日起，其跨关区分支机构注册登记许对自动终止。

（4）报关企业注册登记许可的变更和延续。报关企业及其分支机构注册登记许可中的企业名称及其分支机构名称、企业注册资本、法定代表人（负责人）有变更的，应以书面形式到注册地海关申请变更注册登记许可。注册地海关对被许可人提出的变更注册登记许可申请按照注册登记许可程序进行初审，并且上报直属海关决定。直属海关依法审查后，对符合法定条件、标准的，应当准予变更，并且作出准予变更决定。海关准予变更注册登记的报关企业及其分支机构凭直属海关变更决定到相关管理部门办理变更手续。

报关企业及其分支机构注册登记许可需要进行延续的，应当在有效期届满 40 日前向海关提出延续申请并递交海关规定的材料。海关比照注册登记许可程序在有效期届满前对报关企业的申请予以审查，对符合注册登记许可条件的，并且符合法律、行政法规、海关规章规定的延续注册登记许可应当具备的其他条件的，依法作出准予延续的决定，延续的有效期为 2 年。海关对不再具备注册登记许可的条件，或者不符合法律、行政法规、海关规章规定的延续注册登记许可应具备的条件的报关企业或者其分支机构，不予延长其注册登记许可。对未按照规定申请注册登记许可延续或者海关不予延长其注册登记许可的报关企业或者其分支机构，海关不再接受其办理报关业务。

（5）报关企业的注销登记。报关单位有下列情形之一的，应当以书面形式向注册地海关报告。海关在办结有关手续后，依法办理注销注册登记手续。

① 破产、解散、自行放弃报关权或者分立成两个以上新企业的；

② 被工商行政管理部门注销登记或吊销营业执照的；

③ 丧失独立承担责任能力的；

④ 报关企业丧失注册登记许可的；

⑤ 进出口货物收发货人的对外贸易经营者备案登记表或者外商投资企业批准证书失效的；

⑥ 其他依法应当注销注册登记的情形。

3. 报关员

由于进出口货物的报关手续涉及面广、情况比较复杂，办理人员需要熟悉法律、税务、外贸、商品知识，精通海关法律、法规和掌握办理海关手续的技能，为此，我国海关规定进出口货物的报关纳税等海关事务必须由经海关批准的专业人员代表收发货人或者报关企业向海关办理。这些专业人员就是报关员。

报关员是指依法取得报关员从业资格，并在海关注册登记，向海关办理进出口货物报关业务的人员。

从事报关的业务人员必须具有以下条件：

（1）报关员资格的取得。海关总署对报关员资格考试实行全国统一考试制度，凡具有中华人民共和国国籍，年满 18 周岁、具有完全民事行为能力，具有大专及以上学历者均可报名参加考试。考试合格者才可以向海关申请取得报关员资格。

报关员资格全国统一考试原则上每年举行一次。考试实行公平、公开、公正、诚信的原则，采取全国统一报名、统一命题、统一考试、统一评分标准、统一阅卷核分和统一合格标准的方式进行。

考试主要测试考生从事报关业务必备的基础知识和技能，考试内容包括报关专业知识、报关专业技能、报关相关知识以及与报关业务相关的法律、行政法规及海关总署规章。

（2）报关员的注册登记手续及管理。海关根据报关企业的申请和业务需要，核定企业报关员数量。

报关员注册，应由已在海关注册登记的企业向所在地海关提出申请，并提交下列文件：

①《报关员注册申请书》；

② 报关企业注册登记证书；

③ 申请注册人所属企业的人事证明或用工劳动合同；

④ 申请注册人有效的身份证件；

⑤ 报关员资格证书；

⑥ 海关需要的其他文件。

报关员证件是报关员办理本企业报关业务的身份凭证，不得转借、涂改。报关员遗失报关员证件，应自证件遗失之日起 15 日内向海关递交情况说明，并登报声明作废。海关于声明作废之日起 3 个月后予以补发，期间不得办理报关业务。

参考机动车驾驶员扣分管理制度，海关总署决定自 2005 年 1 月起，实施报关员差错和走私违规行为的记分考核管理，根据差错及违规行为，采取 1 分、2 分、5 分、10 分、20 分、30 分的扣分等级，记分达到 30 分的中止报关员的报关业务，下岗学习培训，达到标准后才能继续业务。

4. 海关对报关员的监管制度

报关员是联系报关单位和海关之间的桥梁，在进出口货物的通关工作中起着重要作用。报关员业务水平的高低和报关质量的好坏，直接影响着通关速度和海关现场的工作效率，也直接影响着报关单位的经济效益。特别是对于报关企业而言，报关员的业务水平直接关系到企业的声誉，影响到企业的生存与发展。因此，提高报关员的业务水平，加强对报关员的管理既是企业管理也是海关管理的重要内容之一。

三、报关业务概述

1. 报关业务在国际货运代理工作中的地位

国际贸易和国际交往、交流活动都是通过运输工具、货物、物品和人员的进出境来实现的。作为国际货物运输代理人，从其本质上来说属于货物运输关系人的代理人，具体地讲是进出口货物的收、发货人和承运人的货物运输中介人。一方面，代表进出口货物的收、发货人选择运输路线、运输方式、承运人，代为办理订舱、收发货、储存等业务，还代表进出口货物的收、发货人办理保险、进出境报检、报验和报关等通关手续，为收、发货人服务。另一方面，代表承运人开展揽货、配载、装箱、签发运输单据等。

报关质量和报关秩序直接影响通关速度和经营成本。海关对进出口货物进行监管，其主要目的是通过法定的方式、程序和手段使进出口货物合法进出境，查处违规和违法。为了达到这一目的，海关规定了货物进出境的手续和要求，这些手续和要求需要进出口货物收发货人、报关企业和报关员的报关活动来实现。因此，报关活动是否规范、合法既影响海关监管的工作效率、监管方式和制度，同样，也直接影响进出口货物收发货人和报关企业的通关速度和经营成本。报关工作必须做到依法如实报关，真实、准确、规范报关，才能及时通关、加快速度，及时装运或提取货物，减少周转环节，减少仓储时间，提高工作效率，降低经营成本。

由此可见，报关工作是国际货运代理工作中不可或缺的重要环节之一，也是国际贸易和国际交往、交流活动中不可或缺的重要环节之一，具有举足轻重的作用。做好报关工作就能加快通关速度，降低经营成本，促进国际货运代理业，促进国际贸易和国际交往、交流活动的发展。

各国政府都对进出本国的国（关）境的所有运输工具、货物、物品进行管理，并由特定的主体机构代表国家执行国家行政管理。报关就是这一要求的具体体现，海关就是履行国家进出境监督管理的主体机构，是把守国家经济大门的行政执法机关。

2. 我国对外贸易管制制度

进出口报关业务应遵守我国对外贸易管制制度。贸易管制是国家管制，来源于国家宪法、法律、行政法规、部门规章记我国签订的相关国际条约。我国对外贸易管制制度是一种综合管理制度，包括海关监管制度、关税制度、对外贸易经营者管理制度、进出口许可制度、出入境检验检疫制度、进出口收付汇管理制度等。

我国的对外贸易管制制度主要有：

（1）对外贸易经营者管理制度。对外贸易经营者管理制度是我国对外贸易管理制度之一。根据《对外贸易法》第八条，对外贸易经营者，是指依法办理工商登记或者其他执业手续，依照本法和其他有关法律、行政法规的规定从事对外贸易经营活动的法人、其他组织或者个人。同时第九条规定，从事货物进出口或者技术进出口的对外贸易经营者，应当向国务院对外贸易主管部门或者其委托的机构办理备案登记；但是，法律、行政法规和国务院对外贸易主管部门规定不需要备案登记的除外。备案登记的具体办法由国务院对外贸易主管部门规定。对外贸易经营者未按照规定办理备案登记的，海关不予办理进出口货物的报关验放手续。

登记备案的程序包括申请、提交、备案。提交后 5 日内就可以办理备案手续。备案后 30 日内，经营者应至海关、检验检疫、外汇、税务等部门办理有关手续。

（2）出入境检验检疫制度。进出口货物的质量是国际贸易当中的一个主要内容，关系到合同的顺利执行，人民的身体健康和国家声誉。根据检验实施目的的不同，可以分为进出境商品检验检疫、进出境动植物检验检疫、进出境卫生检验检疫；根据检验实施依据，可分为法定检验和进出口商品检验鉴定。

进出境检验检疫的内容各不相同，通常包括商品质量；商品规格；商品数量；商品重量；包装检验；卫生检验；安全性能检验；运输工具检验等。

国家质量监督检验检疫总局及其在各地设立的进出口商品检验部门主管全国进出口商品检验工作。经国家商检部门许可的检验机构，可以接受收发货人或相关机构的委托，办理检验鉴定业务。并根据报验人的要求及检验内容，出具相关证明文件。《进出境货物通关单》是列入《出入境检验检疫机构实施检验检疫的进出口商品目录》范围商品的通关凭证之一。

进境检验发生在入境前或入境时，出境检验应在报关或装运前 7 天。

（3）进出口货物收付汇管理制度。国家为了保证银行的结、售汇业务顺利进行，充足的外汇使用额度，打击逃、套汇，维护国家的正常的金融秩序，实行价位严格的进出口收付汇管理制度。

国家外汇管理局、中国人民银行、国务院等部门依据相关法律对各项外汇业务和汇率进行监督管理。进出口收发货人在报关前需向外汇管理部门或银行申请“进出口收付汇核销单”，记录收付汇情况，并在进出口报关时随同报关单提交海关，办理报关手续。货物放行后，凭核销单办理核销、退税。

出口单位出口货物后，应当在不迟于预计收汇日期起30天内，办理核销；预计收汇日期在180天以上的，出口单位应当在货物出口后60天内办理远期收汇备案，并在备案收汇期限内收汇、核销。进口单位进口货物后，应当在一个月内办理核销。

（4）货物、技术进出口许可管理制度。进出口许可管理制度包括准许进出口有关证件的审批和管理制度本身的程序，还包括国家各类许可条件的其他行政管理手续。这项制度是非关税措施，在各国国际贸易措施中长期存在，广泛使用，也是我国管制制度中的重要制度。

进出口许可管理制度的范围包括禁止进出口的货物和技术、限制进出口的货物和技术、自由进出口的技术以及自由进出口中部分实行自动许可管理的货物。

我国国务院和对外贸易主管部门每年都会根据国际的经济发展、环境状况和有关国际组织、条约的要求制定、调整、公布禁止和限制进出口的货物和技术目录。对于限制进出口的货物和技术，我国采用许可证和配额的方式进行限制。列入限制目录中的商品需在进出口报关时提交许可证或配额许可证，方可完成报关手续。

（5）遵守我国加入或缔结的涉及贸易管制的国际条约。作为一个发展中的贸易大国，我国应遵守所加入或缔结的涉及贸易管制的国际条约。

目前我国加入或缔结的涉及贸易管制的国际条约主要有：

① 我国加入世贸组织前的有关双边或多边的各类贸易协定；

② 关于简化和协调海关制度的《京都条约》；

③《濒危野生动植物种国际条约》；

④ 关于消耗臭氧层物质的《蒙特利尔议定书》；

⑤《精神药物国际公约》；

⑥ 关于化学品国际贸易资料交的《伦敦准则》；

⑦ 关于在国际贸易中对某些危险化学品和农药采用事先知情同意程序的《鹿特丹公约》；

⑧ 关于控制危险废物越境转移及其处置的《巴塞尔公约》；

⑨《国际纺织品贸易协定》；

⑩《建立世界知识产权组织公约》。

3. 报关基本程序

一般来说，报关基本程序按时间先后可以分为三个阶段：前期阶段、进出境阶段和后续阶段。

（1）前期阶段。前期阶段是指根据海关对保税货物、特定减免税货物、暂准进出境货物、其他进出境货物的监管要求，进出口货物收发货人或其代理人在货物进出境以前，向海关办理备案手续的过程。

其主要包括：

① 保税货物中的保税加工货物进口之前，进口货物收货人或其代理人应当办理加工贸易备案和申领加工贸易电子的或纸质的登记手册的手续；

② 特定减免税货物在进口之前，进口货物收货人或其代理人应当办理企业的减免税申

请和申领减免税证明的手续；

③ 暂准进出境货物中的展览品实际进境之前，进出境货物收发货人或其代理人应当办理展览品进境备案申请的手续；

④ 其他进出境货物中的出料加工货物实际出口之前，出境货物发货人或其代理人应当办理出料加工的备案手续。

（2）进出境阶段。进出境阶段是指根据海关对进出境货物的监管制度，进出口货物收发货人或其代理人在一般进出口货物、保税货物、特定减免税货物、暂准进出境货物、其他进出境货物进出境时，向海关办理进出口申报、配合查验、缴纳税费、提取或装运货物手续的过程。

进出境阶段主要包括四个环节的工作：

① 进出口申报。进出口申报，即进出口货物的收发货人或其代理人在海关规定的期限内，按照海关规定的形式，向海关报告进出口货物的情况，提请海关按其申报的内容放行进出口货物的工作环节。

申报的具体步骤包括：准备申报单证，申报前提取货样，申报。

准备单证的原则是：基本单证、特殊单证、预备单证必须齐全、有效、合法；报关单填制必须真实、准确、完整；报关单与随附单证数据必须一致。向海关递交纸质报关单可以使用事先印制的规定格式报关单或直接在 A4 型空白纸张上打印。

进口货物纸质报关单一式五联：海关作业联、海关留存联、企业留存联、海关核销联、证明联（进口付汇用）。

出口货物纸质报关单一式六联：海关作业联、海关留存联、企业留存联、海关核销联、证明联（出口收汇用）、证明联（出口退税用）。

进出口申报应当随附的其他单证有：合同；发票；装箱清单；载货清单（舱单）；提（运）单；代理报关授权委托协议；进出口许可证件；海关要求的加工贸易手册（纸质或电子数据的）及其他进出口有关单证。海关应当留存进出口许可证件的正本，其余单证可以留存副本或复印件。

提取货样。提取货样的目的是为了确定货物的品名、规格、型号和归类。货样提取需经海关的同意并在海关监管下完成。

申报。目前海关实行的申报方式是电子申报与纸质申报相结合的。电子申报包括终端申报、委托 EDI 方式、自行 EDI 方式、网上申报方式四种。海关电子放行 10 日内，再持打印好的纸质报关单证到货物所在地海关申报。

② 配合查验。海关查验是为了确定货物的性质、价格、数量、状况等与申报是否相符。进出口货物的收发货人或者办理进出口申报具体手续的报关员应到达查验现场，配合海关查验货物，并负责按照海关的要求搬移、开拆或重封被查验货物。海关可决定查验时间，并可进行复验和径行查验。由于海关关员的责任造成被查验货物在查验过程中损坏，海关负责赔偿直接经济损失。

③ 缴纳税费。进出口货物的收发货人或其代理人在接到海关填发的税款缴款通知书之日起 15 日内，向海关指定的银行办理关税、进口环节增值税、消费税等款项的缴纳手续。逾期缴纳，海关将依法在原应纳税款基础上，按日加收滞纳税款 0.5‰的滞纳金。

④ 提取或装运货物。提取或装运货物是指提取进口货物或装运出口货物。

提取货物是指进口货物的收货人或其代理人，在完成上述三个环节的手续后，海关决定放行后，持海关加盖“放行章”的进口提货凭证或海关通过计算机系统发送的放行通知书，提取进口货物的工作环节。

装运货物是指出口货物的发货人或其代理人，在完成上述三个环节的手续后，海关决定放行后，持海关加盖“放行章”的出口装货凭证或海关通过计算机系统发送的放行通知书，通知港区、机场、车站及其他有关单位装运出口货物的工作环节。

对于一般进出口货物而言，放行即结关，货主可以对货物进行任意处置，并可向海关申请如下证明：进口付汇证明、出口收汇证明、出口收汇核销单、出口退税证明、进口货物证明书。

(3) 后续阶段。后续阶段是指根据海关对保税货物、特定减免税货物、暂准进出境货物、部分其他进出境货物的监管要求，进出口货物收发货人或其代理人在货物进出境存储、加工、装配、使用、维修后，在规定期限内，按照规定的要求，向海关办理上述进出口货物核销、销案、申请解除监管等手续的过程。

报关后续阶段的主要业务有：

(1) 对保税货物，进口货物收货人或其代理人应当在规定期限内办理核销手续。

(2) 对特定减免税货物，进口货物收货人或其代理人应当在海关监管期满后或者在海关监管其内经海关批准出售、转让、退运、放弃并办妥有关手续后，向海关申请办理解除海关监管的手续。

(3) 对暂准进出境货物，收发货人或其代理人应当在暂准进出境规定期限内，或者在海关批准延长暂准进出境期限到期前，办理复运出境或复运进境或正式进出口手续，然后申请办理核销手续。

(4) 对其他进出境货物中的出料加工货物、修理货物、部分租赁货物等，进出境货物收发货人或其代理人应当在规定期限内办理销案手续。

表5-1所示为报关业务三个阶段的主要工作内容。

表5-1 报关业务三个阶段的主要工作内容

货物类别 / 报关阶段	一般进出口货物	保税加工货物	特定减免税货物	暂准进出口货物
前期报关阶段	无	加工贸易合同	特定减免税申请	暂准进出口担保申请
进出境报关阶段	进出口申报（海关接受或不接受申报，并审单）	配合查验（海关决定是否查验，查验的形式、方法）	缴纳税费（海关决定征、减、缓、免税费）	提取、装运货物（海关签印放行）
后续报关阶段	无	合同核销申请（海关核销结案）	解除海关监督申请	担保销案

4. 报关单证的缮制

进出口货物报关单是指进出口货物收发货人或其代理人，按照海关规定的格式对进出口货物的实际情况做出书面申明，以此要求海关对其货物按适用的海关制度办理通关手续的法律文书。它在对外经济贸易活动中具有十分重要的法律地位。它既是海关监管、征税、统计以及开展稽查和调查的重要依据，又是加工贸易进出口货物核销，以及出口退税和外汇管理的重要凭证，也是海关处理走私、违规案件，及税务、外汇管理部门查处骗税和套汇犯罪活动的重要证书。

按货物的流转状态、贸易性质还有海关监管方式的不同，进出口货物报关单可以分为以下几种类型：

(1) 按进出口状态分。按进出口状态的报关单有：

① 进口货物报关单（见图5-1）；

② 出口货物报关单。

(2) 按表现形式分。按表现形式的报关单有：

① 纸质报关单；

② 电子数据报关单。

(3) 按使用性质分。按使用性质的报关单有：

① 进料加工进出口货物报关单（粉红色）；

② 来料加工及补偿贸易进出口货物报关单（浅绿色）；

③ 外商投资企业进出口货物报关单（浅蓝色）；

④ 一般贸易及其他贸易进出口货物报关单（白色）；

⑤ 需国内退税的出口贸易报关单（浅黄色）。

(4) 按用途分。按用途分的报关单有：

① 报关单录入凭单；

② 预录入报关单；

③ 电子数据报关单；

④ 报关单证明联。

报关单的填制一般有下列要求：

(1) 报关单的填制必须真实，要做到两个相符：一是单证相符，即报关单与合同、批文、发票、装箱单等相符；二是单货相符，即报关单中所报内容与实际进出口货物情况相符。

(2) 不同合同的货物，不能填在同一份报关单上；同一批货物中有不同贸易方式的货物，也须用不同的报关单向海关申报。

(3) 一张报关单上如有多种不同商品，应分别填报清楚，但一张报关单上最多不能超过五项海关统计商品编号的货物。

(4) 进料加工、来料加工的料、件进口后经批准转内销或作为以产顶进，也应填写进口货物报关单。

(5) 报关单中填报的项目要准确、齐全。

(6) 电脑预录入的报关单，其内容必须与原始报关单上的内容完全一致。

(7) 向海关递交的报关单，事后发现差错，须立即填写报关单更正单，向海关办理更正手续。

(8) 对于海关放行后的出口货物，由于运输工具配载等原因，全部或部分未能装载上原申报的运输工具的，出口货物发货人应向海关递交《出口货物报关单更改申请》。

每一份报关单都有一个固定的编号，共18位，例如424020090909038703。其中，1~4位“4240”代表关区，是青岛海关快件监管中心，4227代表青岛大港。全国各大关区有不同的四位数代码；5~8位“2009”代表年份；第9位有两个数字0和1，0代表出口报关单，1 代表进口报关单；第 10 位相对来说是比较固定的，每个海关都不一样。例如青岛海关（4220），出口报关单第十位是“7”，进口为“2”，青岛黄岛海关（4218）的出口报关单第十位是“6”，进口的是“1”，青岛快件（4240）的进口报关单第十位是“4”，出口的是“9”；第 11 位代表的是关区四位数编码的最后一位数值，如例子中的“0”与青岛海关快件中心（4240）；第 12 位代表的是年份，如例子中的“9”即代表 2009 年；最后六位数字没有实际意义，是流水号。

为统一进出口货物报关单填报要求，保证报关单数据质量，根据《海关法》及有关法规，制定本规范。

0000000007220786 74

数据中心统一编号：000000000722078674

中华人民共和国海关进口货物报关单

521620101160019969

预录入编号 160019969　申报现场：埔沙田办(5216)　海关编号：521620101160019969

进口口岸 (5216) 埔沙田办	备案号	进口日期 20100727	申报日期 20100804
经营单位 (4403942689) ■■电子（深圳）有限公司	运输方式 水路运输	运输工具名称 振东318/10043	提运单号 318STN10043F09
收货单位 (4403942689) ■■电子（深圳）有限公司	贸易方式 (0110) 一般贸易	征免性质 (101) 一般征税	征税比例

许可证号	启运国(地区) (110) 香港	装货港 (110) 香港	境内目的地(44039) 深圳其他
批准文号	成交方式 FOB	运费 110/15292/3	保费 000/0.3/1	杂费
合同协议号 952108	件数 14	包装种类 木箱	毛重(千克) 12610	净重(千克) 8389
集装箱号 CRXU9284626 * 3(5)	随附单证 自动进口许可证（新旧机电产品），入境货物通关单		用途 企业自用	

标记唛码及备注

备注：T/T,[装卸口岸]:国际货柜,1.6-7项功率:110W,100W.70W.2项功率:2.56KW,3-4项功率:5.36KW,5项功率:60KW,8项功

随附单证号：1044309822，441900110013342000

集装箱号：TRLU6854220　TCKU3225085

项号	商品编号	商品名称、规格型号	数量及单位	原产国(地区)	单价	总价	币制	征免
6	84798969.00	下板机/SUD-880C-M+XL SUNSD 八成新/2008年产	1台 1台	台澎金马关税 (143)	3225.0000	3225.00	(502) 美元	照章征税
7	84283300.00	基板传送机/SWT-100A-LL SUNSD 八成新/2008年产	1台 1台	台澎金马关税 (143)	2932.0000	2932.00	(502) 美元	照章征税
8	90308200.00	电路板检查机/VQZ-DL520 VQZ-D 八成新/2006年产	1台 1台	日本 (116)	30381.0000	30381.00	(502) 美元	照章征税
9	90308200.00	电路板检查机/M22XDL-460 MARA 八成新/2006年产	1台 1台	日本 (116)	43167.0000	43167.00	(502) 美元	照章征税

税费征收情况

报关专用章

录入员　录入单位 8600000232599	兹声明以上申报无讹并承担法律责任	海关审单批注及放行日期(签章)
报关员		审单　审价
单位地址	申报单位(签章) 东莞万凯进出口贸易有限公司	征税　统计
邮编　电话	2010.08.03 填制日期	查验　放行

2/2

（埔）

094500069

图 5-1　进口货物报关单样本

本规范在一般情况下采用“报关单”或“进口报关单”、“出口报关单”的提法，需要分别说明不同要求时，则分别采用以下用语：

（1）报关单录入凭单：指申报单位按海关规定的格式填写的凭单，用作报关单预录入的依据（可将现行报关单放大后使用）。

（2）预录入报关单：指预录入公司录入、打印，并联网将录入数据传送到海关，由申报单位向海关申报的报关单。

（3）EDI 报关单：指申报单位采用 EDI 方式向海关申报的电子报文形式的报关单及事后打印、补交备核的书面报关单。

（4）报关单证明联：指海关在核实货物实际入、出境后按报关单格式提供的证明，用作企业向税务、外汇管理部门办结有关手续的证明文件。

四、报关代理业务

（一）海关监管仓库代理业务

1. 海关监管仓库

经海关批准，尚未确定最终流向的进口货物在境内存入指定的海关监管仓库，可以享受暂免纳税的待遇，这是海关实行的保税制度的重要组成部分。存入监管仓库的目的在于使进口货物暂缓缴纳进口税，在等待进入贸易或生产环节时不占用企业的资金。因此海关监管仓库是进出口企业可以充分利用的一种以仓库为依托、以储存为基础的重要保税形式。根据我国海关规定，货物可以以寄售、维修、免税销售、转口、结转加工等为目的临时进口，存放于经海关注册登记的监管仓库，再根据经营需要将货物提离仓库，实际用于上述目的。如果在一年储存期内无法实现上述经营目的，货物将复运出境或经办理进口手续后转为内销。

保税仓库经营企业应当如实填写有关单证、仓库账册，真实记录并全面反映其业务活动和财务状况，编制仓库月度收、付、存情况表和年度财务会计报告，并于每月 5 日前以计算机电子数据和书面形式报送主管海关。

保税仓储货物在存储期间发生损毁或者灭失的，除不可抗力外，保税仓库应当依法向海关缴纳损毁、灭失货物的税款，并承担相应的法律责任。

作为海关监管仓库的基本条件是：

（1）经工商行政管理部门注册登记，具有法人资格；

（2）注册资本最低限额为 300 万元人民币；

（3）具备向海关缴纳税款的能力；

（4）经营特殊许可商品存储的，应当持有规定的特殊许可证件；

（5）经营备料保税仓库的加工贸易企业，年出口额最低为 1 000 万美元；

（6）具有专门存储保税货物的营业场所。

2. 存入监管仓库货物的报关

存入监管仓库货物的报关和一般进出口货物报关在程序上有很大区别。一般进出口货物报关程序主要是进出境报关阶段。

监管仓库货物的报关程序除了和一般进出口报关程序一样有进出境阶段外，还有备案、申请保税阶段和报核申请结案阶段。

（1）备案、申请保税。经海关批准的保税监管仓库，在每一批货物进境入库之前必须按照每一批货物为单位进入备案申请保税的环节：仓库经营人向主管海关提出保税申请，主管海关审核后批注保税，仓库经营人凭海关批准保税的单证办理申报货物进境入库手续。

（2）进出境报关。存入监管仓库的货物在进出境时和其他货物一样需完成进出境报关程序。与一般进出口货物报关程序不同的是，这些货物暂缓纳税，不进入纳税环节。

（3）报核申请与结案。报核申请与结案阶段的具体环节是：企业报核、海关受理、实施核销、结关销案。所有经海关批准的监管货物都必须按规定由监管货物的经营人向主管海关报核，海关受理报核后进行核销，核销后视不同情况，分别予以结关销案。海关通过监管仓库经营人和货主两个途径了解存入监管仓库的货物的存储、提取情况，能够更好的监督货物的流通，并使监管仓库成为保税制度的重要体现形式。

（二）加工贸易的备案与核销代理业务

从广义上讲，加工贸易是外国企业（通常是工业发达国家和新兴工业化国家或地区的企业）以投资的方式把某些生产能力转移到东道国或者利用东道国已有的生产能力为自己加工装配产品，然后运出东道国境外销售。

从狭义上讲，加工贸易是部分国家对来料或进料加工采用海关保税监管的贸易。

1. 进料加工贸易合同的备案

“进料加工”是指我国有关经营单位进口部分或全部原料、材料、辅料、元器件、零部件、配套件和包装物料（简称进口料件），由国内生产者加工成品或半成品后再销往国外市场的贸易方式。

经营单位或企业应在签订进料加工合同后，货到之前，向海关申请合同备案，办理《进料加工登记手册》或《对外商投资企业履行产品出口合同所需进口料件加工复出口登记手册》，凭手册办理进料加工货物进出口通关手续。

2. 来料加工贸易合同的备案

“来料加工”是指由国外厂商提供一定的原材料、辅助材料、零部件、元器件、包装材料（简称料件），必要时提供机器设备及生产技术，委托国内企业按国外厂商的要求进行加工、装配，成品由国外厂商负责销售，国内企业按合同规定收取工缴费的一种贸易方式。

企业在签订来料加工合同后，货到之前，应提前向海关申请合同备案，办理《加工、装配进出口货物登记手册》，企业凭手册办理来料加工货物进出口通关手续。

3. 加工贸易银行保证金台账

加工贸易进口料件银行保证金台账制度，是指经营加工贸易的单位或企业凭海关核准的手续，按合同备案金额向指定银行申请设立保证金台账，加工成品在规定的期限内全部出口，经海关核销合同后，由银行核销保证金台账。加工贸易企业设立台账时的具体做法可分为不纳入保证台账制度、实转和空转三种。

海关对从事加工贸易的企业实行分类管理，根据企业年加工实绩和遵守国家法律的状况，将企业分为A、B、C、D四类。国家对加工产品分为允许类、限制类和禁止类。A类企业不实行银行保证金台账制度，B类企业和C类企业均实行银行保证金台账制度。对C类企业和加工生产限制类产品的B类企业以及首次开展加工贸易并生产限制类产品的企业，海关通过银行保证金台账对其加工贸易进口料件收取应征进口关税和进口环节增值税等值的保证金，产品出口后予以退还。D类企业是发生过走私行为的企业，不得从事加工贸易，特殊情况下，经海关批准从事加工贸易的，由海关按进口料件的税款金额征收保证金。

加工贸易银行保证金台账是国家对加工贸易业务管理的一项制度，加工生产企业主管海关所在地的中国银行分（支）行各网点是台账设立、核销的办事机构。经营加工贸易单位或企业在加工贸易合同签订后，经外经贸主管部门和海关批准，按合同备案料件金额向指定银行申请设立加工贸易进口料件保证金台账。主管海关根据中国银行签发的《银行保证金台账登记通知单》或《保证金收存凭证》及其他有关单证，向经营单位核发加工贸易《登记手册》。加工成品在规定的加工期限内全部出口，经海关核销后，由银行核销保证金台账。对台账设立和核销进行管理是海关对加工贸易监管的重要环节。

4. 加工贸易合同的核销

加工贸易核销，是指加工贸易经营单位在合同执行完毕后将《加工贸易登记手册》、进出口专用报关单等有效数据递交海关，由海关核查该合同项下进出口、耗料等情况，以确定征、免、退、补税的海关后续管理中的一项业务。

海关的相关监管要求包括：

（1）经营加工贸易的单位或企业在加工贸易合同执行完毕或最后一批加工成品出口后一个月内应将加工贸易登记手册向备案地海关报核，办理合同核销手续。企业在进入核销环节时或之前，如发现加工实际单耗与原合同备案的单耗不一致的，必须首先办理单耗变更手续。

（2）经营单位要提高依法经营的自觉性，严格按照海关的有关规定单独设立账册，单独堆放，严禁与其他料件混放。

（3）保税进口料件属海关监管货物，自进口之日起至加工成成品出口之日止，均应接受海关监管。在监管期限内，未经海关许可，任何单位或个人（包括外商）不能将进口料件和加工成品在境内出售、转让、调换、抵押或移作他用，不可擅自外发加工。

（4）企业要安排专人（报关员或报核员）办理合同的审批、备案、核销以及台账设立和核销手续。

（5）加工贸易企业和加工生产企业对遵守海关有关规定负有共同责任。

（6）对用于加工成品必不可少的但在加工过程中并没有完全消耗掉的仍有使用价值的物品和生产过程中产生的副次品和边角料，海关根据其使用价值分别估价征税或酌情减免税。对由于改进生产工艺和改善经营管理而节余的料件或增产的成品转为内销时，经海关审核属实，其价值在进口料、件总值规定限额、限值内的可予免征税。

（三）进出口货物的转关代理业务

1. 转关货物运输概述

转关货物运输是指进出口货物在海关监管下，从一个海关运至另一个海关办理某项海关手续的行为，有时被称为跨关区快速通关。

转关货物运输分为三种情况：

（1）货物由进境地入境，向海关申请转关、运往另一设关地点办理进口报关手续。

（2）货物在启运地已办理出口报关手续运往出境地，由出境地海关监管放行。

（3）海关监管货物从境内一个设关地点运往境内另一个设关地点。

转关运输货物是指按转关运输方式在境内运输的海关监管货物。

根据转关运输的各种情况，转关运输货物可以分为三类：

（1）进口转关运输货物，是指由进境地入境后，进口货物的收货人或其代理人向海关申请转关，运往另一设关地点办理进口报关手续的货物。

（2）出口转关运输货物，是指出口货物的发货人或其代理人在启运地已办理出口报关手续，运往出境地口岸，由出境地海关监管出口的货物。

（3）境内转关运输货物，是指从境内一个设关地点运往境内另一个设关地点，须经海关监管的货物。

2. 货物申请转关运输的条件

货物申请转关运输应符合下列条件：

（1）转关的指运地和启运地必须设有海关。

（2）转关的指运地和启运地应当设有经海关批准的监管场所。

（3）转关承运人应当在海关注册登记，承运车辆符合海关监管要求，并承诺按海关对转关路线范围和途中运输时间所作的限定将货物运往指定的场所。

3. 不得申请转关的货物

下列货物不得申请转关：

（1）动物废料、冶炼渣、木制品废料、纺织品废物、贱金属及其制成品的废料、各种废旧五金、电机电器产品等、废运输设备、特殊需进口的废物、废塑料和碎料及下脚料。

（2）可作为化学武器的化学品、化学武器关键前体、化学武器原料、易制毒化学品、消耗臭氧层物质、氯化钠。

（3）汽车类，包括成套散件和二类底盘。

4. 转关运输货物报关的基本方式

转关货物运输报关的基本方式主要有：

（1）提前报关方式。提前报关方式是指进口货物在指运地先申报再到进境地办理进口转关手续，出口货物在货物未运抵启运地监管场所前先向启运地海关申报，货物运抵监管场所后再向启运地海关办理出口转关手续的方式。

（2）直转方式。直转方式是指进境货物在进境地海关办理转关手续，货物运抵指运地再在指运地海关办理报关手续的进口转关和出境货物，在货物运抵启运地海关监管场所报关后，并在启运地海关办理出口转关手续的出口转关。

（3）中转方式。中转方式是指在收发货人或其代理人向指运地（进口）或启运地（出口）海关办理进出口报关手续后，由境内承运人或其代理人统一向进境地或启运地海关办理进口转关或出口转关手续。

具有全程提运单，需换装境内运输工具的进出口中转货物适用中转方式转关运输；其他进口转关、出口转关及境内转关的货物适用提前报关或直转方式办理转关手续。一般情况下，中转方式也适应提前报关。

5. 转关运输货物报关的注意事项

进行转关运输货物报关时应注意下列事项：

（1）转关运输的期限。转关运输的期限涉及：

① 直转方式转关的期限。直转方式转关的进口货物应当自运输工具申报进境之日起 14 天内向进境地海关办理转关手续，在海关限定期限内运抵指运地之日起 14 天内，向指运地海关办理报关手续。逾期按规定征收滞报金。

② 提前报关方式转关和中转方式转关的期限。进口转关货物应在电子数据申报之日起 5

日内，向进境地海关办理转关手续，超过期限仍未到进境地海关办理转关手续的，指运地海关撤销提前报关的电子数据。

出口转关货物应于电子数据申报之日起 5 日内，运抵启运地海关监管场所，办理转关和验放等手续，超过期限的，启运地海关撤销提前报关的电子数据。

(2) 转关运输货物适用的税率和汇率

转关运输货物确定税率和汇率时应适用下列条件：

① 直转方式的进口转关货物适用运抵指运地之日的税率和汇率。

② 中转方式和提前报关方式的进口转关货物适用指运地海关接收到进境地海关传输的转关放行信息之日的税率和汇率。

③ 运输途中税率和汇率发生重大调整的，各种方式的进口转关货物均适用运抵指运地之日的税率和汇率。

(3) 转关单证的法律效力

转关货物申报的电子数据与书面单证具有同等的法律效力，对确实因为填报或传输错误的数据，有正当的理由并经海关同意，可作适当的修改或者撤销。对海关已决定查验的转关货物，则不再允许修改或撤销申报内容。

6. 进口货物的转关手续

进口货物的转关手续按下列要求操作：

(1) 提前报关的转关手续。进口货物的收货人或其代理人在进境地海关办理进口货物转关手续前，向指运地海关录入《进口货物报关单》电子数据。指运地海关提前受理电子申报，同时由计算机自动生成《进口转关货物申报单》，并传输至进境地海关。

转关货物收货人或其代理人向进境地海关提供下列单证资料办理转关运输手续：

①《进口转关货物申报单》编号。

②《进口转关货物核放单》(广东省内公路运输的，提交《进境汽车载货清单》一式两份)。

③《汽车载货登记簿》或《船舶监管簿》。

④ 提货单。

货物运抵指运地海关监管场所后，海关办理转关核销和接单验级等手续。如果进境地海关因故无法调阅进口转关数据时，则可以按直转方式办理转关手续。

(2) 直转方式的转关手续。进口货物收货人或其代理人在进境地录入转关申报数据，持下列单证直接向进境地海关办理转关手续：

①《进口转关货物申报单》(广东省内公路运输的，提交《进境汽车载货清单》)。

②《汽车载货登记簿》或《船舶监管簿》。

(3) 中转方式的转关手续。具有全程提运单、需换装境内运输工具的中转转关货物，货物的收货人或其代理人向指运地海关办理进口报关手续后，由境内承运人或其代理人持《进口转关货物申报单》、《进口货物中转通知书》、按指运地目的港分列的纸质舱单（空运方式提交联程运单）等单证向进境地海关办理货物转关手续。

7. 出口货物的转关手续

出口货物的转关手续按下列要求操作：

(1) 提前报关的转关。货物的发货人或其代理人在货物未运抵启运地海关监管场所前，先向启运地海关录入《出口货物报关单》电子数据。启运地海关提前受理电子申报，生成《出口转关货物申报单》数据，传输至出境地海关。

出口货物发货人或其代理人持下列单证向启运地海关办理出口转关手续：

①《出口货物报关单》，广东省内公路运输的还应递交《出境汽车载货清单》；

②《汽车载货登记簿》或《船舶监管簿》。

货物到达出境地后，发货人或其代理人应持下列单证向出境地海关办理转关货物出境手续：

① 启运地海关签发的《出口货物报关单》；

②《出口转关货物申报单》或《出境汽车载货清单》；

③《汽车载货登记簿》或《船舶监管簿》。

（2）直转方式的转关。发货人或其代理人在货物运抵启运地海关监管场所后，进入报关程序，向启运地海关录入《出口货物报关单》电子数据，启运地海关受理电子申报，生成《出口转关货物申报单》数据，传输至出境地海关。

发货人或其代理人应持下列单证在启运地海关办理出口转关手续：

①《出口货物报关单》，广东省内公路运输的还应递交《出境汽车载货清单》；

②《汽车载货登记簿》或《船舶监管簿》。

直转的出口转关货物到达出境地后，发货人或其代理人应持下列单证向出境地海关办理转关货物的出境手续：

① 启运地海关签发的《出口货物报关单》；

②《出口转关货物申报单》或《出境汽车载货清单》；

③《汽车载货登记簿》或《船舶监管簿》。

（3）中转方式的转关。具有全程提运单、需换装境内运输工具的出口中转转关货物，货物的发货人或其代理人向启运地海关办理出口报关手续后，由承运人或其代理人按出境运输工具分列舱单，向启运地海关录入并提交《出口转关货物申报单》、按出境运输工具分列的电子或纸质舱单、《汽车载货登记簿》或《船舶监管簿》等单证向启运地海关办理货物出口转关手续。

启运地海关核准后，签发《出口货物中转通知书》，承运人或其代理人凭此办理中转货物的出境手续。

8. 海关监管货物的转关

海关监管货物的转关运输，除加工贸易深加工结转按有关规定办理外，均应按进口转关方式办理：

（1）提前报关的，由转入地（相当于指运地）货物收货人及其代理人，在转出地（相当于进境地）海关办理监管货物转关手续前，向转入地海关录入《进口货物报关单》电子数据报关。

由转入地海关提前受理电子申报，并生成《进口转关货物申报单》，传输至转出地海关。

转入地货物收货人或其代理人应持《进口转关货物核放单》和《汽车载货登记簿》或《船舶监管簿》，并提供《进口转关货物申报单》编号，向转出地海关办理转关手续。

（2）直转的，由转入地货物收货人或其代理人在转出地录入转关申报数据，持《进口转关货物申报单》和《汽车载货登记簿》或《船舶监管簿》，直接向转出地海关办理转关手续。货物运抵转入地后，海关监管货物的转入地收货人或其代理人向转入地海关办理货物的报关手续。

（四）无代价抵偿进口货物代理业务

1. 无代价抵偿货物的概念

无代价抵偿进口货物，是指进口货物在征税或免税放行之后，发现货物残损、短少或品质不良，而由境外承运人、发货人或保险公司免费补偿或更换的同类货物。

无代价抵偿货物具有以下的特征：

（1）是执行合同的过程中发生的损害赔偿。即买卖双方在执行交易合同中，我方根据货物损害的事实状态向对方请求偿付，而由对方进行的赔偿。对于违反进口管理规定而索赔进口的，不能按无代价抵偿进口货物办理。

（2）已经海关放行。即被抵偿进口的货物已办理了进口手续，并已按规定交纳了关税或者享受减免税的优惠经海关放行之后，发现损害而索赔进口的。

（3）仅抵偿直接损失部分。根据国际惯例，除合同另有规定者外，抵偿一般只限于在成交商品所发生的直接损失方面（即残损、短少、品质不良等）以及合同规定的有关方面（如对迟交货物罚款等）。对于所发生的间接损失（如因设备问题所发生的延误投产所造成的损失），一般不包括在抵偿的范围内。

（4）抵偿形式。常见的抵偿进口形式有：

① 补缺，即补足短少部分；

② 更换错发货物，即退运错发货物，换进应发货物；

③ 更换品质不良货物，即退运品质不良货物，换进口质量合格的货物；

④ 贬值，即因品质不良而削价补偿；

⑤ 补偿备价，即对残损的补偿，由我方自行修理；

⑥ 修理，即因残损，原货退运境外修理后再进口。

根据对上述特征的分析，集中到一点就是被抵偿部分已实际进口，因发现有直接损失，而由境外发货人以不同方式加以赔偿。只要掌握了上述特征，无代价抵偿进口货物就不难认定。

确认无代价抵偿进口货物的资料依据主要有以下几种：

（1）原进口货物报关单。即被抵偿货物进口时向海关填报的进口货物报关单，它是鉴别是否为抵偿进口货物的主要依据，是反映被抵偿货物进口情况的原始资料。

（2）商检证明或买卖双方会签的记录。商检证明书是由商检机构应收、用货单位检验申请，在复验后出具的；双方会签记录是货物放行进口后，经境外来人与我方共同开箱检验或者指导安装，负责调试时发现问题，而由双方现场代表会签的记录。这两种凭证是鉴别抵偿进口商品原因的必备条件。

（3）买卖双方签订的抵偿协议。抵偿协议是买方向卖方提出偿还请求，卖方接受以相当价值货物赔偿或补偿的书面协议。

以上三种资料凭证，它们之间是互相联系、相互依存的，海关在认定无代价抵偿进口货物的性质时，原则上必须同时收取三种资料进行审查。

2. 无代价抵偿进口货物的征、免税界限

确认无代价抵偿进口货物的性质有两个实质意义，一是能否进口；二是能否免税。因此，无代价抵偿进口货物可按下列条件确定免征税的界限：

（1）如原进口货物短少，其短少部分已经征税或者原进口货物因质量原因已退运境外或已放弃交由海关处理，原征税款又未退还的，所进口的无代价抵偿货物可以免税。

（2）如原进口货物不退运境外，又未放弃交由海关处理，则应分别按以下办法处理：

① 对于机器、仪器或其零部件，如因残损或品质不良，需进口同类货物来更换，所进口的无代价抵偿货物可以免税；

② 对于因残损或品质不良，境外同意削价并补偿部分机器、仪器及其他货物，只要所补偿进口的货物与原货品名、规格相同，价格也不超过削价金额的，所进口的无代价抵偿货物也可以免税；

③ 对于车辆、家用电器、办公室用机器和其他耐用消费品及其零部件的无代价抵偿货物，也可以免税，但其留在国内的原货应视其残损程度估价纳税。

3. 无代价抵偿货物的报关

无代价抵偿货物进口时，收货人应在进口货物报关单上的贸易性质栏内填明为“无代价抵偿货物”，并附上原进口货物报关单、税款缴纳证和商检证书或与境外发货人签订的索赔协议书。对原货已退运境外的，还应附有经海关签章的出口货物报关单。如无代价抵偿货物进口时不向海关报明，或虽报明但所附单证不齐，不足以证明为无代价抵偿货物的，海关按一般进口货物办理。

无代价抵偿进口货物属于国家限制进口商品的，如与原进口的货物在品名、数量、价值及贸易性质等方面完全一致，可以在原进口货物退运出口的条件下免予另办许可证。但如原货不退运出口的，则应补办许可证。

（五）过境、转运及通运货物报关代理业务

1. 过境、转运、通运货物的概念

过境、转运、通运货物都是由境外启运，通过我境内继续运往境外的货物。这类货物仅在我境内运输及短暂停留，不销售、加工、使用以及贸易性储存。

过境、转运、通运货物的具体界定是：

（1）过境货物，是指从境外启运，通过我国境内陆路运输，继续运往境外的货物；

（2）转运货物，是指由境外启运，通过我国境内设立海关的地点换装运输工具，而不通过境内陆路运输，继续运往境外的货物；

（3）通运货物，是指由境外启运，由船舶、航空器载运进境并由原运输工具载运出境的货物。

按照《中华人民共和国海关法》第二十五条的规定：“过境、转运、通运货物，运输工具负责人应当向进境地海关如实申报，并应在规定期限内运输出境。”从这个意义上说，这类货物也具有暂时进境的性质。但并不在暂准（时）进出口通关制度的适用范围。

2. 过境货物的报关代理业务

过境、转运、通运货物的报关代理业务分别为：

（1）过境货物的报关代理业务。我国办理过境运输的全程经营人为经国家经贸主管部门批准、认可，具有国际货物运输代理业务经营权并拥有过境货物运输代理业务经营范围

（国际多式联运）的中国铁路对外服务公司、中国对外贸易运输总公司、中国远洋运输总公司、中国外轮代理总公司及其在口岸的分支机构和口岸所在地政府指定的少数有国际船、货代理权的企业。经营人应当持主管部门的批准文件和工商行政管理部门颁发的营业执照，向海关申请办理报关注册手续。经海关核准后，才能办理报关事宜。

承担过境货物在中国境内运输的承运人，应是经国家运输主管部门批准从事过境货物运输业务的企业，并且承担海关监管要求的义务。

过境货物的过境依据是：

① 与我国签有过境货物协定国家的过境货物，或属于同我国签有铁路联运协定国家收、发货的，按有关协定准予过境；

② 对于同我国未签有上述协定国家的过境货物，应当经国家经贸、运输主管部门批准并向入境地海关备案后准予过境；

③ 禁止过境的货物。比如：来自或运往我国停止或禁止贸易的国家和地区的货物；各种武器、弹药、爆炸物品及军需品（通过军事途径运输的除外）；各种烈性毒药、麻醉品和鸦片、吗啡、海洛因、可卡因等毒品以及我国法律、法规禁止过境的其他货物、物品。

承运过境货物的条件主要是：

① 装载过境货物的运输工具，应当具有海关认可的加封条件或装置。海关认为必要时，可以对过境货物及其装载装置加封。

② 运输部门和经营人，应当负责保护海关封志的完整，任何人不得擅自开启或损毁。

③ 经营人应当持主管部门的批准文件和工商行政管理部门颁发的营业执照，向海关申请办理报关注册登记手续。经海关核准后，才能负责办理报关事宜。上述企业的报关员应当经海关考核认可。

海关对过境货物监管的目的，是为了防止过境货物在我国境内运输过程中滞留在国内变为进口货物或将我国货物混入过境货物随运出境，防止禁止过境货物从我国过境。因此，要求过境货物经营人的通关手续必须完备，各环节的操作必须严格按照规章进行。

过境货物的报关手续可按下列要求操作：

① 过境货物进境手续。过境货物进境时，经营人应当向进境地海关如实申报，并递交下列单证：《中华人民共和国海关过境货物报关单》（一式4份）；过境货物运输单据（运单、装载清单、载货清单等）；海关需要的其他单证（发票、装箱清单等）。

过境货物经进境地海关审核无误后，海关在运单上加盖“海关监管货物”戳记，并将2份《过境货物报关单》和过境货物清单制作关封后加盖“海关监管货物”专用章，连同上述运单一并交经营人。经营人或承运人应当负责将进境地海关签发的关封完整及时地带交出境地海关。

② 过境货物复出境手续。过境货物出境时，经营人应当向出境地海关申报，并递交进境地海关签发的关封和海关需要的其他单证。经出境地海关审核有关单证、关封和货物无误后，由海关在运单上加盖放行章，在海关监管下出境。

③ 过境货物在境内暂存和运输的管理。过境货物进境后因换装运输工具等原因需卸地储存时，应当经海关批准并在海关监管下存入经海关指定或同意的仓库或场所。过境货物在进境以后、出境以前，应当按照运输主管部门规定的路线运输。运输主管部门没有规定的，由海关指定。根据实际情况，海关需要派员押运过境货物时，经营人或承运人应免费提供交

通工具和执行监管任务的便利。

④ 过境货物逾期未报或未出境的处理。对过境货物逾期未报的处理要求是：过境货物自进境之日起超过规定的3个月期限，未向海关申报的，按《海关法》的规定由海关提取变卖处理。

过境货物自向海关申报进境后，因特殊的原因，在海关规定的6个月内不能出境的，应向海关申请延期，经海关同意后，可延期3个月。如无特殊情况经延期后仍不能出境，擅自留在境内的，海关按《海关法行政处罚实施细则》的规定，处货物、物品等值以下或者应缴税款两倍以下的罚款。

⑤ 过境货物的其他管理规则。过境货物的其他管理规则主要涉及民用爆炸品、医用麻醉品等的过境运输，应经海关总署商有关部门批准后，方可过境。

对有伪报货名和国别，借以运输我国禁止过境的货物以及其他违反我国法令的情事，货物将被海关依法扣留处理，但在一般情况下，经查核有关货运单据，证实确是过境货物，即可被准予续运或放行出境。

海关在对过境货物监管过程中，除发现有违法或者可疑情事外，一般在作外形查验后，予以放行。海关查验过境货物时，经营人或承运人应当到场，负责搬移货物，开拆和重封货物的包装。

如果过境货物在境内发生灭失和短少时（除不可抗力的原因外），经营人应当负责向出境地海关补办进口纳税手续。

（2）转运货物的报关代理业务

进境运输工具载运的货物必须具备下列条件之一的，方可办理转运手续：

① 持有转运或联运提货单的；

② 进口载货清单上注明是转运货物的；

③ 持有普通提货单，但在起卸前向海关声明转运的；

④ 误卸的进口货物，经运输工具经理人提供确实证件的；

⑤ 因特殊情由申请转运，经海关批准的。

海关对转运货物实施监管，主要是防止货物在口岸换装过程中混卸进口或混装出口。为此，转运货物的承运人的责任就是确保其继续运往境外。

载有转运货物的运输工具进境后，承运人应当在《进口载货清单》上列明转运货物的名称、数量、起运地和到达地，并填写《外国货物转运准单》一式3份向海关申报。转运货物换装运输工具时应接受并配合海关的监装、监卸至货物装运出境为止。

转运货物应当在规定时间内运送出境。外国转运货物在中国口岸存放期间，不得开拆、改换包装或进行加工；必须在3个月内办理海关手续并转运出境。否则，海关将按规定提取变卖。

海关对转运的外国货物有权检查。但是，如果没有发现有违法或可疑情事，将只作外形查验。

（3）通运货物的报关代理业务。通运货物虽不换装运输工具，并随原承载的运输工具运往境外，但在海关监管中，其目的也是防止混同进口货物的卸地，并监督其原状、如数运出境外。

运输工具进境时，运输工具负责人应在《船舶进口报告书》或在国际民航机的《进口载货仓单》上注明通运货物的名称和数量。海关在运输工具抵、离境时，将予核查，并监管通运货物出境。运输工具因装卸货物，需申请搬倒货物时，应向海关申请并在海关监管下进行。

（六）溢卸、误卸、短卸货物报关代理业务

1. 溢卸、误卸、短卸货物的概念

进口溢卸货物，是指未列入进口载货清单、运单的货物，或者多于进口载货清单、提单、运单所列数量的货物。

进口误卸货物，是指将指运境外港口、车站或境内其他港口、车站而在本港（站）卸下的货物。

进口短卸货物，是指卸下的货物，少于进口载货清单、提单、运单所列数量的货物。

2. 溢卸、误卸、短卸货物报关代理

溢卸、误卸、短卸货物报关代理业务有；

（1）进口溢卸货物报关代理。原收货人或其代理人填写《进口货物报关单》一式两份向海关办理报关纳税手续。如运输工具负责人或其代理人要求以溢卸货物抵补短卸货物时，应征得收货单位同意，并应限于同航次、同品种的货物；如以不同航次或不同船之间用溢卸货物抵补短卸货物时，应限于同一品种、同一船公司、同一发货人的货物。上述两种情况均免领进口货物许可证。经核准溢短相抵货物，亦应按规定办理报关纳税手续对短卸货物的税款海关未予退还的，可予免税。

（2）进口误卸货物报关代理。如应卸地是外国港口的，经运输工具负责人或其代理人申请，可核准退运境外。属于运往我国其他口岸的，可以向海关办理转关手续，也可由原收货人就地办理进口手续。

上述溢卸或误卸的进口货物，应在原运输工具卸货之日起 3 个月内，办理退运或进口手续。必要时，经海关批准，可以延长 3 个月。逾期未办手续的，由海关按《海关法》第二十一条的规定办理。

（3）进口短卸货物报关代理。对进口短卸货物，原收货人可提出申请，并交验理货报告、商务签证或商检证书，经海关核查属实后，可相应减征税款或将已征税款退还原收货人。

（七）退运货物和退关货物的报关代理

1. 退运货物的报关代理

退运进出口货物是指货物因质量不良或交货时间延误等原因，被国内外买方拒收而退运或因错发、错运造成的溢装、漏卸而退运的货物。

一般退运货物的报关手续按下列要求操作：

（1）退运进口报关手续。原出口货物退运进境时，若该批出口货物已收汇、已核销，原发货人或其代理人应填写进口货物报关单向进境地海关申报，并提供原货物出口时的出口报关单，现场海关应凭加盖有已核销专用章的“外汇核销单出口退税专用联”正本（海关留存复印件，正本退交企业）或国税局《出口商品退运已补税证明》以及保险公司证明、承运人溢装、漏卸的证明等有关资料办理退运进口手续，同时签发一份进口货物报关单。

原出口货物退运进口时，若出口未收汇，原发货人或其代理人在办理退运手续时，凭原出口报关单、外汇核销单、报关单退税联向进口地海关申报退运进口，应同时填制一份进口货物报关单（备注栏上注明原出口报关单号）。若出口货物部分退运进口，海关在原出口报关单上应批注实际退运数量、金额后退回企业并留存复印件，海关核实无误后，验放有关货物进境。

因品质或者规格原因，出口货物自出口之日起 1 年内原状退货复运进境的，经海关核实后不予征收进口税；原出口时已经征收出口税的，自缴纳出口税款之日起 1 年内准予退还，但要重新缴纳因出口而退还的国内环节税。

（2）退运出口报关手续。因故退运出口的境外进口货物，原收货人或其代理人应填写出口货物报关单申报出境，并提供原货物进口时的进口报关单，以及保险公司、承运人溢装、漏卸的证明等有关资料，经海关核实无误后，验放有关货物出境。

因品质或者规格原因，进口货物自进口之日起 1 年内原状退货复运出境的，经海关核实后可以免征出口税，已征收的进口税，自缴纳进口税款之日起 1 年内准予退还。

（3）加工贸易退运货物报关手续。加工贸易退运货物报关手续按下列要求操作：

① 若加工贸易《登记手册》未核销，则按加工贸易退运货物报关。

② 若加工贸易《登记手册》已核销，则按“暂时进出口”申报，备案号为空，在备注栏内注明手册编号，退运进口需提供担保，对进口属于许可证件管理的，应另提供相当于进口货值 30% 的风险担保金；待货物再次出境后，凭出口报关单及相关证明销保。

（4）直接退运货物。直接退运货物是指进口货物进境后向海关申报，但由于特殊原因无法继续办理进口手续，经主管海关批准将货物全部退运境外的货物。

直接退运货物的适用范围是：

① 海关按国家规定责令直接退运的货物。

② 货物进境后正式向海关申报进口前，由于下列原因之一，可以由收货人、发货人向海关申请办理直接退运批准手续。

③ 合同执行期间国家贸易管制政策调整，收货人无法补办有关审批手续，并能提供有关证明的。

④ 收货人因故不能支付进口税、费，或收货人未按时支付货款致使货物所有权已发生转移，并能提供发货人同意退运的书面证明的。

⑤ 属错发、误卸货物，并能提供发货人或运输部门书面证明的。

⑥ 发生贸易纠纷，未能办理报关进口手续，并能提供法院判决书、贸易仲裁部门仲裁决定书或无争议的有效货权凭证的。

一是经海关审核上述情况真实无误且无走私违规嫌疑后，可予批准直接退运。二是已正式向海关申报进口但海关尚未放行的货物，收货人请求退运的，可比照上述规定精神撤销原申报，办理直接退运手续。三是需提交各类许可证件进口的货物，属无证到货的，除海关按国家规定责令直接退运的货物外，不得办理直接退运。

（5）直接退运货物的报关手续。直接退运货物的报关手续按下列要求操作：

① 申请直接退运一般应在载运该批货物的运输工具申报进境之日起或自运输工具卸货之日起 3 个月内，由货物所有人或其代理人向进境地海关提出正式书面申请，并填写《直接退运货物审批表》。

② 直接退运要先办理出口，再申报进口。

③ 出口报关单“备注栏”内填报进口报关单编号，进口报关单“备注栏”内填报出口

报关单编号，进出口报关单“备注栏”内均应注明海关审批件编号。属承运人的责任造成的错发、误卸，获批准退运的，可免填报关单。

2. 退关货物

退关货物又称出口退关货物，是指出口货物在向海关申报出口后被海关放行，因故未能装上运输工具，发货单位请求将货物退运出海关监管区域不再出口的行为。

出口退关货物的报关程序按下列要求操作：

（1）出口货物的发货人及其代理人应当在得知出口货物来装上运输工具，并决定不再出口之日起3天内，向海关申请退关。

（2）经海关核准且撤销出口申报后方能将货物运出海关监管场所。

（3）已缴纳出口税的退关货物，可以在缴纳税款之日起1年内，提出书面申请，向海关申请退税。

（4）出口货物的发货人及其代理人办理出口货物退关手续后，海关应对所有单证予以注销，并删除有关报关电子数据。

（八）进出境运输工具报关

1. 进出境运输工具报关基本要求

在国际贸易中，买卖双方交付的货物通常是通过国际间的长途运输来实现的。承运人和运输工具作为这种运输行为的主体，需要根据货主的要求将相关的货物载运到指定的地点，起着完成国际间买卖行为的枢纽作用。离开了运输工具，就无法实现国际间的商品流通，买卖双方的货物就不能进入对方关境，也就无法实现国际贸易。海关监管进出境运输工具，可以维护国家主权和民族利益，贯彻国家对外贸易政策，方便进出口，促进国际交流。《海关法》中的“进出境运输工具”包括用以载运人员、货物、物品进出境的各种船舶、车辆、航空器和驮畜。由运输工具的所有人或经营人，包括船长、记账、车长、驮畜的主人等负责在规定的时间内向海关申报。

海关对进出境运输工具的监管规定是：

（1）如实申报。《海关法》第十四条规定：“进出境运输工具到达或者驶离设立海关的地点时，运输工具负责人应当向海关如实申报，交验证件，并接受海关监管和检查”。

进出境运输工具的申报与货物、物品的申报具有相同的法律效力，进出境运输工具的负责人必须对其交验单证的真实性负责。

（2）指定路线行进。由于海关并不都设立在关境线上，因此，进境运输工具在进境后还需继续驶往设关地点办理进境手续；出境运输工具在设关地办结海关手续后还需驶经关境线前往境外目的地。对这一行进过程，《海关法》第十五条明确规定：“进境运输工具在进境以后向海关申报以前，出境运输工具在办结海关手续以后出境以前，应当按照交通主管机关规定的路线行进；交通主管机关没有规定的，由海关指定”。运输工具在指定路线行进途中不得转道绕行、上下人员或装卸货物、物品。

（3）预报信息。根据《海关法》第十六条的规定：“进出境船舶、火车、航空器到达和驶离时间、停留地点、停留期间更换地点以及装卸货物、物品时间，运输工具负责人或者有关交通运输部门应当事先通知海关”。使海关能到位监管，及时办理运输工具进出手续，保证货物、物品顺利装卸。

（4）接受监管和检查的规定。海关在接受申报，并对交验单证进行审核后，将根据申报事项和具体情况决定如何对运输工具进行实地、实物的监管和检查。海关在检查进出境运输工具时，按照《海关法》第十八条的规定："运输工具负责人应当到场，并根据海关的要求开启舱室、房间、车门；有走私嫌疑的，并应当开拆可能藏匿走私货物、物品的部位，搬移货物、物料"。

运输工具在装卸进出境货物、物品或者上下进出境旅客时，应当接受海关的监管。货物、物品装卸完毕，运输工具负责人应当向海关递交反映实际装卸情况的交换单据和记录。上下进出境运输工具的人员携带物品的，应当向海关如实申报，并接受海关检查。

2. 国际航行船舶的报关代理

国际航行船舶是指进出我国关境、航行于国与国之间、从事客货运输的船舶，包括我国国籍的船舶和外国国籍的船舶，包括机动与非机动的进出我国关境的海、国界江河上来往的船舶；转运、驳运进口旅客或货物的船舶；兼营境内外旅客或货物运输的船舶，包括军船及其他进出境船舶。

国际航行船舶的报关代理业务主要有：

（1）联检制度。联检制度是进出境船舶报关的特殊形式。联检是指由海关、港监、卫生检疫所、边防检查站按有关规定对进出境船舶及其人员、物品集中办理有关进出境手续，并例行检查的一种体现国家主权尊严的执法程序。

对进出境船舶实行联检制度，是国家对进出境船舶进行管理的重要手段之一。其作用是确保国家制定的有关进出境政策、法律、法规能够得以正确贯彻和实施，保证船舶的航行安全，维护边境治安，查缉走私，防止疫病传入和传出，便利船舶进出港口。

各联检单位具体分工为：

① 港监的工作。负责检查船舶适航证书，维护船舶航行安全。

② 卫生检疫所的工作。负责实施出入境的卫生检查。

③ 边防检查站的工作。负责实施边防检查。

④ 海关的工作。海关所负责的工作是：接受船舶负责人对进出口的申报，包括所装货物和船舶自用部分的船用物料、船员及旅客自用重点物品的申报；必要时检查船舶各部位及审查有关单证；收取吨税申请书；核查船舶、船员所申报的物品等。

在联检中，船舶负责人应积极配合联检工作，递交有关单证一联检结束后，进出境船舶要装卸货物、人员上下须征得海关同意。出口船舶也要在联检结束后才能离港。

联检制度特别规定：对于中国籍国际航行船舶和在我国港口间航行的外国籍船舶，一般不实行联检。

（2）报关中的文书、单证及规定。船舶文书是指船舶经登记及进行各种检查后，由有关机关发给相应的证书及文件，来反映船舶的所有权、技术状态、工作情况等，是船舶在运营过程中必要的各种文件的总称。

常见的船舶文书有下列三种：

① 船舶国籍证书，又称船舶登记证书。是用于法律登记的证书，证明船舶的国籍、船籍港及所有权等。其内容包括船名、船舶所属国籍、船舶用途、主要营运性能等。根据海上国际公约规定，船舶必须具有国籍才能在公海上航行，否则将被视为海盗船，各国巡航军舰都有权查扣。

② 吨位证书。船舶吨位证书是各国航务主管机关对船舶总吨位和净吨位经过丈量计算

后，由国际公认的检验单位所签发的一种证书。当船舱容量改变或改变国籍后，应重新丈量和明确国籍，发放新的吨位证书。船舶吨位证书是海关征收船舶税计算应纳税款的依据。

③ 航海日志。它是船舶记载航行停泊、装卸货物、海事等有关情况的必备资料，是具有法律效力的证明依据。具体记录内容包括：船舶动态、船位记录、气象情况、装卸货物情况、港口当局上船办理船舶有关手续情况等。

进口船舶入境时，船舶负责人或其代理人在报关中应向海关交验下列单证：

①《总申报单》一份；

②《货物申报单》一份（附载货清单两份）；

③《船舶物品申报单》一份；

④《船员物品申报单》；

⑤《船员名单》一份；

⑥《旅客名单》一份（无旅客免交）；

⑦ 中国籍船舶应交验《船舶进出境海关监管簿》，来自国内其他港口的外国籍船舶应递交上一口岸海关带交的关封；

⑧ 对于第一次来中国港口或原有吨照（包括台湾海关签发的吨照）已过期的船舶，应递交《吨税申请书》一份；

⑨ 海关监管需要的其他单证。

出口船舶出境时，船舶负责人或其代理人在报关中应向海关交验下列单证：

①《总申报单》一份。

②《货物申报单》一份（附载货清单两份）。

③《船员名单》一份（船员无变更时免交）。

④《旅客名单》一份（旅客无变更时免交）；《船舶进出境海关监管簿》（外籍船舶免交）；海关监管需要的其他单证。

（3）进出境船舶报关中有关缴纳吨税的规定。进出境船舶报关中有关缴纳的吨税按下列规定执行：

① 吨税及吨税执照。船舶吨税是海关代表交通部在海关口岸征收的一种税费。而吨税执照即是各类船舶在缴付税费后，由海关签发的一种免费凭证。

② 吨税征收的对象。吨税的稽征对象是驶入中国港口或驶于中国港口之间的：外国籍船舶；外商以期租方式租用的中国籍船舶；中外合营公司企业船舶或其租用的船舶；我国租用航行于国际的船舶；兼营国内沿海运输的外国籍船舶。

③ 不属征税范围的船舶。经营国际运的中国籍船舶；我国租用专营国内沿海运输的外籍船舶；台湾地区公私企业的船舶；持有台湾地区海关签发有效吨位执照的外国籍船舶。

（4）海关对烟酒管理的特别规定。海关对进口船舶携带烟酒管理有以下特别的规定：

① 进口船舶应在进口联检时向海关以书面形式申报船上烟酒库内存放的烟、酒数量和库外的招待烟酒数量。

② 自进境之日起，在港停留每 10 天海关准予外留备用香烟 3000 支、酒 5 瓶；准予每一外籍船员外留自用香烟 400 支、酒 1 瓶，携带上岸的烟、酒每次不得超过香烟 40 支、酒 1 瓶，累计总数不得超过上述本人外留数量。中国籍船员每人每航次可留用香烟 400 支、酒 2 瓶，限本人在船上使用；如船员实际在外天数累计满 120 天，可准予免税带上岸香烟 400

支、酒2瓶，其余烟、酒应全部集中储存。

③ 集中储存的烟、酒由船舶负责人在《船舶进出境海关监管簿》和《船舶物品申报单》上列明，向海关申报，海关视具体情况决定是否予以加封。

④ 烟酒库加封，船舶在港须满10天才准予启封。

（5）船舶在港停留期间的有关规定。海关对船舶在港停留期间有以下相关规定：

① 船舶装卸进口货物时间，必须事先通知海关，在海关监管下进行。进出口货物必须卸入海关区域监管仓库。船边直接提取的货物（船上卸下，不进海关监管仓库、堆场，由货主在船边提取的货物），需事先办理报关手续，凭进口货物报关单验放。

出口货物装载前，必须办妥报关验放手续，凭盖有海关放行章的装货单装货，核对货物标记尺码和包装式样，理货并做好交接。对直接出口货物（装船前不进海关监管仓库、堆场）、准由直接运至船边装船的货物，需办妥出口报关手续，经海关查验盖章放行。

② 船舶添装或起卸船用燃料、物料，船舶间调拨船用燃料、物料、物品、公用烟酒，食品，应当由船舶负责人编制清单报请海关核准，并在海关监管下进行。船方如需卸地处理扫舱地脚和废旧物料，船舶负责人应书面向海关申请，由接受单位委托有经营权的单位向海关办理有关手续。申报复运出境的垫舱、压舱物料，应当从起卸之日起6个月内复运出境；不复运出境的垫舱、压舱物料，收货人应当从起卸之日起14日内向海关办理进口手续。

（6）进出境船舶服务人员携带自用物品的有关规定。海关对进出境船舶服务人员携带自用物品实行登记证管理制度。登记证制度是海关对国内从事国家间运营的运输服务人员携带物品进行日常监管的重要依据。根据海关总署的规定，我国进出境船舶服务人员在随船出入境时，所携带的大、小件等限量物品均需登入《运输工具服务人员携带物品出入境登记证》的有关栏目内，并在进出境时向海关交验。

《登记证》由指定海关发放，发证对象是中国籍运输工具服务人员以及中国籍外派船员。凡申领《登记证》者，须凭所在单位证明或有关单位证明及有关证件向发证海关提出申请。

（7）中国籍国际航行船舶船员及外派船员携带物品出入境的原则规定。中国籍国际航行船舶船员及外派船员携带物品出入境按下列规定执行：

① 中国籍船员携带物品入境，均应向海关申报，经海关审核办清征免税手续后，有关物品方可携带出入境。

② 中国籍船员在国外的实际天数满120天的，在携带物品进境时，可按《运输工具服务人员携带进境自用物品的免税限量表》，准予免税携带《限量表》中规定的物品入境。

③ 中国籍船员携带进境的自用物品以自用合理数量为限，禁止携带有碍卫生的物品进境，禁止携带国家禁止进出口的物品进出境。

（8）海关对兼营船舶的有关规定。兼营船舶系指我国经营国际运输兼营国内运输的船舶和我国经营国内运输兼营国际运输的船舶。外国籍船舶不能经营兼营业务。

海关对兼营船舶的有关规定主要有：

① 兼营船舶的船方或其代理人应向船舶公司所在地海关书面申请并办理兼营船舶登记手续，经海关核准并签发《海关监管签证簿》后，才能兼营国际运输或国内运输。兼营船舶在航行、停泊期间，必须随带《签证簿》，以备海关核查。

② 兼营船舶在经营进出境运输时，由海关按一般进出境船舶进行监管。非经海关审查

签证，不论是否装有货物，都不准自行改营境内运输或从境外直驶未设海关的港口，或由未设海关港口直接驶往国外。进出境时，船方或其代理人应提前24小时通过港务机关向抵达港海关或驶离港海关预报和确报抵离港时间，未办清结关手续，不得擅自离港。

③ 从事进出境运输的兼营船舶，在下列情况下可以改为经营境内运输：兼营船舶在卸完进出口货物和办完船员携带进口自用物品验放手续后，才能申请改为经营国内运输，海关在《海关监管签证簿》上批注签章；同时将船上留存的进口船用物料、燃料、烟、酒等的名称和数量填写在《海关监管签证簿》上，如情况正常、数量合理，经海关核准可免税留船使用；对超出自用合理数量部分，海关予以征税。如需调拨或作价出售给其他非国际航行船舶，均应事前书面报经海关核准，并照章补征进口税。

④ 从事国内运输的兼营船舶，在下列情况下可以改营国际运输：由境内运输重新经营进出境运输的兼营船舶，须在卸完国内运输货物后，向海关提出书面申请，并由海关在《海关监管签证簿》上批注签章。兼营船舶在经营国内运输期间，不得擅自驶往国外。兼营船舶连续经营国内运输满一年，即视为不再经营国际运输业务，船方或其代理人应在期满后一个月内将《签证簿》交原登记海关注销。

(9) 海关对航行香港、澳门的小型船舶的有关规定。航行香港、澳门的小型船舶，指我航运、外贸部门及我驻港澳地区航运机构，专营内地与香港，澳门航线客、货运输的我国籍船舶，包括机动和非机动的客、货船，不受登记吨位的限制。

按现行规定，对来往沿海港口与港澳之间的外国籍船舶（包括香港地区、澳门地区籍的）以及中国远洋运输公司和海运局所属的船舶，不论吨位大小，海关一律按国际航行船舶办理监管。实际上只是广东、广西、福建三省航运局和外贸单位及其驻港澳航运机构所属航行内地与港澳的船舶，不论是机动、非机动或租用的，均按《海关对航行香港、澳门小型船舶及所载货物监管办法》进行管理。

海关对小型船舶进出境管理的具体规定主要有：

① 小型船舶的识别：为使来往港澳小型船舶与航行内河的国内船舶易于区别，规定了小型船舶日间要挂红边、白底、红字、三角形的船名旗；夜间要挂红、白、白竖挂的灯号，以便识别，便于海关监管。

② 小型船舶统一向中途监管站海关办理船舶进口手续。对载有进口货物的船舶，由中途站海关将进口载货清单一份封入关封，由船长负责把海关监管站的关封带交口岸海关。

③ 如经过口岸海关、边防同意并得到省政府口岸办批准，也可以直接驶入口岸海关办理手续，即直进、直出。

④ 从设关地区出境的船舶由口岸海关办理出口手续，必须再向中途站海关报关。但在必要时，中途监管站可对这类船舶进行检查。出境船舶中途因故停靠岸或更换拖轮等，应向中途监管站说明。从非设关地点出境的船舶，必须向中途监管站报关，办理出口手续。

⑤ 为节省外汇开支，小型船舶用物料、燃料，一般都应由国内供应。如确需在港澳添装，凭船管部门证明，留船使用的可以免税放行；卸下船的，要向海关办理补征税务手续。

⑥ 小型船舶船员携带的物品进出境，比照中国远洋船舶船员携带自用物品进出口规定办理。

小型船舶进出口联检应向海关交验的单据主要有：

① 船舶进（出）口报告书一份（包括船员情况）；

② 船舶进（出）口载货清单（无货免交）；

③ 旅客清单（无旅客免交）；

④ 船舶航行签证簿（签证簿由港务机关核发）；

⑤ 船舶停港期间，除上下旅客、装卸货物以外，一般不派人监管。

（九）其他运输工具报关代理

1. 进出境航空器的报关

《中华人民共和国海关法》中的“进出境航空器”具体指载运进出境旅客进出境货物的民用飞机。

依据海关对国际民航机监管的相关法规，除特准的以外，只准在设有海关的国际航空站降停或起飞。国际航空站应于飞机降停或起飞前两个小时通知海关，经海关同意后，方可上下旅客、驳卸货物、邮件、物品。

国际民航机在降停后，机长或其代理人应持有关单证向海关申报。其中，申报的单证有入境和过境旅客以及行李物品舱单，进口和过境的货物、邮件和其他物品舱单，进口货物货运单及机组人员及其自用物品、货币、金银清单等。

国际民航机在出境起飞前，机长或其代理人持有关单证向海关申报。其中，申报的单证有出境旅客及行李物品舱单、出口货物、邮件和其他物品舱单、出口货物运单及机组人员及其自用物品、货币、金银清单等。

飞机停站期间，海关监管货物、行李、邮件的装卸，监管旅客和机组人员的上下机和监管机用物料、燃料、金银和货币。

2. 进出境列车的报关

进出境列车的报关按下列规定操作：

（1）进出国境的列车，应在边境车站停车，以便海关执行检查监管职务，其停车及检查监管时间由海关总署会同相关部门规定。运输列车包括机车、煤水车、客车、货车、行李车、邮政车等在内。

（2）列车由外国抵达边境车站后，车站应将列车组成及所载货物和起票行李的必要单据立即送交当地海关。上项单据应包括海关执行公务所必需的项目在内。

（3）进口货物应在边境车站完成海关手续，并由海关免税偿还，及在车上易于查验的货物得免予卸车。进口货物运往国内设海关车站者，需事先经海关许可，在边境车站海关监视下，尽可能装载于可以加封的车辆，于到达指运车站完成海关手续。进口货物运国内未设海关的国际联运车站者，需事先申请海关许可，在指运车站起卸，其监管及完成海关手续办法，由海关总署会同相关部门规定。

（4）进口货物卸车时，应由车站事先通知海关，并在海关监视下卸存于经海关许可的仓库场所。所卸货物等如有单货不符之处，应于卸完后，由铁路人员会同海关制成记录，分送海关及车站备查。

（5）进入国境的车辆，于卸货完毕后，海关应立即签发车辆放行许可证件。

（6）进出国境列车所带必需的车用物料和供应旅客职工在车上食用物品等，应受边境车站海关检查。其报验监管办法，由海关总署会同相关部门规定。

（7）海关对于进入国境的列车，应派人员随车通告职务，铁道部方面应予以协助。

（8）开往国外的列车驶离边境车站前，车站应将列车组成及所载货物和起票行李的必要单据，送交边境车站海关，经海关放行后，才准许驶离边境车站。上述单据应包括海关执行公务必需的项目在内。

(9) 出口货物应在国内设关车站或边境车站完成海关手续，才准许装运，装车时应由车站事先通知海关，并在海关监视下进行。出口货物需事先申请海关许可，在未设关的国际联运车站装运，其监管及完成海关手续办法，由海关总署会同中央人民政府铁道部、贸易部规定。在国内车站起运的出口货物，应尽可能装载于已加封的车辆，由边境车站海关复核放行。

(10) 进口行李应于海关监视下在边境车站起卸，或由铁路报经边境车站海关加封，负责运达国内设关车站，通知海关查验放行。出口行李，如起运站设有海关机关，需由铁路报经海关查验加封，负责运达边境车站，并通知海关查核放行，如起运站未设有海关机关，应在边境车站查验放行。

(11) 载运进出口客货的列车和进出国境的各种列车的报关、装卸、检查、加封、交验单据和放行等手续，由海关总署会同相关部门规定。

3. 公路货物运输工具的报关

公路货物运输工具的报关业务有：

(1) 在边境公路国界江河往来的汽车、船舶和以人力或兽力运输货物，应一律遵循指定路线，在海关规定的地点进出国境。此项路线应由相关部门会同海关规定。

(2) 进出国境汽车，应于入境后或离境前，在指定地点停留，向边境海关申报，按照海关规定格式填制进出口载货清单旅客清单，送交查核，经海关查验放行，方准驶离。

(3) 经交通机关准许进出国境并在国内继续行驶的汽车，于初次入境时，应向边境海关报验，交纳不低于进口税的保证金，并保证该车不得在国内转售拆卖。该项汽车于办理保证手续领得海关登记簿后，才准予行驶。

上项汽车此后进出国境时，应将登记簿送交查核。于最后驶离国境时，需申请将保证金发还。

(4) 原在国内行驶的汽车，经交通机关准许进出国境并在国内经营客货运输者，应于初次出境时，向边境海关领取登记簿，并保证于规定时期内驶回中国。此后进出国境时，应将登记簿送交查核。

(5) 汽车载运进口货物旅客行李，除经海关许可者外，应一律于入境后立即向边境海关申报，办理验证手续，不能立即办理进口手续者，应申报海关派员监视，卸入经海关注册或许可的仓库场所。

(6) 以人力、兽力运输货物进出国境或在边界规定地区内运输，应经由指定路线进出运输，其进出国境并应向海关申报。

(7) 沿国界江河往来的船舶，应在指定的河道行驶，在经营国际航行时，需向海关申报在设关地方装卸客货，其管理办法由海关会同相关部门规定。

(十) 进出境驮运牲畜的报关

《海关法》中的“进出境驮畜”具体包括载运进出境旅客或进出境货物的马、驴、牛、骡、骆驼等用于运输的牲畜。

在我国国境的某些偏僻地区，与邻国之间的交通孔道，因无公路，双方均以牲畜，如牛、马、象、驴等驮运货物进行贸易，海关在监管货物的同时，对于驮货的牲畜也进行监管。

《中华人民共和国西藏地区海关对进出国境驮运牲畜监管暂行办法》是海关对进出境驮运牲畜的监管依据，其规定：进境驮畜抵达后，或出境驮畜离境前，驮畜所有人或其代理人应向海关进行申报登记，注明驮畜的种类、数目。进境的外国牲畜要出具海关认可的保证书或缴纳保证金，保证复运出境，出境的中国牲畜要保证复运进境。登记后，海关即进行必要的检查。经海关核对无误后，发给登记证，凭此进出境。返回或出境时，交还登记证，由海关核销（或发还保证金）。海关已经放行的牲畜，在返回时如有短少应予追查。如因病死亡或被野兽所害，海关可核销放行。如转让出卖，海关则按违反海关监管规定行为处理。

第二节 国际货运报检业务

出入境检验检疫能够有效保证国民经济的发展，消除国际贸易中的技术壁垒，保护消费者的利益和贯彻中国的对外交往。世界各国的法律法规和国际通行做法、有关规则、协定等，都赋予检验检疫机构以公认的法律地位；国际贸易合同中对检验检疫一般也有明确的条款规定，使检验检疫工作受到法律保护，所签发的证件具有法律效力，体现国家主权。我国人大常委会已先后制定了《进出口商品检验法》、《进出境动植物检疫法》、《国境卫生检疫法》以及《食品卫生法》等法律，分别规定了出入境检验、检疫的目的和任务，责任范围，授权执法机关和管辖权限，检验检疫的执行程序，执法监督和法律责任等重要内容。出入中国国境的人流、物流、货流都必须接受检验检疫。

一、出入境检验检疫制度

（一）出入境检验检疫制度概述

出入境检验检疫工作是国家出入境检验检疫部门依照国家检验检疫法律法规规定，对进出境的商品（包括动植物产品），以及运载这些商品、动植物和旅客的交通工具、运输设备，分别实施检验、检疫、鉴定、监督管理和对出入境人员实施卫生检疫及口岸卫生监督的统称。中国出入境检验检疫包括进出口商品检验、进出境动植物检疫以及国境卫生检疫。

1. 出入境检验检疫工作的主要内容和目的

对进出口商品进行检验、鉴定和监督管理，保证进出口商品符合质量标准要求、维护对外贸易有关各方面的合法权益，促进对外经济贸易的顺利发展。

对出入境动植物及其产品，包括其运输工具、包装材料的检疫和监督管理，防止危害动植物的病菌、害虫、杂草种子及其他有害生物由国外传入或由国内传出，保护本国农、林、渔、牧业生产和国际生态环境和人类的健康。

对出入境人员、交通工具、运输设备以及可能传播检疫传染病的行李、货物、邮包的功能物品实施国境卫生检疫和口岸卫生监督，防止传染病由国外传入或者由国内传出，保护人类健康。

2. 检验检疫的依据

法定检验的依据是根据保护人类健康和安全，保护动物或者植物的生命和健康，保护环境，防止欺骗行为，维护国家安全的原则，由国家检验检疫部门负责制定、调整必须实施检验的进出口商品目录并公布实施。具体的依据主要包括：

（1）货物原产地规则；

（2）安全规范：电器产品行业标准、辐射标准、易燃服装标准等；

（3）卫生法则标准：食品卫生标准、药物标准、化妆品标准等；

（4）动植物检疫法规：动植物传染病、有害生物、寄生虫等；

（5）环保法则标准：有害废水、废气、废料、烟尘排放标准；

（6）劳动保护法规标准。

3. 实行商品检验鉴定的依据

实行进出口商品检验鉴定主要是根据贸易合同的相关规定而由贸易当中某一方必须履行的义务。因此，其依据主要是买卖双方签订的进出口合同和相关一些单证，主要包括买卖合同、信用证、租船合同、海运提单、保险合同。

4. 出入境检验检疫的主管机关

出入境检验检疫工作的主管机关是国家出入境检验检疫局。其全称为：中华人民共和国国家出入境检验检疫局。检验检疫机关除了根据法律、法规对进出境产品实施检验检疫以外，还根据我国进出境产品质量现状、企业管理水平和开拓国际市场的需要，实行了一系列行之有效的质量管理制度，主要包括：进境动植物检疫审批制度，进境动植物产地预检制度，隔离建议制度，紧急预防措施，缔结双边动植物检疫协定，进口商品安全质量许可制度，进口废物原料装运前检验，出口商品质量许可制度，出口商品质量许可制度，出口食品卫生注册登记制度等。同时，对于拟设立中外合资、合作进出口商检、鉴定、认证的公司，由国家质量监督总局负责对其资格信誉、技术力量、装备设施及业务范围进行审查。合格后出具“外商投资检验公司资格审定意见书”，然后交由外经贸批准，在工商行政管理部门办理登记手续领取营业执照后，再到国家质量监督总局办理“外商投资检验公司资格证书”，方可开展经营。对于从事进出口商品检验、鉴定、认证业务的，中外合资、合作机构、公司及中资企业，对其经营活动实行统一监督管理，对于境外检验鉴定机构公司设在各地的办事处，实行备案管理。中国出入境检验检疫是国家主权的体现，是国家管理职能的体现，是国家维护根本经济权益与安全的重要技术措施，是保证中国对外贸易顺利进行和持续发展的需要。出入境检验检疫部门作为国际物流的重要一环，在我国口岸积极应对世贸组织的要求、适应现代物流发展趋势、与国际通行做法接轨的要求下，已初步建立了电子检验检疫系统。

（二）出入境检验检疫程序

检验检疫程序是指出入境货物、运输工具、集装箱、人员及其携带物，从报检/申报、采样/抽样、检验检疫、卫生除害处理、计/收费到签证放行的全过程。报检人员对应施检验的出口商品应及时向出入境检验检疫机构办理报检。出入境检验检疫机构根据商品的不同情况，或派员进行抽样，或直接派员检验。经检验不合格的，发给不合格通知单，经返工整理后可申请一次复检，复检仍不合格的，不准出口。经检验合格的，办理签证和放行，即可报关出口。出口商品需要普惠制产地证的，在报检时应另外申请办理。对外贸易关系人对应实施检验的进口商品，到货后应向出入境检验检疫机构申请登记，登记后办理放行手续，据以报关提货；登记后应抓紧办理报检（也可在登记时同时办理报检）。经出入境检验检疫机构检验后，按规定发给证书或证单。不属法定检验的进口商品，到货后收货用货单位应抓紧自行按规定验收，验收发现问题需对外索赔的，应及早向出入境检验检疫机构办理报检。进口商品在卸货时已发现残损的，应立即向口岸出入境检验检疫机构申请验残。

1. 报检申报

报检是指申请人按照法律、法规或规章的规定向检验检疫机构报请检验检疫工作的手续。检验检疫机构接受申请人报检是检验检疫工作的开始。

2. 报检单位

报检单位有进出口经营权的国内企业，入境货物收货人或其代理人，出境货物生产企业或其代理人，中外合资、中外合作和外商独资企业，国外企业、商社常驻中国代表机构等其他对外贸易关系人。

报检单位分为自理报检和代理报检两类。国家对自理报检单位实行备案登记制，对代理报检单位实行注册登记制。

报检单位首次报检时须持本单位营业执照和政府批文办理登记备案手续，取得报检单位代码。其报检人员经检验检疫机构培训合格后领取报检员证，凭证报检。代理报检单位须按规定办理注册登记手续，其报检人员需经检验检疫机构培训、考试合格后领取代理报检员证，在检验检疫机构注册后，凭证办理代理报检手续。

报检员的考试由中国质量监督检验总局统一组织，统一命题。凡拟从事或正在从事报检工作的18岁以上、具有高中及以上学历的完全民事行为能力人均可报名参加。经考试合格后，随报检企业在当地的检验检疫机构注册，取得报检员证书，即可从事报检工作。报检员在日常工作中应遵守有关法律法规和检验检疫的规定；在办理报检业务时严格按照规定提供真实的数据和完整、有效的单证，准确、清晰地填制报检单，并在规定的时间内缴纳有关费用。报检员还需参加检验检疫机构举行的培训讲座。检验检疫机构将结合日常报检工作记录，每两年对报检员进行一次审核。

3. 报检范围

报检范围主要涉及：国家法律、行政法规或规章规定的应检对象；有关国际公约规定须经出入境检验检疫机构检验检疫的对象；输入国有规定或与我国有协议/协定，必须凭检验检疫机构出具有关证书方准入境的对象；对外贸易合同、信用证规定由检验检疫机构出证的出入境对象；对外贸易关系人申请的鉴定业务；委托检验检疫的业务；一般原产地证和普惠制产地证的签证业务；涉及出入境检验检疫内容的司法和行政机关委托的鉴定业务。

4. 报检单证的缮制与提供

报检申报时须缮制报检单（见图5-2）。

(1) 报检单填制。填制报检单应符合下列要求：

① 同一合同、同一商业发票、同一提单填写一份报检单。如果同一货运单中既有动物产品，又有植物产品，需按动物类和植物类分开报检。

② 书写工整，字迹清晰，不得随意涂改，项目填写齐全；对栏目内容确实无法填写的，应注明“无”或“/”；任何人不得擅自涂改已受理报检的单据。

③ 详细列明联系人、电话号码，加盖报检单位公章；报检日期按检验检疫机构受理报检日期填写。

(2) 报检单各项填制的内容。报检单各项填制内容主要有：收货人、企业性质、发货人、货物名称、H.S. 编码、原产国（地区）、数/重量、货物总值、包装种类及数量、运输工具名称号码、合同号、提单/运单号、许可证/审批号、贸易方式、贸易国别（地区）、启

中华人民共和国出入境检验检疫

出境货物报检单

报检单位（加盖公章）： *编　号 ________

报检单位登记号： 联系人： 电话： 报检日期： 年 月 日

发货人	（中文）
	（外文）
收货人	（中文）
	（外文）

货物名称(中/外文)	H.S编码	产地	数/重量	货物总值	包装种类及数量

运输工具名称号码		贸易方式		货物存放地点	
合同号		信用证号		用途	
发货日期		输往国家(地区)		许可证／审批号	
启运地		到达口岸		生产单位注册号	
集装箱规格、数量及号码					

合同、信用证订立的检验检疫条款或特殊要求	标 记 及 号 码	随附单据（划“✓”或补填）	
		□合同	□包装性能结果单
		□信用证	□许可/审批文件
		□发票	□
		□换证凭单	□
		□装箱单	□
		□厂检单	□

需要证单名称（划“✓”或补填）				*检验检疫费	
□品质证书	__正__副	□植物检疫证书	__正__副	总金额（人民币元）	
□重量证书	__正__副	□熏蒸/消毒证书	__正__副		
□数量证书	__正__副	□出境货物换证凭单	__正__副	计费人	
□兽医卫生证书	__正__副	□			
□健康证书	__正__副	□		收费人	
□卫生证书	__正__副	□			
□动物卫生证书	__正__副	□			

报检人郑重声明：	领 取 证 单	
1. 本人被授权报检。 2. 上列填写内容正确属实，货物无伪造或冒用他人的厂名、标志、认证标志，并承担货物质量责任。 签名：________	日期	
	签名	

注：有“*”号栏由出入境检验检疫机关填写　◆国家出入境检验检疫局制

[1-2 (2000.1.1)]

图5－2　出境货物报检单

运国家（地区）、启运口岸、经停口岸、入境口岸、目的地、到货日期、卸毕日期、索赔有效期至、集装箱规格、数量及号码、合同订立的特殊条款以及其他要求、货物存放地点、用途、标记及号码等。

（3）报检时必须提供的单证。报检时必须提供的单证有：

① 受理入境货物报检时，要求报检人提供外贸合同、发票、提单、装箱单以及入境货物通知单等单证；实施安全质量许可、卫生检疫注册的应提交有关证明文件复印件，并在报检单上注明文件号。

② 受理出境货物报检时，报检人应提供外贸合同（确认书）、信用证、发票、装箱单、出口货物报关单以及有关函电等资料。

③ 申请包装检验检疫的报检。申请包装性能鉴定时，申请人须提供有关产品标准和厂检结果单等有关资料；申请包装使用鉴定时，申请人须提供包装性能鉴定报告及有关单证。

④ 申请委托检验检疫的报检。申请人应提交检验检疫样品、列明检验检疫要求，必要时提供有关检验检疫标准或检验检疫方法。国外委托人委托检验检疫和鉴定业务时，应提供有关函电或资料。

5. 报检时限和地点

必须经检验检疫机构检验检疫的入境货物应在货物入境前或入境时由收货单位或代理托运单位凭“进口货物报关清单”和其他有关单证向到货口岸或到达地的检验检疫机构办理报检手续；需要对外签证的入境货物，收货单位或代理部门应在索赔有效期前不少于20日，向口岸或货物所在地检验检疫机构报检；输入种畜、禽及其精液、胚胎的，应在入境30日前报检，输入其他动物的，应在入境15日前报检；输入植物、种子、种苗及其他繁殖材料的，应在入境7日前报检。进口货物的残损鉴定，应在口岸报检；进口大宗散装货物的鉴定，一般应在口岸报检，同一批入境需分拨到数地的货物，收货部门或代理人应报请口岸检验检疫机构检验检疫出证；因故不能在口岸进行整批检验检疫的，申请办理异地检验检疫，出境货物最迟应于报关或装运10日前报检，对个别检验检疫周期较长的货物，应留有相应的实验室工作时间，出境活动物，应在动物计划离境60日前向出境口岸检验检疫机构预报，并提交相关资料，在出境口岸隔离检疫一周前报检。凡具有下列情况之一的，应重新报检，并交还原签发的证书或证单，并按规定缴纳检验检疫费：超过检验检疫有效期限或逾期报运出境的；更改不同输入国或地区而有不同检疫要求的；出境改换包装或又重新拼装的货物需重新检验检疫的，报检后在30日内未联系检验检疫事宜或自动撤销报检的。

6. 提供抽样或制样

商品检验检疫必须提供抽样或制样：

（1）抽样。商品检验抽样是根据技术标准或操作规程所规定的抽样方法和抽样工具，在整批商品中随机地抽取少部分在质量特性上都能代表整批商品的样品，通过对该样品的检验，据此对整批商品的质量作出评定。商品检验抽样又称取样，旧称拣样。凡需检验检疫并出具结果的出入境货物，均需检验检疫人员到现场抽取样品。对于样品的抽取，如果进出口合同中规定抽样方法的，则按合同规定的标准或方法抽取；如果合同没规定抽样方法的，则按有关标准进行抽样。所抽取的样品必须具有随机性、代表性、可行性、先进性等特征。样品抽取后必须及时封识送检，以免发生意外并及时填写现场记录。

抽样工作是一项既细致又繁重的任务，为了切实保证抽样工作的质量，同时又要便利对外贸易，必须针对不同商品的不同情况，灵活地采用不同的抽样方式，比如：登轮抽样、甩包抽样、翻垛抽样、出厂进仓时抽样、包装前抽样、生产过程中抽样、装货时抽样等。

（2）制样。凡需对所抽取样品经过加工方能进行检验的称为制样（样品制备）。样品制备的一般方法有：按部位制取、按几何形状制取和按分析要求的化学成分制样三种。制样场地一般选择在检验检疫机构的实验室内；如果没有条件，也可在社会认可的实验室内制样。

（3）样品的封识及留存。样品及制备的小样经检验检疫后重新封识，超过样品保存期后销毁；需留中间样品的按规定定期保存。

（三）检验检疫方法

检验检疫是对出入境应检查对象，通过感官的、物理的、化学的、微生物的方法进行检验检疫，以判定所检对象的各项指标，是否符合合同及买方所在国官方机构的有关规定。常见的检验简易方法有：

1. 感官方法检验检疫

检验检疫人员用人体的感觉器官，对货物的外观及内在进行检验。如眼看、耳听、鼻嗅、口尝、手摸等方法。

2. 物理方法检验检疫

检验检疫人员利用力学、电学、光学、声学等仪器进行物理方面的检验检疫。

3. 化学方法检验检疫

检验检疫人员利用化学分析方法对货物的化学成分、有害元素含量进行检验检疫。

4. 微生物方法检验检疫

检验检疫人员利用微生物学的方法对货物中的细菌、致病菌、微生物进行检验检疫。

5. 隔离检验检疫

入境的动物必须在入境口岸进行隔离检验检疫；对需要隔离检验检疫的入境动物，先确定隔离场，由检验检疫人员进行临诊检查和实验室检验检疫；入境植物需隔离检验检疫的，应在口岸检验检疫机构指定的场所进行；入境的种子、种苗和其他繁殖材料，根据引进种子、种苗检疫审批单的审批意见，需要隔离检验检疫的，在口岸检验检疫机构指定的植物检验检疫给苗圃或隔离种植地种植。

6. 动植物检验检疫

为防止动物传染病、寄生虫病和植物危险性病、虫、杂草以及其他有害生物（病虫害）传入、传出国境，保护农、林、牧、渔业生产和人体健康，促进对外经济贸易的发展，对进出境的动植物、动植物产品和其他检疫物，装载动植物、动植物产品和其他检疫物的装载容器、包装物，以及来自动植物疫区的运输工具，均要实施检疫。

（四）卫生除害处理

1. 卫生除害处理对象

检验检疫机构所涉及的卫生除害处理的范围和对象是非常广泛的。有关对出入境货物、集装箱和动植物的卫生除害处理规定如下。对出入境的货物、集装箱具有下列情况之一的应实施卫生除害处理：来自检疫传染病疫区的；被检疫传染病污染的；发现与人类健康有关的啮齿类动物或者病媒虫超过国家卫生标准的；装卸的是废旧物品或可能携带致病微生物对人类健康造成危害的其他物品；经检验不符合进口食物卫生标准的；来自动植物疫病流行国家或地区以及装载动物、植物产品的集装箱。

2. 卫生除害处理要求

对出入境的动植物及其产品和其他检疫物的卫生除害处理要求：输入的动物检出中国政府规定的一类传染病、寄生虫病的其阳性动物及与其同群的其他动物全群扑杀，并销毁尸体；检出中国政府规定的二类传染病、寄生虫病的其阳性动物退回或扑杀。输入的动植物、动植物产品和其他检疫物，经检疫发现危害性病虫害，无有效除害处理方法的，作退回或销毁处理；输入的动植物、动植物产品和其他检疫物，经检疫发现危害性病虫害，有有效除害处理方法的，作卫生除害处理；输入的动植物、动植物产品和其他检疫物，经检疫发现一般性病虫害超过规定标准的，作卫生除害处理；输入动植物产品、动植物性包装、铺垫材料必要时进行外包装消毒处理；出境动植物、动植物产品和其他检疫物，经检疫不合格，可通过除害处理达到出口要求的，作卫生除害处理。

卫生除害处理的方法主要包括：①物理方法。超声波、紫外线照射、加热处理、冷冻处理、捕杀、焚烧、深埋等；②化学方法。药物蒸熏除害、药物表面喷洒。另外，其他措施有禁止入出境、过境和封存等。

（五）收费

1. 收费的依据

出入境检验检疫收费是根据中国进出口商品检验检疫的相关法律法规实施的。收费办法及标准是国家计划委员会、财政部联合制定的。收费对象是向出入境检验检疫机构申请检验检疫、鉴定等业务的货主及其代理人。

2. 检验检疫收费内容

检验检疫收费内容包括出入境检验检疫费、考核费、注册费、认可认证费、签证费、审批费、查验费、出入境动植物实验室检疫项目费、鉴定业务费、检验处理费等。检验检疫收费基本上是以货物总值为基础，按费率计收或以重量、数量、检验检疫或鉴定项目为基础按定额计收。计费时根据不同的申请类别、不同的货物类别、不同的检验检疫内容、不同的检验检疫项目，采取不同的费率和定额。然后再根据检验检疫鉴定的结果、检验检疫方式、货物的性质、检验检疫鉴定费金额大小（检验内容的相关性）、贸易方式及签证要求，对照规定计算出最后的收费金额。收费方式一般有预收费和月底结算两种。对预收费者，申请人取证（单）时，根据检验检疫结果，采取多退少补的补救措施。检验检疫机构必须严格按照《出入境检验检疫收费管理办法》的规定执行，不得擅自变更收费项目、提高或降低收费标准。

表 5－2 所示为运输工具检验检疫参考费用。

表 5－2 运输工具检验检疫参考费用

编号	名 称	计费单位	收费标准	最低费额（元）	备 注
	运输工具检验检疫费				
1	检疫				
(1)	船舶（包括废旧船舶和修理船舶）				1. 客轮加收 50%。2. 同一船舶同日多次往返边境界河或港澳台与内地之间同一口岸的，按两艘次收费
a	10 001 总吨以上	艘次	330		

续上表

编号	名　　称	计费单位	收费标准	最低费额（元）	备　　注
b	5 001 总吨～10 000 总吨	艘次	260		
c	1 001 总吨～5 000 总吨	艘次	170		
d	101 总吨～1 000 总吨	艘次	100		
e	100 总吨以下	艘次	60		
(2)	飞机				
a	起飞重量 100 吨以上	架次	50		
b	起飞重量 100 吨以下	架次	30		
(3)	火车	厢次	4		
(4)	汽车及其他车辆	车次	2		
2	适载检验				适用于《进出口商品检验法实施条例》第二十九条规定的范围
(1)	清洁	舱、车、厢	30		
(2)	温度	舱、车、厢	30		
(3)	密固	舱、车、厢	60		
	集装箱检验检疫费				20 英尺集装箱为一个标准箱，40 英尺及 45 英尺集装箱按两个标准箱计（下同）
1	检疫	标箱次	4		
2	适载检验				适用于《进出口商品检验法实施条例》第二十九条规定的范围
(1)	清洁	标箱次	6		罐式集装箱加一倍收费
(2)	温度	标箱次	6		

（六）签证与放行

签证、放行是检验检疫机构检验检疫工作的最后一个环节。

1. 签证

凡法律、行政法规、规章或国际公约规定须经检验检疫机构检验检疫的出境货物，经检验检疫合格的，签发“出境货物通关单”，作为海关放行货物的依据；同时，国外有要求签发有关检验检疫证书的，检验检疫机构根据对外贸易关系人的申请，经检验检疫合格的，签发相应的检验检疫证书。经检验检疫不合格的，签发“出境货物不合格通知单”。

2. 放行

凡法律、行政法规、规章或国际公约规定须经检验检疫机构检验检疫的入境货物，检验检疫机构接受报检后，先签发“入境货物通关单”，海关据以验放货物。然后，经检验检疫机构检验检疫合格的，签发“入境货物检验检疫情况通知单”，不合格的对外签发检验检疫证书，供有关方面对外索赔。需异地实施检验检疫的，口岸检验检疫机构办理异地检验检疫手续。

二、出入境主要运输工具、集装箱的检验检疫

国际间货物的贸易是通过运输工具的装载而从一个国家或地区向另外一个国家或地区转运的。运输工具流动性大，因而成为人、动物、植物疫病病原或危险性有害生物的比较重要

的携带媒介，在人、动物、植物传染病或危险性有害生物的传播扩散方面起着重要作用。所以，与国际货物出入境需要检验检疫一样，出入境运输工具、集装箱等也需要检验检疫。

口岸检验检疫机构对运输工具根据《国境卫生检疫法》和《动植物检疫法》的规定，出入境的运输工具，如船舶、飞机、火车、汽车或应进境供拆船用的废旧船舶以及进境车辆均应依法接受检疫；出入境检验检疫机构对运输工具实施检疫时有权登船、登机、登车查验，任何单位或个人不得以任何形式阻止检验检疫人员登船、登机、登车实施检疫。

（一）出入境船舶卫生检疫申报

1. 入境船舶卫生检疫申报

入境船舶申报程序是：

（1）船方或其代理人应当在船舶预计抵达口岸24小时前向入境口岸检验检疫机构申报。

（2）受入境的船舶，在航行中发现检疫传染病（鼠疫、霍乱、黄热病）、疑似检疫传染病，或者有人非因意外伤害而死亡且死因不明的，船方必须立即向入境口岸检验检疫机构报告。

（3）受入境检疫的船舶，按规定悬挂检疫信号，在发给入境检疫证之前，不得降下检疫信号：

① 白天：悬挂“Q”字旗，表示没有染疫，请发给入境检疫证；

② 悬挂“QQ”字旗，表示本船有染疫或有染疫嫌疑，请即刻实施检疫；

③ 夜间：悬挂红灯三盏，表示没有染疫，请发给入境检疫证；

④ 悬挂红红白红四盏灯，表示本船有染疫或有染疫嫌疑，请即刻实施检疫。

（4）检疫地点。必须在最先到达的国境口岸的检疫锚地或者经检验检疫机构同意的指定地点实施。

（5）检疫方式。检疫方式分为四种：锚地检疫、随船检疫、靠泊检疫和电信检疫。

持有效的《交通工具卫生证书》的国际航行船舶在抵港前24小时，通过船舶公司或船舶代理向港口或锚地所在地检验检疫机构以电报形式报告。

2. 出境船舶卫生检疫申报

出境船舶申报程序是：

（1）船舶必须是在最后离开的出境港口接受检疫；

（2）船方或其代理人应当在船舶离境前4小时内向出境口岸检验检疫机构办理出境检疫手续，提供所需的资料；

（3）经审核船方提交的出境检验检疫资料或者经登轮检验检疫，符合有关规定的，检验检疫机构签发《交通工具出境卫生检疫证书》，并在船舶出口岸手续联系单上签注。

（二）出入境航空器

1. 入境飞机检疫申报

入境飞机申报程序是：

（1）按来自疫区与非疫区区别受理申报；

（2）来自非疫区的飞机可通过地面航空站与检验检疫机构通过电讯进行检疫申报；

（3）来自疫区的飞机，在飞行中发现检疫传染病、疑似检疫传染病，或者有人非因意外伤害而死亡并死因不明时，机长应当立即通知到达机场的航空站向检验检疫机构申报，并在最先到达的国境口岸的指定地点接受检疫。

2. 飞机出境检疫申报

应当在出境检疫的飞机起飞前向检验检疫机构提交申报单、货物仓单和其他有关检疫证件。

(三) 出入境列车及其他车辆

1. 出入境列车的卫生检疫申报

出入境列车申报程序是：

(1) 出入境列车在到达或者出站前，车站有关人员应向检验检疫机构提前预报车上有无疾病发生等事项；

(2) 客运列车到达车站后，检疫人员首先登车，列车长或者其他车辆负责人应当口头申报人员的健康情况及列车上的卫生情况；

(3) 入境、出境检疫的列车，在查验中发现检疫传染病或疑似检疫传染病，或者因卫生问题需要卫生处理时，应将延缓开车时间、需调离便于卫生处理的行车路线、停车地点等有关情况通知车站负责人。

2. 出入境汽车及其他车辆的卫生检疫申报及其查验程序

出入境汽车及其他车辆的卫生检疫申报及其查验程序是：

(1) 固定时间的客运汽车，在出入境前由有关部门提前通报；

(2) 装载的货物应按口岸规定提前向检验检疫机构申报货物种类、数量及重量、到达地等；

(3) 对入境货运汽车，根据申报实施卫生检查或必要的卫生处理，检疫完毕后签发《运输工具检疫证书》。

(四) 出入境集装箱的检验检疫

1. 入境集装箱的检验检疫

入境集装箱的检验检疫程序是：

(1) 入境集装箱的报检人应在办理报关前，向进境口岸检验检疫机构报检。这里指空的集装箱，或者集装箱装的是非法检货物；

(2) 对于装载法定检验检疫货物的进境集装箱，与进境货物一起报检，一起签证放行。

2. 出境集装箱的检验检疫

出境集装箱的报检。出境集装箱报检程序是：

(1) 出境集装箱的报检人应在集装箱装货前向所在地检验检疫机构报检；

(2) 对于装载出境货物的集装箱，口岸检验检疫机构凭启运地检验检疫出具的检疫证单验证放行；

(3) 对于在出境口岸拼装货物的集装箱，由出境口岸检验检疫机构实施检验检疫。

三、我国出入境检验检疫业务的信息化

1. 出入境检验检疫业务信息化的发展

为了提高检验检疫工作效率和通关速度，检验检疫系统于2000年进行了检务改革，作业管理实现了“五个统一”，即检验检疫通关方式的统一，签证流程管理的统一，证书格式

内容的统一，证书印制管理的统一，综合业务计算机管理系统的统一。对内建立了监督制约机制，真正实现了“六个一次”（一次报检/申报、一次计收费、一次抽样、一次检验检疫、一次处理、一次签证放行）的工作模式。由于规范了内部管理和作业流程，大大提高了检验检疫工作效率，加快了通关速度。

同时，为适应现代科学技术和电子商务发展的紧迫形势，切实提高检验检疫效率和执法水平，为外贸企业提供更加便利、快捷的服务，检验检疫系统全面加快了CIQ2000信息化工程（CIQ2000信息化工程包括一个网络，即检验检疫广域网络；三个系统，即中国检验检疫信息系统、行政办公系统、业务管理系统）建设，实现了对报检、计收费、检验检疫、签证通关、统计汇总和系统推广等管理的计算机信息化、网络化。在此基础上，检验检疫部门大力推广了“三电”2E工程，即电子报检、产地证电子签证、电子转单三项由检验检疫员直接服务的信息化工程，以简化手续，节省企业费用。

检验检疫部门还与海关横向联合，建立了“先报检，后报关”的通关协调机制：海关一律凭报关地检验检疫机构签发的通关单验放。这一措施规范了检验检疫秩序，为我国检验检疫系统实现联网和数据共享打下了基础，有效地防止了逃漏检现象的发生，强化了执法把关的职能，切实提高检验检疫系统行政执法的整体效能，配合海关等有关部门共同建立的“口岸电子执法系统”，提前实现与海关的电子通关。

2. 电子检验业务程序

电子报检是指报检人使用电子报检软件通过检验检疫电子业务服务平台将报检数据以电子方式传输给检验检疫机构，经检验检疫业务管理系统和检务人员处理后，将受理报检信息反馈报检人，实现远程办理出入境检验检疫报检的行为。

电子报检的 般工作流程包括四个环节：

（1）报检环节：报检人申请开通电子报检业务后，检验检疫局对其提交的报检数据进行“先机审、后人审”的审核过程。

（2）施检环节：报检企业接到报检成功信息后，按信息中的提示与施检部门联系检验检疫。

（3）收费：报检单位逐票或按月缴纳检验检疫等有关费用。

（4）放行：对于核准符合检验检疫要求的进出境货物，检验检疫机构按规定放行。

3. 电子转单

电子转单指通过系统网络，将产地检验检疫机构和口岸检验检疫机构的相关信息相互连通，出境货物经产地检验检疫机构将检验检疫合格后的相关电子信息传输到出境口岸检验检疫机构；入境货物经入境口岸检验检疫机构签发《入境货物通关单》后的相关电子信息传输到目的地检验检疫机构实施检验检疫的监管模式。电子转单包括出境电子转单和入境电子转单。与传统的报检验程序相比，电子转单具有数据信息共享、简化操作程序、降低外贸成本、提高通关速度的功能。

目前暂不实施转单的情况有：

（1）出境货物在产地预检的；

（2）出境货物出境口岸不明确的；

（3）出境货物需到口岸并批的；

（4）出境货物按规定需在口岸检验检疫并出证的；

（5）其他按有关规定不适用电子转单的。

实施电子转单后的查验和更改：

（1）查验：按《口岸查验管理规定》需核查货证的，报检单位应配合出境口岸检验检疫机构完成检验检疫工作。

（2）更改：产地检验检疫机构签发完《转单凭条》后需进行更改的，按《出入境检验检疫报检规定》的有关规定办理。

第三节 口岸通关

一、通关制度概述

通关制度是指货物在进出境环节完纳进出口税费，并办结了各项海关手续后，进口货物可以在境内自行提取，出口货物运离关境可以自由流通的海关通关制度。

海关通关制度的特点主要表现在以下方面。

1. 必须在进出境环节完纳进出口税费

进出境环节即货物提取或装运前的通关环节；“进出口税费”是指货物在通关时，因其直接发生了一次合法的进口或出口，在海关税法上被规定应税，而须向海关缴纳的关税、国内税及其他费用；“完纳”则是指按照《进出口税则》的税率全额计征。但是，对于《进出口税则》规定零税率的或《进出口关税条例》列明免于征税（即法定减免）的进出口货物则无须缴纳进出口税费。

2. 进出口时交验相关的进出境国家管制许可证件

对于进出口货物涉及的各项进出境国家管制，均应在货物进出口前办妥审批手续，其许可证件通关时随报关单一并向海关交验。

3. 货物在提取或装运前办结海关手续

适用一般进出口通关制度的货物在申报、接受查验并缴清进出口税费，经海关复核放行后，报关人方能提取或装运。对于适用一般进出口通关制度的货物而言，海关放行即意味着通关货物的各项海关手续业已办结。

4. 货物进出口后可自由流通

所谓自由流通是指货物在海关办结了海关手续即可由报关人自行处理。一般进出口货物进口后或出口运离关境后可以自由流通，不再接受海关监管。

二、货物通关程序

在我国，货物的进出境须经过海关审单、查验、征税、放行四个环节。与之相适应，进出口货物收发货人或其代理人应当在按程序办理相应对的进出口申报、配合查验、缴纳税费、提取或装运货物等手续后，货物才能进出境。

《海关法》第二十四条规定，进口货物的收货人应当自运输工具申报进境之日起 14 日内，出口货物的发货人除海关特准的外应当在货物运抵海关监管区后、装货的 24 小时以前，向海关申报。

进口货物的收货人超过前款规定期限向海关申报的，由海关征收滞报金。申报最后一天为法定节假日的，顺延至节假日结束后的第一个工作日。滞报金按日征收，起征日为规定申报时限的次日，截止日为申报日，起征日与申报日均记入滞报时间。滞报金起征点为人民币50元。滞报金的日征收金额为进口货物完税价格的0.5‰。

自运输工具申报进境之日起三个月未向海关申报的进口货物，海关可依法变卖处理，所得价款在扣除运输、装卸、储存等费用和税款后，尚有余款的，自货物依法变卖之日起一年内，经收货人申请予以发还，逾期上缴国库。

经海关批准，进出口货物的收发货人、受委托的报关企业可以在进口货物启运后、抵港前或出口货物运入海关监管场所前3日内提前申报；也可以自装载货物的运输工具申报进境之日起一个月内向指定海关办理集中申报。

进出口货物申报以货物本身为中心、进出口报关单为媒介进行。在报关单中，须按要求申报进出口货物的进出口日期、运输工具名称、提运单号码、税号、品名、规格型号、价格、原产地、数量、重量、收发货单位、经营单位、申报单位等海关监管和进出口统计所必需的信息。

为便于说明报关程序三个阶段的内容，我们把进出境货物按照海关监管的基本特征大致分为一般进出口货物、保税货物、特定减免税货物、暂准进出境货物、其他进出境货物五大类。

三、电子通关

国家质检总局和海关总署联合开发了电子通关联网核查系统，已于2003年1月1日在主要口岸的检验检疫机构和海关推广使用。该系统采用网络信息技术，将检验检疫机构签发的出入境通关单的电子数据传输到海关计算机业务系统，海关将报检报关数据比对确认相符合的，予以放行。

电子检验检疫系统的建成实现了从企业申报、检验检疫监管到通关放行全过程的电子化。电子检验检疫在我国已初具规模，企业基本实现了申报电子化，实现了企业足不出户就可通过网络进行申报。电子检验检疫的实施，极大地提高了通关速度，减轻了企业负担，提高了检验检疫工作效率，实现了对进出口企业、进出口货物和检验检疫自身的严密监管。电子检验业务系统的日趋完善有利于统一检验检疫单证格式的内容，有利于收费标准的统一，有利于加强对报检员和代理报检员的管理，有利于规范出入境检验检疫工作。在保证工作质量的前提下，能够缩短报检和检验检疫签证流程、简化手续、方便进出、加快通关，能够促进检验检疫机构工作作风的转变，增强服务意识，确保进境货物不误检验检疫和通关。

典型案例

报关员计分考核标准

依据报关员报关单填制不规范，报关行为不规范程度和行为性质，一次考核记分的分值为1分、2分、5分、10分、20分、30分。

1. 下列情形之一的记 1 分

（1）电子数据报关单的有关项目填写不规范，海关退回责令更正的。

（2）在海关签印放行前，因为报关员原因造成申报差错，报关单位向海关要求修改申报单证及其内容，经海关同意修改，但未对国家贸易管制政策的实施、税费征收及海关统计指标造成危害的。

（3）未按照规定在纸质报关单及随附单证上加盖报关专用章及其他印章或者使用印章不规范的。

（4）未按照规定在纸质报关单及随附单证上签名盖章或者由其他人代表签名盖章的。

2. 有下列情形之一的记 2 分

（1）在海关签印放行前，因为报关员填制报关单不规范，报关单位向海关申请撤销申报单证及其内容，经海关同意撤销，但未对国家贸易管制政策的实施、税费征收及海关统计指标等造成危害的。

（2）海关人员审核电子数据报关单时，要求报关员向海关解释、说明情况补充材料或者要求提交货样等有关内容的，海关告知后报关员拒不解释、说明、补充材料或拒不提供货样等有关内容，导致海关退回报关单的。

3. 有下列情形之一的记 5 分

（1）报关员自接到海关“现场交单”或者“放行交单”通知之日起10 日内，没有正当理由，未按照规定持打印处的纸质报关单，被其规定的随附单证，到货物所在地海关递交书面单证并办理相关海关手续，导致海关撤销报关单的。

（2）在海关签印放行后，因为报关员填制报关单不规范，报关单位向海关申请修改或者撤销报关单（因出口更换舱单除外），经海关同意且不属于走私、偷逃税等违法违规性质的。

（3）在海关签印放行后，海关发现因为报关员填制报关单不规范，报关单币值或者价格填报与实际不符，且两者差额在 100 万元人民币以下，数量与实际不符，且有四位数以下差值，经海关确认不属伪报的，但影响海关统计的。

4. 有下列情形之一的记 10 分

（1）出借本人报关员证件，借用他人报关员证件或者涂改报关员证件内容的。

（2）在海关签印放行后，海关发现因报关员填制报关单不规范，报关单币值或者价格填报与实际不符，且两者差额在 100 万元人民币以上，数量与实际不符，且有四位数以上差值，经海关确认不属伪报的。

5. 有下列情形记 20 分

因违反海关监管规定行为被海关予以行政处罚，但未被暂停执行、取消报关从业资格的记 20 分。

6. 有下列情形记 30 分

因走私行为被海关予以行政处罚，但未被暂停执业、取消报关从业资格的记 30 分。

实　训

填制报关单

实训目的

通过报关单的填制，了解和熟悉进出口货物的报关流程，掌握报关单的填制过程。

实训内容

上海进出口有限公司经上海市机电办批准（批文号码为06－JZ5661168），与日本一公司签订合同（合同号码为TX200523）购买下列商品：

HEX DEYS WRENCH	30 kg	1000套	10美元/套
DOUBLE RING OFFSET WRENCH	30 kg	1500套	10美元/套
CONBINATION WRENCH	40 kg	2000套	20美元/套
ADJUSTABLE WRENCH	45 kg	1500套	20美元/套

成交价为FOB 95 000美元，标记唛码为N/M，于2012年5月24日装“COSCO V.861”船由东京运抵上海港，提单号为XY05110，由木箱包装，共60箱，包装重量175 kg，净重145 kg，经办理运输手续后该公司于5月26日向吴淞海关办理进出口报关手续。随附单据B：T0608114 总运费：890美元保险费：990美元，经营单位代码：0387124666，报关员为李莉。

实训课时

2课时

实训要求

根据基本信息，填制报关单。

检查标准

根据基本信息，填制报关单，并检查填制是否完整。

自·测·练·习

一、单项选择题

1. 因违反海关监管规定行为被海关予以行政处罚，但未被暂停执行、取消报关从业资格的记________。

A. 5分　　B. 10分　　C. 15分　　D. 20分

2. 出境集装箱的报检人应在集装箱________向所在地检验检疫机构报检。

A. 出境前　　B. 装货中　　C. 装货前　　D. 装货后

3. 报关单编号的最后六位数字没有实际意义，是________。

A. 登记号　　B. 流水号　　C. 会员号　　D. 企业编号

4. 海关监管仓库的注册资本最低限额为________人民币。

A. 300 万元　　B. 400 万元　　C. 500 万元　　D. 600 万元

5. 在我国，________是包括依法直接进口或者出口货物的中华人民共和国关境内的法人、其他组织或者个人。

A. 自理报关单位　　B. 自理报关公司　　C. 自理报关部门　　D. 自理报关企业

二、多项选择题

1. 海关的性质是________。

A. 国家行政机关　　B. 国家进出境监督管理机关　　C. 国家行政执法活动

D. 监督管理　　E. 调解

2. 海关的权力主要包括________。

A. 行政许可权　　B. 税、费征收权　　C. 行政处罚权

D. 佩带和使用武器权　　E. 行政强制权。

3. ________必须通过设立海关的地点进境或者出境。

A. 进出境运输工具　　B. 进出境货物　　C. 进出境物品

D. 进出境个人用具　　E. 进出境个人证件

4. 按使用性质的报关单有________。

A. 进料加工进出口货物报关单（粉红色）

B. 来料加工及补偿贸易进出口货物报关单（浅绿色）

C. 外商投资企业进出口货物报关单（浅蓝色）

D. 一般贸易及其他贸易进出口货物报关单（白色）

E. 需国内退税的出口贸易报关单（浅黄色）

5. 实行商品检验鉴定的依据，除买卖双方签订的进出口合同外，还包括________等。

A. 买卖合同　　B. 信用证　　C. 租船合同　　D. 海运提单　　E. 保险合同

三、是非题（正确的打“√”，错误的打“×”）

1. 报检人员对应施检验的出口商品应及时向出入境检验检疫机构办理报检。（　　）

2. 《中华人民共和国海关法》中的“进出境航空器”具体指载运进出境旅客的民用飞机。（　　）

3. 联检制度特别规定：对于中国籍国际航行船舶和在我国港口间航行的外国籍船舶，一律实行联检。（　　）

4. 报关单的填制必须真实，要做到两个相符：即单证相符，单货相符。（　　）

5. 在我国，货物的进出境须经过海关审单、查验、征税、放行四个环节。（　　）

四、思考题

1. 海关的权利有哪些？

2. 海关的基本任务有哪些？

3. 报检单位如何获得向检验检疫机关进行进出口货物申报？

4. 报关员扣分制度如何实施？

5. 如何进行动植物检验检疫？

第六章

国际货运仓储业务

学习目标

◎知识目标

了解口岸仓储管理；了解口岸仓储业务；了解口岸仓储作业。

◎能力目标

掌握口岸仓储管理的内容；熟悉口岸仓储作业的内容；掌握口岸仓储作业。

第一节　口岸仓储业务概述

“仓储”的概念是指利用仓库存放、储存未即时使用的物品的行为。当物资、物料、物品等未被即时消耗掉而需要专门的场所存放时，就产生了静态仓储。当物资、物料、物品存入仓库并对存放的这些物资、物料、物品进行保管、控制和供货等，便形成了动态仓储。

一、仓储概述

（一）仓储的作用

仓储的作用主要体现在以下几个方面：

1. 产生时间效用

仓储能克服生产和消费在时间上的间隔而产生时间效用，即通过对物资、物料、物品的储存行为产生时间价值。因此，为了调整和消除生产和消费的时间差别，就需要通过仓库实现仓储行为。

2. 克服供求矛盾

仓储能克服生产旺季与生产淡季以及生产和消费之间的供求矛盾，例如产大于销的矛盾和非供应季节销大于产的矛盾。仓储的目的就是要克服这些矛盾，保证生产的连续性和消费的连续性。

3. 提供服务项目

在仓储过程中，通过备货、分拣、包装和流通加工等作业，以及实施对在库物品的库存控制，能为用户提供更多的物流管理服务项目。通过提供这些服务项目，不仅能提升对用户的服务质量，同时也能提升现代物流仓储的管理水平。

（二）仓储的种类

1. 按仓储物的处理方式划分

按仓储物的处理方式划分的仓储种类有：

（1）保管式仓储。保管式仓储又称纯仓储。保管式仓储由存货人将特定的物品交出仓储保管人进行保管，到期后仓储保管人将物品交还存货人。保管物品除发生自然损耗外，数量、质量、件数一般不发生变化。

（2）加工式仓储。加工式仓储是指仓储保管人在仓储期间根据存货人的要求对保管物品进行一定加工的仓储方式。仓储保管人根据存货人的要求对保管物品进行外观、成分构成等方面的加工，使仓储物品达到存货人的要求。

（3）消费式仓储。仓储保管人在保管物品的同时接受保管物品的所有权。消费式仓储是指仓储经营人利用仓储物品开展营销的增值活动。

2. 按仓储经营主体划分

按仓储经营主体划分的仓储种类有：

（1）自营性仓储。自营性仓储包括流通企业自营性仓储和生产企业自营性仓储。流通企业自营性仓储是流通企业通过其所拥有的仓储设施对其经营的物品进行仓储的行为。生产企业自营性仓储则是生产企业使用自有的仓储设施对生产使用的原材料、中间产品、最终产品进行仓储的行为。

（2）商业性仓储。仓储经营人通过其拥有的仓储设施，面向社会提供商业性仓储行为。存货人与仓储经营人通过订立仓储合同而建立商业性仓储关系。商业性仓储包括提供货物仓储服务和提供仓储场地服务等。

（3）战略储备仓储。战略储备仓储是为了国防安全、社会稳定的需要而实行的储存战略性物资的仓储。战略储备仓储的对象主要是储存粮食、油料、有色金属等国家战略性物资。战略储备由国家政府进行控制，重视储备物的安全性，仓储时间较长。

（4）公共性仓储。公共性仓储是利用公共仓储设施提供仓储服务。

（三）仓储的任务

1. 物资存储

物资存储是仓储的基本任务，是指利用仓储设施或设备将物品收存并进行妥善保管，确保物品不受损害。物资的存储可以是长期的存储，也可以是短期的存储。

2. 数量及质量管理

仓储的数量管理包括两个方面：一是存货人交付保管的仓储物品的数量和提取的仓储物品的数量必须一致；二是保管人可以按照存货人的要求分批收货和分批出货，并对仓储物品的数量进行控制。

仓储的质量管理是指保管人应采取先进的存储技术、合理的保管措施来保管仓储物品。当仓储物品发生货损、货差时，应采取有效措施，减小损失，并及时通知存货人。

3. 流通加工

流通加工是生产企业将产品的分装、组装等工序留至最接近销售的仓储环节进行的加工作业，其目的是满足消费的需要。

4. 配送

配送是指在仓储过程，根据生产和销售的需要由仓库将仓储物品配送至目的地的业务。仓储配送业务的发展有利于生产企业减少存货，节约流动资金，保证销售的正常进行。配送是现代物流的主要特征之一。

（四）仓储管理

仓储管理是指仓储企业利用其所具有的仓储资源而进行的仓储计划、仓储组织、仓储控制和协调过程。仓储管理包括储存空间的管理、物品管理、人事劳动、经营决策等一系列管理工作。

1. 仓储管理的任务

仓储管理的主要任务是：

（1）以实现仓储经营最终目标为原则的组织管理。为实现仓储经营的最终目标，仓储管理涉及的内容主要有：内部行政管理、设备管理、财务管理、安全管理、库场作业管理等。

（2）以高效率、低成本为原则组织仓储作业。仓储作业应遵循高效、低耗的原则，充分利用仓储设备、先进的仓储技术、高效的管理手段，提高仓储利用率，降低成本，保持连续、稳定的仓储作业。仓储作业的核心在于充分利用先进的仓储技术，建立科学、高效的作业程序，实行严格的监督管理。仓储作业的内容主要包括货物入库、储存、出库作业，仓储物的验收、理货交接，货物在库期间的保管照料、质量维护、安全防护等。

（3）利用市场经济手段实现仓储资源的合理配置。仓储管理需要利用其自身在市场中的优势吸引货源，通过仓储资源的合理配置，以获得效益的最大化。其具体任务包括根据市场供求关系合理选择仓库地址，通过仓储差异化确定仓储功能，合理优化仓储布局和设施配置等。

2. 仓储管理的基本原则

仓储管理的基本原则是：

（1）经济效益原则。仓储业的生产经营活动应以经济效益最大化为目标而展开，但同时也应兼顾其应承担的社会责任，履行环保等社会义务，实现生产经营的社会效益。

（2）效率原则。仓储效率表现在仓容利用率、货物周转率、货物进出库时间、货物装卸时间等指标上。仓储的效率原则就是指以最少的劳动量的投入，获得最大的产出。仓储劳动量主要是指仓储设施、劳动力等。高效率要通过准确的核算、科学组织、合理的场所、空间的优化、机械设备的合理使用以及各部门人员之间的有效合作来实现。仓储作业现场的组织、规章制度的制定与执行、完善的约束机制等是实现高效率的保证。

（3）服务原则。仓储服务的对象是其所服务的客户，因此仓储管理需要围绕其所提供的服务进行定位，即如何提供服务、改善服务、提高服务质量。仓储的服务水平与仓储经营成本存在一定程度的背反关系。仓储服务的管理原则就是要在降低成本和提高服务水平两者之间寻找平衡点。

3. 仓储管理的基本要素

仓储管理的基本要素包括仓储结构、仓储数量、仓储时间、仓储费用等。

（1）仓储结构。仓储结构是指仓储设施的结构和数量的结构。仓储管理涉及的仓储结构问题是指仓库存储物品的种类、规格、金额、储存量的比例关系，以及仓储设施的数量、类型等的关系。仓储服务的对象是仓储结构的决定因素。仓储结构应能反映市场需求的变化和物品的品种规格的变化以及它的保障程度。

（2）仓储数量。仓储数量是指为保证生产或流通顺利进行并可正常供应所需的数量。在其他因素不变的条件下，仓储量与需要量成正比，因此，仓储应保证生产和市场对需求量的满足要求。

（3）仓储时间。在保证需求的前提下，物品的储存时间应越短越好。

（4）仓储费用。仓储租费、保养维护费、利息支出等都能在一定程度上判断储存的合理与否。

二、仓储设施与设备

（一）仓储设施

仓库是暂时保管、储存物品的建筑物和场所的总称。仓储设施主要指仓库和堆场。

1. 仓库的概念

一般使用建筑物作为仓库，例如库房、货棚等。也有暂时使用车辆、船舶、集装箱等设备作为仓库。直接利用地面和水面作为保管、储存物品的场所称为堆场。

仓库在物流系统中作为物流服务的据点，发挥着重要功能。仓库的功能主要有：

（1）保管和储存功能。保管和储存货物是仓库的基本功能。在货物储存期间，为了避免货物使用价值的丧失，应提供与货物性能特点相适应的储存环境和储存条件。保管和储存货物过程应根据货物本身的特性及其变化规律，配有相应的仓库设备和设施，通过对储存货物进行保管和养护等作业活动以减少货物使用价值的损失。

（2）调节功能。在由供应商、企业和顾客组成的物流供应链中，下一道环节对物资的需求与上一道环节的供应在时间上往往是不同步的，这种需求和供给之间的时间差需要仓库来调节，并满足生产和生活的需要。

（3）流通和配送功能。随着现代消费者需求的个性化和多样化的发展，产品的生命周期缩短，新产品投放市场的速度加快，企业的生产方式从少品种、大批量向多品种、小批量转化。这种变化要求现代仓库的功能从保管储存型向流通型转变，以适应多品种小批量、多批次小数量的物流方式。仓库不再以储存保管货物为主要目的，而是在流通过程中作为物流服务中心而发挥作用。仓库不仅应具有物品检验、整理、分拣、配货、发送等功能，而且还应具有重新包装、定量化小包装、贴价格标签和货物标记、再包装等流通加工功能。

（4）信息服务功能。仓库在实施保管功能的同时，还承担对信息管理的功能。现代化的仓库通过计算机系统不仅可以储存所有仓储管理信息，跟踪仓储管理过程，及时处理各类管理信息，并对仓库信息进行处理，还可以与有关部门和其他企业联网，形成计算机管理信息网络，从而为相关部门和客户提供及时和准确的仓库信息服务。

2. 仓储设施结构

仓库有单层仓库、单跨仓库、双（多）层仓库、双跨（三跨）仓库、地下仓库、筒状仓库、露天堆场、简易仓库、立体高架仓库（见图6－1）等。

3. 仓储设施类型

口岸仓储设施类型主要有各类型的仓库和堆场：

（1）保税仓库。根据有关法律和进出口贸易的规定取得许可，经海关批准，在海关监管下，专供存放未办理关税手续而入境或过境货物的仓库。

（2）配送中心。配送中心是口岸仓储设施的重要类型，这类仓库具有发货、配送和流通加工的功能。

（3）港口仓库。为了保管进出口货物，在海港、空港附近建立的仓库（见图6－2）。

图6－1　立体高架仓库

图6－2　港口仓库

(4) 内陆仓库。与港口仓库相对应，在内陆部分地区建造的仓库统称为内陆仓库。

(5) 枢纽站仓库。货物枢纽站是货物运输的起终点。为了发展现代化运输，通常在货运枢纽站建有仓库，这种在流通集散地建造的仓库称为枢纽仓库。

(6) 冷藏仓库。冷藏仓库有制冷设备，并有良好的保温隔热性能，以保持较低温度的仓库，称冷藏仓库。此类仓库用于保管怕热、需保鲜的物资，如生物制品、食品及医药品等。

(7) 冷冻仓库。冷冻仓库有制冷设备，并有良好的保温隔热性能，以保持温度在零度以下的仓库，称冷冻仓库。此类仓库主要用于保管动物性食品等。

(8) 恒温仓库。恒温仓库为既能够调节温度并能保持某一温度的仓库。

(9) 特种仓库。特种仓库用以储存具有特殊性能的、要求特殊保管条件的物品，如危险品、石油等。常见的有原油库、成品油库、液化气球罐（见图6-3）和危险品仓库等。

(10) 自动化仓库。自动化仓库（见图6-4）是指由电子计算机管理和控制的，不需人工搬运工作而实现无人收发作业的仓库。自动化仓库的种类主要有单元货格式自动化仓库、贯通式自动化仓库、水平循环货架式自动化仓库、垂直循环货架式自动化仓库、拣选货架式自动化仓库等。自动化仓库按建筑形式分主要为整体式仓库。

图6-3 液化气球罐

图6-4 自动化仓库

(11) 堆场。堆场是一种露天仓库，用于堆放集装箱、散货和件杂货。

（二）仓储设备

1. 仓储设备配置的原则

为使仓储设备发挥最大作用，必须进行合理的选择和管理使用。此外，还要求仓储设备具有良好的运行稳定性和安全性。

2. 仓储设备的作用

各种类别的仓储设备是仓库经营中不可缺少的物质技术基础。随着科学技术的发展，仓储设备也在不断更新和完善。仓储设备的主要作用是提高仓储作业的效率和质量。

3. 口岸常用的仓储设备

口岸常用的仓储设备主要有：

(1) 托盘。托盘不仅是一种用于集装、堆放、搬运和运输的成组工具，也是仓库的主要设备之一。使用托盘便于用叉车等装卸搬运机械进行装卸搬运作业。常用的托盘为木托盘(见图6-5)。

(2) 货架及其系统。货架是指专门用于存放成件物品的保管设备，在现代物流活动以及仓库活动中，占有非常重要的地位。对货架的主要要求有：充分利用仓库空间，提高库容利用率，扩大仓库储存能力，保证货物完整，减少货物损失；方便存取货物，便于清点及计量，可实施先进先出等各种库存策略。

货架系统的种类主要有：托盘货架、后推式货架、重力式货架、流动式托盘货架（见图6-6)、流利式货架（见图6-7)、立体式高层货架等。

图6-5 木托盘

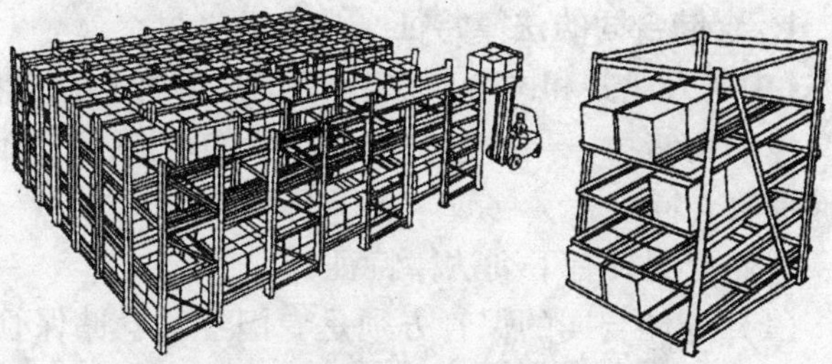

图6-6 流动式托盘货架

图6-7 流利式货架

三、仓储能力的确定

仓库储存货物时，在具体确定每个货位到底能储存多少某种物品时，要以该物品的单位仓容定额作为计算基础。单位仓容定额是指在一定的条件下，单位面积允许合理储存的货物的最高数量。在这里，“一定的条件”主要是指仓储管理水平，作业的机械化程度，仓库地坪的负荷量，存储货物本身的性质、特点及形状、重量等。在实践中，单位仓容定额通常是由库场单位面积技术定额和货物单位面积堆存定额两项指标取最小值来确定的。单位面积技术定额是指库场地面设计和建造所达到的强度。货物单位面积堆存定额一般是由货物本身的性质及其包装强度所确定的。

四、货损货差控制

在仓库保管货物过程中发生的损耗，应该控制其损耗数量在仓储合同规定的合理范围之内。一般情况下，合理损耗应由货主单位承担，超过合理范围之外的损耗则应由仓储部门承担，并追究相关的责任人。如果是运输过程中发生的货损货差，则应由承运人负责赔偿。

五、仓储合同管理

（一）仓储合同概述

1. 仓储合同的法律特征

《中华人民共和国合同法》第381条将仓储合同定义为："仓储合同是保管人储存存货人交付的仓储物，存货人支付仓储费的合同。"仓储合同是一种特殊的保管合同，所以又称仓储保管合同。

仓储合同具有下列法律特征：

（1）仓储合同的保管方须是专门经营仓储保管业的人。

（2）仓储合同为诺成性合同。

（3）仓储合同是有偿合同。

（4）仓储合同的仓储物为动产。

2. 仓储合同的当事人

仓储合同的当事人双方分别为存货人和保管人。

存货人是指将仓储物交付仓储的一方。存货人必须是具有将仓储物交付仓储的处分权的人，可以是仓储物的所有人，也可以是只有仓储权利的占有人（如承运人），或者是受让仓储物但未实际占有仓储物的虚拟所有人，或者有权处分人（如法院、行政机关）等，可以是法人、非法人单位、事业单位、个体经营户、国家机关、公民等。

保管人为仓储货物的保管一方。根据合同法的规定，保管人必须有仓储设备和具备专门从事仓储保管业务的资格。也就是说，保管人必须拥有仓储保管设备和设施，如仓库、场地、装卸搬运设施、消防设备等基本条件。从事特殊保管的，还要有特殊保管的条件要求。设施和设备无论是保管人自有的，还是租赁的，保管人必须具有有效的经营使用权。同时，保管人从事仓储经营必须具有经营资格，进行工商登记，获得工商营业执照。保管人可以是独立的企业法人、企业的分支机构，或者个体工商户、合伙经营者、其他组织等，可以是专门从事仓储业务的仓储经营者，也可以是贸易货栈、车站、码头的兼营机构，从事配送经营的配送机构等。

3. 仓储合同的标的

合同标的是指合同当事人权利和义务所共同指向的对象。仓储合同虽然约定的是仓储物的保管事项，但合同的标的却是仓储保管行为，包括仓储物、仓储空间和仓储时间等。保管人提供保管空间和时间保管仓储物，存货人提供仓储物并为使用保管人的仓储行为支付仓储费。

（二）仓储合同的订立

1. 订立的原则

仓储合同的订立，是存货人与保管人之间依据双方当事人意思而实施的能够引起权利与义务关系发生的民事法律行为。

仓储合同订立的具体原则是：

（1）平等原则。即作为仓储合同的当事人双方的法律地位一律平等。无论是存货人还是保管人，双方均享有独立的法律人格，独立地表达自己的意思，双方是在平等基础上的利益互换。

（2）等价有偿原则。等价有偿原则是要求仓储合同的双方当事人依据价值规律来进行利益的选择，禁止无偿划拨、调拨仓储物，也禁止强迫保管人或存货人接受不平等的利益交换。

（3）自愿与协商一致的原则。自愿意味着让存货人与保管人完全地依照自己的知识、判断去追求自己最大的利益。协商一致是在自愿基础上寻求意思表示一致，寻求利益的结合点。存货人与保管人协商一致的约定，具有与法律同等的约束力。仓储合同的订立只有在协商一致的基础上，才能最充分地体现出双方的利益，从而保证双方能依约定履行合同。

2. 仓储合同的订立过程

仓储合同的订立要具备以下要素：

（1）要约。所谓要约，就是一方当事人向另一方当事人发出的以订立合同为目的而提出的合同条件。要约是特定的合同当事人所为的意思表示，它以具体的、足以使合同成立的主要条件为内容，向要约人希望与之缔结合同的相对人发出，且表明对方一经承诺即受约束。在仓储合同中，一般来说，要约的内容至少应当包括以下内容：标的物数量、质量、仓储费用。即使没有具体的数量、质量和仓储费用的表述，也应当通过具体的方式来确定这些内容。根据仓储合同的特点和现实环境，一般来说，仓储合同的要约最好以书面形式发出，特别是大批货物的储存与保管，更应订立仓储合同。在实践中，如果是长期的固定的货物储存，一般存货人与保管人都应当签订长期仓储合同；在分期分批储存时，应再填写标准格式的仓单，办理具体的仓储手续。

（2）承诺。承诺是受要约人完全同意要约内容的意思表示。承诺必须是在要约的有效期限内作为，并与要约的内容完全一致。除受要约人之外的任何第三人所作的承诺都不是法律上的承诺，而仅仅是一项要约，就像迟到的承诺只是要约一样。受要约人对要约内容的任何扩充、限制或者其他变更，都只能构成一项新要约，而非有效的承诺。

在仓储合同中，承诺最具法律意义，保管人一经承诺，仓储合同即告成立，且同时生效。也就是说，仓储合同是诺成合同，合同的成立与生效同时发生，该效力的发生基于一个有效的承诺。

3. 仓储合同条款

仓储合同的主要条款，是存货人与保管人双方协商一致而订立的，规定双方所享有的主要权利和承担的主要义务的条款，是合同的内容。仓储合同的主要条款是检验合同的合法性、有效性的重要依据。

仓储合同的条款包括：

（1）双方当事人名称。

（2）仓储物的品名、品种、规格。

（3）仓储物的数量、质量和包装。

（4）仓储物验收的内容、标准、方法、时间、资料。

（5）仓储物保管条件和要求。

(6) 仓储物入库和出库的手续、时间、地点、运输方式。

(7) 仓储物的损耗标准和损耗处理。

(8) 计费项目、标准和结算方式。

(9) 保管期限。

(10) 变更和解除合同的期限。

(11) 争议的解决方式。

(12) 违约责任。

4. 仓储合同的格式

仓储合同的格式主要有合同书、确认书、格式合同。合同书是仓储合同的最常用格式。

(三) 仓单

所谓仓单，就是指仓储保管人在收到仓储物时向存货人签发的表明已经收到一定数量的仓储物，并以此来代表相应的财产所有权利的法律文书。

我国《合同法》第385条规定："存货人交付仓储物时，保管人应当给付仓单。"

仓储合同成立后，存货人依据合同的约定将仓储物交付保管人。仓储物的转移并不发生其所有权的转移。因此，为了标明存货人对仓储物的所有权，保管人应当付给存货人必要的权利证明凭证。凭此证明，存货人可以表明自己是仓储物的所有人，保管人必须返还仓储物给存货人。该凭证即为仓单。

第二节　口岸仓储作业

仓储作业过程是指从仓库接受物品入库开始，到按需求将物品出库的全部过程。仓储作业过程由入库作业、在库作业和出库作业组成一个仓储作业系统。

一、入库作业

(一) 入库准备

仓库应根据仓储合同、物品入库凭证等仓储单证及时地进行库场准备，并做好入库前的准备工作，以保证货物准确、迅速、安全入库。货物入库前的准备工作主要包括以下几方面的内容：

1. 编制仓储计划

仓库的业务人员和管理人员应掌握入库物品的品种、规格、数量、包装状况、单件体积、重量、确切的到库时间、物品存期、物品的物理化学特征、保管的要求等具体情况，以及仓库货位的使用情况、机械设备条件、劳动力等情况编制仓储计划，并将仓储计划信息下达到各个相应的作业单位。

2. 货位准备

仓库部门根据仓储计划，结合仓库分区、分类、定位保管的要求，核算占用货位大小，根据货位使用原则，妥善安排货位，并做好具体的货位准备工作。

3. 苫垫材料准备

对需要苫垫的物品，应根据入库货物的性能、保管要求、数量及库场的具体条件确定堆垛方法，制订苫垫方案，准备好苫垫物料，以确保入库货物的安全。

4. 设备器具准备

为了提高入库作业的效率，货物入库作业必须采用装卸搬运机械和搬运工具的配合，仓库部门应该根据入库货物具体情况，设计好装卸搬运工艺，调配好设备，准备好验收用的检验工具，如衡具、量具等，并检测准确。

5. 资料准备

仓库员对货物入库所需的各种报表、单证、记录簿，如入库记录、理货检验记录、料卡、残损单等按要求准备妥当，以备使用。

（二）货位安排

1. 货位规划

货位是指储存物品在仓库中具体存放的位置。货位规划要充分满足货物的保管要求和作业的方便。具体地说，货位安排应该注意以下几项规则。

（1）根据货物的数量、尺度、特性、保管要求选择货位。应当根据储存物品存量的多少，比较准确地确定每种物品所需的货位大小及数量；货位尺度与货物尺度要匹配；为了避免物品在储存过程中相互影响，应注意货物之间的忌装问题，性质相同或者保管条件相近的物品可以集中存放，并且货位的通风、光照、温湿度、排水、防风、防雨等条件应该满足货物保管的需要。

（2）根据物品周转情况安排货位。货位规划应遵循“先进先出”的原则。为便于搬运，提高作业效率，对快进快出的货物在安排货位时，应尽可能安排在靠近通道、出入口或专用线的位置，以加速作业和缩短搬运距离。

（3）根据存储物品的作业要求合理选择货位。对于重大件物品，货位的选择首先应从考虑装卸机械作业是否方便。对使用货架存放的货物应根据具体情况来合理选择货位，安排的货位应该尽可能地保证搬运、堆垛、上架的作业方便，并要有足够的作业场地。

（4）作业分布均匀。所安排的货位尽可能避免在仓库内或同一作业线路上有多项作业同时进行，以免互相妨碍。

（5）建立储备货位。在规划货位时应该注意物品进出仓库的不平衡性，因此要保留一定的储备货位，以便当物品大量入库时可以调剂货位的使用，合理使用货位，避免发生“爆库”现象。

2. 货位布置方式

露天货物的货位布置，一般为货垛与主要作业通道成垂直方向。

库房货位布置的方式主要有以下三种：

（1）横列式。货垛（货架）与库房的宽向平行排列。

（2）纵列式。货垛（货架）与库房的宽向垂直排列。

（3）混合式。同一个库房里横列式排列货垛和纵列式排列货垛同时存在。

3. 货位编号

货位编号就是将物品存放场所按照位置的排列，采用规定的货位编号方法，对每一个货位进行编号，以便存取货物速度的提高。

货位编号通常采用四号（位）定位法。例如，在仓库四号定位法中，四组数字依次代表仓库编号、库门编号、库内柱子编号、库内货位编号。

根据货位编号即可迅速地确定某种物品具体存放的位置。实行货位编号，有利于提高作业效率，减少差错，同时，也有利于对仓储物品进行检查和监督。

集装箱堆场的货位布置按集装箱箱型分为20英尺箱型堆场和40英尺箱型堆场。

（三）物品验收入库

物品验收是按照验收业务作业流程，核对凭证等规定的程序和手续，对入库物品进行数量和质量检验的经济技术活动的总称。所有到库物品，在入库前必须进行检验，验收合格后方可正式入库。

1. 物品查验方式

物品查验方式分为全验和抽验：

（1）全验。全验需要耗费大量的人力、物力和时间，检验成本高，但可以保证验收质量。在物品批量小、规格复杂、包装不整齐的情况下，可采用此法。数量和外观质量检验一般要求全验。

（2）抽验。物品质量和储运管理水平的提高以及数理统计的发展，为抽验方式提供了物质条件和理论依据。对于大批量、相同包装、相同规格、信誉较高的存货单位的物品可采用抽验的方式检验。但在抽验中发现问题较多时，应扩大抽验范围，甚至采用全验方式。

2. 物品检验

物品检验的方法有：

（1）数量检验。数量检验一般包括称重、计件、检尺求积等过程。

（2）质量检验。质量检验包括外观质量检验和内在质量检验。

（四）物品入库的交接手续

入库物品经仓库检验合格后可由仓库管理部门经签收后入库，并留存相应单证，如进仓单（表6-1）等。同时，仓库应在入库单证上生成该批货物的货位编号，以便仓库管理。对验收过程中发现差错、破损等不良情况的物品，仓库必须在单证上详细注明情况，并由双方当事人签字，以便与供货方、承运方分清责任。

表6-1 进仓单

进仓单

凭证存储编号：

委托单位：　　进仓日期：　年　月　日　　存放仓位：

<table>
<tr><th rowspan="2">货 号</th><th rowspan="2">商品名称</th><th rowspan="2">规 格</th><th rowspan="2">单 位</th><th colspan="2">数 量</th><th colspan="2">总重量（kg）</th></tr>
<tr><th>件 数</th><th>每件细数</th><th>毛 重</th><th>净 重</th></tr>
<tr><td></td><td></td><td></td><td></td><td></td><td></td><td></td><td></td></tr>
<tr><td colspan="2">商品情况：</td><td colspan="6">每件体积：____ m^3
每件毛重：____ kg
每件折合：____ t，共计____ t</td></tr>
</table>

验收：　　保管员：　　制单：

二、在库作业

（一）物品的保管

货物储存在仓库里，表面上看是静止不变的，但实际上它每时每刻都在发生着变化。这些变化会损害货物的使用价值和价值，因此，企业要对在库货物进行合理的保管与养护，尽量减少货物变化带来的损失。

要防止货物发生变化，应抓好货物的保管与养护工作，坚持“以防为主，防治结合”的方针，具体从以下几方面着手：严格验收入库货物；适当安排储存场所；对货物进行妥善堆码与苫垫；控制好仓库的温度与湿度；认真做好货物的在库检查；搞好仓库清洁卫生。

（二）物品的养护

货物养护是一项综合性工作。在流通过程，需要分别对不同性质和不同储存条件下的货物采取不同的养护措施，以防止其质量劣化。由于构成物品的材料不同，性质各异，受到的各种自然因素影响也不同，货物产生的物理性质、化学性质、生物性质、机械性质等变化也各不相同。因此，仓储工作人员就需要掌握和运用科学理论和先进的养护技术从事货物的养护工作。

（三）在库仓储作业

1. 订单处理

订单处理是仓库组织、调度的前提和依据，是其他各项作业的基础。

由于仓储业务活动是以客户订单发出的订货信息作为其驱动源，因此，仓储活动开始前，应根据订单信息，对客户的分布、所订物品的品名、物品特性和订货数量、送货频率和要求等资料进行汇总和分析，以此确定所要配送的货物种类、规格、数量和配送的时间，最后由调度部门发出配送信息（如拣货单、出货单等）。

订单处理过程中，订单的分拣和集合是订单处理过程中的重要环节。

订单处理是实现企业顾客服务目标最重要的影响因素。改善订单处理过程，缩短订单处理周期，提高订单满足率和供货的准确率，提供订单处理全程跟踪信息，可以大大提高顾客服务水平与顾客满意度，同时也能够降低库存水平，在提高顾客服务水平的同时降低物流总成本，使企业获得竞争优势。

一般的订单处理过程主要包括五个部分，即订单准备、订单传递、订单登录、按订单供货、订单处理状态追踪。

2. 分拣作业

分拣作业是仓储作业的核心环节。人工分拣作业通常有两种，即摘果法分拣和播种法分拣。分拣作业是在拣货信息指导下实现分拣。拣货作业人员根据客户订单要求，采用不同的拣选方法从储存的货物中拣出用户所需物品。对于少量客户的订单要求可以采取摘果法进行拣选；对大量客户订单要求则可采用播种法分拣。

分拣作业过程的组成环节是：

（1）拣货信息的产生。拣货作业是根据拣货信息进行的。拣货信息主要来源于客户的订单。拣货信息的传递可以采用纸面传递方式或电子拣货信息传递，如条形码等。拣货作业根据拣货信息进行，这样可以实现快速拣货，并提高拣货作业的效率和准确性。

（2）搬运作业。进行拣货作业时，物品搬运是不可避免的，因此，缩短拣货过程中货物搬运距离是提高仓储作业效率的关键。

（3）拣选作业。无论是采用人工拣选还是自动拣取作业，拣选作业的内容都必须与拣货信息传递的指示一致。

（4）配装作业。当拣选作业完毕或在拣选作业过程中需要按客户的订单进行配装，目的是能正确且迅速地集合顾客所订购的物品，然后快速出货。

3. 配装作业

为了提高车辆的实载率，对不同客户的少量配送货物进行搭配装载就需要配装。通过配装作业可以大大提高送货水平并降低送货成本。

配装作业主要涉及货物的托盘装载技术、货物的集装化以及车辆货物的配装：

(1) 托盘技术。托盘是一种重要的成组集装器具，托盘与叉车的共同使用，能使装卸机械化水平大幅度提高，也有效促进了物流水平的提高。

(2) 集装技术。集装是将许多单件物品，通过一定的技术措施组合成尺寸规格相同、重量相近的大型标准化的组合体，这种大型的组合状态称为集装。集装的形态有绳扣、笼车、集装箱等。

(3) 车载货物的配装。车辆配装主要涉及车辆货位的安排、车辆载重和容积的有效利用以及选择最优的装车方案。为了充分利用运输车辆的容积和载重能力，提高运输效率，在选择合理的配送路线和运力的前提下，可以将不同客户的货物组合配装在同一辆载货车上，并有效地进行混载与配载。

4. 理货作业

理货作业是指对在库物品和已分拣的物品按客户订单的要求对物品进行数量清点、内外质量检查、分类分拣等一系列作业过程。

理货作业是仓储作业的重要工作，尤其在仓库配货和出货作业过程中，理货的重要性尤显突出。理货作业的好坏直接影响配货作业的好坏。

理货作业的具体内容有：

(1) 入库物品进行数量和质量检验过程的理货作业。

(2) 入库物品进行分拣分类过程的理货作业。

(3) 入库物品安排货位过程的理货作业。

(4) 入库物品的理货记录的缮制。

(5) 办理入库物品交接手续。

理货作业的交接过程由理货人员与供货方、承运方办理交接手续，签署送货单或交接清单等相关单证，同时接受与入库物品相关的文件资料。

口岸理货作业是一种强制性作业。作业时，应以订单或仓储合同所要求的内容作为理货标准，若无合同或单证约定的标准，则按照国家标准或行业标准理货。

5. 盘点作业

对在库的物品进行账目和数量上的清点作业，称为盘点作业。

盘点作业的内容主要有：

(1) 查数量。通过点数计数查明物品在库的实际数量，核对库存账面资料与实际库存数量是否一致。

(2) 查质量。检查在库物品质量有无变化，有无超过有效期和保质期，有无长期积压等现象，必要时还必须对物品进行技术检验。

(3) 查保管条件。检查保管条件是否与各种物品的保管要求相符合。

盘点方法主要分为账面盘点、实物盘点和账物盘点。通常盘点时间和对象可参考表6－2确定。

表 6-2 盘点时间与对象确定表

盘点的对象	盘点的时间
主要物品（A 类物品）	每天或每周盘点一次
一般物品（B 类物品）	每二三周盘点一次
次要物品（C 类物品）	每月盘点一次

（四）堆场作业

堆场是指用以堆存、保管和转运货物的露天场地。堆场主要用于堆存不怕日晒、水湿的大宗散货、包装件杂货（主要是袋装、箱装、桶装货物）以及集装箱。堆场堆存货物必须采用有效的防晒、防湿措施，如加盖加垫等，以保证货物的质量。

1. 集装箱堆场作业

集装箱堆场是指供装卸船舶堆放集装箱的场所，同时也是临时保管和向货主交接集装箱的地方。

集装箱堆场（见图 6-8）通常分为前方堆场、后方堆场、空箱堆场和集装箱货运站。集装箱通常采用分区堆存。为了避免集装箱随意摆放，并减少倒箱作业，将集装箱堆场划分为 20 英尺箱区和 40 英尺箱区。

集装箱堆场作业流程分为进口箱作业、出口箱作业、集装箱堆场内作业、集装箱的疏港作业等。

集装箱堆场 CFS 是指专用于集装箱货物装箱、拆箱和拼箱作业场所。主要从事箱内货物的积载和拆箱作业。

2. 件杂货堆场作业

件杂货堆场主要用于钢材、油桶、日用陶器、瓷器等件杂货存放（见图 6-9）。件杂货在堆场存放要考虑对货物进行苫盖和苫垫，防止各种自然条件对货物产生影响，导致其质量下降。

图 6-8 集装箱堆场

图 6-9 件杂货堆场

苫盖和苫垫作业的目的是便于通风，防止货物受潮、霉变和残损。

件杂货的堆垛方式，可以根据外包装的形式进行堆垛。常用的堆垛方式有：重叠式堆垛法、压缝式堆垛法、梯形式堆垛法、圆形堆垛法、屋脊式堆垛法、通风式堆垛法等。

3. 散货堆场作业

散货堆场（见图 6-10）一般适用于堆存大宗散货，如煤炭、矿石、矿砂、建材等物料。

散货堆场的作业方式通常采用地面作业系统，例如，取料机系统、堆料机系统、堆取料机系统、翻车机系统和装车系统等。我国多采用堆取料机系统、翻车机系统和装车系统，前者用于堆场堆取料作业，后两者用于铁路装卸车作业。

散货堆场堆放散货时，不同品种、不同规格的货物要分堆；在变更堆放品种时，要事先清扫场地，以防不同货物混堆。散货堆放的垛型通常采用梯形垛。

三、出库作业

（一）催提

催提是指仓库通过传真、电话、信件、EDI等方式向提货人或存货人发出提货通知的行为。

催提工作应该在存货到期日的前一段时间进行。如果仓储合同中约定了催提时限，则应根据合同约定的期限催提；如果合同没有约定的，仓库应该在合理的提前时间内催提，保证提货人有足够的准备时间。

图6-10 散货堆场

（二）核单备货

物品出库必须根据货主开出的“提货单”或“物品调拨通知单”等正式出库凭证进行，严禁无单或白条发料。仓库接到出库凭证后，应该由业务部门进行仔细审核。核对的主要内容包括：审核出库凭证上的印鉴是否齐全、相符，有无涂改，以判断其真实性、合法性；核对出库物品的品名、规格、型号、数量、收货单位、银行账号等具体项目；审核出库凭证的有效期。审核无误后，业务部门将出库凭证移交给仓库保管人员，保管员复核无误后，应该根据出库凭证备货。备货应该遵循“先进先出、易霉易坏先出、不利保管先出、零数先出”的原则。

（三）物品出库的形式

1. 自提出库

自提即由收货人或其委托人持“提货单”或“物品调拨通知单”直接到仓库提货。

2. 送货出库

送货即为仓库保管部门根据货主提交的“提货单”或“物品调拨通知单”备货，然后把应发物品送交运输部门，送达收货单位。

3. 移库出库

移库即货主单位由于业务上的需要或保管条件的要求，将某批物品从A仓库转移到B仓库的一种发货形式。对于A仓库来说是出库。仓库必须根据货主单位开出的正式移库单，给予办理移库手续。

4. 过户出库

过户即储存物品所有权的转移，物品不出库。仓库必须根据原存储户开发的正式过户凭证予以办理过户手续。

5. 取样

取样是指提货单位出于了解物品质量以及其他业务的需要，到仓库提取货样。仓库同样必须根据正式的取样凭证，发出样品，并作好相应的账务处理。

（四）出库交接

无论是哪一种出库方式，仓库都应该仔细核对提货凭证，认真核实提货人身份，避免出现多发货、错发货等情况。经全面复核无误后，即可办理清点交接手续。

仓库与运输部门或提货人的出库交接应在仓库现场办理交接手续，以此划清责任。运输部门则需根据货主指定的地点，送货并办理交接手续，明确责任。在自提方式下，仓库发货人与提货人在仓库现场当场交接清楚，并办理签收手续。

典型案例

如何支付仓储费

案由

甲公司与乙储存公司签订了一份仓储合同，合同规定，乙公司为甲公司储存货物50件，储存期限为6个月，仓储费用为每件每月100元人民币，储存期间内，甲公司陆续提货，6个月期满，提清全部货物。

合同生效后，甲公司开始根据销售陆续提走货物，但合同期满，仍有10件货物未提走。合同期满的第3个月，乙公司催告甲公司领取货物，甲乙公司就仓储费用产生纠纷。

案例要点

(1) 甲公司领取的40件货物，都是提前领取的，是否可以要求乙公司返还部分仓储费?

(2) 合同期满后，乙公司是否负有催告义务，催告甲公司领取货物?

(3) 对合同期满后，又储存了3月的10件货物，甲公司是否应支付仓储费，如何支付?

要点评析

新《合同法》第392条规定："储存期间届满，存货人或者仓单持有人应当凭仓单提取仓储物。存货人或者仓单持有人逾期提取的，应当加收仓储费。提前提取的，不减少收仓储费"。"储存期间届满，存货人或者仓单持有人不提取仓储物的。保管人可以催告其在合理期限内提取，逾期不提取的，保管人可以提存仓储物"。

因此，甲公司不可以要求减收仓储费，合同期满乙公司没有催告的义务，甲公司逾期提取的货物，应加付仓储费。按每件每月100元计，10件货物3个月应支付仓储费3 000元。

实 训

填制进仓单

实训目的

通过填制进仓单，了解进仓单的基本信息，熟悉进仓单的填制过程。

实训内容

第三医药商店委托我库储存报关一批药品：××颗粒，货号0796；规格：12克/袋×60盒，共4盒。每件5 kg。每件体积：0. 425×0. 22×0. 235 m^3，凭证存储编号：

00032，进仓日期：2011 年 6 月 6 日，存放仓位：3～4。经入库查验，其中倒置一箱。入库检验员：章晓；仓库保管员：李峰明；制单员：王东。

实训课时

2 课时

实训要求

根据商品信息，填制进仓单。

检查标准

根据商品信息，填制进仓单，并检查填制是否完整。

自·测·练·习

一、单项选择题

1. 以下属于货物进行入库验收的方式的是________。

A. 全检　　B. 明检　　C. 盲检　　D. 质检

2. 以下属于货物入库时必须核对的凭证是________。

A. 出库通知单　　B. 供货单位的装箱单　　C. 收货单　　D. 检验单

3. 以下属于质量检验方法的是________。

A. 计件　　B. 检斤　　C. 检尺求积　　D. 理化检验

4. ________是指经海关批准，在海关监管下专供存放未办理关税手续而入境或过境货物的场所。

A. 储存仓库　　B. 合同仓库　　C. 特种仓库　　D. 保税仓库

5. 以下不属于选择货位的原则的是________。

A. 先进先出　　B. 重近轻远　　C. 急不围缓　　D. 大不围小

二、多项选择题

1. 仓容定额是指一定条件下，单位面积允许合理存放商品的最高数量。以下属于仓容定额种类的是________。

A. 仓库面积利用率定额　　B. 仓容定额　　C. 重量吨

D. 单位面积储存量定额　　E. 仓库有效面积测定

2. 在仓储作业中，货物的管理目标是________。

A. 维护良好的储存环境　　B. 充分有效利用空间

C. 提高人力资源及设备的利用率　　D. 有效保护好物料的质量和数量

E. 使所有在储货物处于随存随取状态

3. 仓库是物流系统的基础设施，按其仓库功能分为________。

A. 储存仓库　　B. 流通仓库　　C. 特种仓库

D. 筒仓　　E. 保税仓库

4. 在仓库中，货物入库时的验收准备工作包括________。

A. 设备准备　　B. 货位准备C. 资料准备

D. 器具准备　　E. 人员准备

5. 货物入库验收工作的基本要求是________。

A. 准确　　B. 省时　　C. 高效　　D. 低成本　　E. 及时

三、是非题（对打“√”，错打“×”）

1. 在货物接运过程中，会发生和发现的差错包括：错发、漏发、混装、丢失和受潮污损等。（　）

2. 货物进行入库验收的方式的有质检和量检。（　）

3. 数量检验分三种形式，即计件、检斤和检尺求重。（　）

4. 按照盘点范围的不同，盘点可分为定期盘点、临时盘点和日常盘点。（　）

5. 货物出库过程中出现的问题是多方面的，主要表现在：出库凭证上的问题、提货数与实存数不符、串发私错发货、漏记和错记账。（　）

四、思考题

1. 什么是仓储？

2. 简述仓库的概念和类型。

3. 仓储作业涉及哪些内容？

4. 仓储合同的主要条款有哪些？

5. 什么叫仓单？

第七章

国际货运配送业务

学习目标

◎知识目标

了解口岸配送管理；了解口岸配送业务；了解口岸配送作业；了解分拨中心；了解国际快递业务。

◎能力目标

熟悉口岸配送管理的内容；熟悉口岸配送作业的内容；掌握口岸配送作业；熟悉分拨中心业务；熟悉国际快递业务。

第一节 口岸配送业务概述

一、配送的一般概念

1. 配送的发展

配送的发展大体上经历了三个阶段：

（1）萌芽阶段。在该时期，配送主要是以促销手段的职能来发挥其作用的。

（2）发展阶段。在这个时期，配送的特征是建立适应物流发展的配送体系。

（3）成熟阶段。20 世纪 80 年代以后，受全球经济发展的影响，配送有了长足的发展。在这个时期，配送已演化成了广泛的、以高新技术为支撑手段的系列化、多功能物流活动。

2. 配送的特点

配送包括以下特点：

（1）配送不仅仅是送货。配送业务中，除了送货，在活动内容中还有“拣选”、“分货”、“包装”、“分割”、“组配”、“配货”等项工作，这些工作难度很大，必须具有发达的商品经济和现代的经营水平才能做好。

（2）配送是送货、分货、配货等活动的有机结合体。配送是许多业务活动有机结合的整体，同时还与订货系统紧密联系。要实现这一点，就必须依赖现代情报信息，建立和完善整个大系统，使其成为一种现代化的作业系统。这也是以往的送货形式无法比拟的。

（3）配送的全过程有现代化技术和装备的保证。由于现代化技术和装备的采用，使配送在规模、水平、效率、速度、质量等方面远远超过以往的送货形式。在活动中，由于大量采用各种传输设备及识码、拣选等机电装备，使得整个配送作业像工业生产中广泛应用的流水线，实现了流通工作的一部分工厂化。因此可以说，配送也是科学技术进步的一个产物。

（4）配送一种专业化的流动分工方式。以往的送货形式只是作为推销的一种手段，目的仅仅在于多销售一些商品。而配送则是一种专业化的流动分工方式，是大生产、专业化分工在流通领域的体现。因此，如果说一般的送货是一种服务方式的话，配送则可以说是一种体制形式。

3. 配送的作用

配送的作用主要是：

（1）完善了输送及整个物流系统。第二次世界大战之后，由于大吨位、高效率运输力量的出现，使干线运输无论在铁路、海运抑或公路方面都达到了较高水平，长距离、大批量的运输实现了低成本化。但是，在所有的干线运输之后，往往都要辅以支线或小搬运，这种支线转运或小搬运，这种支线运输及小搬运成了物流过程的一个薄弱环节。这个环节有和干线运输不同的许多特点，如要求灵活性、适应性、服务性，致使运力往往利用不合理、成本过高等问题难以解决。采用配送方式，从范围来讲将支线运输及小搬运统一起来，加上上述的各种优点使输送过程得以优化和完善。

（2）提高了末端物流的效益。采用配送方式，通过增大经济批量来达到经济地进货，又通过将各种商品用户集中一起进行一次发货，代替分别向不同用户小批量发货来达到经济地发货使末端物流经济效益提高。

(3) 通过集中库存使企业实现低库存或零库存。实现了高水平的配送之后，尤其是采取准时配送方式之后，生产企业可以完全依靠配送中心的准时配送而不需保持自己的库存。或者，生产企业只需保持少量保险储备而不必留有经常储备，这就可以实现生产企业多年追求“零库存”，将企业从库存的包袱中解脱出来，同时解放出大量储备资金，从而改善企业的财务状况。实行集中库存，集中库存的总量远低于不实行集中库存时各企业分散库存之总量。同时增加了调节能力，也提高了社会经济效益。此外，采用集中库存是可利用规模经济的优势，使单位存货成本下降。

(4) 简化事务，方便用户。采用配送方式，用户只需向一处订购，或和一个进货单位联系就可订购到以往需去许多地方才能订到的货物，只需组织对一个配送单位的接货便可代替现有的高频率接货，因而大大减轻了用户工作量和负担，也节省了事务开支。

(5) 提高供应保证程度。用生产企业自己保持库存，维持生产，供应保证程度很难提高（受到库存费用的制约），采取配送方式，配送中心可以比任何单位企业的储备量更大，因而对每个企业而言，中断供应、影响生产的风险便相对缩小，使用户免去短缺之忧。

4. 配送的定义

根据中华人民共和国国家标准《物流术语》（GB/T 18354—2006），“配送”被定义为：在经济合理区域范围内，根据用户的要求，对物品进行拣选、加工、包装、分割、组配等作业，并按时送达指定地点的物流活动。

一般来说，配送的本质一定是根据用户的要求，在物流据点内，如仓库、配送中心等，进行分拣、配货等工作，并将配好的货物适时地送交收货人的过程。它是物流中一种特殊的、综合的活动形式。配送是商流与物流紧密结合的运作过程，既包含了商流活动，也包含了物流活动中若干功能要素。

配送是最终的资源配置，属于经济体制的一种形式，最接近顾客。它一头连接着物流系统的业务环节，一头连接着消费者，直接面对服务对象的各种不同的服务要求。配送功能完成的质量及其达到的服务水难，最直观而又具体地反映了物流系统对需求的满足程度。

配送的主要经济活动是现代送货，与传统意义上的简单送货不同。配送以现代生产力劳动手段为支撑，以现代化作业方法和手段，特别依赖于现代化信息系统和信息作业的高水平的送货服务，离开现代化技术设施，就很难从水平、速度、服务质量上达到一个新的高度，更难以展开社会性流通配送。

配送的实质是从物流终点至用户的一种特殊送货形式，它区别于一般送货，是一种“中转”形式。一般送货通常具有偶然性的特点，而配送则具有经常性和固定性，是一种有确定组织、确定渠道，有一套装备和管理力量，有一套制度的体制形式。

二、配送的要素

1. 集货

集货，即将分散的或小批量的物品集中起来，以便进行运输、配送的作业。

集货是配送的重要环节，为了满足特定客户的配送要求，有时需要把从几家甚至数十家供应商处预订的物品集中，并将要求的物品分配到指定容器和场所。

集货是配送的准备工作台或基础工作，配送的优势之一，就是可以集中客户进行一定规模的集货。

2. 分拣

分拣是将物品按品种、出入库先后顺序进行分门别类堆放的作业。

分拣是配送不同于其他物流形式的功能要素，也是配送成败的一项重要支持性工作。它是完善送货、支持送货准备性工作，是不同配送企业在送货时进行竞争和提高自身经济效益的必然延伸。所以，也可以说分拣是送货向高级形式发展的必然要求。有了分拣，就会大大提高送货服务水平。

3. 配货

配货是使用各种拣选取设备和传输装置，将存放的物品，按客户要求分拣出来，配备齐全，送入指定发货地点。

4. 配装

在单个客户配送数量不能达到车辆的有效运载负荷时，就存在如何集中不同客户的配送货物，进行搭配装载以充分利用运能、运力的问题，这就需要配装。跟一般送货不同之处在于，通过配装送货可以大大提高送货水平及降低送货成本，所以配装也是配送系统中有现代特点的功能要素，也是现代配送不同于已往送货的重要区别之一。

5. 配送运输

运输中的末端运输、支线运输和一般运输形态的主要区别在于：配送运输是较短距离、较小规模、额度较高的运输形式，一般使用汽车做运输工具。与干线运输的另一个区别是，配送运输的路线选择问题是一般干线运输所没有的，干线运输的干线是唯一的运输线，而配送运输由于配送客户多，一般城市交通路线又较复杂，如何组合成最佳路线，如何使配装和路线有效搭配等，是配送运输的特点，也是难度较大的工作。

6. 送达服务

将配好的货运输到客户还不算配送工作的结束，这是因为送达货和客户按货往往还会出现不协调，使配送前功尽弃。因此，要圆满地实现运到之货的移交，并有效地、方便地处理相关手续并完成结算，还应讲究卸货地点、卸货方式等。送达服务也是配送独具的特殊性。

7. 配送加工

配送加工是按照配送客户的要求所进行的流通加工。

在配送中，配送加工这一功能要素不具有普遍性，但往往是有重要作用的功能要素。这是因为通过配送加工，不仅可以提高配送效率和质量，还可以大大提高客户的满意程度。配送加工是流通加工的一种，但配送加工有它不同于流通加工的特点，即配送加工一般只取决于客户要求，其加工的目的较为单一。

三、配送的类型与流程

1. 配送的类型

配送的类型主要有：

(1) 按实施配送的结点不同进行分类。这类配送类型主要有：配送中心配送、仓库配送和商店配送。

(2) 按配送商品的种类和数量的多少进行分类。这类配送类型主要有：单（少）品种大批量配送、多品种少批量配送和配套成套配送。

(3) 按配送时间和数量的多少进行分类。这类配送类型主要有：定时配送、定量配送、定时定量配送、定时定路线配送和即时配送。

(4) 按经营形式不同进行分类。这类配送类型主要有：销售配送、供应配送、销售—供应一体化配送和代存代供配送。

2. 配送的流程

配送的流程可以由下式表达：

备货—储存—配货—配装—送货

(1) 备货。包括筹集货源、订货或购货、集货、进货，以及有关验货、交接、结算等。备货是配送的基础，它可以集中不同客户的需求统一备货，从而在一定程度上取得规模效益，降低进货成本。

(2) 储存。配送中的储存有储备和暂存两种形式。配送储备是为了保证配送稳定性的周转储备和风险储备，一般数量较大，储备结构也较完善。暂存是配送时按分拣配货要求，在理货场地的少量备货。

(3) 配货。是按照不同客户的要求，对货物进行分拣、分类、匹配的作业。配货是配送不同于其他物流功能的独特之处。也是配送过程中的关键环节。配货水平的高低是关系整个配送系统的效率和水平。

(4) 配装。是按照车辆有效负荷进行搭配装载。对于不同客户和不同的货物，按照送达的时间、地点、线路进行合理配装，可以提高车辆的载货效率和运输效率，从而提高送货水平，降低送货成本。

(5) 送货。是把货物送达客户指定的场所。送货是一种联结客户末端运输。主要使用汽车运输工具。由于配送客户多，城市交通路线比较复杂，如何使配装和路线有效组合，是提高配送运输效率，减少汽车公害的关键。送货不单纯是把货物运抵客户，还包括圆满的移交、卸货、堆放等服务，以及处理相关手续和结算等。

第二节 口岸货物分拨

一、分拨中心的概念

分拨配送首先是由日本兴起的。在20世纪60年代，日本经济起飞的同时，出现了生产发展与流通落后矛盾的尖锐化，为解决这一矛盾，日本政府和企业各界开始重视“物流”，随着日本物流理论的研究与实践，物流在日本发展很快，分拨配送就是在这种背景下产生的。

分拨中心是专门从事分拨活动的经济组织，换个角度来说，它有集加工、理货、送货等多种职能于一体的物流结点。跨国企业在某个口岸开设分拨中心，相当于拥有了一个报关手续大为简化的“大型产品仓库”，缩短了客户交货的时间，通过贸易方和港航的共同合作，可以降低物流成本，提升企业产品在市场的竞争力。

二、分拨中心的作用

1. 存储作用

分拨中心的服务对象是为数众多的生产企业和商业网点（例如，超级市场和连锁店），分拨中心的作用是按照用户的要求，及时将各种已经配装好的货物送交到用户手中，满足生产和消费的需要。为了顺利而有序地完成向用户配送商品（货物）的任务，通常，分拨中心都要兴建现代化的仓库并配备一定数量的仓储设备，存储一定数量的商品。某些区域性大型分拨中心，不但要在配送货物的过程中存储货物，而且它所存储的货物的数量更大、品种更加繁多。

2. 分拣作用

作为物流据点的分拨中心，其服务对象（即客户）是为数众多的企业（在国外，分拨中心的服务对象，少则有几十家，多则有数百家）。在为数众多的客户中，彼此之间存在着很大的差别，不仅各自的性质有所不同，而且其经营规模也不一样。因此，在订货或者进货的时候，不同的客户对于货物的种类、规格、数量等会提出不同的要求。面对这种情况，为了有效地进行配送亦即为了能够同时向不同的用户配送多种货物，分拨中心必须采取适当的方式对组织进来（或者接收到）的货物进行拣选，在此基础上，按照配送计划将货物进行分装和配装。这样，在商品流通实践中，分拨中心除了能够存储货物、具有存储作用以外，还具有分拣货物的功能，因而发挥分拣中心的作用。

3. 集散作用

在配送实践中，分拨中心凭借其特殊的地位和其所拥有的各种先进的设备手段能够将分散在各个生产企业的产品（即货物）集中在一起，而后，经过分拣、配装向众多用户发运。与此同时，分拨中心也可以做到把各个用户所需要的多种货物进行有效地组合（或者配装）在一起，形成经济、合理的货载批量。分拨中心在流通实践中所表现出来的这种功能即集散功能，也有人把它称"配货、分散"功能。

集散作用是分拨中心所具备的一项基本功能。实践证明，利用分拨中心来集散货物，可以提高卡车的满载率，并由此可以降低物流成本。

4. 衔接作用

通过开展货物配送活动，分拨中心能够把各种工业品和农产品直接运送到用户手中，客观上，可以起到生产和消费的媒介作用。这是分拨中心衔接功能的一种重要表现。此外，通过集货和存储货物，分拨中心又有平衡供求的功能，由此，能够有效地解决季节性货物的产需衔接问题。这是分拨中心衔接作用的另一种表现。

5. 加工作用

为了扩大经营范围和提高配送水平，目前，国内外有许多分拨中心都配备了各种加工设备，由此而形成了一定的加工（系初加工）能力。这些分拨中心能够按照用户提出的要求和根据合理配送商品的原则，将组织进来的货物加工成一定规格、尺寸和形状，由此而形成了加工功能。

加工货物是某些分拨中心的重要活动。分拨中心积极开展加工业务，不但大大方便了用户，而且也有利于提高物质资源的利用率和配送效率。此外，对于配送活动本身来说，其加工功能客观上则起着强化其整体效益的作用。

三、分拨中心的类型

口岸分拨中心的类型主要有以下几种。

1. 大型分拨中心

在工业比较发达的港口城市，它可以是大型综合与专业分拨中心、区域性分拨中心，例如，港口码头、保税区、物流中心等均为典型的口岸分拨中心（见图7-1），这些分拨中心主要从事进出口货物大的分拨，如矿砂、煤炭、水泥、其他货种等的分拨配送。

2. 储运型分拨中心

现有的物资、商业、外贸系统都有储运公司，而且都具有相当实力的储运仓库，这些仓库具有集货、装卸搬运、储存、保管、发送等功能，还具有联系面广泛，信息渠道多等方面的优势，在此基础上如果适当增加分拣、配货等设备，就能成为较为理想的分拨中心。此类分拨中心应该成为我国分拨中心发展的重点。

这类分拨中心强化了商品的生产与消费、进货与销售之间的协调能力，其分拨业务更加广泛，涉及生产物资、消费物资等。

四、分拨中心的作业

分拨作业是在途物流作业中的一个重要环节。口岸分拨是一种批量化的配送过程。分拨中心的作业主要有以下方面。

1. 分拨中心外部作业

进入口岸的货物，经检验后按货主要求在口岸的仓库或堆场进行储存。在接受货主订单指令后，货物按分拨的批量进入分拨中心的分拣区域的相应分拣机进行货物分拣。货物按不同货主、不同批量经各分拣机通过传输系统相连，形成一个完整的分拣系统。

2. 分拨中心分拣流程

由于是批量化的分拨作业，因此，分拨中心的分拣系统都是大型化的（见图7-2）。分拨中心的分拨流水线按分拨信息将货物自动分流，再由操作人员根据信息进行识别、分拣，然后集散配货。

图7-1 口岸分拨中心

图7-2 分拨中心的分拣系统

3. 分拨中心的配装作业

按批量分拣完毕后的货物，仍需再次进行扫射，将货主具体地址和具体路线进行匹配，并按分拨配送的路线进行配装。配装作业通常采用集装化方式，以提高分拨的效率。

第三节 国际快递

一、国际快递概述

国际快递是指在两个或两个以上国家（或地区）之间所进行的快递、物流业务。跨国企业将自己企业生产的产品通过国际快递配送中心，根据货主的需求在一定的时间内进行打包、组配、送货，并在要求的时间内完成整个快递。

目前，世界知名的国际快递公司有 UPS、FedEx、DHL（见图 7－3）等。

1. 国际快递业务的特点

国际快递业务的特点主要有：

（1）快递环境的差异性。快递环境的差异性受不同的法律法规、人文、习俗、语言、科技发展程度和硬件设施的影响。

图 7－3 世界知名的国际快递公司

（2）快递系统范围的广泛性。快递本身的复杂性，加上国际快递的特殊性，使国际快递的操作难度较大，面临风险更多。

（3）快递的信息化。国际快递是指在两个或两个以上国家（或地区）之间所进行的快递、物流业务。要求决定其先进性，对信息的提供、收集与管理有更高的要求，要求有国际化信息系统的支持。

2. 国际快递运输特点

国际快递运输是国家与国家、国家与地区之间的运输，与国内货物运输相比，它具有以下几个主要特点：

（1）国际快递运输涉及国际关系问题，是一项政策性很强的涉外活动。国际快递运输是国际贸易的一个组成部分，在组织货物运输的过程中，需要经常同国外发生直接或间接的广泛的业务联系，这种联系不仅是经济上的，也常常会涉及国际间的政治问题，是一项政策性很强的涉外活动。因此，国际快递运输既是一项经济活动，也是一项重要的外事活动，这就要求我们不仅要用经济观点去办理各项业务，而且要有政策观念，按照我国的对外政策的要求从事国际运输业务。

（2）国际快递运输是中间环节很多的长途运输。国际快递运输是国家与国家、国家与地区之间的运输，一般来说，运输的距离都比较长，往往需要使用多种运输工具，通过多次装卸搬运，要经过许多中间环节，如转船、变换运输方式等，经由不同的地区和国家，要适应各国不同的法规和规定。如果其中任何一个环节发生问题，就会影响整个的运输过程，这就要求我们作好组织、环环紧扣，避免在某环节上出现脱节现象，给运输带来损失。

（3）国际快递运输涉及面广，情况复杂多变。国际快递运输涉及国内外许多部门，需要与不同国家和地区的货主、交通运输、商检机构、保险公司、银行或其他金融机构、海关、港口以及各种中间代理商等打交道。同时，由于各个国家和地区的法律、政策规定不一，贸易、运输习惯和经营做法不同，金融货币制度的差异，加之政治、经济和自然条件的变化，都会对国际快递运输产生较大的影响。

(4) 国际快递运输的时间性强。按时装运进出口货物，及时将货物运至目的地，对履行进出口贸易合同，满足商品竞争市场的需求，提高市场竞争能力，及时结汇，都有着重大意义。特别是一些鲜活商品、季节性商品和敏感性强的商品，更要求迅速运输，不失时机地组织供应，才有利于提高出口商品的竞争能力，有利于巩固和扩大销售市场。因此，国际快递运输必须加强时间观念，争时间、抢速度，以快取胜。

(5) 国际快递运输的风险较大。由于在国际快递运输中环节多，运输距离长，涉及的面广，情况复杂多变，加之时间性又很强，在运输沿途国际形势的变化、社会的动乱，各种自然灾害和意外事故的发生，以及战乱、封锁禁运或海盗活动等，都可能直接或间接地影响到国际快递运输，以至于造成严重后果，因此，国际快递运输的风险较大。为了转嫁运输过程中的风险损失，各种进出口货物和运输工具，都需要办理运输保险。

3. 国际快递和国内快递的主要区别

国际快递和国内快递的主要区别如表 7-1 所示。

表 7-1 国际快递和国内快递的主要区别

	国内快递	国际快递
快递运费运输方式	圆通、申通、宅急送……	EMS、TNT、DHL、UPS、FEDEX、SF、HongKong Post、China Post
产品包装信息	不用填写	需要填写产品包装后的体积和重量，以正确计算运费
快递运费计算方法	一般按照件算	按产品包装体积、重量、买家所在地、采购量，再根据不同物流公司的不同运费标准和运费计算公式计算
快递运费	一般 3～15 元，10 元最普遍	快递费用差异大，比国内快递要高
货运时间	周期短	周期稍长
货物跟踪信息	卖家发货后，要填写有效发货通知和货运跟踪号，以方便货物跟踪和放款	

二、国际快递的组成

1. 我国国际快递市场

目前我国国际快递是快递业务中最重要的组成部分，它是 EMS、DHL、UPS、FedEx、TNT、ARAMEX 等快递业"巨头"的主营业务，每年的业务量以 30% 的速度增长，在我国对外贸易工作中发挥了举足轻重的作用，为中国经济融入全球一体化作出了贡献，取得了令人瞩目的社会经济效益。

国际快递业务优先采用航空运输。现代航空快递，是传统航空货运的发展和延续，是从航空货运代理业派生出来的。因此，要了解和掌握国际快递业务，还应学习与国际货代有关的业务知识。但国际货代业务并非本书的论述范围，本章只对"进出口作业流程及海关政策规定"等相关知识点，做一引领性的概述。

2. 国际化快递信息系统

当前国际快递、物流信息系统一个较好的建立办法是和各国海关的公共信息系统联机，以及时掌握有关各个港口、机场和联运线路、站场的实际状况，为供应或销售物流决策提供支持。国际物流是最早发展“电子数据交换”（EDl）的领域，以 EDI 为基础的国际物流将会对物流的国际化产生重大影响。

3. 开展国际快递的必要条件

世界范围的社会化大生产必然会引起不同的国际分工，任何国家都不能够包揽一切，因而需要国际间的合作。国际间的商品和劳务流动是由商流和物流组成的，前者由国际交易机构按照国际惯例进行，后者由物流企业按各个国家的生产和市场结构完成。为了克服他们之间的矛盾，这就要求开展与国际贸易相适应的国际物流。

三、国际快递业务

1. 国际包裹快递

开展国际包裹业务的注意问题是：

（1）国际快递包裹重量分实际重量和体积重量两种，快递公司将以两种重量中大的一项为计费依据。

（2）国际快递包裹体积重量的计算方法：（长 ×宽 ×高）/5000，注意，这里的长宽高单位是厘米。

（3）国际快递包裹的货物不足 0．5 kg 的，按 0．5 kg 计费。

（4）21 kg 以下货物按照小货计费，按首重、续重计费，计费单位为 0．5 kg，21 kg 及 21 kg 以上货物按大货计费。

（5）国际快递包裹单件货物的规格必须保证：1×长 + 2×高 + 2×宽 <330 cm（各快递公司要求的规格不尽相同）。

（6）国际快递包裹单件超过或等于 68 kg/件的，必须用有脚卡板进行包装（部分国家拒收原本卡板包装），否则快递公司拒收货物。

（7）倘若有以下情况的国际快递包裹，需预先订舱：货物单件维长超过 330 cm；货物单件重量超过 68 kg；货物单件不超过 330 cm，重量不超过 68 kg，但一票货超过 300 kg。

（8）国际快递价格资费变化较大，需发快递邮包时，请先联系所托运的国际快递公司业务员确认价格。

2. 国际快递标准

国际快递标准主要依据国际空运标准执行。国际空运标准化是指以物流为一个大系统，制定系统内部设施、机械装备，包括专用工具等的技术标准，包装、仓储、装卸、运输等各类作业标准，以及作为现代物流突出特征的物流信息标准，并形成全国以及和国际接轨的标准化体系。

国际快递对包装的一般规定是：

（1）货物包装必须坚固、完好、轻便，在运输过程中能防止包装破裂、内物漏出、散失。

（2）包装的形状应适合货物的性质、状态和重量，并且便于搬运、装卸和码放。

（3）在特定条件下承运的货物、动物，如鲜活易腐货物等，其包装应符合对各货物的特定的要求。

（4）对特小快件货物（如小件样品），必须外加一定体积的木箱或纸箱包装（用填充料衬垫等），包装后整个快件货物的体积长、宽、高合计不得少于40 cm，最小一边不得少于5 cm。

（5）包装内的垫付材料（如木屑、纸屑）不能外漏。

（6）如果货物的包装不符合要求的货物，应向发货人作出说明，要求发货人改造或重新包装后方可出运。

3. 国际快递收费

各个国际快递公司收费标准均有所不同，但基本收费标准由基本运费和附加费组成。表7－2所示为TNT国际快递收费标准。

表7－2 TNT国际快递收费标准

资费区域	到达国家及地区	起重500 g		续重500 g或其零数
		文件	物品	
一区	中国香港，中国澳门	90	150	30
二区	韩国，中国台湾	120	210	45
三区	文莱，印度尼西亚，日本，柬埔寨，老挝，马来西亚，菲律宾，泰国，新加坡，越南	130	220	45
四区	美属，萨摩亚，澳大利亚，库克群岛，斐济群岛，关岛，基里巴斯，朝鲜塞班岛，瑙鲁，所罗门群岛，汤加，东帝汶，图瓦卢，瓦努阿图，萨摩亚	180	260	55
五区	美国，加拿大	200	300	80
六区	安道尔，奥地利，比利时，瑞士，德国，丹麦，西班牙，芬兰，法国，英国，根西岛，直布罗陀，格陵兰岛，希腊，加纳利群岛，爱尔兰，冰岛，意大利，泽西岛，列支敦士登，卢森堡，摩纳哥，马耳他，荷兰，挪威，葡萄牙，瑞典，土耳其	210	320	80
七区	阿联酋，孟加拉，塞浦路斯，埃及，以色列，印度，约旦，科威特，黎巴嫩，斯里兰卡，缅甸，马尔代夫，尼泊尔，巴基斯坦，卡塔尔，沙特，苏丹，叙利亚，也门，伊朗	280	400	100
八区	阿富汗，亚美尼亚，安哥拉，阿根廷，阿塞拜疆，保加利亚，巴林，布隆迪，贝宁，百慕大，玻利维亚，巴西，博茨瓦纳，白俄罗斯，刚果，智利，喀麦隆，哥伦比亚，哥斯达黎加，古巴，捷克，厄瓜多尔，爱沙尼亚，格鲁吉亚，加纳，冈比亚，几内亚，危地马拉，圭亚那，克罗地亚，海地，匈牙利，牙买加，肯尼亚，哈萨克斯坦，立陶宛，利比亚，摩洛哥，马其顿，蒙古，墨西哥，尼日利亚，巴拿马，秘鲁，波兰，波多黎各，罗马尼亚，俄罗斯，斯洛伐克，索马里，塔吉克斯坦，坦桑尼亚，乌克兰，乌拉圭，乌兹别克，索马里兰，南斯拉夫南非，津巴布韦	360	550	115

典型案例

中国商品（迪拜）分拨中心

中国商品（迪拜）分拨中心是中国中东投资贸易促进中心和阿联酋迪拜杰拜阿里自由区当局，根据中阿两国政府的意向签订的一个战略合作项目，旨在利用迪拜的优惠政策及转口渠道多、辐射面广的优势，在迪拜建立一个以庞大的“国际城”为背景的超大型经贸平台。它是迄今为止中国在中东地区建立的规模最大、档次最高、最具权威性的中国商品分拨中心，也是集中国优秀企业、名牌产品、中国旅游、文化、餐饮、娱乐及综合服务为一体的大型华人社区。市场的辐射范围将包括中东、中亚、东欧和非洲60多个国家在内的大约15亿人口的广大地区。

中国商品（迪拜）分拨中心于2004年12月7日正式开业。

中国商品（迪拜）分拨中心由市场、仓库和公寓三部分组成：

市场：全长1.2 km，建筑外形宛如一条栩栩如生的中华巨龙，总面积为15万m^2。其中商业区营业面积近11万m^2，近4 000个商铺。商品大类有：纺织服装、粮油牲畜、医药保健、家用电器、通信器材、机械设备、建筑装潢、五金交电、石油化工、室内用品、箱包鞋帽、钟表眼镜、体育休闲、工艺礼品、办公文具等20余类。市场内设服务区13个，办公区1个，商务中心1个。

仓库：4.5万m^2，其中周转仓库3万m^2，紧靠市场；保税仓库1. 5万m^2，在迪拜杰拜阿里自由区内，仓库设有常温、恒温等功能，并提供一体化现代物流服务。

公寓：25栋，设1 800多套现代化住房。公寓区内建立各式中餐馆、中医诊所、健身、按摩、美容、桑拿、酒吧、茶室、网吧、棋牌室、卡拉OK、超市、照相、书店、洗衣店等设施。

实训

香港英迈分拨中心系统流程描述

实训目的

了解分拨中心流程

实训内容

（1）阅读案例。

（2）分析案例。

（3）流程描述。

案由

(1) 项目情况：英迈作为中国最大的IT产品渠道商之一，香港英迈分拨中心主要负责Intel和Cisco等高货值商品的分拨，货物主要分拨往三种途径：海外、香港本地和进口至中国内地。入仓货物需要对产品型号、数量、序列号和原产国的条码信息进行扫描。我们通过实施RF系统，实现入仓货物的无线扫描和实施核对。

(2) 实施效果：通过RF系统的实施，英迈香港分拨中心大大降低了高货值商品在物流环节中的损耗和丢失，单单这一项每年将为英迈香港分拨中心减少10万美元的额外支出。同时，RF系统的实施将货物的入仓时间降低为1秒钟1件，基于这一点英迈香港分拨中心在不必扩大现有仓储规模和增加人力资源开支的情况下分拨能力提高了200%。

实训课时

2课时。

实训要求

(1) 通过案例，了解该分拨中心的项目情况。

(2) 通过案例，了解该分拨中心的实施效果。

(3) 通过案例，描述该分拨中心的流程。

实训步骤

(1) 了解该分拨中心的项目情况。

(2) 了解该分拨中心的实施效果。

(3) 描述该分拨中心的流程。

(4) 形成分析报告。

检查标准

形成分析报告。

自·测·练·习

一、单项选择题

1. 配送是送货、分货、配货等活动的________。

A. 有机结合体　　B. 方案　　C. 行业　　D. 程序

2. “配送”被定义为：在经济合理区域范围内，根据用户的要求，对物品进行拣选、加工、包装、分割、组配等作业，并按时送达指定地点的________。

A. 解决方案　　B. 物流活动　　C. 工作过程　　D. 运输路线

3. 对于不同客户和不同的货物，应按照送达的时间、地点、线路进行合理配装，可以提高车辆的载货效率和运输效率，从而提高送货水平并降低________。

A. 劳动强度　　B. 运输时间　　C. 送货成本　　D. 运输间隔

4. 分拨中心的分拨流水线按分拨信息将货物自动分流，再由操作人员根据信息进行识别、分拣，然后________。

A. 集散配货　　B. 集中运输　　C. 集中储存　　D. 集中加工

5. 配装作业通常采用________方式，以提高分拨的效率。

A. 效率化　　B. 责任制　　C. 集中制　　D. 集装化

二、多项选择题

1. 按配送时间和数量的多少进行分类。这类配送类型主要有________。

A. 定时配送　　B. 定量配送　　C. 定时定量配送

D. 定时定路线配送　　E. 即时配送

2. 配送的作用主要是________。

A. 完善了输送及整个物流系统　　B. 提高了末端物流的效益

C. 提高供应保证程度　　D. 简化事务，方便用户

E. 通过集中库存使企业实现低库存或零库存

3. 按配送商品的种类和数量的多少进行分类。这类配送类型主要有：________。

A. 配套成套配送　　B. 多品种少批量配送　　C. 加工配送

D. 流通配送　　E. 单（少）品种大批量配送

4. 国际快递运输特点主要有________。

A. 国际快递运输涉及国际关系问题，是一项政策性很强的涉外活动

B. 国际快递运输是中间环节很多的长途运输

C. 国际快递运输涉及面广，情况复杂多变

D. 国际快递运输的时间性强

E. 国际快递运输的风险较大

5. 国际快递业务的特点主要有________。

A. 快递环境的差异性　　B. 快递系统范围的广泛性　　C. 快递的信息化

D. 快递的系统性　　E. 快递的本地化

三、是非题（正确的打“√”，错误的打“×”）

1. 配送是最终的资源配置，属于经济体制的一种形式，最接近顾客。（　　）

2. 分拣是将物品按品种、出入库先后顺序进行分门别类堆放的作业。（　　）

3. 集散作用是分拨中心所具备的一项基本功能。（　　）

4. 国际快递是指在两个或两个以上国家（或地区）之间所进行的快递、物流业务。（　　）

5. 配送的实质是从物流终点至用户的一种特殊送货形式，它区别一般送货，是一种“中转”形式。（　　）

四、思考题

1. 我国物流标准如何定义“配送”？

2. 配送的类型如何分类？

3. 什么叫分拨中心？

4. 什么叫国际快递？

5. 国际快递对包装有哪些规定？

第八章

国际货运集装箱业务

学习目标

◎知识目标

了解集装箱运输的优点；了解集装箱的规格、类型及用途；了解集装箱的租赁业务；了解集装箱货物的装载；了解集装箱货物拆装箱业务。

◎能力目标

掌握集装箱的规格、类型及用途；熟悉集装箱的租赁业务；熟悉集装箱货物拆装箱业务。

第一节　国际货运集装箱业务概述

一、集装箱运输的优越性

集装箱运输是指以集装箱这种大型容器为载体，将货物集合组装成集装单元，以便在现代流通领域内运用大型装卸机械和大型载运车辆进行装卸、搬运作业和完成运输任务，从而更好地实现货物“门到门”运输的一种新型、高效率和高效益的运输方式。

国际货运业务中，广泛采用集装箱进行货物运输，其优越性主要表现在以下几个方面。

1. 集装箱运输经济效益高

集装箱运输经济效益高主要体现在以下几方面：

（1）简化包装，大量节约包装费用。为避免货物在运输途中受到损坏，必须有坚固的包装，而集装箱具有坚固、密封的特点，其本身就是一种极好的包装。使用集装箱可以简化包装，有的甚至无须包装，实现件杂货无包装运输，可大大节约包装费用。

（2）减少货损货差，提高货运质量。由于集装箱是一个坚固密封的箱体，集装箱本身就是一个坚固的包装。货物装箱并铅封后，途中无须拆箱倒载，一票到底，即使经过长途运输或多次换装，不易损坏箱内货物。集装箱运输可减少被盗、潮湿、污损等引起的货损和货差，深受货主和船公司的欢迎，并且由于货损货差率的降低，减少了社会财富的浪费，也具有很大的社会效益。

（3）减少营运费用，降低运输成本。由于集装箱的装卸基本上不受恶劣气候的影响，船舶非生产性停泊时间缩短，又由于装卸效率高，装卸时间缩短，对船公司而言，可提高航行率，降低船舶运输成本，对港口而言，可以提高泊位通过能力，从而提高吞吐量，增加收入。

2. 集装箱运输的高效率

传统的运输方式具有装卸环节多、劳动强度大、装卸效率低、船舶周转慢等缺点。而集装箱运输完全改变了这种状况，具体表现为：

（1）普通货船装卸，一般每小时为35t左右，而集装箱装卸，每小时可达400t左右，装卸效率大幅度提高。同时，由于集装箱装卸机械化程度很高，因而每班组所需装卸工人数很少，平均每个工人的劳动生产率大大提高。

（2）由于集装箱装卸效率很高，受气候影响小，船舶在港停留时间大大缩短，因而船舶航次时间缩短，船舶周转加快，航行率大大提高，船舶生产效率随之提高，从而，提高了船舶运输能力，在不增加船舶艘数的情况，可完成更多的运量，增加船公司收入，这样高效率导致高效益。

二、集装箱的确认

1. 集装箱的定义

国际标准化组织（ISO）对国际标准集装箱作如下定义：

“集装箱是一种运输设备：

（1）具有耐久性，其坚固程度足以能反复使用。

（2）便于为商品运送而专门设计的，在一种或多种运输方式中运输时，无须中途换装。

（3）装有便于装卸和搬运的装置，特别是从一种运输方式转移到另一种运输方式时。

（4）设计时注意到便于货物装满或卸空。

（5）内容积为 1 m^3 或 1 m^3 以上。

集装箱一词不包括车辆和传统包装。”

在集装箱运输中，符合国际标准的集装箱是使货物标准化的装运设备和外包装，是集装箱运输的基本单元。在运输过程中，它既是货物的一部分，又是运输工具的组成部分。在运输过程中使用的集装箱除少数属货主自有箱或租赁箱外，绝大多数是由船公司或其他集装箱运输经营人提供的。

2. 集装箱的标准与规格

为了使集装箱能够进行多种运输形式的联运，必须使集装箱在海运、陆运甚至空运的任何运输形式运输的区间都能通用，能够实现互换性。为此，ISO 于 1973 年正式颁布了集装箱国际标准，并经两次修订后形成现行的国际集装箱标准 ISO668—1979 第一系列，如表8－1 所示。

表 8－1 国际集装箱标准 ISO668—1979 第一系列

箱型	长（L）				宽（W）				高（H）				总重	
	mm	公差 mm	ft	公差 in	mm	公差 mm	ft	公差 in	mm	公差 mm	ft in	公差 in	kg	lb
1AA	12 192	1～10	40	0～3/8	2 438	0～5	8	0～3/16	2 591	0～5	8 6	0～3/16	30 480	67 200
1A	12 192	1～10	40	0～3/8	2 438	0～5	8	0～3/16	2 438		8		30 480	67 200
1AX	12 192	1～10	40	0～3/8	2 438	0～5	8	0～3/16	<2 438		<8	0～3/16	30 480	67 200
1BB	9 125	1～10	30	0～3/8	2 438	0～5	8	0～3/16	2 591	0～5	8 6	0～3/16	25 400	56 000
1B	9 125	1～10	30	0～3/8	2 438	0～5	8	0～3/16	2 438	0～5	8	0～3/16	25 400	56 000
1BX	9 125	1～10	30	0～3/8	2 438	0～5	8	0～3/16	<2 438		<8		25 400	56 000
1CC	6 058	0～6	20	0～1/4	2 438	0～5	8	0～3/16	2 591	0～5	8 6	0～3/16	24 000	52 920
1C	6 058	0～6	20	0～1/4	2 438	0～5	8	0～3/16	2 438	0～5	8	0～3/16	24 000	52 920
1CX	6 058	0～6	20	0～1/4	2 438	0～5	8	0～3/16	<2 438		<8		24 000	52 920
1D	2 991	0～5	10	0～3/16	2 438	0～5	8	0～3/16	2 438	0～5	8	0～3/16	10 160	22 400
1DX	2 991	0～5	10	0～3/16	2 438	0～5	8	0～3/16	<2 438	0～5	<8		10 160	22 400
1AAA	12 192	0～10	40	0～3/8	2 438	0～5	8	0～3/16	2 896	0～5	9 6	0～3/16	30 480	67 200
1BBB	9 125	0～10	30	0～3/8	2 438	0～5	8	0～3/16	2 896	0～5	9 6	0～3/16	25 400	56 000

国际集装箱标准的制订，为集装箱的标准化和集装箱运输设备提供了选型的依据，加快了集装箱运输的专业化，使国际贸易货物运输达到最大经济性、通用性和互换性。

3. 集装箱尺寸和重量

集装箱的尺寸主要是指集装箱的长度、宽度、高度和箱门的有效尺寸。

（1）集装箱的外部尺寸。集装箱的外部尺寸包括集装箱永久性附件在内的最大的长、宽、高尺寸。集装箱外部长、宽、高尺寸的乘积为集装箱的体积。

（2）集装箱的内部尺寸。集装箱的内部尺寸是按集装箱内接最大矩形平行六面体确定的。集装箱内部长、宽、高尺寸的乘积，称为集装箱的容积。

(3) 集装箱箱门尺寸。集装箱箱门尺寸是指箱门开口部分的宽度和高度的尺寸。根据国际标准的规定，集装箱箱门最小开口尺寸如表 8-2 所示。

表 8-2 集装箱箱门最小开口尺寸

箱型	高度（mm）	宽度（mm）
1AA	2 282 以上	2 290 以上
1A、1B、lC、lD	2 130 以上	2 290 以上

4. 集装箱重量

集装箱的重量分自重、载重和额定重量。

集装箱自重是包括各种集装箱在正常工作状态下应备有的附件和各种设备在内的空箱重量。

载重是集装箱最大容许承载的货物重量。

额定重量是指集装箱的空箱重量（空箱质量）和箱内装载货物的最大容许重量（最大容许质量）之和，即最大工作总重量（最大工作总质量）。

集装箱在装货前，为了使集装箱的容积和重量能充分利用，必须仔细参阅集装箱箱体上标注的各主要尺寸和重量参数。表 8-3 为集装箱的内容积和载重量。

表 8-3 集装箱内容积和载重量

箱 型	干货箱		冷藏箱		开顶箱		框架箱	
	内容积(m^3)	载重量(kg)	内容积(m^3)	载重量(kg)	内容积(m^3)	载重量(kg)	内容积(m^3)	载重量(kg)
20 ft (6.1 m)	33.1	21 740	27.5	21 135	32.6	21 740		27 800
40 ft (12.2 m)	67.7	26 630	58.7	26 580	56.8	26 410		40 250

5. 集装箱的结构与方位

ISO 对集装箱的结构有一定的要求，其结构简图如图 8-1 所示。

集装箱是由各种不同的构件组成的。常用的干货集装箱的基本结构和构件主要有：框架、侧壁、端壁、箱顶、箱底、箱门、角件。

集装箱应具有一定的强度，要求在运输时不能摇摆（包括横摇和纵摇）。吊起时不能变形，且在运输过程中要坚固、耐用和经济。

集装箱的方位主要是指区分集装箱的前、后、左、右以及纵、横的方向和位置。集装箱的方位性术语如下：

(1) 前端。指没有箱门的一端。

(2) 后端。指有箱门的一端。

(3) 左侧。从集装箱后端向前看，左边的一侧。

(4) 右侧。从集装箱后端向前看，右边的一侧。

(5) 纵向。指集装箱的前后方向。

(6) 横向。指集装箱的左右、与纵向垂直的方向。

6. 集装箱标志

一般来说，集装箱箱体上所印刷的标志可以分为商业性标志、运输标志和指示性标志。运输中主要涉及运输标志和指示性标志。

在国际间流通的集装箱须有相应的标志，以便海关或其他有关方面对它进行监督和管理。

集装箱标志的一般内容是：

（1）箱主或主要经营者的标志。

（2）箱主或经营者确定的集装箱标志符号和号码。

（3）集装箱的总重和自重（包括全部永久固定设备的重量）。

国际标准化组织（ISO）规定在集装箱相应位置（见图8－2）上应有以下标志：

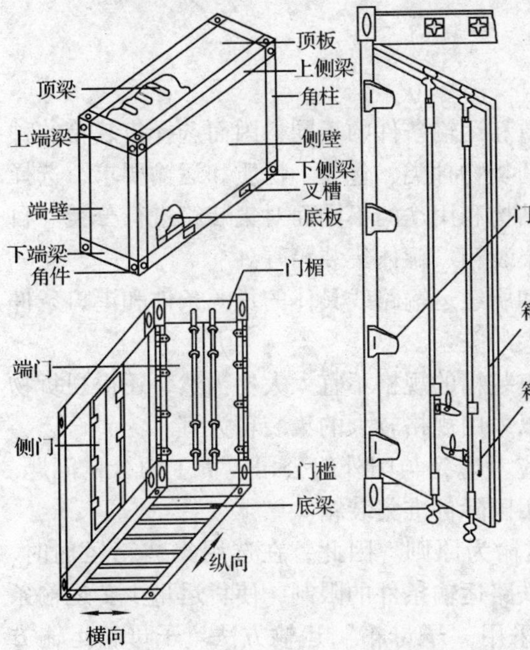

图8－1 集装箱的结构简图

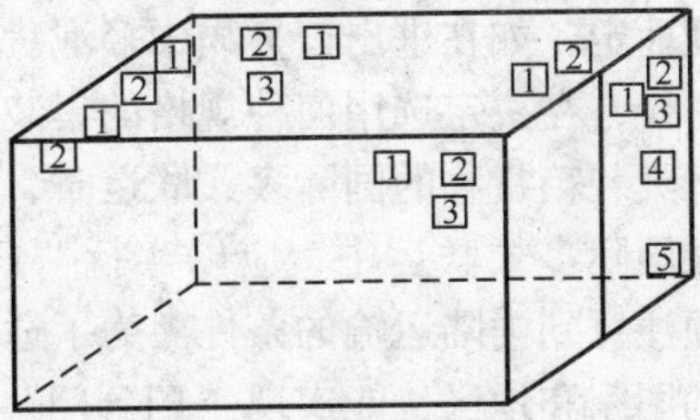

图8－2 集装箱标志位置

1—箱主代号；2—顺序号（又称箱号）和核对数字；
3—尺寸和类型代号；4—集装箱的总重和自重（t或kg）；
5—集装箱制造厂商

（1）箱主代号、顺序号（又称箱号）和核对数字。

（2）集装箱的国家代号、尺寸和类型代号。

（3）集装箱的总重和自重（t或kg）。

为确保安全运输和简化运输过程中的通关、检疫、安全检查等方面的手续，集装箱还设置某些指示性标志。这类标志主要有危险品标志、空运箱标志、带电警告标志、超高集装箱标志等。部分指示性标志如图8－3所示。

第三类危险品标志　超高集装箱标志

图8－3 部分集装箱指示性标志

三、集装箱的选用

1. 选用集装箱应具备的基本条件

在进行集装箱货物装箱前，首先应根据所运输的货物种类、包装、性质和其运输要求，选择合适的集装箱。因为，采用统一标准规格的集装箱，不仅能保证货运质量，而且还是提高集装箱运输效率的必要条件。

选用集装箱应具备的基本条件是：

（1）符合 ISO 标准。

（2）四柱、六面、八角完好无损。

（3）箱子各焊接部位牢固。

（4）箱子内部清洁、干燥、无味、无尘。

（5）不漏水、漏光。

（6）具有合格检验证书。

在集装箱运输的过程中，由于所装货物的性质和运输条件的不同，因而选择集装箱的种类也有所不同。集装箱的选用首先应根据所运输的货物种类、包装、性质和运输要求，选择合适的集装箱。通常可按集装箱的尺寸、材料、结构和用途的不同而对集装箱进行分类。目前最常用的货物集装箱为钢制干货集装箱、冷藏集装箱、罐体集装箱等。

采用何种规格的集装箱为宜，应根据航线上和所经运输路线具体的货源条件和港口条件来定，因为，这对集装箱运输能否取得成效有重大的关系。

一般来说，在货物批量较少的航线上，选用集装箱的规格不宜太大。当然，还得视货物的密度而定，如在进出口货物中轻泡货较多，则以采用规格较大的集装箱为宜。

另外，在决定选用何种规格的集装箱时，还应考虑到与国外船公司、货主的合作问题。在进行集装箱货物的国际多式联运时，应优先选用国际标准集装箱。

在国际多式联运中，应以实行“门到门”运输为原则。因此，在选用集装箱运输时，还必须注意到内陆运输的条件。为了适应公路、铁路运输条件的限制，使货运量少、运输条件差的国家和地区也能实现“门到门”运输，可采用“子母箱”运输方法。子母箱运输方法系指子箱的尺寸应与母箱的尺寸紧密配合，在海上运输时可采用大型国际标准箱，而在内陆运输时，则采用小型集装箱运输，等这些国家和地区的集装箱运输得以发展成熟和货运量增大后，逐步完善大型集装箱的“门到门”运输。

2. 集装箱类型

针对不同货种，应选用不同类型的集装箱。常用的集装箱主要有以下类型。

（1）干货集装箱（见图 8－4）。又称通用集装箱或杂货集装箱，是集装箱中使用最广泛的一种。干货集装箱适于装载各种干杂货，包括日用百货、食品、机械、仪器、药品等。

（2）冷藏集装箱（见图 8－5）。冷藏集装箱以运输冷冻食品为主，专为运输如鱼、肉、新鲜水果、蔬菜等食品而设计的。

（3）罐式集装箱（见图 8－6）。罐式集装箱是专用以装运酒类、油类（如动植物油）、液体食品以及化学品等液体货物的集装箱。它还可以装运其他的液体危险货物。这种集装箱有单罐和多罐数种。

图 8-4 干货集装箱

图 8-5 冷藏集装箱

(4) 其他特殊类型集装箱。国际货运中常用的其他特殊类型集装箱主要有：

① 板架集装箱（见图 8-7）。主要用于重货、较长货物的运输。

图 8-6 罐式集装箱

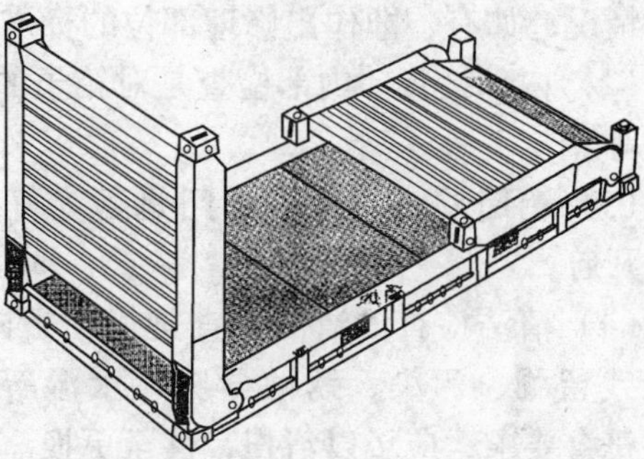

图 8-7 板架集装箱

② 敞顶集装箱（见图 8-8），又称开顶集装箱。这是一种没有刚性箱顶的集装箱，这种集装箱适于装载大型货物、超高货物和重货，如钢铁、木材，特别是像玻璃板等易碎的重货等。

③ 服装集装箱（见图 8-9）。采用服装集装箱不仅节约了包装材料和包装费用，而且减少了人工劳动，提高了服装的运输质量。

④ 汽车集装箱。它是一种运输小型轿车用的专用集装箱，这种集装箱分为单层的和双层的两种。

⑤ 动物集装箱。这是一种装运鸡、鸭、鹅等活家禽和牛、马、羊、猪等活家畜用的集装箱。

3. 集装箱的检查

集装箱在装载货物之前，都必须经过严格检查。一只有缺陷的集装箱，轻则导致货损，重则在运输、装卸过程中造成箱毁人亡事故。

所以，对集装箱的检查是货物安全运输的基本条件之一。发货人、承运人、收货人，以及其他关系人在相互交接时，除对箱子进行检查外，则应以设备交接单等书面形式确认箱子交接时的状态。

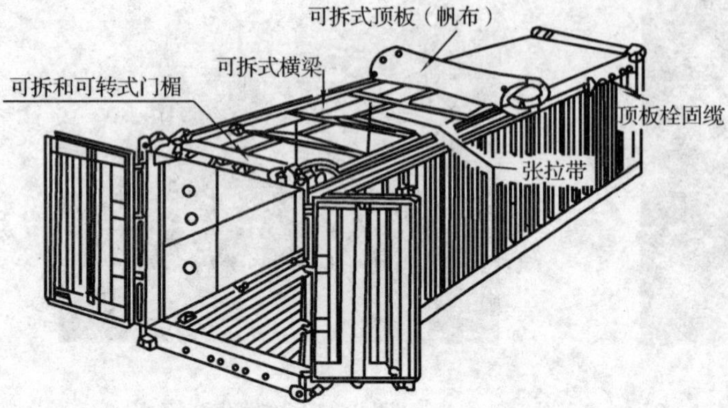

图 8－8　敞顶集装箱

图 8－9　服装集装箱

集装箱检查的项目主要有：

（1）外部检查。外部检查系指对箱子进行六面察看，外部是否有损伤、变形、破口等异样情况，如有，即作出修理部位的标志。

（2）内部检查。内部检查是对箱子的内侧进行六面察看，是否漏水、漏光、有无污点、水迹等。

（3）箱门检查。检查箱门是否完好，门的四周是否水密，门锁是否完整，箱门能否270°开启。

（4）清洁检查。清洁检查是指箱子内有无残留物、污染、锈蚀异味、水湿等。如不符合要求，应予以清扫，甚至更换。

（5）附属件的检查。附属件的检查是指对货物的加固环节状态，如板架式集装箱的支柱的状态，平板集装箱、敞顶集装箱上部延伸用加强结构的状态等进行检查。

选用集装箱时，主要考虑的还是根据货物的不同种类、性质、形状、包装、体积、重量，以及运输要求采用其合适的箱子。首先要考虑的是货物是否装得下，其次再考虑在经济上是否合理，与货物所要求的运输条件是否符合。

表 8－4　按不同货物性质装货时选用的集装箱

主要货种	集装箱种类
一般货物	干货集装箱，通风集装箱
重量货物	敞顶集装箱、板架、平板集装箱
冷冻、冷藏货物	冷冻、保温、通风集装箱
散装货物	罐式集装箱
贵重货物	干货集装箱
动植物	动物集装箱、通风集装箱
危险品	适合于危险品及有关法规的集装箱

按不同货物性质装货选用集装箱时可参考表 8－4 所列的集装箱种类进行选择。

第二节　集装箱租赁业务

在国际货运业务中，采用集装箱租赁方式，对出租方和承租方都是有利可图的，所以在近十几年来，集装箱租赁业务得到了迅速发展。集装箱租赁业务是国际货运代理的重要工作内容之一。

一、集装箱租赁的优点

集装箱采用租赁方式对集装箱出租人和租箱人均有好处。集装箱租赁的优点主要表现在以下几个方面。

1. 投资风险相对小

对集装箱出租方而言，将资金投于集装箱船舶，开展航线运营，与将资金投于集装箱，从事集装箱租赁相比，后者的风险明显小于前者。

2. 加强了集装箱运输的专业化分工

专业集装箱租赁公司的出现与发展有利于箱务管理合理化程度的提高，有利于集装箱更有效地调配、提高利用率、加强维修，从而降低费用，提高整个集装箱运输的经济效益，使集装箱运输方式的优越性更充分发挥。

3. 提高了集装箱的利用率

租箱公司的箱子可供各个班轮公司租用，所以箱子的利用率高而空箱调运次数低。

4. 可有效降低初始投资，避免资金被过多占用

租箱用少量资金就可取得集装箱的使用权，投资风险大为下降。

5. 节省空箱调用费用，提高箱子利用率

采用租箱，可避免大量的空箱调运费。如合理利用单程租赁、短期租赁与灵活租赁等方式，则更能既满足对集装箱的需求，又节省租金，提高经济效益。

6. 避免置箱结构的风险

因为航线所运货物的结构变化，以及对特定箱型需求的变化，用箱人会面临无法满足所需箱量的情况。采用租箱，就可对所需特殊箱型随时予以调整，可规避由此带来的风险。有时由于国际标准的修订，有些箱型被淘汰，也不会由此带来损失。

二、集装箱租赁的方式

集装箱租赁方式，大致可分成期租、程租、灵活租赁三种方式。

1. 期租方式

期租方式主要有：

（1）长期租赁。长期租赁一般指租期达 3 ~ 10 年的租赁。长期租赁的特点是承租人只需按时支付租金，即可如同自备箱一样使用；租金较低，租期越长，租金越低。因此，对于货源稳定的班轮航线，采用这种方式租用一定数量的集装箱，既可保证航线集装箱需备量的要求，又可减少置箱费、利息及折旧费的负担，是一种比较经济的方式。

（2）短期租赁。短期租赁一般指租期在 3 年以下的租赁。这种租赁对班轮公司风险较小，较为灵活，而对租箱公司而言则风险较大。所以对于“期租”来说，一般租期越短，单位租金越高。

2. 程租方式

程租是指根据一定的轮班航次进行租箱的租赁方式。这种方式对班轮公司灵活度大，对租箱公司相对不利。所以根据不同的实际情况，集装箱的单位租金会有很大的区别。程租又可分为单程租赁和来回程租赁两种。

3. 灵活租赁方式

这是一种在租箱合同有效期内，承租人可在租箱公司指定地点灵活地进行提、还箱的租赁方式。它兼有“期租”和“程租”的特点。一般租期为一年。在大量租箱情况下，承租人可享受租金的优惠，租金甚至接近于长期租赁。在集装箱货源较多，且班轮公司经营航线较多，往返航次货源又不平衡的情况下，多采用这种租赁方式。

在灵活租赁的情况下，由于提、还箱灵活，因而给租赁公司带来一定的风险，所以在合同中规定有一些附加约束条件。如规定最短租期、基本日租金率等。一般最短租期不得少于30d，承租人须按租期支付租金。有时还可能规定起租额，如规定承租人在合同租期内必须保持一定租箱量，并按超期租额支付租金（即当实际租箱量少于起租额时采用）；规定全球范围内月最大还箱限额；规定最小月提箱量；规定各还箱地区的月最大还箱量等。

三、集装箱租箱合同主要条款

1. 租箱合同的主要内容

租箱合同是规定承租人与租箱公司之间权利、义务、费用的法律文件。各租箱公司在开展租箱业务时，均制定具有一定固定格式的租箱合同文本，就双方承担责任、义务、费用等方面的问题做出条款规定。

租箱合同的内容通常涉及以下方面：

（1）租金；

（2）租箱方式；

（3）租箱数量与箱型；

（4）交箱期与还箱期；

（5）租、退箱费用；

（6）交、还箱地点；

（7）损坏修理责任；

（8）保险。

2. 交箱条款

通常规定租箱公司应在合同规定的时间、地点，将符合合同条款的集装箱交给承租人。

3. 还箱条款

指承租人在租期届满后，按合同规定的时间、地点，将状况良好的箱子退回租箱公司。

4. 损害修理责任条款

损害修理责任条款，简称 DPP 条款，指在承租人支付 DPP 费用的前提下，在归还箱子时，可不对租赁期间箱子的损坏负责，损坏的箱子由租箱公司负责修理。租赁合同中订有 DPP 条款，对承租人来说，可避免一旦发生箱子损坏后所引起的有关修理安排、查核、检验、支付修理费用等繁杂事务，并可节约将受损的箱子运至修理厂的额外费用。习惯上，DPP 只承担到比箱子本身价值低一点的一个固定限额。

5. 承租人的责任、义务

租赁合同中关于承租人的主要责任、义务有：

（1）按合同规定的时间、方式支付租金。

（2）租赁期内，承租人与租箱公司共同承担 CSC 规定的检验和修理责任。

（3）承租人在租赁期内，应承担本国或他国的一切有关集装箱的法律、法规规定的罚款、费用损失。

（4）承租人应承担租箱期内，箱子的全损或灭失。

（5）承租人可在租赁的箱子外表贴上自己的标志，但不得任意更动原有的标志。

（6）租赁期内，承租人应按有关规定使用箱子，不得超负荷装载，或长期堆存有损箱体的货物。

（7）租箱期内，承租人应对箱子进行良好的保养、维修，包括箱子的清洗、防污、油漆以及更换必要的部件。

（8）租赁期内，承租人应对第三者造成的箱子损坏责任负责，对其代理人或雇用人员对箱子造成的损坏负责。

6. 租金

租金支付条款主要内容有：

（1）一般租箱合同均规定租期以提箱日为起租日，退租日则根据租箱合同规定的租期或实际用箱时间确定。长期租赁的退箱时间，根据合同确定。灵活租赁的退租日，则为将箱子退至租箱公司指定堆场的日子。承租人在终止租箱时，应按合同规定的时间事先通知租箱公司，无权任意延长租期或扣留使用箱子。

（2）租金一般按每箱天计收，即从交箱当日起算至租箱公司接受还箱的次日时止。长期租赁或无 DPP 条款的租箱，原则上在修复箱子后退租。有的租箱公司为简化还箱手续，在合同中订立提前终止条款，承租人在支付提前终止费用后，集装箱进入租箱堆场，租期即告终止。此项费用一般相当于 5 ~ 7 天的租金。对于超期还箱，其超期天数的租金通常为正常租金的一倍。

（3）租金支付方式有两种，一种是按月支付，另一种是按季预付。承租人在收到租箱公司的租金支付通知单后的 30 天之内必须支付，如延迟支付租金，则按合同规定的费率支付利息。

（4）承租人应按合同规定的费率支付交、还箱手续费，此项费用主要用以抵偿租箱公司支付租箱堆场的有关费用（如装卸车费、单证费等），其支付方式主要有两种，一种按当地租箱堆场的费用规定支付，另一种是按租箱合同的规定支付。

7. 集装箱的保险

集装箱的保险是租箱业务的主要内容之一，在集装箱租赁期内，箱子的保险可由承租人自行投保，也可以与租箱公司订立协议的方式投保。

第三节　集装箱货物装载业务

一、集装箱货物

适合用集装箱装载的货物成为集装箱适箱货物，也成为集装箱货物。目前，绝大多数的货物，如箱装货物、袋装货物、桶装货物等均可以采用集装箱装载。

1. 货物的计量

货物的体积、重量关系到库场堆放、船舶载重量和载货容积的充分利用程度、货物的装卸和交接，还涉及货物运价和运费的确定。货物的计量包括货物丈量和衡重。

货物的丈量又称量尺，指测量货物外形尺寸和计算体积。货物丈量的原则是：按照货件的最大方形进行丈量和计算，某些奇形货件可按照实际体积酌情考虑其计费体积。货物丈量体积是指货件外形最大处的长、宽、高之乘积。即

$$V = L \times W \times H$$

式中 V——货物的丈量体积，m^3；

L——货物的最大长度，m；

W——货物的最大宽度，m；

H——货物的最大高度，m。

货物的衡重是指衡定货物的重量。货物的重量可分为净重、皮重和毛重（总重），货物衡重应以毛重计算。海上货物运输重量，货物衡重使用的衡制，即货物重量的计重单位为吨（metric ton，M/T）。货物的重量原则上应该逐件衡重，但因条件或时间限制，不具备衡重时，可采取整批或分批衡重、抽件衡重并求平均值等方法测得重量。

2. 货物的积载因数

货物积载因数（Stowage Factor，S. F.）是每一吨货物在正常堆装时实际所占用得容积（包括货件之间正常空隙及必要得衬隔和铺垫所占的空间），单位为 m^3/t，英制为 ft^3/t。货物积载因数的大小说明货物的轻重程度，反映一定重量货物占据船舶多少舱容，或占多少箱容，或占多少库容。货物积载因数的实测方法是：将 1 t 的货物堆积成近似正方体的形状，丈量该货堆最大外形尺寸，由此计算处体积。如货件较重，仅件成堆无法反映出件与件之间的装载空隙，则应采用9 件货打底，堆高3 层的方法成堆（共27 件货），丈量货堆最外形尺寸及 27 件货的总重量，通过计算即可得到1t 货物正常堆装的实际体积数值。散装货物的积载因数可用测量单位容量的方法求得。

3. 货物的性质

货物装载时应考虑它们的性质，这些性质主要包括：

（1）货物的化学性质。货物的化学性质，是指货物的组成成分在一定条件下发生化学变化的性质。如钢铁生锈、化肥失效等都属于化学变化，都是由货物的组成成分所决定的。

（2）货物的物理性质。货物的物理性质，是指货物受外界温度、湿度和压力的影响而发生物理变化的性质。物理变化过程中货物原来的组成成分没有改变，但是货物的重量、体积和品质发生变化，为生物化学变化创造了条件，甚至造成作业困难或危险事故的发生。如固体软化、融化或融解；液体气化、凝结或冻结；气体的压力变化或爆炸等。

（3）货物的生物性质。货物的生物性质，是指有机体具有生命活动，能分解营养成分的性质。它包括货物本身的生命活动和微生物在有机营养体内活动两个方面。例如，鲜果、肉类等主要由于微生物的生命活动而使营养物质分解；豆类、谷物、禽蛋等通过缓慢氧化（呼吸作用）维持生命。其中，呼吸强度和微生物活动的程度与货物温度和水分含量有关。

（4）货物的机械性质。货物的机械性质，是指货物在受到外力作用时，具有抵抗变形或破坏能力的性质。货物的机械性能不仅与货物本身性质有关，还与货物所采用的包装质量（包括外形、材料、结构）有关。例如，货物的抗压强度，决定了货物的堆码高度或耐压强度。

二、集装箱货物装载的方法

随着集装箱运输的发展，种类繁多、性质、包装且不同的货物进入了集装箱运输领域。与此同时，从事集装箱运输的管理人员，以及操作人员不断增多，为确保货运质量的安全，做好箱内货物的积载工作是很重要的，许多货损事故的发生都系装箱不当所致。

1. 集装箱货物装载应注意的基本事项

集装箱货物在积载、堆装时应注意的事项有：

（1）在不同件杂货混装在同一箱内时，应根据货物的性质、重量、外包装的强度、货物的特性等情况，将货区分开。将包装牢固、重件货装在箱子底部，包装较弱的货物、轻货则装在箱子上部。

（2）货物在箱子内的重量分布应均衡。如箱子某一部位装载的负荷过重，则有可能使箱子底部结构发生弯曲或脱开的危险。在吊机和其他机械作业时，由于箱内货物重量分布不均，作业时箱子会发生倾斜，致使作业不能进行。此外，在陆上运输时，如存在上述情况，拖车前后轮的负荷因差异过大，也会使行驶发生故障。

（3）在进行货物堆码时，则应根据货物的包装强度，决定货物的堆码层数。另外，为使箱内下层货物不致被压坏，应在货物堆码之间垫入缓冲材料。

（4）货物与货物之间，也应加隔板或隔垫材料，避免货物相互擦伤、蘸湿、污损。

（5）货物的装载要严密整齐，货物之间不应留有空隙，这样不仅可充分利用箱内容积，也可防止货物相互碰撞而造成损坏。

（6）在目的地掏箱时，由于对靠箱口附近的货物没有采取系紧措施，曾发生过货物倒塌，造成货物损坏和人身伤亡的事故。因此，在装箱完毕。关箱前应采取措施，防止箱口附近货物的倒塌。

（7）应使用清洁、干燥的衬垫材料（胶合板、草席、缓冲器材、隔垫板），如使用潮湿的衬垫材料，易发生货损事故。

（8）应根据货物的不同种类、性质、包装，选用不同规格的集装箱，选用的箱子应符合国际标准，经过严格的检查，并具有检验部门发给的合格证书。

2. 特殊货物的集装箱装载要求

特殊货物的集装箱应考虑的主要装载是：

（1）超高货集装箱装载。超高货的运输必须用开顶集装箱，或用板架集装箱装载。超高货的装载运输，会对内陆运输、车站、码头、装卸机械、船舶装载等带来许多问题。例如，超高货通过陆上运输时，公路能通过的高度一般都有限制，这种限制高度各国规定不一，但在公路交通法规中均有具体规定。

（2）超宽度集装箱装载。集装箱运输一般不允许货物在横向突出集装箱宽度，其原因首先是受到集装箱船箱格结构的限制。在陆路运输时，其超宽的限制没有像超高那样严格。关于装卸机械对超宽的限制则根据所使用的机械设备种类而定。

（3）超长货集装箱装载。在有箱格结构的集装箱船上，船舱内是无法装载超长集装箱的，所以如必须装运时，也只能采用甲板积载的运输方法。从集装箱本身条件看，只有板架集装箱才能装载超长货，因板架集装箱可将两端插板放下，装货时，把插板铺在货物下面就可以了。

（4）超重货集装箱装载。集装箱装载货物的重量和箱子自重的总重是有限制的，20英尺箱为20长吨（20.320 t），40英尺箱为30长吨（30.480 t），所有的与其有关的运输工具和集装箱机械也都是根据这一总重来设计的。因此应注意在装箱完毕后，其总重量不能超出上述规定的数值。否则，会影响集装箱的安全运输。一旦在装箱完毕后发现已超出了所规定的最大允许重量，应取出一部分货物，因为，箱子超重是绝对不允许的。

3. 液体货的集装箱装载要求

液体货也可看做是散装货物的一种。利用罐式集装箱运输液体货可大量减少包装费和装卸费。运输液体货物的集装箱主要有两种，一是用罐式集装箱运输，二是液体货物在装入其他容器后再装载集装箱。

在采用罐式集装箱运输液体货物时应注意：

（1）罐式集装箱本身结构、性能、箱内面的涂料是否满足货物的运输要求。

（2）查明集装箱的容量和所允许的载重量的比例与货物比重是否接近一致。当货物比重较大装载半罐的情况下，在装卸和运输过程中有损罐的危险。

（3）查明排罐时是否具有必要的设备，这些设备是否适用于箱子的阀门等。

（4）检查安全阀是否有效。

（5）了解货物的特性，在运输和装卸过程中是否需要加温，以及装卸地是否具有蒸汽源和电源。

（6）了解有关法规是否受其制约等。

4. 冷藏货的集装箱装载要求

采用冷藏集装箱装载货物时，货物在运输途中应保持相应的温度要求。货主在托运时对这类货物都有明确的指示，对承运人来说必须严格遵照执行。同时，应把货主签发的有关该票货物在运输途中所需要的文件存管好，避免一旦发生纠纷后在货主与承运人之间，就温度问题引起争执。

5. 动、植物集装箱装载

一般来说，动、植物的检疫应根据出口国的规定，但也有部分国家规定动、植物的进口一定要经过检疫人员的检查，并得到许可后才能进口，如得不到许可，则通过处理（杀死、烧毁等）。

动、植物检疫的对象通常指牛、马、羊、猪和经屠宰后的皮、毛、肉，经加工后的香肠等。运输该类活体货物的集装箱有两种，一种是密闭式集装箱，如通用集装箱等；另一种是非密闭性集装箱，如开顶集装箱等。

6. 散装货集装箱装载

用集装箱装载运输散装货可节省包装费、装卸费。散装货通常采用散装集装箱装载，主要用于装载运输小麦、麦芽、谷物、树脂、铅粉等。

7. 危险货的装载

危险货采用集装箱装载和运输的要求与非危险货是完全不同的，这是因为考虑到该类货物的物理性、化学性，以及运输安全的要求。

危险货采用集装箱装载的要求是：

(1) 不符合“危规”要求的货物，或已货损、渗漏的危险货不得装人箱内。危险货的任何部分不得突出箱容，装箱后即应关门封锁。

(2) 不应将危险货与不相容的物质装载同一箱内，除特殊情况由主管当局同意者外。

(3) 危险货只有按“危规”中有关规定包装后才能装载集装箱运输。液体货物和非冷藏的压缩气体的装载应得到主管部门的批准。某些干燥的散装危险货，可装载由主管当局特准制作的用于该种货物运输的集装箱内。

(4) 装载危险物质和其他任何物质的包件，在集装箱内应装紧或有足够的支撑和固定，以适合航行的要求。

(5) 当一票危险货物只构成集装箱内容的一部分，最好应装载箱门附近。装入集装箱内的危险货物，应目测其有无损坏，如证实有实质性的损坏，则不宜装箱。

(6) 对托运人来说，应在货物托运单上或单独的申报单上保证他所托运的货物已正确地加以包装、标记、标志等内容，并具有适运的条件。对未列明的危险货物还应写明其正确的名称，单证内应确切说明所属的危险货物的类别。运输危险货物时，应准备与运输其他种类货物所需的同样单证，这些单证的格式应填写的具体内容，及其所承担的责任由适用于该项运输方式的国际公约和有关法规加以确定。

(7) 负责将危险货物装入箱内的工作人员，应提交“装箱证明书”，以证实已正确装箱并符合装箱规定。装有危险货物的集装箱，应有规格不少于250 mm×250 mm的国际海上危险货物运输规则类别标志（标牌），应至少有4幅这种标志（标牌），并将其贴在外部明显的地方，每侧各一幅，前后端各一幅。集装箱一经认为无危险性，所有危险标志应自箱上去掉或加以遮盖。

(8) 装载有危险货物的集装箱，应检查外部有无所破损、撒漏或渗漏迹象，一旦发现有破损、撒漏或渗漏的集装箱，在未加以修理和将容器移走前，都不予以承运。

(9) 装载易于散发易燃的危险货物集装箱，不应与可能提供水源的冷藏，或加热的集装箱装载同一舱内。

(10) 装载危险货物的集装箱卸空后，应采取措施保证集装箱没有污染，而使集装箱不具有危险性。

三、整箱货和拼箱货装载

1. 整箱货装载

整箱货（FCL）是指由发货人负责装箱、计数、积载并加铅封的货运。整箱货的拆箱，一般由收货人办理。但也可以委托承运人在货运站拆箱。可是承运人不负责箱内的货损、货差。除非货方举证确属承运人责任事故的损害，承运人才负责赔偿。承运人对整箱货，以箱为交接单位。只要集装箱外表与收箱时相似和铅封完整，承运人就完成了承运责任。整箱货运提单上，要加上“委托人装箱、计数并加铅封”的条款。

2. 拼箱货装载

拼箱货（LCL）指装不满一整箱的小票货物。该种货物，通常是由承运人分别揽货并在集装箱货运站或内陆货运站集中，而后将两票以上的货物拼装在一个集装箱内，同样要在目的地的集装箱货运站或内陆站拆箱分别交货。对于这种货物，承运人要负担装箱与拆箱作业，装拆箱费用仍向货方收取。承运人对拼箱货的责任，基本上与传统杂货运输相同。

拼箱货一般不能接受指定某具体船公司，船公司只接受整箱货物的订舱，而不直接接受拼箱货的订舱，只有通过货运代理（个别实力雄厚的船公司通过其物流公司）将拼箱货拼整后才能向船公司订舱，几乎所有的拼箱货都是通过货代公司“集中办托，集中分拨”来实现运输的。

一般的货运代理由于货源的局限性，只能集中向几家船公司订舱，很少能满足指定船公司的需求，因此在成交拼箱货时，尽量不要接受指定船公司，以免在办理托运时无法满足要求。在与客户洽谈成交时，应特别注意相关运输条款，以免对方的信用证开出后在办理托运时才发现无法满足运输条款。

拼箱货的计费吨力求做到准确。拼箱货交货前，应要求工厂对货物重量和尺码的测量要尽可能地准确，送货到货代指定的仓库存放时，仓库一般会重新测量，并会以重新测量的尺码及重量为收费标准。如遇工厂更改包装，应要求工厂及时通知，不要等到货送到货代仓库时，通过货代将信息反馈回来，往往时间已经很紧，再更改报关单据，很容易耽误报关，或产生加急报关费和冲港费等。

有些港口因拼箱货源不足、成本偏高等原因，专做拼箱的货代公司对货量较少的货物采取最低收费标准，如最低起算为 2 个运费吨，即不足 2 个运费吨，一律按 2 个运费吨计价收费。因此对货量较小，港口较偏的货物在成交时要多考虑到一些这样的因素，以免日后被动。对于一些航线及港口较偏僻，并且客户提出要交货到内陆点的拼箱货物，成交签约前最好先咨询，确认有船公司及货代公司可以承接办理这些偏僻港口、内陆点交货及相关费用后再签约。

作业拼箱货时，应留有费用成本核算的余地。经营拼箱业务的货代公司通常将货物集拼或 40′或 40′高柜出运，海关对拼箱货又实行货物装箱完毕，集装箱进港后方可接受报关的做法，万一发生查验，相关查验费一般要在人民币 600 元以上，因此对这部分费用最好能考虑进成本。

3. 整箱货与拼箱货的区别

整箱货与拼箱货的区别主要体现在以下几个方面：

（1）装拆箱的主体不同。整箱货多数是由托运人装箱点数并加封后搬进集装箱场，然后到目的港的集装箱场交给收货人。其拆箱一般也是由收货人自行办理。拼箱货则大多由 CFS 装箱，到达目的地后，也是由 CFS 拆箱取出货物后再分别交给各收货人。

（2）承运人的责任承担不同。对整箱货而言，承运人对整箱货是以箱作为交接单位，只要集装箱外表与收箱时相似，并铅封完整，承运人就完成了承运责任。承运人并不负责箱内货物的货损货差。因此整箱货运输的提单上，通常都要加上“托运人装箱点数并加铅封”的条款。拼箱货则与之不同。

（3）运费标准不同。因为整箱货运输减少了船公司的手续，故某些航运公会对整箱货运输会有运费折扣。而拼箱货，通常航运公会要收取一定的集装箱货运站服务费。有一些海运公司的运输表中规定，对于拼箱货使用集装箱的容积有一个最低限度，装载量不得低于这一限度，如装载数量低于这一最低限度，托运人也必须按这一最低限度的装载量付费（未被使用的也需付费)，并通常按箱内货物最高运费率计收。

四、集装箱货物的交接方式

在集装箱运输中，根据整箱货和拼箱货源的不同，主要的交接方式有以下不同的方式。

1. 门到门交接（DOOR TO DOOR）

该种货物的交接形式通常系指一个发货人，一个收货人。在由承运人负责内陆运输时，则在发货人的工厂或仓库验收后，负责将货物运至收货人的仓库或工厂交货。门到门交接的货物都为整箱货。

2. 门到场交接（DOOR TO CY）

这是一种在发货人的工厂或仓库接收货物并负责运至卸箱港集装货码头堆场的交货的交接方式。门到场货物交接方式有时在承运人不负责目的地内陆运输情况下发生。

3. 门到站交接（DOOR TO CFS）

这是一种从发货人的厂或仓库至目的地集装箱货运站的交接方式。即通常是整箱接，拆箱交。

4. 场到门交接（CY TO DOOR）

这是一种在起运地装船港的集装箱码头堆场接货，并将其运至收货人工厂或仓库交货的交接方式。通常发生在承运人不负责起运地发货人至集装箱码头堆场间的内陆运输。

5. 场到场交接（CY TO CY）

这是一种从装船港的集装箱码头堆场至卸船港的集装箱码头堆场的交接方式，通常是整箱货。

6. 场到站交接（CY TO CFS）

这是一种从装船港的集装箱码头堆场至目的地的货运站集装箱交接方式。

7. 站到门交接（CFS TO DOOR）

这是一种从起运地的集装箱货运站至目的地收货人的工厂或仓库的交接方式，经常发生在拼箱整箱交接的情况下。

8. 站到场交接（CFS TO CY）

这是一种从起运地的集装箱货运站至目的地集装箱码头堆场的交接方式。

9. 站到站交接（CFS TO CFS）

这是一种从起运地的集装箱货运站至目的地的集装箱货运站的交接方式，通常是拼箱交接。

五、集装箱理货业务

（一）集装箱理货业务概述

1. 集装箱理货业务的意义

集装箱理货业务是集装箱货运的一个重要环节。理货质量的好坏不仅直接影响到港口生产、船舶周转以及外贸进出口货物的集装箱疏运，同时还会影响到国家的对外信誉。因此，作为代表船方和收、发货人办理集装箱和集装箱货物交接工作的理货人员，应该而且必须熟悉和掌握集装箱理货的有关业务。

理货工作是国家对外的一个窗口。理货人员在外轮理货中，要接触外国船员，因此，他们的一言一行和工作的好坏不仅代表一个国家理货人员的素质，而且还反映了一个国家和民族的精神面貌。

理货工作在一定程度上能够影响到国家对外贸易的顺利进行和发展。出口货物，理货把最后一道关；进口货物，理货把第一道关。因此，它对于买卖双方履行贸易合同，按质按量地交易货物，促进贸易双方的相互信任，以及船公司经营航线的积极性，都具有重要意义。

理货工作是一项脑力与体力劳动相结合的管理工作，是为船舶在港口装卸货物提供理货服务工作。由于各国理货机构的理货宗旨不同，因此各国理货具有不同的性质。有些国家和地区的理货机构是以提供服务为手段，以营利为目的，这种理货就具有雇用和服务的性质。有些国家的理货机构是以实事求是为原则，以社会公益为目的，这种理货就具有公证或证明的性质。

集装箱理货，有的是委托性的，有的是强制性的，这取决于国家的规定。

委托性理货就是要根据船方的申请，理货机构与船方才能建立理货关系。强制性理货就是不要根据船方的申请，理货机构就与船方自动建立理货关系。按照国际航运惯例，船舶在港口装卸货物时，要申请理货机构代办理货业务。根据我国交通部规定，外贸船舶在我国港口装卸计件货物时，实行带有强制性的理货。

2. 集装箱理货工作的性质

集装箱理货工作具有以下四种性质：

（1）公正性。指以中间人的身份独立公正地对承、托运双方交接的货物数字和状态，作出实事求是的判断和确认，并出具理货证明，据以划分承、托运双方责任。

我国交通部颁布的《中国外轮理货公司业务章程》中明确理货宗旨是：严守公正立场，遵循实事求是原则，维护委托方的正当权益。同时在《中国外轮理货工作规程》中规定，“外轮理货工作具有公证性”，“理货人员必须立场公正”，“坚持实事求是原则”。以上表明我国的理货机构是以实事求是为原则，以社会公益为目的，是公证性理货机构。

（2）服务性。指理货服务于对外贸易和国际海上货物运输，服务于委托方，但又不受委托方的约束、授意和暗示，不偏袒委托方的利益。如当理货结果与委托方发生争议时，除非委托方能够举证说明理货结果错误，并被事实所证明，否则不能随意更改理货结果。因此，服务性是受到公证性制约的。这是我国理货的服务性和雇用性理货的根本区别。

（3）涉外性。在国际货运业务中，理货业务不仅涉及国内货运业务，更多涉及对外贸易的货运业务。因此，在理货工作中，要尊重外国的风俗习惯，不但要提高外事知识，而且要遵守外事纪律，要用自己的言行体现出中华民族的优秀品质，用自己的工作反映出中国理货的声誉。

（4）国际性。指理货业务至少要由两个国家或地区的理货机构来共同完成，而且一个国家或地区理货机构的工作好坏，将直接牵连到另一个国家或地区的理货机构。这是由国际海上货物运输跨国家、跨地区的连续性特点所决定的。

3. 集装箱理货工作的业务范围与工作要求

根据理货公司的业务章程，集装箱理货工作主要的业务范围如下：

(1) 航行国际航线船舶在我国港口装卸集装箱的理箱工作。

(2) 代表船方办理集装箱装拆箱时的货物理货业务。

(3) 接受收、发货人或国内外各单位委托，以第三者公证人身份，办理集装箱在各地装拆箱时的货物理货业务。

根据《中国外轮理货公司业务章程》第1条规定："本公司的理货宗旨是：严守公正立场，遵循实事求是原则，维护委托方的正当权益。"集装箱理货工作必须严格遵循这一宗旨，坚持以下原则：

(1) 坚持实事求是原则。理货工作必须以事实为依据，绝不能弄虚作假，有意掩盖事实真相，这就是实事求是的原则。因此，理货人员在理货工作中，必须做到不受任何一方的约束、授意和暗示，不迁就任何一方的不合理的要求，不徇私舞弊，不屈从任何一方的压力，采取独立自主的立场，以货物的事实为依据，实事求是地理货。在编制各种单证时，要坚持"交前由交方负责，接后由接方负责"的原则，严格而公正地为船方和委托方把好数字和质量关。

(2) 严守公正不偏立场。公正不偏的原则是对工作的高度责任感，公正的行为是对理货信誉的捍卫。要做到以事实为依据，如实反映理货结果，不受干扰，严格区分工残、原残，毫无偏见，认真执行理货章程。

(3) 维护委托方的合法经济权益。只要我们实事求是地反映理货事实，严格遵守公正立场，认真负责地进行理货，就能真正地维护委托方的合法经济权益。

4. 集装箱理货的特殊性和优越性

与常规的件杂货理货工作相比较，集装箱理货工作有其自己的特殊性：

(1) 集装箱运输过程中，理货人员要经历2个理货过程，即理箱过程和理箱内货物过程。

(2) 反映在集装箱运输一些依据性单证上的数字，往往需要2个计算工序。(如"出口舱单"和"进口舱单"都要按照箱数和箱内货物数分两次进行结算。)

(3) 件杂货理货工作的关键工序是最后一工班，但集装箱理货工作的关键则在第一工班，甚至在船舶靠泊之前。

(4) 集装箱理箱的工作周期明显缩短，但如果把装拆箱理货过程也计算在内的话，则整船的工作周期又大大地延长了。

(5) 装拆箱理货时，经常出现理货人员单独一人远离港区，与收、发货人进行面对面交接的情况，这就要求集装箱理货人员具备独自处理业务的能力和把关意识。

与常规的件杂货理货工作相比较，集装箱理货工作又有其自己的优越性：

(1) 工作方法与理货对象较方便、简单，而且便于复核。

(2) 集装箱理货数字的准确性明显高于件杂货。

(3) 理货人员的劳动强度相对降低。

(二) 进口卸船理箱

集装箱是一种现代化的运输工具，一个集装箱就是一个"单元"，所以，每个理货人员必须以高度负责的精神，严格按工艺流程，有条不紊地进行集装箱的理箱工作。理清箱号，检查铅封是否完好，分清集装箱外表残损，这是集装箱理箱工作的中心环节。

进口卸船理箱的工作程序是：

（1）卸船理箱准备工作。理货公司在收到船公司或其代理人提供的进口集装箱舱单、装箱单、积载图等单证资料后，应及时进行分类、装订和登记，防止遗失。

核对“进口舱单”、“装箱单”和最后装箱港的“集装箱积载图”等单证，区别出整、拼箱，并按不同的装箱港结算出总箱数，计算出舱单上集装箱货物的净重，然后编制“箱号圈销清单”。如发现舱单与积载图上记载的内容不一致时，应立即联系外轮代理解决，如船舶已靠泊，则应联系船方解决。

根据船舶作业计划，派出理货组长和理货员。通常每艘船舶派1名理货组长，每条作业线派2名理货员。船舶作业前，理货公司将整理好的船舶资料交理货组长，并在单船记录本上交代任务，提出要求。理货组长收到资料后，应立即进行复核。对有特殊要求的船舶，作业前理货机构应召开船前会，制定相应的单船措施。理货人员登船前，应备齐单证资料和各种理货用品。

（2）卸船理箱工作程序。理货组长登船后，应向船方索取“集装箱积载图”（远洋线）、“进口集装箱舱单”、“进口装箱单”和“集装箱积载图”（近洋线）以及一些附属的集装箱单证（如日本航线的“集装箱清单”，美国航线的“参考清单”，中国香港航线的“重箱明细单”等）；了解集装箱的装载情况和危险品集装箱的积载位置，并商定对残损箱的验残方法等。

对近洋线船舶，理货组长收到上述有关资料后，要按照装箱单区别出舱单上的整箱或拼箱，并计算出舱单总箱数。所有箱号都要实行“三转移”（即舱单、装箱单、积载图三者之间的转移）。

对远洋线船舶，理货组长要检查“箱号圈销清单”上的数字与积载图数字是否一致。

理货组长分配理货员的工作舱口，确定理货员的工作岗位和理箱方法，提供理箱资料，并交代有关注意事项。理货员在接到理货组长提供的进口积载图和卸箱顺序单后，按分工实施如下的理箱方法：

船边理货员应根据积载图，认真核对集装箱箱号，检查铅封是否完好，逐一圈销卸船的集装箱箱号，并在每工班结束后，与集装箱公司堆场人员办理交接手续。

甲板理货员的工作重点，是检查集装箱的外表有无残损，铅封是否完好。如发现异状，应及时通知船方验看确认，并记载在“理箱单”和“设备交接单”上，经船方签认后方可卸船。工残集装箱则由责任工组签认。

对铅封断失的集装箱，理货员须重新施封。重新施加的铅封号既要记录在“设备交接单”和“理箱单”上，又要汇总记录在“集装箱溢短、残损单”上。

“进口理箱单”由船上理货员根据船边理货员提供的箱号填制，作为理货组长圈销箱号清单或圈销积载图的原始凭证。

工班结束后，理货组长根据理箱单编制“日报单”，并从总积载图上划去已卸船的集装箱移载箱位。

卸船结束后，理货组长根据“理箱单”、“设备交接单”编制“理货证明书”和“集装箱溢短、残损单”，并填制“单船报告单”。

（3）有关卸船理箱的附加理箱工作。因船方原因造成理货人员停工待时，理货人员应编制“理货人员待时记录”，写明待时原因和起讫时间。各作业舱口的停工待时，应计入理货组长的待时时间。

在我国法定节、假日或每日后半夜工班，对外籍船舶、租船或中外合营船舶进行理箱时，理货员应在“理箱单”上注明“节、假日”或“夜班”字祥。

对船方原因造成的“舱内翻舱”或“出舱翻舱”，应另外编制“理箱单”和“日报单”，并注明“翻舱”或“重装”的起讫时间。

(三) 出口装船理箱

1. 装船理箱准备工作

理货公司收到船公司或其代理人送来的“出口集装箱舱单”和集装箱公司或其他订舱人送来的“集装箱装船预配图装箱单”和“场站收据”中的大副收据后，应及时进行整理登记，并做好如下几项工作：

(1) 根据“装箱单”分别核对“出口舱单”和“大副收据”。

(2) 根据“装货单”将箱号、铅封号、箱子状况（即整箱、拼箱和空箱）、卸货港名称等输入电脑，并打印出集装箱清单。

(3) 计算全船出口总箱数和各卸货港的分箱数。

理货组长在船舶作业前，应向港区的有关配载部门索取两套装船预配图。

理货公司根据船舶作业计划，派出理货组长和理货员。与卸船理箱一样，每艘船通常派1名理货组长，每条作业线派2名理货员。

对有特殊要求的重点船舶，要在作业前召开船前会，制定切实可行的单船措施。

理货人员登船前，要备妥所需单证和各种理货用品。

2. 装船理箱工作程序

理货组长登船后，应向船方了解出口集装箱的积载情况，征求船方对特殊集装箱的理箱要求，并将这些内容详细记录在单船记录本上。

理货组长要根据“集装箱清单”，仔细核对港区提供的“集装箱装船预配图”。核对内容包括：船名、航次、卸箱港、最后目的港、箱号和重量，并在“集装箱装船预配图”的每一箱号旁边，打上已经核对的明显标记。若发现有疑问应及时与有关方面取得联系，以便妥善解决。

理货组长分配理货员的工作舱口，确定各自的工作岗位和理箱方法，并向理货员提供有关资料，布置工作重点。

理货员接到理货组长的工作指令后，按分工实施如下的理箱方法：

船边理货员应按理货组长提供的“装船预配图”认真检查集装箱箱号，检查铅封是否完好，逐一圈销已装船的集装箱箱号，每工班结束后，按规定与集装箱公司船边验箱员办理交接手续。

在理箱过程中，如发现出口集装箱外表残损，应及时通知集装箱公司船边验箱员验看确认，并编制“设备交接单”。

对铅封断失的集装箱，理货人员应联系集装箱公司或集装箱单位处理，验看确认后，由理货人员重新施封，并记载在“理箱单”上。

甲板理货员应逐一记录每只集装箱的箱号，以及它们的实际装载位置，如发现集装箱破损或铅封断失，应及时通知船边理货员迅速处理。

工班结束后，理货组长应根据“理箱单”编制“日报单”，根据甲板、船边两位理货员记录的箱号和集装箱的实际积载位置，校对与“装箱单”核对过的“装船预配图”，并在此基础上绘制“集装箱实际积载图”。

装船结束后，理货组长根据“理箱单”编制“理货证明书”，再将集装箱的分积载图汇制成“总积载图”和“各卸货港综合明细单（表）”。

3. 有关装船理箱的附加理箱工作

出口的附加理箱工作与进口相同。

（四）拆箱理货

1. 拆箱理货

拆箱理货可按下列程序进行：

（1）拆箱前的准备工作。理货公司在拆箱理货作业前，必须设立“单船拆箱表”。所谓“单船拆箱表”就是指把进口舱单上标明的提单号、箱号、每个提单号的总数及分箱数等有关数据，如实转移过来的一种供圈销用的台账。

（2）填制“单船拆箱表”。转移进口舱单上的内容时，一定要参阅卸船理箱过程中编制的“集装箱溢短、残损单”，尤其要注意已变动过的箱号和卸船结束日期，因为此日期是投保开始计算的日期。

将各类集装箱残损和铅封断失等汇总情况，如实地转移到“单船拆箱表”上来。

设立“单船拆箱表”务求准确无误，因为该表在拆箱理货过程中将取代舱单，作为处理拆箱理货业务的主要依据之一。

另外，拆箱理货人员必须在作业前备妥有关单船资料和理货用品。

2. 不同拆箱点的理货工作程序

不论拆箱在何地进行和采用何种操作过程，拆箱的依据都是集装箱公司签发的“提货单”。但是，由于接货人的不同，凭“提货单”发货允许用两种方式体现：

（1）第一种方式。当收货人或其委托人作为接货人时，一律凭“提货单”上记载的件数、标志等内容发货。

（2）第二种方式。当集装箱公司工作人员作为间接接货人时，可以凭集装箱公司签发的“作业计划单”、“进货运站计划单”等发货。

3. 拆箱进 CFS 作业

集装箱公司工作人员根据“提货单”编制“作业计划单”，理货公司接到“作业计划单”后应与“单船拆箱表”核对，确认其全部内容相符后，即安排理货员进行拆箱，与仓库人员进行点交点接。

拆箱进 CFS 作业时应注意下面的问题：

（1）发现非“作业计划单”上所列内容的货物，要另做“拆箱理货单”，并应尽量完整地写明货物的包装、标志、重量和发货港名称等。

（2）对上述货物，应要求仓库人员另外堆放，以便进一步复核。

（3）当数只集装箱同时作业时，如箱内货物发生溢短，则务必要查清溢出或短少货物的箱号。

4. 港区内集卡提箱作业

凭提货单发货允许的两种方式和作业时的注意事项基本同拆箱进 CFS 作业一样，但当接货人是收货人或其委托人时，如“提货单”内容与海运“提单”（正本）有出入，则应以海运“提单”为准。如“提货单”内容与“进口舱单”有出入，除危险品货物外，原则上可以接受保函。

接受保函的前提条件是：出具保函人必须具有海运“提单”（正本）或各种由发货人直接邮寄给收货人的有关单证，能从这些单证中判断该批货物确属该收货人。

保函的内容大致包括，一旦查清该批货物属于他人所有，出具保函人应将货物运回或按价赔偿损失，对于发生的这一切，理货人员不承担任何责任，等等。

5. 港区内集装箱落驳、装火车作业

凭“提货单”发货允许的第一种方式作业，注意事项同前两种作业大致相同。对这种作业，理货人员要严格把牢“提货单”上表明的件数，特别是大宗货物，交接总数应掌握在“提货单”规定的发货数之内，不能超出。

6. 市区内、外拆箱作业

该作业也是按第一种方式凭“提货单”发货，注意事项也基本相同。但是，当箱内货物溢出时，理货人员原则上要在拆箱作业结束后，将溢出货物带回发箱处，不得随意采取接受保函等方式将这些货物留在拆箱点，尤其是对不同标志的货物。

7. 拆箱作业的结束工作

每只集装箱拆箱作业结束后，理货人员要根据拆箱结果，编制“拆箱理货单”，提请接货人签认。

每日拆箱作业结束后，理货公司要及时安排人员销账，将经签认的“拆箱理货单”上的全部内容，如实转移到“单船拆箱表”上。

全船拆箱作业结束后，理货人员应根据“单船拆箱表”编制“集装箱货物溢短、残损单”。该单经公司加盖业务章后，分发给各有关单位。

8. 理货公司提前出证业务

在拆箱理货作业中，还有一项属理货公司提前出证的业务。这是一项慎之又慎的工作，处理得好坏，将直接影响理货公司的信誉。

提前出证业务是集装箱船舶所特有的，是由于整条船舶集装箱理箱内货物过程过长而产生的。从某船第一只集装箱开始拆箱作业起，直至该船所有集装箱全部拆卸完毕，一般需要3个月左右的时间，这样就出现了持有某一提单的收货人未能按提单数收到全部货物，而要求出证的问题。根据理货公司《业务章程》规定，只有在全船集装箱拆卸完毕后，理货人员才能编制“集装箱货物溢短、残损单”，而不是按照每一提单分别编制的。所以在理货公司接受委托、办理货物交接手续时，为了维护委托方的正当权益，使他们能在规定的期限内提出索赔，减少损失，理货公司应安排人员做好该项工作。

（五）装箱理货

1. 装箱前的准备工作

理货公司接受装箱理货业务后，首先应了解谁是委托方，即是代表船方还是代表其他委托方参加装箱理货，以便确定是否需要制作“装箱单”。

理货公司根据装箱业务的具体情况，确定采用派人定点，还是随时派人的办法，并通知装箱单位，同他们建立必要的业务联系。

理箱作业前，理货人员应向有关方索取“装箱预配单”（该单记载内容较为简略，仅标明船名、航次、“装货单”、货名、件数、尺码号以及准备用多少20ft 箱数或多少40 ft 箱数)，在有条件的情况下，装箱理货人员应根据“出口舱单”和代理公司提供的“装货清单”进行核对，检查这些单证上记载的内容是否一致。

2. 装箱理货工作程序

装箱理货人员根据“装箱预配单”，向装箱单位索取装箱资料，包括：“装货单”、“箱号清单”等，仔细核对“装箱预配单”，确认需装箱数和“箱号清单”上提供的箱数是否相符。当发现不一致时，应联系装箱单位及时查明原因。然后，理货人员按“装货单”提供的货物标志、货物件数，与装箱单位工作人员点交点接，坚持在箱边理清装箱件数，剔除残损货物。

装箱理货应注意以下问题：

（1）根据“装箱预配单”核对装箱货物的标志、件数、包装、重量、目的港等内容是否相符合，不相符的不能装，待联系发货单位处理后再装船。

（2）严格执行箱边理货，逐件进行检查和核对，做好件数记录，剔除残损货物。

（3）指导工人装箱积载，充分利用箱容，保障货物安全。

（4）在装箱理货过程中，要准确计算箱内货物的重量，保证20 ft箱的最大总重量（含货物重量和集装箱自重）不得超过20 320 kg，40 ft箱的最大总重量不得超过30 480 kg，以确保运输和装卸的安全。

（5）装箱完毕后，由理货人员对集装箱施加铅封，并把铅封号填写在理货单上。集装箱施封后，如有关单位需要对集装箱再次施加铅封，则两个铅封号都应记录在理货单上。

（6）理货人员根据每箱理货结果，编制“装箱理货单”，并与装箱单位工作人员办理交接手续。

3. 装箱作业时清点装箱件数

装箱作业时清点装箱件数的方法是：

（1）接受委托，以第三者身份参加装箱理货。在这种情况下，“装箱单”一般都已事先编制好，理货人员应根据“装箱单”上的内容，逐一圈销已装入箱内的货物。工班结束时，应及时编制“装箱理货单”，经发货人签认后，办妥货物交接手续。

（2）代表船方装箱理货。理货人员应根据“场站收据”上的内容，划关计数。工班结束时，应编制“装箱理货单”，同发货人办妥交接手续，并在此基础上，编制“集装箱装箱单”。

4. 装箱作业的结束工作

编制“集装箱装箱单”时，要贯彻按货物进箱的先后顺序来排列“装货单”号的原则，以便为卸货港拆箱时提供方便。

理货公司要安排人员整理现场提供的“装箱理货单”和“集装箱装箱单”，根据装箱单批注“装货单”，然后把全部程序纳入集装箱的理箱工序，让装箱和理箱两道工序有机地结合起来。

六、集装箱货损事故处理

1. 集装箱货损事故的原因

集装箱货损事故产生的主要原因有以下几个方面。

（1）货物本身或包装方面存在的缺陷。例如，木板箱包装没有足够的强度，造成木箱破损、货物倒塌。又如进口采用“门到门”运输方式的奶粉，因其包装纸太薄，在拆箱时造成破损。还有装箱配载时忽视了货物可能产生的互抵性，造成箱内不同性质的货物相互损害等。

(2) 集装箱本身的缺陷。由于集装箱自身结构材料或设备的不足，以及操作不当也可能造成货损。如因集装箱防雨密封性能不良、附属器具不良、箱内清扫不彻底、选用不适当的集装箱等造成对箱内货物的货损。

(3) 货物装毕封箱或开箱取货不当。货物装毕封箱或掏箱取货不当主要是指由于工作人员对业务知识或工作经验缺乏，在操作时导致货物损坏。例如，箱门密封垫损坏或损缺，或密封垫老化等原因造成箱门不密封而使箱内货物受潮损坏。

(4) 箱内货物积载或系固不当。集装箱在运输过程中不断地受到振动、颠簸和摇晃，装在箱内的货物如果缺乏必要的绑扎、衬垫和加固，或者重量分布不均匀，一旦遇上大风浪，都会在急剧移动中产生相互撞击和摩擦，导致货物受损。

(5) 运输途中对温、湿度的变化考虑不周。在众多影响货物质量的因素中，周围空气的温、湿度是最重要的，它会引起货物自身的物理变化，使货物受损。集装箱运输通常是国际间的运输方式，要经过热带、温带和寒带，受周围的气候变化影响很大，因而对货物的影响也很大。

(6) 集装箱种类选择不当。需装在封闭式集装箱内的货物而选择了开顶集装箱，结果造成货物损坏。例如运输钢铁制品采用开顶集装箱但没有采取遮盖物遮盖而导致货物生锈。

(7) 集装箱内货物被盗。如由于封箱铅封等原因导致集装箱箱内货物被盗等。

(8) 集装箱处理不当及外来事故。例如，装卸作业中的碰撞、破损、跌落等；海运过程中的箱位移动、海水侵入、积载不当、加固不良、暴风雨袭击等；陆路运输中的装载、加固不当或发生交通事故等。还有因保管不善引起的，如堆场里的集装箱，上层空箱由于受台风影响而发生移位现象，擦伤下层集装箱的箱顶以及诸多的偷盗灭失、错装误发等。

(9) 集装箱装卸操作中的问题。由于操作人员的技术不精良、操作不熟练而发生的货损事故等。例如，吊运作业中集装箱发生碰撞而导致箱体受损等。

(10) 由于偶然性事故的发生。不可抗力等原因造成的事故，例如，集装箱堆场遭受台风影响，集装箱货堆上层空箱发生位移，导致下层集装箱箱顶破损而使箱内货物受损。

2. 事故理赔和索赔

理赔是指受理他人提出的事故经济损失的责任赔偿的事务性处理工作；索赔是指向他人提出的因事故造成经济损失的追索经济补偿的事务性处理事宜。也就是说，一旦事故发生，当事人之间也可能涉及负有连带责任的第三方之间将进行事故善后处理的全过程，称为理/索赔过程。负有责任赔偿或经济给付的一方称为理赔方；享有经济补偿或责任赔偿的权利一方称为索赔方；既是理赔方又是索赔方的一方，称为负有连带责任的第三方。要说明的是，第三方由于与事故发生有直接的因果关系，在经济赔偿上，有可能会因合约或协议的免除责任、限额赔付等免赔条件而免责或因受权利转让后追偿不足等事实而遭受一定的经济损失。

如果发生货损事故，应进行如下几点事项：

(1) 保护现场，维护秩序，拍摄现场，事实记载。

（2）事故责任部门或涉及者应立即向上一级主管部门报告。

（3）召开事故分析会。

（4）通知事故涉及方，负有保险责任者，也应及时通知保险人。

（5）采取行之有效的施救措施，减少事故损失，不致损失扩大。

（6）当事人之间约定事故损失，不能约定者可请第三者参与。

（7）确定事故责任，按责任承担经济赔偿。

（8）责任者根据责任大小、有关法律条文及定损公估报告等事实依据，给予赔付。

（9）事故类别涉及相关的风险责任保险的，编制向保险人提出经济补偿的索赔报告，并根据保险合约追索应该享有的损失补偿和经济给付的权利。

（10）根据事故分析报告，落实相应的整改和防范措施，踏踏实实抓好安全生产，杜绝重复事故，遏制重大、大事故的发生。

3. 事故经济损失的计算

事故的经济损失分两种：一种是直接损失，另一种是间接损失。间接损失在一般的情况下不予计算在内，例如因事故发生而影响的利润收入以及影响第三方以外的经济收入（另有约定的除外）。

直接损失是指：

（1）事故本身的实质性的物资损害。

（2）事故保护、整理、抢救等施救费用。

（3）修理费以及因修理而产生的其他必要费用。

（4）事故鉴定费。

（5）事故处理的必要的行政开支。

（6）银行贷款利息。

（7）如需重新进口的物资，则增加运输费、保险费、理货费、检验费、仓储费等相关费用。

（8）如诉至法院或提至仲裁机构的，预计发生的律师费、诉讼费以及其他必要的合理费用。

（9）事故发生之前，当事人已同第二方订有合约、协议者，其违约责任也应计算在内。然而，虽有违约的存在，但尚未产生或可以补救以致无任何经济损失的，可以不计。

（10）人身意外伤害伤亡的，则涉及抢救费、医疗费、医药费、丧葬费、抚恤费、抚养费或伤残补贴费、营养费、误工费、护理费、生活困难补助费等相关费用。

4. 理/索赔材料

保险合同成立通常有两种形式，一种是口头合同，另一种是书面合同。在事故处理的理/索赔过程中，口头承诺、口头合同一般不予采纳和接受。所以在事故处理和交涉中必须以书面材料进行交换沟通，当事人之间应互相收集、提供、整理理/索赔材料并归卷入档，以便历史审查。

理/索赔的材料包括：

（1）事故的现场记载。内容要求原始、真实。

（2）现场录像、拍照。要求：前后、左右、上下各种角度拍摄。

（3）事故报告。详细说明其事故发生的日期时间、地点环境、当事人、涉及者、事故原因、损害品名、目测损坏或伤害程度、初步处理意见。

（4）商检的检验报告或公估行的鉴定报告或理货报告等。

（5）事故损失的物体清单、价值、合同、发票等有效凭证。

（6）向责任方追索赔偿的索赔报告或受理损失方提出赔偿给付的理赔报告。

（7）如果是货损、货差、箱损、箱差、机损、船损事故，则需进出口仓单、装箱单、船舶规范等日常业务流转的有关单据。

（8）道路交通事故，需公安局交警机关出具责任认定书、裁决书、调解书、损失清单等有关费用单据。

（9）人身伤亡需医疗报告、病史记录、医药费凭证、伤残、死亡等医院证明。

（10）与事故发生和事故损失，或在事故处理中有因果关系的各种有效凭证等。

5. 理/索赔操作程序

在理/索赔操作过程中，要将事故的经济损失缩小到最低限度，必须注意其操作程序，必要时还需进行适当的技术性处理。目前，就码头的理赔而言，事故一发生，应立即通知事故损失方、保险人等有关单位，进行现场查看，确定损坏或损失事实，然后对损害的主体进行检查、鉴定、测试、定损。如损害主体是物体的，该修理恢复的立即修理，该重新购买或进口的则购买或进口。如损害主体是人身的，应住院医疗或医治至康复。如伤残或死亡的，则根据政府有关赔偿规定办理。最后由受损方向当事人出具索赔报告。如当事人在该事故中，确系事故的责任者，就应按事故的责任大小进行比例赔付，如能引用企业服务条款或运用海运提单背书条款或政府机构的有关法律规定的有限责任者就进行限额责任赔付。

如该事故类别系码头责任保险的，应编制索赔报告，将该码头赔付金额损失向保险人提出补偿，直至码头得到保险人的赔偿给付为止。但在此过程中值得一提的是：如该事故的损害主体原已购买相关的风险责任保险，其受损方应首先向该损害主体的保险人提出索赔。由其保险人首先对该损害主体作出赔偿，同时由得到赔偿的受损方出具其权益转让书给保险人，然后由该保险人凭该权益转让书和有关赔偿凭证向码头提出追偿。码头根据国际惯例或经协商进行一次性的协议赔偿。随后，码头仍可按协议赔偿的损失金额向负有码头操作风险责任的保险人提出经济补偿，保险人将根据同码头间的合约扣除免赔额后赔付给码头。

索赔程序则与理赔程序相反。所以，一旦受损事故的发生，除施救和收集有关证人、证词或事实证据、物权凭证、残损记录、货损价值等有关技术部门的测定报告外，尚需编制一份严密的具有事实依据的合情合理的索赔报告，向事故责任方提出全额赔偿。当然，也可以向责任保险人提出索赔。但应注意的是，如向其保险人提出索赔，得遭受保险合约中的免赔额损失，所以一般不急于采纳，除非该事故的责任方无能力赔偿或得不到应付的损失赔偿。

6. 索赔时效

当发生集装箱装卸或业务操作进行中的行为或自然灾害和外来的意外原因导致的任何事故或事件，任何一方都应以书面形式及时通知另一方。经事故施救、损失鉴定、分清责任、确定损失程度后，就应该及时向责任方或保险人提出索赔。如延误索赔时间，将会受到时效限制，受损方将由此而增加麻烦或蒙受更大的损失。

索赔时效是指：

（1）财产保险项下的资产物资遭受损失之日起，必须在1年内提出索赔，如遭盗窃应在通知保险人后10天内提出索赔请求。

（2）海洋运输的保险货物，从被保险货物在最后卸载港全部卸离远洋海轮后起算，向保险人提出索赔最多不超过2年。

（3）向承运人提出索赔，最多不得超过1年；在时效期间内或者时效期间届满后，要向第三人提出追偿请求的，时效期间为90天。

（4）属于集装箱码头责任造成货物或船舶损失的，从码头编制货运记录或船损记录的次日起，不超过180天；涉及国外的则不超过1年（另有合约或法律规定的除外）。

（5）码头道路交通事故的保险车辆自事故车辆修验或交通民警对事故处理结果之日起3个月内，不提出索赔或不提供各种必要大单证，即视作自愿放弃权益。

（6）码头员工的人身意外伤害应在事故发生之日起30天内通知保险人，2年内必须书面形式提出索赔申请，否则作自动放弃权益处理。

（7）当事人之间相互索取各项违约金、滞纳金、速遣奖金或滞期费的时效，均按有关规定，或当事人之间约定办理。

七、集装箱货运保险

在国际货物运输过程中，为了降低货运风险，通常要对集装箱和货物进行保险。

1. 集装箱保险

由于在航运过程中，集装箱装于船舶舱面。因而风险较大，这就需要对集装箱进行保险。集装箱保险的险别主要有：

（1）全损险。集装箱的全部损失。

（2）综合险。集装箱的全部损失或部分损失。

例如，这些损失可以是由于沉没、触礁，搁浅、碰撞引起的，也可以是陆上或空中运输工具的碰撞、倾覆及其他意外事故和外来的火灾、爆炸等引起的。

集装箱保险业务中，货运代理应下列事由可以享受除外责任。

除外责任是指：

（1）由于集装箱不符合国际标准或因其内在缺陷或特性以及工人罢工等引起的损失和费用。

（2）正常磨损及修理费用。

（3）集装箱战争险条款规定的承保责任和除外责任及费用。

（4）与投保集装箱经营有关的或由其引起的第三者责任和费用。

集装箱保险业务中，责任起讫若采用定期保险，起止时间以保险单规定的日期为准。

集装箱保险业务中，赔款应按下列因素确定：

（1）集装箱全损时，全部赔付。

（2）集装箱部分损失时，部分赔付修理或作为推定全损处理。

（3）赔付保险费后，追赔权属保险公司。

2. 集装箱货物保险

集装箱货物保险责任应作以下认定：

（1）进口集装箱货物运输保险责任按原运输保险单责任范围负责，但保险责任至原保险单载明的目的港收货人仓库终止。

（2）集装箱货物运抵目的港，原箱未经启封而转运内地的，其保险责任至转运目的地的收货人仓库终止。

（3）如集装箱货物运抵目的港或目的港集装箱转运站，经启封开箱，全部或部分箱内货物仍需继续转运内地时，被保险人或其代理人必须征得目的港保险公司同意，按原保险条件和保险金额加批加费手续后，保险责任可至转运单上标明的目的地收货人仓库终止。

（4）集装箱在目的港转运站收货人仓库或转运至目的地收货人仓库，被发现箱体明显损坏或铅封被损坏或灭失，或铅封号码与提单、发票所列号码不符时，被保险人或其代理人或收货人应保留现场，保存原铅封，并立即通知当地保险公司进行联合检查。

（5）凡集装箱箱体无明显损坏，铅封完整，经启封开箱后发现内装货物数量、规格等与合同规定不符，或因积载或配载不当所致的残损，不属保险责任。

（6）进口集装箱货物残损或短缺涉及承运人或第三者责任的，被保险人有义务先向有关承运人或第三者取证，进行索赔和保留追索权。

（7）装载货物的集装箱必须具有合格的检验证书，如集装箱因不适货而造成的货物残损或短少，不属保险责任。

典型案例

传真件发货引起的纠纷

案由

1995年11月，韩国某银行开出一金额为28万美元的假远期信用证，通过南阳市A行通知，受益人为某土产制品公司。发货前，受益人就租船问题曾多次要求买方将信用证上的目的港由昆山改为仁川，但直至最后装船期，通知行和受益人均未收到信用证修改的正本，无奈在已超过最后装船期的情况下，受益人凭申请人的已盖有银行受理章的信用证修改申请书传真件匆忙发货，并倒签提单，随后马上将全套装船单据传真申请人。12月25日，受益人持同一证下两套单据交通知行办理议付，其中一套金额为USD 70 560.00，通知行即议付行认真审核单据后，发现单据不符点太多，退回受益人改单。1996年1月5日受益人持修改后的发票、装箱单等单据重交议付行，并通报议付行买方已提货，由于目的港与信用证规定的不一致，企业向银行出具保函，这时信用证效期已过，银行的7个工作日合理审单时间已用足，议付行在没有时间向开证行申提不符点的情况下，分别寄单和汇票至开证行和偿付行。1月12日，议付行收到偿付行偿付货款。1月18日，开证行发来拒付电传，指出由于目的港与信用证不符，要求退还已付贷款USD 70 560.00，并称单据留存，听候议付行指示，另一票货款不再追偿。

接到开证行拒付电后，议付行立即与受益人取得联系，企业经理专程赴韩国解决此事，未果而返，后又委托在韩国的代理协助调查此事。这期间，开证行曾多次发电要求退款，议付行经认真审核，觉得开证行确实按照UCP500第14条d款的规定，在合理时间内提出拒付，而且受益人提交单据上不符点毋庸置疑，在没有得到开证申请人确凿提货证明的情况下，议付行一方面致电开证行答应在开证行退回全部单据后退款；另一方面，通过受益人在韩国的代理继续了解情况。很快韩国代理通过其他渠道从韩国海关拿到了盖有银行担保章，开证行要求退款的这一票的发票、提单和此信用证项下另一票的担保提货书及其他单据影印件共5份，议付行收到这些单据传真件后，立即回传开证行，并发电要求其调查此事。同时，由于开证行未将单据退全，议付行一直没有退款。5月23日，开证行复电议付行称其确实出具担保提货书给申请人，但随后很快就收回。在掌握申请人确已提货的情况下，议付行抓住开证行回复电传中出具提货担保书这一关键点，立即电告开证行出具提货担保书这一事实，就丧失了提不符点的权利，应该无条件地付款，同时正告开证行声明保留索赔的权利，要求开证行给予真诚的合作，避免给两行之间的友好关系造成大的伤害。经议付行的据理力争，开证行自此以后一直保持沉默，不再提退款之事。

案例要点

（1）收益人盲目凭申请人的信用证修改申请书传真件并匆忙发货。

（2）货物本身存在质量问题。

（3）开证行错误地出具提货担保后又拒付。

（4）议付行接到重大不符点的单据时应先向开证行电提不符点，得到认可后再寄单以保证安全收汇。

要点评析

导致上述纠纷主要是由于受益人盲目凭申请人的信用证修改申请书传真件匆忙发货，再加之本身的货物质量有问题，又不愿意赔偿，跳进对方设置的圈套，才导致被动，幸亏由于开证行错误地出具提货担保书后又拒付，再加上银行的密切配合，最后才没有酿成大的恶果。

UCP500第9条d款规定，未经开证行、保兑行（如已保兑）及受益人同意，不可撤销信用证不得修改也不得撤销。受益人提出改证后，开证申请人把信用证修改申请书传过来，同意受益人改证要求，与开证行无关，这是买卖双方之间的事，对开证行而言，这是无效行为，信用证仍未修改。议付行和开证行仍按信用证原条款审单，必然造成单证不符。我们应从本案例吸取教训，受益人只有在收到开证行改证后，按质发货，制单时严格遵循UCP500要求，做到单证、单单一致，才能确保安全收回货款，避免不必要的纠纷，切不要听信申请人的一面之词，凭其申请书或保函盲目出货，造成单证不符，给申请人授之以把柄、造成损失。

实 训

制订集装箱货物装箱方案

实训目的

通过实训熟悉货件装箱方案的制订过程，掌握货件装箱的方法。

实训内容

已知一个20英尺集装箱底板面积为2 310 mm×5 900 mm，集装箱箱高为2 310 mm。设箱装货件（单件）尺寸［L（长）×B（宽）×H（高）］为557 mm×407 mm×329 mm。问：集装箱内货件如何装载（人工装载）？可装多少件货件？该集装箱箱容损失为多少？并作装箱示意图（按比例1∶5作图）。

实训课时

4课时

实训要求

（1）按货件尺寸对应集装箱尺寸，由下列公式计算集装箱箱内的装箱货件件数。

集装箱某个方向的装货件数＝集装箱边长/货件某个边长

（2）计算总装箱件数。

（3）按下列公式计算集装箱箱容损失。

集装箱箱容损失＝集装箱容积－货物总体积

（4）按三视图要求和比例，制作货物装箱示意图。

（5）编制集装箱装箱方案说明书。

检查标准

检查各步骤计算是否正确；检查是否按上述步骤编集装箱装箱方案说明书。

自·测·练·习

一、单项选择题

1. 国际集装箱箱型标准是________。

A. GB 1413—1985　B. ISO 900—2000　C. ISO 668—1979　D. GB 12268—1990

2. 国际集装箱箱型标准中，常有的集装箱箱型有________种。

A. 2　B. 3　C. 4　D. 5

3. 在我国，集装箱理货作业是________的。

A. 自愿　B. 被迫　C. 强制性　D. 委托性

4. 用途最广的集装箱类型是________。

A. 冷藏箱　B. 干货集装箱　C. 汽车集装箱　D. 板架集装箱

5. FCL称为________。

A. 拼箱货 B. 箱底货 C. 箱装货 D. 整箱货

二、多项选择题

1. 国际集装箱标准中的箱型包括________。

A. 10 英尺 B. 20 英尺 C. 30 英尺

D. 40 英尺 E. 45 英尺

2. 对集装箱进行检查，主要的检查项目有________。

A. 外部检查 B. 内部检查 C. 箱门检查

D. 附件检查 E. 清洁检查

3. 集装箱运输经济效益高主要体现在________。

A. 简化包装，大量节约包装费用

B. 减少货损货差，提高货运质量

C. 减少营运费用，降低运输成本

D. 维护国际货运的完整性

E. 保护货主的利益

4. 发生集装箱货运事故后认定直接损失是指________。

A. 事故本身的实质性的物资损害

B. 事故保护、整理、抢救等施救费用

C. 修理费以及因修理而产生的其他必要费用

D. 事故鉴定费

E. 如诉至法院或提至仲裁机构的，预计发生的律师费、诉讼费以及其他必要的合理费用

5. 冷藏集装箱适用于装载________。

A. 鱼类 B. 肉类 C. 新鲜水果

D. 蔬菜 E. 液态饮料

三、是非题（正确的打“√”，错误的打“×”）

1. 集装箱保险业务中，责任起讫若采用定期保险，起止时间以保险单规定的日期为准。（ ）

2. 集装箱理货，有的是委托性的，有的是强制性的，这取决于个人的规定。（ ）

3. 在集装箱运输中，符合国际标准的集装箱是使货物标准化的装运设备和外包装。（ ）

4. 超高货的运输必须用开顶集装箱，或用板架集装箱装载。（ ）

5. 在集装箱货运事故处理的理/索赔过程中，一般也可采纳和接受口头承诺、口头合同。（ ）

四、思考题

1. 集装箱的交接方式有几种？

2. 集装箱货运如何考虑选用集装箱？

3. 集装箱租赁方式有几种？各有哪些优缺点？

4. 集装箱理货工作涉及哪些业务范围？

5. 集装箱货损事故发生的主要原因是什么？

第九章

国际货运公约

学习目标

◎知识目标

了解涉及国际海运的相关国际货运公约；了解涉及国际航空运输的相关国际货运公约；了解涉及国际陆运的相关国际货运公约。

◎能力目标

熟悉有关国际海运的国际货运公约；熟悉有关国际航空运输的国际货运公约；熟悉有关国际陆运的国际货运公约。

第一节 有关提单的国际公约

在国际海运过程中，签发的最主要的单证是提单，而提单所涉及的国际公约主要有三个：海牙规则、维斯比规则、汉堡规则。

一、海牙规则

（一）海牙规则成立的历史背景

最初，提单只是表明货物已经装船的收据，既没有关于提单应记载的事项及其法律效力的规定，也没有有关承运人责任的条款。关于承运人的责任，只按照当时存在于英、美等国的普通法中的一些默示规定的原则来处理，即承运人应默示保证签订合同时应保证船舶适航、保证船舶合理速遣、保证船舶不发生不合理的绕航。

但是，到了18世纪，因货损和赔偿日益增多，承运人为了保护自己的利益，根据资产阶级民法的合同自由原则，开始在提单上加入了免责条款。其后，提单上的免责条款越来越多，到了19世纪80年代，提单上的免责条款竟多达六七十项，这不但引起货主的强烈不满，而且也动摇了提单的可信赖性，与英国1855年提单法中有关提单可作为流通凭证，在贸易中自由转让，以及有关提单持有人的权利、义务的规定也不相适应。于是出现了限制承运人在提单上任意增加免责条款，使提单规范化的要求。

1893年，美国制定并通过了《哈特法》。该法规定在美国国内港口间，或美国港口与外国港口之间承运货物的船东应在提单上加注条款，表明可以使其免除对装船、积载、保管、照料货物的疏忽所负责任的条款均属非法，所订条款也属无效；在提单上加注的任何减少、减轻或避免船东在谨慎处理使船舶适航方面所负责任的条款，均属无效；如果船东尽到谨慎处理使船舶适航和配备适当船员、装备和供应船舶的责任，那么，对在驾驶或管理船舶中的过失所导致的货物灭失或损坏，船东或他的代理人无 须负责；因天灾、海上救助等方面的原因所引起的货物灭失或损坏，船东或他的代理人也无须负责；船东或船长或代理人有义务签发提单，并注明货物的主要标志、包数或件数或数量或重量，以及外表状况，而这个提单应作为收到提单上所载明货物的初步证据。从而确定了承运人应承担的最低限度的责任，并明确了提单的法定记载事项及其证据效力。

哈特法的成功，使新西兰、加拿大等本来法律体系上紧跟美国的英联邦国家也承认了哈特法的法理精神。

对此，作为宗主国的英国感到非常被动，尤其是第一次世界大战后，社会秩序和经济秩序非常混乱，在货运事故增多的情况下，英国政府深感有把统一提单的立法提到议事日程的必要。1921年在海牙举行的国际法协会的会议上，由有关各方组成的代表团草拟并通过了规则的主体，即1921年的海牙规则。以此为基础，在1922年10月于布鲁塞尔举行的讨论海事法律的外交会议上，与会代表作出决议，建议各国政府采纳这个规则，在稍作修改后使之国内法化。1923年10月，又在布鲁塞尔对这个规则继续作了一些修改，完成了海牙规则的制定工作。

随后，1923年11月英国帝国经济会议通过决议，一方面建议各成员国政府和议会采纳这个修订后的规则使之国内法化；另一方面率先通过国内立法，使之国内法化，由此产生了1924年英国海上货物运输法（COGSA，1924）。这个法律在1924年8月获英皇批准。稍后，1924年8月25日，各国政府的代表也在布鲁塞尔通过了简称为海牙规则的《1924年统一提单若干法律规定的国际公约》。

海牙规则于1931年6月2日正式生效。欧美许多国家都加入了这个公约。有的国家还通过国内立法使之国内法化；有的国家则根据这一公约的基本精神，另行制定相应的国内法；还有些国家虽然没有加入这一公约，但他们的一些船公司的提单条款也采用这一公约的精神。所以，这一公约是海上货物运输中有关提单的最重要的和目前仍普遍被采用的国际公约。1936年，美国政府也以这一公约作为国内立法的基础制定了1936年美国海上货物运输法，并在很大程度上使之取代了原有的哈特法。

（二）海牙规则的主要内容

海牙规则全文共有16条，其中第1条至第10条是实质性条款。

1. 关于承运人的责任期间

规定承运人对运输货物承担责任的期间是“自货物装上船舶开始至卸离船舶为止”。

2. 关于承运人的责任

规定承运人必须承担的责任是，在开航以前和开航当时谨慎处理使船舶适航；妥善地配备船员、装备船舶和配备供应品；使货舱、冷藏舱、冷气舱和该船其他载货处所适于并能安全收受、载运和保管货物；以及适当而谨慎地装载、操作、运送、保管、照料和卸下所运货物。

3. 关于承运人的免责

海牙规则实行的是“不完全过失责任制”。海牙规则规定了承运人对船长、船员在驾驶或管理船舶的过失；火灾；海上或其他通航水域的灾难、危险或意外事故；天灾；战争行为；公敌行为；政府依法扣押；检疫限制；托运人的过失；罢工、关厂、停工或劳动力受到限制；在海上救助或企图救助人命或财产；货物的固有缺点等17项的免责事项。其中海牙规则最受人指责的是航行过失免责，即承运人对船长、船员、引航员或承运人的雇用人员在驾驶或管理船舶上的行为，疏忽或不履行契约免责。

4. 关于承运人的赔偿责任限制

规定承运人对每件或每单位货物的赔偿限额为100英镑。

5. 关于诉讼时效

规定对货物灭失或损坏赔偿的诉讼时效“自货物交付之日或应交付之日1年以内”。

6. 关于公约的适用范围

规定“适用在任何缔约国所签发的一切提单”。

7. 关于公约适用的强制性

规定运输合同中凡是解除或减轻公约规定承运人责任的任何条款、约定或协议均属无效。

虽然从海牙规则的基本条款看，可以说基本上脱胎于哈特法，但从根据海牙规则制定的美国1936年海上货物运输法的规定看，它和哈特法仍有原则的区别。首先，在哈特法下，船东对提供一艘适航船舶负有绝对的义务，如果他要享受该法第3条规定的免责权利，就必须证明他已做到谨慎处理。否则，即使货物的灭失或损坏与船舶开航时不适航并没有因果关系，船东仍须负赔偿责任。而1936年海上货物运输法并不要求船东必须提供一艘适航船舶负绝对责任，他只要做到谨慎处理使船舶适航就足够了。其次，在哈特法下，船东可以在运输合同中有效地订明赔偿责任限制金额和提出索赔请求时间的条款，只要这种限制合理即可。而1936年海上货物运输法则规定，如果这类限制条款与本法抵触则无效。

尽管海牙规则和根据海牙规则制定的1936年美国的海上货物运输法与哈特法存在着这样的原则区别，但是，英、美法院对哈特法条款所做的解释，对于美国1936年海上货物运输法和1924年海牙规则相应条款的解释仍然具有指导意义。

（三）海牙规则存在的主要问题

海牙规则生效以来，得到航运业界的普遍采用，它在使有关提单的法律得以统一，对促进国际贸易、发展国际航运等方面起到了积极的作用。但是，限于制定和通过海牙规则当时的政治、经济和技术条件，以及当时承运人和货主之间力量对比的实际情况，在几十年的实践中，特别是第三世界国家在国际政治、经济社会中越来越占有重要地位之后，人们越来越多地发现它存在着许多问题，需要进行修订。

海牙规则存在的问题归纳起来主要有：

1. 较多地维护了承运人的利益

从总体上说，海牙规则较多地维护了承运人的利益，在当时，实质上是维护航运国家的利益。在今天看来，实质上也就是维护了发达国家的利益，这和作为主要货主国的第三世界国家要求建立航运新秩序的呼声是很不适应的。

2. 在风险分担上很不均衡

海牙规则所遵循的是不完全的过失责任制。无论从承运人仅承担谨慎处理使船舶适航和管货的义务看，也无论从承运人享受航行过失免责条款的权利看，对货主来说都是不公平的。从当前航海技术已达到的水平考虑，这种风险分担的不均衡显然是不合理的，也是货主对海牙规则最不满意的问题所在。

3. 对有些条款的解释至今仍未统一

海牙规则在这方面存在的问题是很多的。比如“管理船舶”与“管理货物”的区别标准，“与货物有关的灭失或损坏”的含义，作为赔偿责任限制计算单位的“每单位”的解释等，统一的解释而常引起争议。

4. 未考虑集装箱运输形式的需要

集装箱运输方式的出现，带来了一系列的法律问题。但因制定海牙规则时，这种运输方式尚未出现，所以许多规定远远不能适应集装箱运输方式的需要也是理所当然的。

5. 赔偿责任限额过低

由于英镑的严重贬值，海牙规则在1924年规定的每件或每单位不超过100英镑的责任限额，到20世纪60年代后期只相当于原值的1/8左右；随着科学技术的进步，所运输的产品的价值也越来越高，尤其是那些高科技产品的价值更高，当这些产物损坏或灭失时，仍按几十年前制定的赔偿限额做出赔偿，显然是不合理的，严重地损害了货主的利益。

6. 诉讼时效太短

海牙规则规定的诉讼时效为1年，时间太短，给货主带来很多不便。

从上述海牙规则存在的主要问题中不难看出，海牙规则已很不适应当今国际政治、经济和国际航运发展的需要，修改海牙规则已势在必行。

二、维斯比规则

（一）维斯比规则修订过程

维斯比规则是以发达航运国家的意见为依据，为了解决实践中已经发现的海牙规则所存在的问题，在海牙规则基础上，对海牙规则中明显不合理或不明确的条款进行局部的修订、补充，以议定书的形式制定的有关提单的国际公约。

1963 年 6 月，联合国贸易和发展会议下设的国际海事委员会草拟了修改海牙规则的议定书草案，提交给 1967 年和 1968 年召开的海事法会议审议。经会议审议通过后，于 1968 年 2 月 23 日在比利时的布鲁塞尔召开的外交会议上通过，定名为《关于修订统一提单若干法律规定的国际公约的议定书》，并简称为《1968 年布鲁塞尔议定书》。

在这次会议期间，与会代表前往参观过去曾是 15 世纪有名的海法《维斯比海法》编纂地的维斯比城。所以，这个议定书也就又被称为“维斯比规则”。

由于议定书对海牙规则没有进行根本性的修改，只是对海牙规则中明显不合理或不明确的条款作了修订、补充，仍保持原有的承运人责任制度。因此，议定书又常被称为“海牙—维斯比规则”。

维斯比规则已于 1977 年 6 月生效。目前已有英、法、丹麦、挪威、新加坡、瑞典等 20 多个国家和地区参加了这一公约。在此之前，英国还以这一公约作为国内立法的基础，制定了 1971 年海上货物运输法，并已生效。

（二）维斯比规则对海牙规则修改的主要内容

维斯比规则共有 17 条条文，但只有前 6 条才是实质性的规定。

维斯比规则对海牙规则修改、补充的内容，主要包括如下几个方面：

1. 关于提单的证据效力

关于提单的证据效力，海牙规则（第 3 条第 3 款及第 4 款）规定承运人收到货物之后，应托运人的要求签发给托运人的提单，这种提单是作为承运人依照规定所载内容“收到该提单中所载货物的表面证据”（或称初步证据）。维斯比规则在这里作了补充，明确规定：“当该提单已被转予诚实行事的第三方时，便不能接受与此相反的证据”。也就是说，维斯比规则肯定了提单对善意的第三者而言，具有最终证据的效力。

2. 关于承运人的赔偿责任限制

关于承运人的赔偿责任限制，维斯比规则将海牙规则规定承运人对货物灭失或损坏的赔偿限额，从按每件或每单位计算的单一办法，改为按每件、每单位或按毛重每 kg 计算的双重办法，并规定每件或每单位 10 000 金法郎或毛重每 kg 30 金法郎，以其高者为准。

为了解决集装箱运输出现后的损害赔偿问题，维斯比规则补充规定了计算集装箱货物赔偿限额的件数时，应以提单上列明的内装货物件数为准，如果未在提单上列明内装货物件数，则以每一集装箱为一件或一个单位。

另外，维斯比规则还对承运人丧失享受赔偿责任限制权利的条件做出规定：如经证明，货物的灭失或损坏是承运人蓄意造成，或者是承运人明知可能造成损害而轻率地采取的行为或不为所引起的，则承运人丧失享受赔偿责任限制的权利。

3. 关于侵权行为请求的权利

海牙规则中是没有关于侵权行为的规定的。维斯比规则规定，对承运人提起的任何有关货物灭失或损坏的诉讼，不论该诉讼是根据合同还是侵权行为，均适用本规则的有关规定。同时还规定，如果这种诉讼是对承运人的雇用人或代理人（该雇用人或代理人不是独立的订约人）所提起，该雇用人或代理人便有权适用承运人按照本公约所可援引的各项抗辩和责任限制。

4. 关于规则的适用范围

关于适用范围，海牙规则规定只“适用在任何缔约国所签发的一切提单”。对此，维斯比规则将适用范围扩大到货物从一个缔约国港口起运的提单和运输合同中载明适用本规则，或使其生效的国内法的提单。

5. 关于诉讼时效

关于诉讼时效，维斯比规则仍保留了海牙规则中规定 1 年的诉讼时效，并作了补充规定，“在诉讼事由发生之后，得经当事方同意，将这一期限加以延长”。

三、汉堡规则

（一）汉堡规则制定经过简况

鉴于海牙规则日益不能适应国际政治、经济形势发展的要求，也鉴于第三世界国家并不满足于维斯比规则对海牙规则所作的局部修改和补充，要求彻底修改海牙规则的呼声日益高涨。

联合国贸易和发展会议的航运委员会在 1969 年 4 月的第三届会议上建立了国际航运立法工作组，并以提单及有关问题作为工作组的优先工作项目。此后，联合国贸易和发展会议秘书处编写了以《提单》为题的研究报告，分析了海牙规则及与提单有关的问题。此后，国际航运立法工作组研究了这个报告，决定应对海牙规则和维斯比规则进行修改，需要时也可以制定一项新的国际公约；并建议在审议修改上述规则时，应消除其含糊不明确之处，同时应建立船、货双方均衡地分担货运风险的货运责任制度。

按照国际组织的分工，联合国贸易和发展会议对海牙规则和维斯比规则进行了深入的研究，并将制定新公约的工作交给联合国国际贸易法律委员会办理。

经过多年的艰苦工作，于 1976 年 5 月，这个委员会草拟了《联合国海上货物运输公约草案》。联合国于 1978 年 3 月 6 日至 31 日在汉堡召开的联合国海上货物运输外交会议对该“草案”进行审议。有 78 个国家派出了代表出席这次会议，经与会代表对“草案”逐条进行认真的审议后获得通过，正式定名为《1978 年联合国海上货物运输公约》。由于这次会议是在汉堡召开的，所以这个公约又称“汉堡规则”。

根据汉堡规则的生效条件规定：“本公约自第二十份批准书、接受书、认可书或加入书交存之日起满一年后的次月第一日生效”。汉堡规则自 1978 年 3 月 31 日获得通过，直至埃及递交了批准书后才满足生效条件，于 1992 年 11 月 1 日起正式生效。

汉堡规则不仅扩大了承运人在海上运输中的责任，而且对国际航运有关的业务和法规，比如对共同海损理算业务、海上保险业务，以及与之有关的法规产生了重要的影响并引起带有根本性的变革。

（二）汉堡规则的主要内容

汉堡规则全文共分 7 章 34 条条文。汉堡规则在制定中，除保留了维斯比规则对海牙规则修改的内容外，与海牙规则相比，作了根本性的修改，明显地扩大了承运人的责任。汉堡规则的主要内容包括：

1. 关于承运人的责任期间

汉堡规则第 4 条第 1 款规定：“承运人对货物的责任期间包括在装货港，在运输途中以及在卸货港，货物在承运人掌管的全部期间。”即从承运人接管货物时起到交付货物时止，明显地延长了承运人的责任期间。

2. 关于承运人的责任基础

汉堡规则是以“完全过失责任制”为基础来规定承运人的责任的。确定承运人的责任基础，也是汉堡规则根本修改海牙规则的核心问题。汉堡规则第 5 条第 1 款规定“除非承运人证明他本人，其雇用人或代理人为避免该事故发生及其后果已采取了一切所能合理要求的措施，否则承运人应对因货物灭失或损坏或延迟交货所造成的损失负赔偿责任，如果引起该项灭失、损坏或延迟交付的事故，如同第 4 条所述，是在承运人掌管期间发生的”。这就是说，在汉堡规则下，货物的灭失、损坏或延迟交付所造成的损失，只要发生在承运人的责任期间，首先推定为承运人的过失而由承运人承担责任。如果承运人要免除责任，他应承担举证责任，证明他本人，其雇用人或代理人都没有过失，而且为避免事故的发生及其后果也采取了一切所能合理的措施，否则，承运人就不能免责。完全过失责任的推行，使汉堡规则完全删除了海牙规则所规定的 17 项免责事项，特别是删去了船长、船员、引航员或承运人的雇用人在驾驶和管理船舶中的过失的免责条款。

3. 关于迟延交付货物的责任

迟延交付货物的责任在海牙规则和维斯比规则中都没有规定，这是汉堡规则（第 5 条第 2 款）中增加的规定：“如果货物未能在明确议定的时间内，或虽无此项议定，但未能在考虑到实际情况对一个勤勉的承运人所能合理要求的时间内，在海上运输合同所规定的卸货港交货，即为迟延交付。”对此，承运人应对因迟延交付货物所造成的损失承担赔偿责任。而且在第 3 款内还进一步规定，如果货物在（第 2 款）规定的交货时间满后连续 60 天内仍未能交付，有权对货物的灭失提出索赔的人可以认为货物已经灭失。此外，汉堡规则还规定“承运人对迟延交付的赔偿责任，以相当于迟延交付货物应支付运费的 2.5 倍的数额为限，但不得超过海上货物运输合同规定的应付运费总额”。

4. 关于赔偿责任限额

关于赔偿责任限额，汉堡规则实行与维斯比规则相同的计算赔偿责任限额的双重办法。在第 6 条第 1 款中规定：“承运人对货物灭失或损坏造成损失所负的赔偿责任，以灭失或损坏的货物每件或每其他货运单位相当于 835 记账单位或毛重每公斤 2.5 记账单位的数额为限，以两者中较高的数额为准。”这里所说的记账单位是指国际货币基金组织所规定的特别提款权（SDR）。该赔偿限额较之维斯比规则的规定提高了 25%。

5. 关于提单的证据效力

汉堡规则关于提单的证据效力，在第 16 条中做出了与维斯比规则相同的规定。即承运人如签发了已装船提单，则为提单上所述货物已装船的初步证据，如果提单已转让给包括收货人在内的第三者时，则承运人提出的与提单记载内容相反的证据不予接受。这就是说，当提单转让给包括收货人在内的善意的第三者时，提单上的记载内容具有绝对证据的效力。

6. 关于保函的法律效力

海牙规则和维斯比规则都没有关于保函的规定。而汉堡规则第 17 条中对于保函的法律效力做出了明确的规定，托运人出具的保证向承运人赔偿的保函或协议，只对托运人有效，而对于收货人或受让提单的第三方均属无效。但是，如果承运人有意欺诈，则对托运人也属无效，而且承运人也不再享受责任限制的权利。

7. 关于诉讼时效

汉堡规则关于诉讼时效较之海牙规则和维斯比规则长，在第 20 条规定："有关货物运输的任何诉讼，如果在两年内没有提出司法或仲裁程序，即失去时效。"

上述几方面只不过是汉堡规则中的最主要内容。除此以外，汉堡规则还在承运人和实际承运人的责任、托运人对承运人或实际承运人或船舶所遭受损失承担责任的一般原则、托运人的保证责任、活动物和舱面货的运输、管辖权和仲裁条款等方面也都做出了与海牙规则不同的规定。

鉴于汉堡规则已经生效和我国已经加入了汉堡规则，我国在制定中国海商法时，充分考虑了当前国际航运的实践及其发展趋向，并结合我国的具体情况，在有关提单及有关国际货物运输的法律规定中，引入了包括汉堡规则在内的已经生效的有关国际公约中一些相关内容的规定。

第二节　国际航空货运公约

一、有关的国际航空运输公约

航空货物运输的产生、发展必然伴随着调整这种运输方式的统一实体法规范的国际公约的产生、发展。又因为航空业历史较短，得以吸收了包括海运在内的其他各种运输方式有关国际公约、惯例的精神，并根据航空业的自身特征做出了修改。目前有影响力的国际航空运输公约主要有《统一国际航空运输某些规则的公约》（华沙公约）、《海牙议定书》、《瓜达拉哈拉公约》、《危地马拉议定书》、《蒙特利尔第一号附加议定书》、《蒙特利尔第二号附加议定书》（三份）等。

这些文件中《华沙公约》是最基本的，随后的各项议定书都是对《华沙公约》的补充或修改。所以这八份文件又被合称为华沙体系。它们彼此内容相关却又各自独立，《华沙公约》的缔约国并不自然成为以后各次议定书的参加国，也不一定受其管辖。其中以《华沙公约》和《海牙议定书》的适用最为广泛，已经为世界大多数国家所认可。

二、《华沙公约》和《海牙议定书》的有关规定

《华沙公约》是 1929 年 10 月 12 日由德国、英国、法国、瑞典、前苏联、巴西、日本、波兰等国家在华沙签订的，因而简称《华沙公约》。它是最早的国际航空私法，也是目前为止为世界上大多数国家接受的航空公约，其目的是为了调整不同国家"在航空运输使用凭证和承运人责任方面"的有关问题。《华沙公约》规定了以航空承运人为一方和以旅客、货

物托运人、收货人为另一方的航空运输合同双方的权利、义务关系，确定了国际航空运输的一些基本原则。

第二次世界大战后，由于航空运输业的飞速发展以及世界政治形势的急剧变化，《华沙公约》的某些内容与现实的要求脱节，《修订1929年10月12日在华沙签订的〈统一有关国际航空运输某些规则的公约〉的议定书》，即《海牙议定书》正是此时诞生的，该协定签订于1955年，1963年8月1日生效。我国参加《华沙公约》和《海牙议定书》的时间分别是1958年和1975年。

1. 公约的适用范围

关于公约的适用范围，《华沙公约》与《海牙议定书》的精神是一样的，只是措辞稍有不同，它们都规定公约不仅适用于商业性的国际航空货物运输，还适用于包括旅客、行李在内的其他取酬的和免费的国际航空运输，但邮件和邮包的运输因为另有国际邮政公约管辖，所以不适用。

所谓国际航空运输，按照《华沙公约》的规定需满足以下两个条件中的任一个：

（1）航空运输的出发地和目的地分别在两个缔约国的领土内；

（2）虽然航空运输的出发地和目的地处于同一个缔约国的领土内，但在另一个国家（无论该国是否是《华沙公约》的缔约国）的领土内有一个协议规定的经停地。《海牙议定书》对此并无异议，只是针对《华沙公约》签订时所使用的过时的政治术语如宗主国、委任统治权等作了删改。

2. 运输凭证

在《华沙公约》中航空货物运输的凭证被称为“航空货运单（Air Consignment Note, ACN）”。“航空货运单是订立合同、接受货物和运输条件的初步证据”，换句话讲，航空货运单本身就是托运人与承运人订立的航空货物运输合同，这也是航空货运单与海运提单的重要区别之一。

按《华沙公约》的规定，承运人有权要求托运人填写空运托运单，每件货物应填写一套单证，承运人应接受托运人填写的空运托运单。每一套托运单应有正本三份，并与货物一起交承运人，其中：

第一份注明交承运人，由托运人签字；

第二份交收货人，由托运人签字后随同货物运送；

第三份货物受载后由承运人签字交给托运人。

此外，传统的海商法理论中海运提单是货物所有权的证明，提单的背书转让就意味着货物所有权的转移。而航空货运单并不能代表其项下的货物，通常也是不可转让的，虽然《华沙公约》对签发可转让的航空货运单不置可否，《海牙议定书》则明文规定可以签发可转让的航空货运单，但在实际业务中航空运单一般都印有“不可转让（Not Negotiable）”字样，所以事实上，航空运单仍不具有可转让性。

3. 航空运输期间

航空运输期间也是承运人的责任期间，是指货物交由承运人保管的全部期间，“不论在航空站内、在航空器上或在航空站外降停的任何地点”。但对于在机场外陆运、海运或河运过程中发生的货物的灭失或损坏，只有当这种运输是为了履行航空运输合同，或者是为了装货、交货或转运时，承运人才予以负责。

4. 承运人责任

与《海牙规则》相类似，《华沙公约》制定时由于航空运输仍处于发展的初期，技术水平有限，因此也采用了不完全的过失责任制，即在一般问题上采用推定过失原则，一旦出现货物损失，首先假定承运人有过失，但如果承运人能够举证说明自己并无过失，则不必负责。但当承运人的过失是发生在驾驶中、飞机操作中或者在领航时，则承运人虽有过失，也可要求免责。《海牙议定书》保持了过失责任制的基础，并顺应历史的潮流取消了驾驶、飞机操作和领航免责的规定。

与同时代的海运公约所不同的是，《华沙公约》根据航空运输的特点明确规定了承运人，同样也对承运人的责任限额做出了规定，并明确“企图免除承运人的责任，或定出一个低于本公约所规定的责任限额的任何条款都属无效”，这样避免了承运人在运输合同中随意增加免除或者降低承运人自身赔偿责任的做法。《海牙议定书》只是增加了承运人对旅客的赔偿责任，对货物的责任限额不变。

5. 发货人、收货人的权利和义务

根据《华沙公约》发货人的权利主要指在收货人提取货物之前或者收货人拒收货物后或者无法与收货人取得联系的情况下，对货物处理的权利，包括有权在货物运输的途中将货物提回；对已运至目的地的货物要求回运或改运；对在经停机场的货物要求中止运输；要求将货物交付给航空货运单指定的收货人以外的第三人等。但托运人“不得因行使这种权利而使承运人或其他托运人遭受损失，并应偿付由此产生的一切费用”。在收货人行使提货权后，发货人的上述权力丧失。

发货人或收货人的义务包括：

（1）支付运费。

（2）填写航空货运单、提交必要的单证。同时应对航空货运单中有关货物的各项说明、声明的正确性负责，如因填写不当使承运人或其他任何有关方遭受损失，托运人应予以赔偿。

（3）受领货物。

6. 索赔和诉讼时效

对于索赔时效，《华沙公约》分成货物损害和货物延迟的情况区别对待。前者索赔时效是7天，后者的索赔时效是14天。《海牙议定书》对此作了全面的修改。将货物损害时索赔的时效延长至14天，将货物延迟时的索赔时效延长至21天。

至于诉讼时效，《华沙公约》规定的是2年，自“航空器到达目的地之日起，或应该到达之日起，或运输停止之日起”。《海牙议定书》对此未加修改。

第三节　国际公路货运公约与协定

一、有关的国际公路货物运输公约

为了统一公路运输所使用的单证和承运人的责任起见，联合国所属欧洲经济委员会负责草拟了《国际公路货物运输合同公约》，简称CMR或《公约》，并在1956年5月19日在日内瓦欧洲 17 个国家参加的会议上一致通过签订。该《公约》共有十二章五十一条，就适用范围、承运人责任、合同的签订与履行、索赔和诉讼以及连续承运人履行合同等都做了较为详细的规定。

此外，为了有利于开展集装箱联合运输，使集装箱能原封不动地通过经由国，联合国所属欧洲经济委员会成员国之间于 1956 年缔结了关于集装箱的关税协定。参加该协定的签字国有欧洲 21 个国家和欧洲以外的 7 个国家。协定的宗旨是相互间允许集装箱免税过境，在这个协定的基础上，根据欧洲经济委员会倡议，还缔结了《国际公路车辆运输规定》(TIR)，根据规则规定，对集装箱的公路运输承运人，如持有 TIR 手册，允许由发运地到达目的地，在海关签封下，中途可不受检查、不支付关税，也可不提供押金。这种 TIR 手册是由有关国家政府批准的运输团体发行，这些团体大都是参加国际公路联合会的成员，它们必须保证监督其所属运输企业遵守海关法规和其他规则。协定的正式名称是“根据 TIR 手册进行国际货物运输的有关关税协定”。该协定有欧洲 23 个国家参加，并已从 1960 年开始实施。尽管上述《公约》和协定有地区性限制，但它们仍不失为当前国家公路运输的重要国际公约和协定，并对今后国际公路运输的发展具有一定影响。

二、《国际公路货物运输合同公约》的有关规定

1. 适用范围

国际公路货物运输公约适用范围：

(1) 用于公路以车辆运输货物而收取报酬的运输合同，接受货物和指定交货地点依据合同的规定在两个不同的国家，其中至少有一国是缔约国。

(2) 如车辆装载运输的货物在运输过程中经由海上、铁路、内陆水路或航空，但货物没有从车辆上卸下，公约仍对整个运输过程适用。但应证明以其他运输方式运输时发生的有关货物的灭失，或损害并非系由于公路承运人的行为或不行为所致，而仅是由于其他运输方式或由于此种运输方式运输时才会发生的原因所致。若发货人与其他运输方式的承运人订立了仅是关于货物运输合同的，则公路承运人之责任不得依本公约予以确定，则应使用其他运输条件的承运人的责任规定予以确定。如没有这些规定的条件，公路承运人的责任仍依据本公约的规定予以确定。

(3) 若公路承运人本人也为其他运输方式下的货物运送人，其责任也应依照上述 (1) 的规定予以确定，但在作为公路承运人和其他运输方式的承运人时，他则具有双重身份。

(4) 公路承运人应对其受雇人、代理人或其他人为执行运输而利用其服务的任何其他人的行为或不行为一样承担责任。

2. 运单的内容

在公路货运业务中，习惯认为运单的签发是运输合同的成立，因此，公路货运公约规定：“运单是运输合同，是承运人收到货物的初步证据和交货的凭证。”

运单应记载的主要内容：

(1) 运单的签发日期和地点；

(2) 发货人的名称和地址；

(3) 收货人的名称和地址；

(4) 承运人的名称和地址;

(5) 货物接管的地点、日期和指定的交货地点;

(6) 一般常用的货物名称、包装方式，如属危险货物，还应注明通常认可的性能;

(7) 货物件数、特性、标志、号码;

(8) 货物毛重，或以其他方法表示的数量;

(9) 与运输有关的费用(运输费用、附加费、关税以及从签订合同终止之间发生的其他费用)。

此外，运单还应包括:

(1) 是否允许转运的说明;

(2) 发货人负责支付的费用;

(3) 货物价值;

(4) 发货人关于货物保险和承运人指示;

(5) 交付承运人的单据清单;

(6) 有关履行运输的期限等。

除此之外，缔约国还可在运单上列入他们认为有利的事项。

3. 运单的性质

公约对运单的性质一般认为:

(1) 运单是运输合同;

(2) 运单是货物的收据、交货的凭证;

(3) 运单是解决责任纠纷的依据;

(4) 运单不是物权凭证，不能转让买卖。

4. 运单的签发及证据效力

公约第四条规定:"运输合同应以签发运单来确认，无运单、运单不正规或运单丢失不影响运输合同的成立或有效性，仍受本公约的规定约束。"

运单签发有发货人、承运人签字的正本三份，这些签字可以是印刷的，或为运单签发国的法律允许。也可由发货人和承运人以盖章替代。第一份交付发货人，第二份应跟随货物同行，第三份由承运人留存。

当货物准备装载不同车内，或在同一车内准备装载不同种类的货物，或多票货物时，发货人或承运人有权要求对使用的每辆车，每种货或每票货物分别签发运单。

如在运单中未包括不管有任何相关条款，该运输未遵照公路货运公约各项规定的，承运人应对由于处置货物的行为或不行为而遭受的所有费用、货物灭失和损害负责。

承运人在接收货物时应做到:

(1) 检验运单中有关货物件数、标志、号码的准确性;

(2) 检查货物的外表状况及其包装。

当对货物检查而无合理的、准确的方法时，应将此种无合理、准确的检查原因记入运单内。同时，对货物的包装和外表状况也应作出保留理由，除非对保留发货人已在运单上明确同意受约束，否则保留对发货人不应有约束力。对检查产生的费用承运人有权提出索赔。

第四节　国际铁路货运协定

一、有关的国际公路货物运输公约

1.《国际铁路货物联运协定》的产生

《国际铁路货物联运协定》，简称《国际货协》，是于1951年11月由苏联、捷克、罗马尼亚、东德等8个国家共同签订的一项铁路货运协定。1954年1月我国参加，其后，朝鲜、越南、蒙古也陆续加入，至此共有12个国家加入《国际货协》。目前，我国对朝鲜、蒙古以及俄罗斯、独联体各国的一部分进出口货物均采用国际铁路联运方式运送。由于独联体的出现，近年来，在原有协定基础之上，我国同相关国家又重新增订了有关铁路运输的国际公约。

《国际铁路货物联运协定》自签订以后至1971年先后经过多次修改和补充。现行的是1971年4月经铁路合作组织核准，并从1974年7月1日起生效的文本。协定分8章（总则，运输契约的缔结，运输契约的履行和变更，铁路责任，赔偿请求，诉讼，赔偿请求时效，各铁路间的清算及一般规定），共40条。主要内容规定了协定适用的范围，运输合同的订立，货物运送组织、运送条件，运送费用计算核收办法，铁路与发、收货人之间的权利与义务以及赔偿和诉讼的问题。

2.《国际铁路货物联运协定》的特征

在法律适用上，凡《国际铁路货物联运协定》有规定，而国内规章也有规定时，不论两者是否相同，应适用《国际铁路货物联运协定》的规定。但在两邻国铁路间有特殊规定时，应按其规定的条件办理。《国际铁路货物联运协定》中没有规定的事项，适用国内铁路规章。它强调国际铁路货物运输是通过签订合同来设立和实现的，因此它对合同的缔结、双方当事人的权利与义务、责任的划分与索赔等做了详细规定。

《国际铁路货物联运协定》是参加国际货物联运协定各国铁路和发、收货人办理货物联运所必须共同遵守的基本文件，是调整我国与该协定参加国之间铁路货物运输的主要法律依据。

《国际铁路货物联运协定》的主要特征有：

（1）涉及面广。每运送一批货物都要涉及两个和两个以上国家、几个国境站。

（2）货物运输条件高：要求每批货物的运输条件如包装、转载、票据的编制、添附文件及车辆使用都要符合有关国际联运的规章、规定。

（3）办理手续复杂：货物必须在两个或两个以上国家铁路参加运送，在办理国际铁路联运时，其运输票据、货物、车辆及有关单证都必须符合有关规定和一些国家的正当要求。

（4）使用一份铁路货物联运票据完成货物的跨国运输。

（5）国际铁路货物联运运输责任方面采用统一责任制。

（6）国际铁路货物联运仅使用铁路一种运输方式。

二、《国际铁路货物联运协定》的有关规定

1. 协定适用范围

适用于缔约国铁路方面之间的国际直通货物联运，协定对铁路部门、发货人、收货人都有拘束力。

但不适用：

（1）发、到站都在同一国内，而用发送国列车只通过另一国家过境运送货物；

（2）两国车站间，用发送国或到达国列车通过第三国过境运送的；

（3）两邻国车站间，全程都用某一方列车，并据这一铁路的国内规章办理货物运送时。

2. 发货人托运时，要填写运单和运单副本

运单是发货人与铁路之间缔结的运输契约，是铁路向收货人收取运杂费用和点交货物的依据。它规定了铁路、发货人和收货人在货运中的权利、义务和责任，因此，运单对上述当事人均有法律约束力。同时，运单又是铁路运输的凭证。但运单不是物权凭证，不能转让，亦不能凭以提货。运单随同货物从始发站至终点站全程附送，最后交给收货人。联运运单副本是贸易双方结算货款的依据。当所运货物或票据丢失时，副本可作为向铁路索赔的证件。运单副本加盖戳记后，证明铁路运输合同订立，并交付发货方凭以结汇。

3. 托运人的权利、义务

托运人包括发货人和收货人，其主要权利和义务是：

（1）发货人对运单记载和声明事项的正确性承担义务，否则，承担相应的一切后果。

（2）发货人对货物包装、标记符合要求负责。

（3）按规定计算、支付运费。即发送路铁路国内运价由发货人支付；到达路发生的运费按到达国国内运价由收货人在到站支付；过境铁路运费按《协定》统一的过境运价规程计算，在发站或到站由收货人支付。

（4）货到站后，收货方应付清运费并领取货物。

（5）货物发生重大质变，不能按原用途使用时，收货人有拒绝领取货物的权利。

（6）发货人和收货人都有对运送契约变更一次的权利。发货人在发站领回货物；变更到站；将货物返还发站。收货人也可在到达国范围内变更到站或收货人，但变更申请必须在货物尚未从到达国境站上发出时作出，否则，一旦从国境站发出，申请变更无效。变更运输合同应在国内（发出或到达国）按规定交纳一定费用。

4. 铁路（承运人）的权利和义务

铁路（承运人）的权利和义务是：

（1）收取运送费用和其他费用，并交付货物和运单。

（2）有权检查运单中记载事项的正确性，并对不完全、不准确记载和声明核收罚款。

（3）对非承运人过失而引起的货物灭失、损坏、短量不负责任。

（4）铁路对于按《协定》办妥联运手续的货物负全程运输责任。

（5）如果货物发往非《协定》国，铁路应负责按另一种有关协定的运单要求办理运送手续。

5. 赔偿请求与诉讼时效

赔偿请求与诉讼时效规定是：

(1) 托运人有权根据合同提出赔偿请求。赔偿请求应采用书面形式。由全权代理人、代表提出时，应有发货人或收货人的委托证明书方可。

(2) 列明具体赔偿金额。当请求人是发货人时，则向发送路局提出；如由收货人提赔，则应向到达站提出。

(3) 索赔不能得到合理解决时，可起诉。

(4) 提赔和诉讼时效为：9个月内提出或诉讼；但逾期的请求赔偿和诉讼，应为2个月内提出。部分灭失、损坏以及逾期索赔，自交付货物之日起算；全部灭失赔偿，自货物运到期限届满后30日内计算。

典型案例

国际货运违规案例分析

案例1

案由：我国某出口公司先后与伦敦B公司和瑞士S公司签订两个出售农产品合同，共计3 500长吨，价值8.275万英镑。装运期为当年12月至次年1月。但由于原定的装货船舶出故障，只能改装另一艘外轮，致使货物到2月11日才装船完毕。在我公司的请求下，外轮代理公司将提单的日期改为1月31日，货物到达鹿特丹后，买方对装货日期提出异议，要求我公司提供1月份装船证明。我公司坚持提单是正常的，无须提供证明。结果买方聘请律师上货船查阅船长的船行日志，证明提单日期是伪造的，立即凭律师拍摄的证据，向当地法院控告并由法院发出通知扣留该船，经过4个月的协商，最后，我方赔款2.09万英镑；买方方才肯撤回上诉而结案。

分析：倒签提单是一种违法行为，一旦被识破，产生的后果是严重的。但是在国际贸易中，倒签提单的情况还是相当普遍。尤其是当延期时间不多的情况下，还是有许多出口商会铤而走险。当倒签的日子较长的情况出现，就容易引起买方怀疑，最终可以通过查阅船长的航行日志或者班轮时刻表等途径加以识破。

案例2

案由：有份CIF合同，出售矿砂5 000公吨，合同舶装运条款规定："CIF Hamburg，1989年2月份：由一船或数船装运。"买方于2月15日装运了3 100公吨，余数又在3月1日装上另一艘轮船。当卖方凭单据向买方要求付款时，买方以第二批货物延期装运为由，拒绝接受全部单据，并拒付全部货款，卖方提出异议，认为买方无权拒收全部货物。

分析：根据合同"由一船或数船装运"的规定，可以认定该合同是允许分批装运的。卖方在履行合同时，分两批装运，第一批货物的装货时间是符合合同规定的，只是第二批货物违反了合同规定的期限。因此，买方不应对符合合同的第一批货物拒收或索赔权力。至于第二批货物，虽然违反了合同，但是，装运时间仅仅超过期限一天，一般不能视为根本性违反合同，因此，买方拒收第二批货物的理由也是不充分的，最多只能要求赔偿。

实 训

案例分析

实训目的

通过国际海运货损案例分析，了解国际海运公约在案例中的应用，熟悉海牙规则、维斯比规则和汉堡规则在海运货损案例中的适用性。

实训内容

案由：我国A公司与某国B公司于2001年10月20日签订购买52 500 t化肥的CFR合同。A公司开出信用证规定，装船期限为2002年1月1日至1月10日，由于B公司租来运货的“顺风号”轮在开往某外国港口途中遇到飓风，结果装船过程至2002年1月20日才完成。承运人在取得B公司出具的保函的情况下签发了与信用证条款一致的提单。“顺风号”轮于1月21日驶离装运港。A公司为这批货物投保了水渍险。2002年1月30日“顺风号”轮途经巴拿马运河时起火，造成部分化肥烧毁。船长在命令救火过程中又造成部分化肥湿毁。由于船在装货港口的延迟，使该船到达目的地时正遇上了化肥价格下跌。A公司在出售余下的化肥时价格不得不大幅度下降，给A公司造成很大损失。

实训课时

4课时

实训要求

根据案例，解答以下问题：

(1) 途中烧毁的化肥损失属什么损失，应由谁承担？为什么？

(2) 途中湿毁的化肥损失属什么损失，应由谁承担？为什么？

(3) A公司可否向承运人追偿由于化肥价格下跌造成的损失？为什么？

提示：

(1) 是否单独海损？

(2) 是否共同海损？

(3) 是否可以向承运人追偿损失？

检查标准

根据案例，做出案例的分析结果，检验解答问题的准确性。

自·测·练·习

一、单项选择题

1. 海牙规则于________正式生效。

   A. 1931年6月2日　　　　B. 1941年6月2日

C. 1951 年 6 月 2 日　　D. 1961 年 6 月 2 日

2. 汉堡规则经修改后，自 1978 年 3 月 31 日获得通过，直至埃及递交了批准书后才满足生效条件，于________起正式生效。

A. 1972 年 11 月 1 日　　B. 1982 年 11 月 1 日

C. 1992 年 11 月 1 日　　D. 2002 年 11 月 1 日

3. 《华沙公约》不仅适用于商业性的国际航空货物运输，还适用于包括旅客、行李在内的其他取酬的和免费的________。

A. 国际铁路运输　　B. 国际海洋运输

C. 国际航空运输　　D. 国际公路运输

4. 至于诉讼时效，《华沙公约》规定的是________，自"航空器到达目的地之日起，或应该到达之日起，或运输停止之日起"。

A. 一年　　B. 两年　　C. 三年　　D. 四年

5. 《国际铁路货物联运协定》的提赔和诉讼时效为________内提出或诉讼国际货运代理人在开展业务过程，应承担相应的权利与义务。

A. 6 个月　　B. 7 个月　　C. 8 个月　　D. 9 个月

二、多项选择题

1. 海牙规则存在的问题归纳起来主要有________。

A. 较多地维护了承运人的利益

B. 在风险分担上很不均衡

C. 对有些条款的解释至今仍未统一

D. 未考虑集装箱运输形式的需要

E. 赔偿责任限额过低且诉讼时效太短

2. 国际铁路联运中，铁路（承运人）的权利和义务是________。

A. 收取运送费用和其他费用，并交付货物和运单

B. 有权检查运单中记载事项的正确性，并对不完全、不准确记载和声明核收罚款

C. 对非承运人过失而引起的货物灭失、损坏、短量不负责任

D. 铁路对于按《协定》办妥联运手续的货物负全程运输责任

E. 如果货物发往非《协定》国，铁路应负责按另一种有关协定的运单要求办理运送手续

3. 维斯比规则对海牙规则修改、补充的内容，主要包括________。

A. 关于提单的证据效力

B. 关于承运人的赔偿责任限制

C. 关于侵权行为请求的权利

D. 关于规则的适用范围

E. 关于诉讼时效

4. 《国际公路货物运输合同公约》对运单的性质一般认为________。

A. 运单是运输合同

B. 运单是货物的收据、交货的凭证

C. 运单是解决责任纠纷的依据

D. 运单不是物权凭证，不能转让买卖

E. 运单可以兑现

5.《国际铁路货物联运协定》中规定，国际铁路联运是指________。

A. 发、到站都在同一国内，而用发送国列车只通过另一国家过境运送货物

B. 两国车站间，用发送国或到达国列车通过第三国过境运送的

C. 两邻国车站间，全程都用某一方列车，并据这一铁路的国内规章办理货物运送时

D. 本国两车站之间，用一条线路运送货物

E. 本国两车站之间，用本国列车运送货物

三、是非题（正确的打“√”，错误的打“×”）

1. 海牙规则规定承运人对运输货物承担责任的期间是“自货物装上船舶开始至卸离船舶为止”。（ ）

2. 汉堡规则关于诉讼时效较之海牙规则和维斯比规则短。（ ）

3.《华沙公约》定义：“航空货运单是订立合同、接受货物和运输条件的初步证据。”（ ）

4.《国际铁路货物联运协定》是参加国际货物联运协定各国铁路和发、收货人办理货物联运所必须共同遵守的基本文件，是调整我国与该协定参加国之间铁路货物运输的主要法律依据。（ ）

5.《国际公路货物运输合同公约》定义：“运单是运输合同，是承运人收到货物的初步证据和交货的凭证。”（ ）

四、思考题

1. 汉堡规则与海牙规则和维斯比规则有什么区别？

2. 海牙规则与汉堡规则在有关承运人责任基础的确定上有什么不同？

3. 海牙规则与汉堡规则在关于诉讼时效上有什么不同？

4. 华沙航空货运公约的适用范围有哪些？

5. 国际铁路运输运单的作用是什么？

第十章

国际货运多式联运业务

学习目标

◎知识目标

了解国际多式联运的定义；了解国际多式联运方式；了解我国多式联运业务的开展情况。

◎能力目标

熟悉国际多式联运的定义；熟悉国际多式联运的方式；熟悉和掌握我国国际多式联运业务。

第一节 国际多式联运概述

随着国际贸易的发展，尤其是国际贸易运输中广泛采用集装箱运输方式，国际多式联运正成为一种国际贸易运输的高效率的运输方式。

一、国际多式联运的定义

国际多式联运是运输组织技术的发展和革新，也是集装箱运输的高级组织形式。与分段联运相比，国际多式联运不仅仅是不同运输工具进行的联合运输，更重要的是在全程运输中只有一份运输合同，由多式联运经营人作为合同承运人统一组织全程运输，负责将货物从接货地运往交货地。因此它是一种体现整体性的高效率的联运组织形式。

《联合国国际货物多式联运公约》对国际多式联运作出如下定义："国际多式联运是指按照多式联运合同，以至少两种不同的运输方式，由多式联运经营人将货物从一国境内接管货物的地点运至另一国境内指定交付货物的地点。"

二、国际多式联运的发展过程

多式联运的发展过程可以追溯到20世纪初。当时，远东的货主将货物装上班轮，运往美国西海岸港口，再装上铁路直达列车，直接到达美国中部或东部交货。这种联运的方式利用了海运班轮运输和铁路直达运输的优点，与过巴拿马运河单一海运方式相比，缩短了运输距离，也节省了运输时间和运输成本。然而这种海陆联运还不是真正的多式联运，而只是一种分段联运，在全程联运中没有一个经营人对全程运输负责，而是海运与陆运的分段协作，各自签发自己的运输单据，并对自己的运输区段负责。

20世纪50年代中叶，集装箱运输发展，为现代多式联运的发展打下良好的基础。20世纪60年代末，美国率先开展了国际多式联运，取得了显著的经济效果，受到货主的欢迎。随后，发达国家在集装箱运输技术臻于完善的情况下，针对货主市场的需要，纷纷开展了以集装箱运输为基础的国际多式联运。

随着集装箱运输的快速发展，我国在1997年颁布了第一部多式联运的法规《国际集装箱多式联运管理规则》，为我国的国际多式联运提供了良好的发展基础。

三、国际多式联运的基本特征

1. 必须订立多式联运合同

在国际多式联运中，多式联运经营人必须与托运人订立多式联运合同。所谓多式联运合同，是指多式联运经营人凭其收取全程运费，使用两种或两种以上不同运输工具，负责组织完成货物全程运输的合同。在分段联运中，托运人必须与不同运输区段承运人分别订立不同合同，而在多式联运中，无论实际运输有几个区段，也无论有几种不同运输方式，均只须订立一份合同——多式联运合同。托运人只与多式联运经营人有业务和法律上的关系，至于各区段实际承运人，托运人不与他们发生任何业务和法律上的关系。

2. 必须由多式联运经营人对全程运输负责

按照多式联运合同，多式联运经营人必须从接货地至交货地的全程运输负责，货物在全程运输中的任何实际运输区段的灭失损害以及延误交付，均由多式联运经营人以本人身份直接负责赔偿，尽管多式联运经营人可向事故实际区段承运人追偿，但这并不能改变多式联运经营人作为多式联运合同当事人的身份。

3. 必须是两种或两种以上不同运输方式组成的连贯运输

多式联运是至少两种不同运输方式的连贯运输，如海—铁、海—公、海—空联运等。因此判断一个联运是否为多式联运，不同运输方式的组成是一个重要因素。例如，目前许多船公司开展的海—海联运，由契约承运人签发全程联运提单，对全段运输负责，通过一程船、二程船的接力形式，将货物从起运港运至最终目的地，但这种联运只是使用一种运输方式的海—海联运，不是多式联运的范畴。

4. 必须是国际间的货物运输

多式联运所承运的货物必须是从一国境内接管货物的地点运至另一国境内指定交付货物的地点，是一种国际间货物运输，这有别于同一国境内采用不同运输方式组成的联合运输。例如，国际海运与国内陆路运输属于多式联运。

5. 必须签发多式联运单证

多式联运经营人作为多式联运的总负责人，在接管货物后必须签发多式联运单证，从发货地直至收货地，一单到底，发货人凭多式联运单证向银行结汇，收货人凭多式联运单证向多式联运经营人或其代理人提领货物。因此，多式联运单证一经签发，表明多式联运经营人已收到托运人的货物，并对货物的全程运输开始负有责任。多式联运单证的签发，同时也证明了多式联运合同，即托运人和多式联运经营人是在多式联运合同下进行货物的交接和多式联运单证签发的。

此外，多式联运单证一经签发，多式联运经营人应保证将货物运至另一国指定交付地，并将货物交付指明的收货人或多式联运单证的持有人。

6. 必须是单一的运费率

海运、铁路、公路以及航空各种单一运输方式的成本不同，因而其运费率也不同，在多式联运中，尽管组成多式联运的各运输区段运费率不同，但托运人与多式联运经营人订立的多式联运全程中的运费率是单一的，即以一种运费率结算从接货地至交货地的全程运输费用，从而大大简化和方便了货物运费计算。

四、多式联运的类型运输方式

根据《联合国国际货物多式联运公约》的定义，从运输方式的组成看，多式联运必须是国际间两种或两种以上不同运输方式组成的连贯运输。按这种方法分类，理论上多式联运有海—铁、海—空、海—公、铁—公、铁—空、公—空、海—铁—海、公—海—空等共11种类型，但当今国际多式联运的主要类型有海—铁多式联运、海—空多式联运以及海—陆—海（内河）多式联运三种类型。

1. 海—铁多式联运

海—铁多式联运包括海—铁—海多式联运，是当今多式联运的主要类型，特别是利用大陆桥开展海—铁或海—铁—海多式联运。

2. 海—空多式联运

海—空多式联运结合海运运量大、成本低和空运速度快、时间要求紧的特点，能对不同运量和不同运输时间要求的货物进行有机结合。

随着世界范围内物流业的兴起，一些大型国际配送中心根据资料预测用户的货物需求量，通过运输成本低廉的海运事先取得货物，然后根据用户的订单采取空运，可在24h内完成交货。

3. 海—陆—海（内河）多式联运

这种多式联运方式利用了陆路运输将其两端的水路运输连接，除利用横贯大陆的铁路连接其两端的海运外，也可以利用陆路运输与内河运输连接，既可充分发挥海运量大、成本低的优点，又可发挥内河运输价廉、灵活的优点，能方便地把货物运至内河水系的广大地区。

我国也利用长江、珠江和太湖流域水系开展了不同形式的这类多式联运，取得了明显的经济效益。

五、国际多式联运的优点

1. 统一化、简单化

所谓统一化、简单化、主要表现为在国际多式联运方式下，货物运程不管有多远，不论由几种运输方式共同完成对货物的运输，且不论运输途中对货物经过多少转换，所有一切运输事项均由多式联运经营人负责办理。而货主只需要办理一次托运、订立一份运输合同、一次支付费用、一次保险。一旦在运输过程中发生货物灭失或损害时，由多式联运经营人对全程运输负责，而每一运输区段的承运人对自己运输区段的货物损害承担责任。这种做法丝毫不会影响多式联运经营人对每一运输区段实际承运人的任何追偿权利。

2. 减少中间环节、缩短货运时间、降低货损货差事故、提高货运质量

多式联运系通过集装箱为运输单元进行直达运输。货物在发货人工厂或仓库装箱后，可直接运送至收货人的工厂或仓库。运输途中换装时无须换箱、装箱，从而减少了中间环节。尽管货物经多次换装，但由于使用专业机构装卸，且又不涉及箱内的货物，因而，货损货差事故、货物被窃大为减少，从而在一定程度上提高了货运质量。此外。由于各个运输环节的各种运输工具之间配合密切、衔接紧凑、货物所到之处中转迅速及时、大大减少货物停留时间，因此，从根本上保证了货物安全、迅速、准确、及时地运抵目的地。

3. 降低运输成本，节省运杂费用

由于多式联运可实行门到门运输，因此，对货主来说，在将货交由第一承运人后即可取得货运单证，并据以结汇。结汇时间提前，不仅有利于加速货物资金的周转，而且减少了利息的支出。又由于货物装载集装箱运输，从某种意义上说可节省货物的包装费用和保险费用。此外，多式联运可采用一张货运单证，统一费率，因而就简化了制单和结算手续，节省了人力、物力。

4. 提高运输组织水平，实现合理化运输

多式联运可提高运输组织水平，实现合理化运输，改善不同运输方式间的衔接工作。在国际多式联运开展之前，各种运输方式的经营人各自为政、自成体系。因而，其经营的业务范围受到限制，货运量相应也是有限的。但一旦由不同的运输业者共同参与多式联运，经营的业务范围可大大扩展，并且可以最大限度地发挥其现有设备的作用，选择最佳运输路线，组织合理运输。

六、国际多式联运的发展趋势

国际多式联运作为一种现代运输先进的组织方式，在世界范围内发展十分迅速，世界各国多式联运的发展呈现出多方面的发展趋势。

1. 多式联运经营人向多元化方向发展

作为多式联运经营人，其前身大多是大型国际货代或大型船公司，为了扩大服务范围，提高服务质量，已开始从单一的货代或海运业务向多元化方向发展。

2. 国际多式联运的业务范围不断扩大

为了开展国际多式联运的需要，多式联运经营人不断把业务向海外扩张，在世界各地物资集散地，建立分支机构或代理网点，扩充并完善其服务网络，为货主提供更大的服务空间。在当今全球经济一体化的形式下，尤其是跨国公司在世界范围内资源优化配置的需求下，国际多式联运已从发达国家向发展中国家渗透，其业务范围呈现不断扩大的趋势。

3. 国际多式联运向现代物流领域拓展

运输是现代物流结构体系中不可缺少的一个重要环节，以集装箱运输为基础的国际多式联运，在现代物流中已越来越呈现其独特的优势。

第二节　国际多式联运经营人

一、国际多式联运应具备的条件

根据多式联运公约的规定和现行的多式联运业务特点看，多式联运应具备下列条件：

1. 货物的全程运输

货物在全程运输过程中无论使用多少种运输方式，作为负责全程运输的多式联运经营人必须与发货人订立多式联运合同。因为，该运输合同是多式联运经营人与发货人之间权利、义务、责任、豁免的合同关系和运输性质的确定，也是区别多式联运与一般货物运输方式的主要依据。

2. 多式联运经营人必须对全程运输负责

多式联运中，多式联运经营人必须对全程运输负责。因为，多式联运经营人不仅仅是订立多式联运合同的当事人，也是多式联运单证的签发人。自然，在多式联运经营人履行多式联运合同所规定的运输责任的同时，可将全部或部分运输委托他人（分运承运人）完成，并订立分运合同，但分运合同的承运人与发货人之间不存在任何合同关系。

3. 货物必须是国际间的货物运输

多式联运经营人接管的货物必须是国际间的货物运输，这不仅有别于国内货物运输，主要还涉及国际运输法规的适用问题。

4. 使用两种或两种以上不同的运输方式

多式联运必须使用两种或两种以上不同的运输方式，并且运输过程必须是在不同运输方式下的连续运输。

5. 签发一张多式联运单证

货物全程运输过程中多式联运经营人签发一张多式联运单证，且应满足不同运输方式的需要，并计收全程运费。

从上述多式联运应具备的基本条件看，凡是根据多式联运合同所进行的多式联运必须具备上述条件。多式联运经营人作为订立多式联运合同的一方，以至少两种运输方式组织运输并履行合同责任。但事实上，多式联运下的多式联运合同并非是独一无二的。因为，除了多式联运经营人承担或不承担部分运输外，更多的运输由他人来完成并与多式联运经营人订立分运合同。

事实上，任何现行国际货运公约缔约国的法律都强制规定，凡签订该公约范围内的运输合同应遵守公约所规定的义务。即该运输合同既要满足单一货运公约下的货物联运条件。又要符合多式联运公约范围内的要求，除非这两个公约所规定的责任、义务相同，否则公约之间的抵触难以避免。因为，作为订立多式联运合同的多式联运经营人，同时又作为某一运输区段的实际承运人时，首先应确定的是所订立的运输合同是否属于现行货运公约所适用的范围。

二、国际多式联运经营人应具备的条件

1. 国际多式联运经营人的含义

国际货运公约或货物运输合同一般都规定，承运人应是与发货人订有运输合同的人，或完成货物运输的人。然而，现行的国际货运公约对承运人的概念理解不一，在认识上没有统一。如海牙规则中的承运人是指参加运输的人，还是与发货人订立合同的人，或两者兼而有之。同样，因对《华沙公约》中所规定的承运人认识不一，由此制定了瓜达拉哈拉公约。多式联运作为不同运输方式间的组合，系由众多关系人组成，其法律关系十分复杂，其中主要关系有多式联运经营人与发货人之间的关系，以及与其受雇人、代理人之间的代理关系、承揽关系、侵权行为关系等。多式联运首先应调整上述关系人的法律关系，确定多式联运经营人的法律地位，从而平衡相互间的权利、义务和赔偿责任。

已通过的多式联运公约和现行的多式联运业务对多式联运经营人概念理解为："多式联运经营人是指本人或通过其代表与发货人订立多式联运合同的任何人，他是事主，而不是发货人的代理人或代表或参加多式联运的承运人的代理人或代表，并且负有履行合同的责任。

可见，当多式联运经营人从发货人那里接管货物时起，即表明责任业已开始，货物在运输过程中的任何区段发生灭失或损害，多式联运经营人均以本人的身份直接承担赔偿责任，即使该货物的灭失或损害并非由多式联运经营人本人的过失所致。

2. 多式联运经营人的基本条件

作为多式联运经营人的基本条件是：

（1）多式联运经营人本人或其代表就多式联运的货物必须与发货人本人或其代表订立多式联运合同，而且合同至少使用两种运输方式完成货物全程运输，合同中的货物系国际间的货物。

（2）从发货人或其代表那里接管货物时起即签发多式联运单证，并对接管的货物开始负有责任。

（3）承担多式联运合同规定的与运输和其他服务有关的责任，并保证将货物交给多式

联运单证的持有人或单证中指定的收货人。

(4) 对运输全过程中所发生的货物灭失或损害，多式联运经营人首先对货物受损人负责，并应具有足够的赔偿能力。当然，这种规定或做法并不会影响多式联运经营人向造成实际货损的承运人行使的追偿权利。

(5) 多式联运经营人应具备与多式联运所需要的、相适应的技术能力，对自己签发的多式联运单证确保其流通性，并作为有价证券在经济上有令人信服的担保程度。

第三节 国际多式联运业务

一、大陆桥运输

1. 大陆桥运输的概念

凡是越过大洋的运输只要有一段陆上行程，就称为大陆桥运输。所谓大陆桥运输，系指采用集装箱专用列车，利用横贯大陆的铁路当成连接两端海运的桥梁，采用这样的运输方式，使集装箱船和专用列车结合起来，达到迅速到达目的地和降低运输成本的运输方式。例如，英国到日本的集装箱货物，经大西洋，过巴拿马运河，渡太平洋抵达日本，全程为24 000 km，运输时间约为21天。也可经美、加东海岸港口，换装铁路横跨美洲大陆至美、加西海岸，再换集装箱船，过太平洋直抵日本港口。由于集装箱船速度快，加之专用列车直达运输，运输时间大为缩短。但大陆桥运输的实际效果并不理想，这是因为东西方向的货运量不平衡，一旦遇上港口拥挤或罢工，运输时间有可能得不到保证。

最典型的大陆桥运输多式联运路线有北美大陆桥、西伯利亚大陆桥、新欧亚大陆桥。除此之外还有“小陆桥”和“微陆桥”等。

2. 大陆桥类型

目前大陆桥类型主要有：

(1) 北美大陆桥。北美大陆桥以横贯美国大陆的铁路作为陆上行程，以“海—陆—海”运输途径实行陆桥运输，故称为北美大陆桥。北美大陆桥是世界上第一条大陆桥。

(2) 西伯利亚大陆桥。西伯利亚大陆桥比北美大陆桥更为优越。北美大陆桥与通过巴拿马运河传统的海运东行线相比较，可节约运输时间5天，而西伯利亚大陆桥与通过苏伊士运河用传统的海运西行线相比较，运输距离可缩短1/3，运费便宜20%。与绕道好望角相比较，运输距离可缩短1/2，运费可便宜25%。所以西伯利亚大陆桥正式启用以后，削弱了北美大陆桥的竞争能力，大部分货主都利用西伯利亚大陆桥。

(3) 新欧亚大陆桥。新欧亚大陆桥东起我国连云港，西至荷兰鹿特丹，是贯通欧亚之间的一条新的大陆桥。由于俄国的纳霍德卡或东方港（海参崴）每年都有2个月的封冻期，西伯利亚大陆桥不能全年开通，因此，必须另找上陆点，这便是新欧亚大陆桥产生的原因。新欧亚大陆桥开通后，可比现在绕道印度洋海运航线，运输时间上可节省一半，运输费用可节省20%，比西伯利亚大陆桥近2 000 km。

新欧亚大陆桥是横贯我国东西的大动脉，对我国将形成全方位的对外开放经济区，促进西北、西南、中原、华东、华北等地的双向开放，对欧亚两洲的经济交流与发展，必将起到十分重要的作用。

新欧亚大陆桥能否进一步发展主要取决于两个因素。首先是货源条件，其次是哈萨克斯坦和俄罗斯是否采取合作的态度。

尽管新欧亚大陆桥与西伯利亚大陆桥相比较具有许多优点，但也存在着如下不利条件，例如中国铁路与苏联铁路的轨距不同，因此通过新欧亚大陆桥时，在国境站上要进行换轨作业等。

二、OCP 运输

1. OCP 运输的概念

OCP 的英文全名是“Overland Common Point”，意为内陆公共点，其含义是可享有优惠费率通过陆上运输可抵达的区域。从美国的北达科他州、南达科他州、内布拉斯加州、科罗拉多州、新墨西哥州起以东的地区均属 OCP 地区，所有经美国西海岸转运往这些地区（或反向）的货物称 OCP 地区货物，并享有 OCP 运输的优惠费率。

所谓 OCP 费率是太平洋航运公会为争取运往美国内陆地区的货物，途经美国西海岸转运而制定的一个较直达美国东海岸为低的费率。加拿大毗邻美国，贸易和运输与美国有密切关系，所以，也有一个 OCP 地区，自西向东的陆上运输实行与美国同样的优惠方法。

所谓 OCP 运输，是指远东通过海运至美西港口，再转运铁路将货物运至 OCP 地区目的地交货的一种海—铁分段联运方式。与过巴拿马运河、绕加勒比海至美东港口再通过陆运运至美国东部或中部地区交货相比，OCP 运输可缩短运输距离、节省运输时间和运输成本，是一种较为合理的运输方式。

从远东地区向美国 OCP 地区运送的货物，可供选择的海运方式有两种，一种是以美国东海岸港口为卸货港，船舶过巴拿马运河由加勒比海通向美国大西洋港口。另一种是以美国西海岸港口为卸货港，然后通过陆上运输至 OCP 地区。后一种运输方式虽然通过海陆两种运输方式，但在正常情况下，运输时间较前一种为短。

由于 OCP 运输的便捷，使原来的海陆直达至美国东海岸各港的货物被吸引到美国西海岸港口，因此，经营该航线的船公司越来越多。现在，OCP 一词不仅是一个地理上的区域名称，而且意味着货物的陆上运输，成为当今国际贸易和国际运输的一个专用名词了。

2. OCP 的具体做法

OCP 的具体做法主要有：

（1）在成交订约方面。按 OCP 运输条件成交的货物，是指发货人将货运至收货人指定的西海岸港口后，发货人便完成了联运提单中的责任。货物在抵达西海岸港口后，由收货人委托中转商（负责内陆运输的人）持正本提单向船公司提货，通过内陆运输运至收货人指定的地点。因此，OCP 运输条件对发货人来说，实际上是卖断西海岸港口，而不承担其他任何责任和风险。

（2）运输单证方面。在货物的运输标志内，把卸货港和 OCP 的最后目的地同时列明，如西雅图转纽约可定明 SEATTLE OCP NEW YORK。在提单卸货港一栏内应注明 OCP 字样。

（3）贸易合同和信用证方面。OCP 运输条件，在贸易合同和信用证目的港一栏内应加注 OCP 字样。如洛杉矶“LOS ANGELES OCP”。对于转运往 OCP 地区的货物，在签发提单时，应符合贸易合同及信用证的要求，以便结汇，最好在备注栏内注明哪一个城市，如

OCP CHICAGO，或把 OCP CHICAGO 加在货物标志唛头上，以便区别。

（4）保税运输申请手续方面。在美国，由集装箱海运至港口的货物，收货人在收到货物舱单后 10 天，必须申请进口，或要求保税运输，将货物运至最终目的地，如不按时申请货物就会转到保税仓库，从而产生转仓作业费、保税仓库费、转运费等不必要的费用。为了避免这些不必要的费用，可将船公司签发的内陆公共提单、OCP 提单的副本提前送交铁路公司，请铁路公司代办运送 OCP 地区的“保税运输申请手续”。铁路公司在太平洋各港接受了运往内陆公共点地区的货物后，向海关提出申请，获得保税运输许可后，即可将货物运往内地，收货人凭 OCP 提单正本在当地申请报关，经海关验收后，凭正本提单向铁路公司提货，在到付运费情况下，支付清到付运费。

3. 采用 OCP 运输时应注意的问题

采用 OCP 运输时应注意的问题：

（1）在使用华夏船公司美国航线专用提单格内只有“卸货港”和“最终目的港”两栏，所以，OCP 货物在国内装船港签发华夏提单时，目的港一栏内统一注明，如 LOS ANGELES OCP。

（2）为防止在西海岸销售和使用的货物假借 OCP 名义，享受优惠条件，所以，应明确规定：凡运往 OCP 地区的货物应在进口船卸货完毕后一定时间内（一般为 30 ~ 45 天），提供有关证明，如陆上运输单证、转运单、海关转口申报单等。在这些单证上应注明：进口船名、航次、提单号、启运港、货名、件数、重量、尺码、转运目的地、承运人名称、实际转运期等。如货主和其代理人不在规定期限内提供上述证明，船公司则要按本地运费率调整运费。

三、我国出口贸易中的多式联运方式

在我国出口贸易中，从我国运往美国内地的集装箱货物很大一部分采用多式联运方式，其多式联运的方式主要有 OCP 运输、MLB 运输、IPI 运输。

1. OCP 运输

由于 OCP 运输不是真正的多式联运，因此托运人必须分别与海运和铁路承运人订立运输合同，通过接力方式将货物运至目的地。对我国出口企业而言，以 CFR 或 CIF 贸易术语成交的合同，其责任和费用终止于美西港口，同时在买卖合同、信用证以及运输单证中均应注明“OCP”字样，以便顺利结汇。

2. MLB 运输

MLB 的英文全名是“Miniland Bridge”，意为小陆桥运输。所谓 MLB 运输，是指远东海运至美西港口再转运铁路将货物运至美东或加勒比海沿海地区交货的一种海—铁多式联运方式。

MLB 运输的前身为大陆桥运输，所不同的是，大陆桥运输是把美国横贯东西的铁路作为“桥梁”，组成海—铁—海多式联运，而小陆桥运输仅为海 铁多式联运。按照国际多式联运的要求，其适用的贸易术语应为 FCA、CPT 或 CIP，目前我国出口企业仍沿用 FOB、CFR、CIP 贸易术语，但要注意使用这三个海运贸易术语时，应按照 FCA、CPT、CIP 买卖双方的责任、费用及其风险责任划分的要求。同时，在贸易合同、信用证以及多式联运单据中注明“MLB”字样。

3. IPI 运输

IPI 运输的英文全名是“Interior Point Intermodal”，意为内陆公共点多式联运。所谓 IPI 运输，是指远东海运至美西港口，再转运铁路将货物运至 OCP 地区指定目的地交货的一种海—铁多式联运。IPI 运输与 MLB 运输都是海—铁多式联运，两者的主要区别是交货地有所不同；IPI 运输和 OPC 运输的运输线路和交货地相同，两者的主要区别是 IPI 运输是海—铁多式联运，而 OCP 运输是海—铁分段联运。对我国出口企业来说采用 IPI 运输时也应尽量选用 FCA、CPT 或 CIP 贸易术语，并在贸易合同、信用证和多式联运单据上注明“IPI”字样。

四、国际多式联运单证与合同

（一）多式联运单证

1. 多式联运单证概述

《联合国国际货物多式联运公约》对多式联运单证的定义：“是指证明多式联运合同以及证明多式联运经营人接管货物并负责按照合同条款交付货物的单据。”。

《联合国国际货物多式联运公约》对多式联运单证作如下说明：

（1）多式联运单证不是运输合同，而是运输合同的证明。

（2）多式联运单证是多式联运经营人收到货物的收据和凭其交货的凭证。

所以，在国际多式联运中，真正的运输合同系由多式联运经营人与发货人订立的多式联运合同。

2. 多式联运单证的主要内容

多式联运单证是多式联运经营人、承运人、发货人、收货人、港方和其他有关方面进行业务活动的凭证，主要是起货物交接时的证明作用，证明其外表状况、数量、品质等情况。单据的内容必须正确、清楚、完整，以保证货物正常安全地运输。

多式联运单证的主要内容有：

（1）货物的外表状况。

（2）多式联运经营人的名称和主要营业所。

（3）发货人、收货人名称。

（4）多式联运经营人接管货物的地点和日期。

（5）交付货物地点。

（6）经双方明确协议，交付货物的时间、期限。

（7）表示多式联运单证为可转让或不可转让的声明。

（8）多式联运单证签发地点、时间。

（9）多式联运经营人或经其授权的人的签字。

（10）有关运费支付的说明。

（11）有关运输方式和运输路线的说明。

（12）有关声明。

多式联运单证一般都应注明上述各项内容，如缺少其中一项或两项是否可以呢？只要所缺少的内容不影响货物运输和各当事人之间的利益单据仍然有效。

同时，除按规定的内容填制外，还可根据双方的实际需要和要求，在不违背单证签发国的法律时，可加注其他项目。如有关特种货物的装置说明；对所收到的货物批注说明；不同运输方式下承运人之间的临时洽商批注等。

多式联运单证所记载的内容，通常由托运人填写，或由多式联运经营人或其代表根据托运人所提供的有关托运文件制成。但在多式联运经营人接管货物时，发货人应视为他已向多式联运经营人保证，他在多式联运单证中所提供的货物品类、标志、件数、重量、数量概为准确无误，如系危险货物，还应说明其危险特性。

如货物的损害系由于发货人提供的内容不准确或不当所造成，发货人应对多式联运经营人负责，即使发货人已将多式联运单证转让于他人也不例外。而且，多式联运经营人取得这种赔偿的权利，也并不限制他按照多式联运合同对发货人以外的其他任何人应负的赔偿责任。当然，如货物的灭失、损害系由于多式联运经营人意图诈骗，在单证上列入有关货物的不实资料或漏列有关内容，该多式联运经营人则无权享受本公约规定的赔偿责任限制，而应按实际损害赔偿。

3. 多式联运单证的签发

多式联运经营人在收到发货人托运的货物后，经与收货单位（货运站、码头堆场）签发的货物收据（场站收据或大副收据），与多式联运单证核对无误后，即签发多式联运单证。多式联运单证由多式联运经营人或经他授权的人签字。多式联运经营人在多式联运单证上的签字形式在不违背多式联运单证签发所在国的法律规定的情况下，可以是：手签的、手签笔迹的复印、打透花字的、盖章、符号或用任何其他机械或电子仪器打印的。

多式联运单证签发的注意事项：

（1）多式联运单证的签发形式。多式联运经营人凭货物收据签发多式联运单证时，可根据货物托运人的要求签发可转让与不可转让多式联运单证中的任何一种。

在业务实践中，多式联运单证正本和副本的份数规定不一，主要视发货人的要求而定。正本单证签发一份以上的目的在于保护收货人的合法权益。副本在法律上是没有效力的，主要是为了业务上的需要。

（2）多式联运单证签发的时间、地点。在集装箱货物运输中，多式联运经营人收到货物的时间、地点有时不在装船港，而在内陆的货运站，装船港码头堆场，从收到货物到实际装船，有一段待装期。而且，货物托运人即使在货物尚未实际装上船之前，也可凭场站收据要求多式联运经营人签发提单，在这种情况下签发的提单叫待运提单，而待运提单在结汇上是有困难的。

（二）多式联运提单

多式联运经营人签发的提单称为多式联运提单。多式联运提单的定义与作用与汉堡规则是一致的。

多式联运经营人凭收到货物的收据在签发多式联运提单时，可根据发货人的要求签发可转让与不可转让多式联运提单中的任何一种。

在实践业务中，对多式联运提单正本和副本的份数规定不一，主要视发货人要求而定。

如货物的托运人要求多式联运经营人签发不可转让的多式联运提单时，多式联运经营人或经他授权的人在提单的收货人一栏内，注明具体的收货人姓名、货物在运抵目的地后，多式联运经营人向该提单中记明的人交货后，便业已履行其交货责任。

如该提单中记明的收货人以书面的形式通知多式联运经营人，要求将提单中记载的货物交给他书面通知中指定的其他收货人时，而且，在事实上多式联运经营人也这样照做了，也已认为多式联运经营人履行了其交货的责任。

集装箱货物在国际多式联运下，多式联运经营人收到货物的时间、地点有时不在装船港，而在集装箱码头堆场或货运站，甚至发货人的工厂仓库。这样，从接收货物到货物实际装船有一待装期。而且根据多式联运的特点，货物的托运人一经交出货物，即使该货物未实际装上船，也可凭场站收据（相当于传统班轮运输下的大副收据）要求多式联运经营人签发提单。由于货未装上船舶，因而在这种情况下签发的提单为待装船提单（待运提单），而待装船提单在结汇上是有困难的。

1. 多式联运提单的签发

多式联运提单的制作，习惯上由多式联运经营人或其代理人签发多式联运提单交发货人，由发货人通过银行转让给收货人。因此，多式联运提单上的收货人或发货人，确系实际的收、发货人。而多式联运提单上的通知方，则是目的港的或最终交货地点收货人指定的代理人。在国际多式联运下，对货主来说，关键是能找一个可靠的多式联运经营人，由其对全程运输负责。该多式联运经营人与各承运人（实际承运人）之间均订有协议（分包合同），并就有关提单的制作、货物交接、双方责任的划分、费用的支付、赔偿等均在协议中作明确规定。

目前，我国习惯做法是：

（1）签发海运联运提单，将货物从中国港口起运至目的港以外的某一交货地点，这种做法是在货物运至目的港后由船公司代理人（或货主指定的二程代理人）安排内陆运输，将货运抵目的地交货。

（2）签发货运代理人提单（FORWARD—B/L），以及一程海运提单，由货运代理人安排把货物运至目的地交货。

（3）签发 FORWARD—B/L，以及一程海运提单（从起运港至目的港），由货运代理人安排接运货物至收货人指定地点交货。

（4）经过我国运往其他国家的过境货，我方只负责中国境内的运输。

2. 多式联运单证的证据效力与保留

多式联运单证一经签发，除非多式联运经营人在单证上作了保留，否则多式联运单证是：

（1）多式联运经营人收到货物的初步证据；

（2）多式联运经营人对货物开始负有责任；

（3）可转让的多式联运单证对善意的第三方是最终证据，多式联运经营人提出的相反证据无效。

如果多式联运经营人或其代表在接收货物时，对于货物的品种、数量、包装、重量等内容有合理的怀疑，而又无合适方法进行核对或检查时，多式联运经营人或其代表可在多式联运单证作出保留，注明不符的地方、怀疑的根据等。反之，如果多式联运经营人或其代表在接收货物时未在多式联运单证上作出任何批注，则应视为他所接收的货物外表状况良好，并应在同样状态下将货物交付收货人。

（三）多式联运合同

《联合国国际货物多式联运公约》对多式联运合同的定义：“是指多式联运经营人凭以收取运费、负责完成或组织完成国际多式联运的合同。”

多式联运合同的成立必须具备下列条件：

（1）必须至少使用两种以上的运输方式；

（2）必须是对货物的运输；

（3）接受货物托运，因有合同而对货物负有进行运输和保管的责任；

（4）该合同必须是一种承揽、有偿、不要式合同。

五、多式联运的一般业务流程

多式联运是一种现代化的综合运输，涉及面广，环节众多，环境繁杂，因此其业务流程也十分繁杂，下面简要介绍多式联运的一般业务流程。

1. 多式联运合同的订立

多式联运必须订立合同，合同是规范托承双方权利、义务以及解决争议的基本法律文件。多式联运合同主要内容有：托运人，收货人，多式联运经营人，货物的名称、包装、件数、重量、尺寸等情况，接货的地点和时间，交货的地点和约定的时间，不同运输方式的组成和运输线路，货物交接方式以及托承双方的责任和义务，解决争议的途径和方法等。

2. 多式联运计划的编制

多式联运计划总的要求是：

（1）合理性。要求运输线路短、各区段运输工具安全可靠、运输时间能保证、不同运输方式之间良好衔接，从而保证货物从一国境内接货地安全及时地运到另一国境内的交货地。

（2）经济性。在保证货运质量的前提下，尽可能节省总成本费用，以提高经济效益。

（3）不可变性。在计划中应充分考虑各种因素，留有必要的余地，除不可抗力外，计划一般不能随意改变。

在完成多式联运计划编制后，多式联运经营人还应及时将计划发给沿线各环节的代理人，使之提前做好接货、运输、转关或交货等准备工作。

3. 接货装运

按照多式联运合同，在约定的时间、地点，由多式联运经营人或其代理人从发货人手中接管货物，并按合同要求装上第一程运输工具发运。按托承双方议定的交接方式，凡在DOOR或CY交接的，由发货人负责装箱计数施封和办理出口清关手续，在箱体外表状况良好、封志完整状态下，将货物整箱交多式联运经营人或其代理人；凡在CFS交接的，由发货人负责办理出口清关手续，将货物散件交多式联运经营人或其代理人，由后者负责拼箱计数施封后装运发送。

4. 多式联运单证的签发

多式联运经营人接管货物在运费预付情况下收取全程运费后，即签发多式联运单据，表明多式联运对全程联运负有责任的开始。对多式联运合同当事人来说，多式联运单据是多式联运经营人收到货物的证据，是合同的证明，也是货物的物权凭证，多式联运经营人按多式联运单据指明的收货人或被指示的收货人交付货物，收货人凭多式联运单据提领货物。在货物装运发送后，多式联运经营人还应将多式联运单据副本以及一程运输的有关运输单证及时寄往第一程的目的地（港）的代理人，以便做好接货、转关和转运的准备。

5. 运输保险

由于多式联运运距长、环节多、风险大，为避免可能发生的货运事故，多式联运经营人还可以向保险公司投保。尽管多式联运经营人有责任限额保护条款，但对多式联运经营人的疏忽、过失、侵权将丧失责任限额保护的权利，承担很大的赔偿金额的风险，为避免较大的损失，多式联运经营人通常向保险公司投保货物责任险和集装箱险，以防范巨额赔偿风险。

6. 转关手续

多式联运若在全程运输中经由第三国，应由多式联运经营人或其代理人负责办理过境转关手续，对“国际集装箱海关公约”缔约国之间，转关手续已相当简化，通常只提交相应的转关文件，如过境货物申报单、多式联运单据、过境国运输区段单证等，并提交必要的担保和费用，过境国海关可不开箱检查，只作记录而予以放行。

7. 全程运输的协调管理

多式联运全程运输的协调管理主要涉及内容有：

（1）不同运输方式之间的转运。国际多式联运是以至少两种不同运输方式组成的连贯运输，不同运输方式之间的转运衔接，是保证运输连贯性、及时性的关键。由于运输工具不同、装卸设备设施不同、转运点的选择不同以及各国的规定和标准不同，因此多式联运经营人或其代理人事前应有充分的了解，以便根据各种不同具体情况和要求实现快速顺利的转运。

（2）各运输区段的单证传递。多式联运经营人作为全程运输的总负责人，通常要与各运输区段实际承运人订立分运输合同，在运输区段发送地以托运人的身份托运货物，在运输区段的目的地又以收货人的身份提领货物。为了保证各运输区段货物运输的顺利进行，多式联运经营人或其代理人在托运货物后要将有关运输单证及时寄给区段目的地代理人。同时，如该实际运输区段不是最后一程运输，多式联运经营人的代理人在做好接货准备的同时，还要做好下一程运输的托运准备。

（3）货物的跟踪。为了保证货物在多式联运全程运输中的安全，多式联运经营人要及时跟踪货物的运输状况，例如，通过电报、电传、EDI、互联网在各结点的代理人之间传递货物信息，必要时还可通过 GPS 进行实时控制。

8. 交付货物

按多式联运合同规定，货物到达指定交货地后，由多式联运经营人或其代理人将货物交多式联运单据指明的收货人或按指示交指定的收货人，即告完成全程运输任务。交货地代理人应在货物到达前向收货人发出到货通知，以便收货人及时做好提货准备。对于 FCL 交货的，例如 CY 条款，货物卸船、收货人办妥进口清关手续后，委托集装箱码头整箱交货；如 DOOR 交货的，则由公路运输至收货人的工厂或仓库交货，交接双方以箱体外表状况良好、封志完整为条件。

对于 LCL 交货的，交货地为合同指定的集装箱货运站，由集装箱货运站代表多式联运经营人拆箱、分票、堆存于仓库，收货人办妥进口清关手续后，以散件方式提运。

9. 多式联运运费计收

多式联运运费的基本结构由内陆运输费（主要是公路运费、铁路运费或内河运费，包括拖运费、储仓费、转运费、服务费等）、码头装卸包干费、海运费等组成。

多式联运运费计收包括：

（1）公路运费。公路运费有基本运费和附加运费组成。基本运费是指公路运输中的拖运费，按箱型、箱尺寸和运距计算；附加运费是指在公路运输中发生的其他费用，如车辆延滞费、上下车费、人工延滞费、辅助装卸费以及其他附加费等。

公路运费的计算方式主要有计程运费、计时包车运费、包箱运费和短程运费。

（2）铁路运费。铁路运费由基本运费和附加运费组成。其中，基本运费是指铁路运输中的拖运费，按箱型、箱尺寸和运距计算；附加运费是指办理铁路运输而发生的有关附加费用，如送取费、暂存费、换装费、代理费以及新路费、集装箱建设基金等。

（3）海运运费。海运运费由基本运费和附加运费组成。基本运费是指任何一种货物运输收取的最基本的运费，是海运运费的主要组成部分，包括船舶的折旧或租金、燃油费、修理费、港口使用费、管理费和职工工资等；附加运费是指在海运过程中因货物的特殊处理费用，如转船费、起重费、选港费、更改目的港费等，此外还包括受国际经济和国际贸易影响所产生的成本费用，如油价上涨、被迫绕航、汇率变动、港口拥挤等。

在集装箱海运中，为简化运费计算，班轮公司通常采用包箱费率的计算方法，并公布不同航线的运价。

（4）码头装卸包干费。在集装箱运输方式下，大多采用集装箱装卸包干形式，按箱计收装卸包干费。

六、多式联运货损事故处理

多式联运货损事故处理涉及海运货损事故处理、水运货损事故处理、铁路货损事故处理、公路货损事故处理等。

多式联运货损事故处理应根据货物运输过程中环节作业的特点、有关合同条款、法律、公约等规定，对所发生的货损事故进行处理。

1. 多式联运经营人采用的责任形式

在多式联运货损事故处理中，多式联运经营人采用的责任形式是：

（1）统一责任形式。多式联运经营人对全程负责，各区段实际承运人对自己的区段负责。多式联运经营人根据实际发生区段按统一限额进行赔付，但是，区段不同，赔付以及免责的标准也不同，往往造成多式联运经营人亏本，因为有的区段有免责条款。

（2）网状责任形式。多式联运经营人对全程负责，各区段实际承运人对自己的区段负责。多式联运经营人根据实际发生区段按本行业的国际公约或当地法律进行赔付，但是，行业的国际公约或当地法律不同，赔付以及免责的标准也不同，往往造成发货人的理赔有困难。

2. 多式联运中货损事故的处理

在货损事故索赔或理赔中，提单、收货单、过驳清单、卸货报告、货物溢短单、货物残损单、装箱单、积载图等货运单证均可作为货损事故处理和明确责任方的依据，应该妥善处理这些单证。

货物的索赔和理赔是一项十分重要的工作，应根据国家的对外政策、贸易合同、运输合同，并参阅有关国际惯例，正确处理货损货差事故。

索赔工作可以按以下程序进行：

（1）根据货损原因确定索赔对象。如货物质量，品种，规格与合同不符，向发货人索赔；在目的地交付时，发现货物数量少于提单上列明的数量时，向承运人索赔等。

（2）确定索赔应具有的条件。索赔应具有的条件是：

① 提出索赔的人要具有正当的提赔权；

② 责任方必须具有实际赔偿责任；

③ 索赔应具有相关单证；

④ 索赔的金额必须合理；

⑤ 索赔与诉讼必须在规定的时限内提出（索赔应在交货后下 1 日算起的 6 个月内提出；诉讼应在 2 年内提出。）

⑥ 诉讼与仲裁应在规定地点提出（即管辖地），可以提出诉讼与仲裁的地方是：被告的重要营业场所或经常居住地，订立多式联运合同的地点，货物接管地点或者货物交付地点以及其他双方在合同中约定的地点。

对货物数量不足，外表状况或货物的品质与提单上记载的情况不符，应根据提单条款的规定，将货物短缺或损坏的事实，以书面的形式通知承运人或代理人，以此表明提出索赔的要求。如果货物的短缺或残损不明显，也必须是在提取货物后的规定时间内，向承运人或其代理人提出索赔通知。

在完成对事故的取证、确定事故的责任人以及确定索赔条件后，进入多式联运中的理赔程序。

典型案例

国际多式联运货损案

浙江省金华服装公司（以下简称发货人）将装载布料的 8 个集装箱委托一家国际货运代理公司（以下简称货代）由顺德通过公路托运到香港装船去西雅图港，集装箱在西雅图港卸船后再通过铁路运抵交货地（底特律）。该批出口布料由货代出具全程提单，提单记载：装船港香港、卸船港西雅图，交货地底特律，运输交款 CY－CY，提单同时记载“由货主装载，计数”批注。集装箱在西雅图港卸船时，8 个集装箱中有 4 个外表状况有较严重破损，货代在西雅图港的代理与船方代理对此破损做了记录，并由双方在破损记录上共同签署。8 个集装箱在运抵底特律后，收货人开箱时发现外表有破损的 4 个集装箱内布料已经严重受损，另 2 个集装箱尽管箱子外表状况良好，但箱内布料也有不同程度受损。

问题提出

（1）发货人是否有承担赔偿的责任，为什么？

（2）船公司是否有承担赔偿责任，为什么？

（3）货代是否有承担赔偿责任，为什么？如果需要承担责任，请划分责任范围。

实 训

案例分析

实训目的

通过案例分析，了解国际多式联运中可能出现的典型问题，建立风险意识，防范风险。

实训内容

案由：1996年10月中旬，SEZFT公司（卖方）与俄罗斯AROAN公司（买方）成交一笔服装贸易，金额为24万美元。合同规定：

(1) 付款方式：买方先付20%定金于发货后30天付清货款，付款后交单。

(2) 运输方式：海陆联运，入中国港口至MOSCOW。SEZFT公司在签订合同后，即收到AROAN公司汇来的20%定金，卖方按照合同要求，于1996年11月备妥货物，由某船公司所属轮船运往MOSCOW。

发货后一个月，买方不履行付款义务，理由是货物尚未到港，SEZFT公司据此情况，立即扣留有关单据，同时，催促船公司速将货物运往目的港，经查，该批货物是在1996年12月中旬抵达汉堡后，即装集装箱卡车运往MOSCOW，并于1996年12月24日被卡在边境港口RIGA，迟迟未能抵达MOSCOW，直至1997年1月24日，货物才抵达MOSCOW。

由于货物的运输时间太长，货物抵港时买方借口已过销售季节，拒绝付款赎单，SEZFT公司为了避免造成更大损失，决定将该批货物就地处理，但当SEZFT公司出示正本提单时，才发现该批货物已于1997年1月25日被无单提走。在这种情况下，SEZFT公司立即出函船公司，要求交货或赔偿，直至1997年7月份仍未收到船方的答复，于是SEZFT公司即与律师及法院协商，分析案情后，于1997年7月向当地海事法院起诉，要求船公司赔偿无单放货而造成的损失。在法院的调解下，双方达成协议，由船公司赔偿SEZFT公司205，000美元，本案结束。

实训课时

4课时

实训要求

问题提出：

(1) 这是一宗什么案例？

(2) 对东欧和俄罗斯等国贸易会存在什么风险？

(3) 运输方式对交货期存在什么关系？

(4) 卖方应如何防范风险？

(5) 未经发货人同意能否采用无单提货？

检查标准

根据国际多式联运的相关法律法规以及国际货运的相关公约，对本案例进行分析，并判别分析结果的准确性。

自·测·练·习

一、单项选择题

1. 在国际多式联运中，OCP 的含义是可享有________通过陆上运输可抵达的区域。

A. 优惠费率　　B. 优厚待遇　　C. 优先享受　　D. 优化组合

2. 凡运往 OCP 地区的货物应在进口船卸货完毕后________天，提供有关证明，如陆上运输单证、转运单、海关转口申报单等，转运货物。

A. 200 ~ 35　　B. 30 ~ 45　　C. 40 ~ 55　　D. 50 ~ 65

3. 随着集装箱运输的快速发展，我国在________年颁布了第一部多式联运的法规《国际集装箱多式联运管理规则》，为我国的国际多式联运提供了良好的发展基础。

A. 1977　　B. 1987　　C. 1997　　D. 2007

4. 如货物的灭失、损害系由于多式联运经营人意图诈骗，在单证上填报不实资料或漏列有关内容，该多式联运经营人则无权享受本公约规定的赔偿责任限制，而应按________损害赔偿。

A. 实际　　B. 估计　　C. 测算　　D. 统计

5. 所谓 OCP 费率是太平洋航运公会为争取运往美国内陆地区的货物，途经美国西海岸转运而制定的一个较直达美国东海岸为低的________。

A. 回扣　　B. 佣金　　C. 报酬　　D. 费率

二、多项选择题

1. 国际多式联运的基本特征是________。

A. 必须订立多式联运合同

B. 必须由多式联运经营人对全程运输负责

C. 必须是两种或两种以上不同运输方式组成的连贯运输

D. 必须是国际间的货物运输并签发多式联运单证

E. 必须是单一的运费率

2. 多式联运的类型运输方式主要有________。

A. 海—铁多式联运　　B. 海—空多式联运　　C. 空—空多式联运

D. 铁—铁多式联运　　E. 海—陆—海（内河）多式联运

3. 国际多式联运的优点是________。

A. 统一化、简单化

B. 减少中间环节、缩短货运时间

C. 降低运输成本，节省运杂费用

D. 提高运输组织水平，实现合理化运输

E. 降低货损货差事故、提高货运质量

4. 多式联运运费计收包括________。

A. 公路运费　　B. 铁路运费　　C. 海运运费

D. 码头装卸包干费　　E. 内陆仓储费

5. 多式联运计划总的要求是________。

A. 合理性　　　　B. 经济性　　　　C. 不可变性

D. 排他性　　　　E. 组合性

三、是非题（正确的打“√”，错误的打“×”）

1. OCP运输条件对发货人来说，实际上是卖断西海岸港口，而不承担其他任何责任和风险。（ ）

2. 多式联运单证的定义：“是指证明多式联运合同以及证明多式联运经营人接管货物并负责按照合同条款交付货物的单据。”（ ）

3. 多式联运单证是多式联运经营人、承运人、发货人、收货人、港方和其他有关方面进行业务活动的凭证，主要是起货物交接时的记录作用。（ ）

4. 多式联运必须订立合同，合同是规范托承双方权利、义务以及解决争议的基本法律文件。（ ）

5. 码头装卸包干费。在集装箱运输方式下，大多采用集装箱装卸包干形式，按箱计收装卸包干费。（ ）

四、思考题

1. 什么是国际多式联运?

2. 国际多式联运有哪些类型?

3. 多式联运经营人应具备哪些条件?

4. 我国对美贸易采用哪些多式联运方式?

5. OCP操作过程应注意哪些问题?

参考答案

第一章

一、单项选择题

1. C　2. A　3. C　4. D　5. B

二、多项选择题

1. ABCDE　2. ABCD　3. ABCDE　4. ABCDE　5. ABCD

三、是非题

1. ×　2. √　3. ×　4. √　5. √

第二章

一、单项选择题

1. B　2. B　3. A　4. C　5. D

二、多项选择题

1. ABCD　2. ABCDE　3. ABCDE　4. ABC　5. ABCDE

三、是非题

1. ×　2. √　3. √　4. ×　5. √

第三章

一、单项选择题

1. A　2. B　3. C　4. D　5. A

二、多项选择题

1. BC　2. AE　3. ABCD　4. ABCD　5. BCD

三、是非题

1. √　2. ×　3. √　4. ×　5. √

第四章

一、单项选择题

1. B　2. D　3. A　4. C　5. C

二、多项选择题

1. ABCD　2. ABCD　3. ABCDE　4. ABC　5. BCDE

三、是非题

1. √　2. √　3. ×　4. √　5. √

第五章

一、单项选择题

1. D　2. A　3. B　4. A　5. A

二、多项选择题

1. ABCD　2. ABCDE　3. ABC　4. ABCDE　5. ABCDE

三、是非题

1. √　2. ×　3. ×　4. √　5. √

第六章

一、单项选择题

1. A　2. B　3. D　4. D　5. C

二、多项选择题

1. ABD　2. ABCDE　3. ABCD　4. ABCDE　5. AE

三、是非题

1. √　2. ×　3. ×　4. ×　5. √

第七章

一、单项选择题

1. A　2. B　3. C　4. A　5. D

二、多项选择题

1. ABCDE　2. ABCDE　3. ABE　4. ABCDE　5. ABC

三、是非题

1. √　2. √　3. √　4. √　5. √

第八章

一、单项选择题

1. C　2. A　3. C　4. B　5. D

二、多项选择题

1. ABCD　2. ABCDE　3. ABC　4. ABCDE　5. ABCD

三、是非题

1. √　2. ×　3. √　4. √　5. ×

第九章

一、单项选择题

1. A　2. C　3. C　4. B　5. D

二、多项选择题

1. ABCDE　2. ABCDE　3. ABCDE　4. ABCD　5. ABC

三、是非题

1. √　2. ×　3. √　4. √　5. √

第十章

一、单项选择题

1. A　2. B　3. C　4. A　5. D

二、多项选择题

1. ABCDE　2. ABE　3. ABCDE　4. ABCD　5. ABC

三、是非题

1. √　2. √　3. ×　4. √　5. √

参 考 文 献

[1] 江少文．运输实务［M］．北京：中国时代经济出版社，2006.
[2] 江少文．现代物流［M］．广州：立信会计出版社，2006.
[3] 江少文．现代仓储管理与实务［M］．北京：中国铁道出版社，2006.
[4] 江少文．配送中心运营管理［M］．2 版．北京：高等教育出版社，2011.
[5] 江少文．集装箱运输管理与实务［M］．北京：中国铁道出版社，2007.
[6] 江少文．第三方物流［M］．上海：华东师范大学出版社，2008.
[7] 严启明，等．国际货物运输［M］．北京：对外经济出版社，1996.
[8] 黄世玲．交通运输学［M］．北京：人民交通出版社，1988.
[9] 沈志云．交通运输工程学［M］．北京：人民交通出版社，2003.
[10] 李治平．货运技术［M］．广州：新世纪出版社，1992.
[11] 林祖乙．国际集装箱运输［M］．北京：人民交通出版社，1993.
[12] 张炳达，江少文．国际货运代理实务［M］．广州：立信会计出版社，2006.
[13] 王义源．远洋运输业务［M］．北京：人民交通出版社，2005.
[14] 沈玉茹．船舶货运［M］．大连：大连海事出版社，1998.
[15] 刘敏文，等．危险货物运输管理教程［M］．北京：人民交通出版社，2002.
[16] 王转，等．物流学［M］．北京：中国物资出版社，2006.
[17] 蒋正雄，刘鼎铭．集装箱运输学［M］．北京：人民交通出版社，2002.
[18] 宋德弛，等．港口装卸工艺［M］．北京：人民交通出版社，1987.
[19] 顾其行．国际航空运输管理［M］．北京：知识出版社，1987.
[20] 中国民用航空总局适航局．中国民用航空器适航管理［M］．北京：中国民航出版社，1998.